PUBLIC OFFICE AND ETHICS

공직과 윤리

김상명 · 강봉현 · 김인복

pnc publishing and culture
피앤씨미디어

머 리 말

공적인 직무를 수행하는 자에 대하여 성경에서는 온 세상의 왕이 되시는 하나님께서 자신의 영광과 선을 세우기 위해 국가 공직자를 임명하셨다고 가르친다(벧전2:13－14). 공직자는 하나님이 주시는 권세로 선한 무리를 보호해야 하고, 또 신자가 이 공직에 부름 받았을 때는 그것을 수락하고 집행(롬13:1,2,4)하는 것이 성경적이다. 그렇다고 공직자가 하늘의 권세를 가진 양 신앙상의 문제에 간섭해서는 안 되며(마16:19), 마땅히 교회를 보호하는 것 역시 공직자의 의무다(롬13:1－6)고 가르친다.

우리 헌법은 공무원의 의무와 책임을 규정하고 있다. 공무원은 국민 전체에 대한 봉사자이며, 국민에 대하여 책임을 지도록 하고 있다. 공무원은 중앙정부와 지방정부 또는 공공 단체의 사무를 맡아보는 사람을 총망라하여 '공직자'라 부르기도 한다. 공직자는 국가나 지방자치단체로부터 권력을 위임 받아 공적 사무를 처리하기에 부정부패의 유혹에 빠지는 경우가 많다.

정부는 공무원의 청렴유지를 위한 '공무원행동강령'을 법적 구속력을 갖춘 종합적이고 구체적인 공무원 윤리규범을 제정하여, '공무원 행동강령 운영지침'을 기준으로 중앙행정기관, 지방자치단체, 교육자치단체 등 각 기관은 자체 특성을 반영한 '기관별 행동강령'을 제정하여 시행하여 왔다.

이러한 공무원 윤리규범에도 불구하고 연일 공직사회의 부정부패는 사라질 기미가 보이지 않았다. 그리하여 당시 김영란 국민권익위원회 위원장의 이름을 딴 '부정청탁 및 금품등 수수의 금지에 관한 법률'(김영란법)이 2016년 8월부터 시행되게 되었다.

처음에는 다양한 반대 여론들이 있었지만 이제 조금씩 윤곽이 잡히면서 공직사회나 여러 기관 등에서 자리를 잡아가고 있는 듯하다. 이 법은 공직자 등에 대한 부정청탁 및 공직자 등의 금품등의 수수를 금지함으로써 공직자 등의 공정한 직무수행을 보장하고, 공공기관에 대한 국민의 신뢰를 확보하는 것을 목적으로 만들어진 법률이라 평가할 수 있다.

이 법률은 금품수수 금지, 부정청탁 금지, 외부강의 수수료 제한 등 크게 세 가지 축으로 구성되어 있다. 이는 공직자를 비롯한 공기업 직원, 언론인, 국·공립·사립학교 교직원 등에 해당하는 사람들은 직무 관련성이나 대가성에 상관없이 1회 100만원(연간 300만원)을 초과하는 금품을 수수하면 형사처벌을 받도록 명시되어 있다.

그동안 우리 사회에서는 알게 모르게 부정한 방법으로 이득을 보기도 하고 특혜를 받는 일이 허다했다. 오랜 세월 동안 이어지던 습관이나 나쁜 관습이 당장 사라지지는 않을 것이다. 하지만 어떠한 시도든 시행착오와 시간이 필요할 뿐 앞으로 공직사회뿐만 아니라 우리 사회 전반에 긍정적인 영향을 미칠 것으로 기대한다.

그리고 후에 청탁금지법이 더 확실하게 자리 잡게 되면 우리가 사는 이 사회도 좀 더 깨끗하고 투명해질 것이라고 기대하면서, 앞으로 후대들에게 그러한 세상에서 경쟁하면서 더 나은 삶을 살 수 있도록 '공직과 윤리'라는 교재를 발간하게 되었다.

이 책은 제주국제대학교 경찰행정학과가 2016학년도 법경찰행정학부로 개편됨에 따라 2014년도 출간한 '경찰과 윤리'라는 교재를 수정과 보완을 거쳐 제1장 윤리기초론은 학부에서 법여성학을 강의하고 집필대표를 맡고 있는 김상명 교수가, 제2장 직업윤리와 제3장 공직윤리는 학부에서 공직자 윤리를 강의하고 있는 강봉현 교수가, 제4장 경찰윤리는 학부에서 경찰과 윤리 등을 강의하고 있는 김인복 교수가 각각 분담하여 집필하였음을 밝혀둔다.

이 책을 발간함에 있어서 대학 전공기초 교양과목 '공직자 윤리'의 강의교재를 목적으로 세 분이 강의 자료 등을 모아 집필하게 되어 당초 생각했던 것처럼 충실한 내용을 담지 못하고 기존의 자료에 의존한 것은 아쉬운 마음으로 남는다. 아울러 이 책에서 각 장별로 각 교수님들께서 기술하였으므로 내용 및 참고문헌 처리 등이 통일되어 있지 않거나 서술방식 등에 부족한 점은 부인할 수 없다. 부족한 부분이나 좀 소홀히 다루어진 부분은 다음 기회에 보충하려 한다.

끝으로 부족한 원고를 받아 출판할 수 있도록 배려해 주신 피앤씨미디어 박노일 대표이사님께 깊은 감사를 드린다.

2017. 3. 5

한라산이 보이는 삼의악 학당에서

집필대표 배상

차 례

제 1 장 윤리기초론

제 2 장 직업윤리

제 3 장 공직윤리

제 4 장 경찰윤리

제 1 장

윤리기초론

CHAPTER 01 윤리기초론

제 1 절 윤리란 무엇인가

1. 윤리의 어원적 의미

인간은 자기가 스스로 원하든 원하지 않든 사회의 구성원으로 살아가게 된다. 사회는 일정한 생활방식을 가지고 있고, 개인은 그 사회의 구성원으로서 그 사회가 갖는 생활방식에 따르지 않고서는 살아갈 수 없다. 이 경우에 생활방식으로 관습(慣習)·습속(習俗), 윤리 또는 도덕,[1] 법률 등이 있다. 관습이나 윤리·법률은 다 같이 규범적(規範的)인 성격을 지니고 있으나 습속은 비자각적인데 비하여 윤리나 법률은 자각적인 행위규범(行爲規範)이라고 할 수 있다. 여기서 윤리는 인간 행위의 내면성(內面性)에 치우치고 법률은 행위의 외면성(外面性)에 치우칠 우려가 있으나 양자는 상보관계(相補關係)에 있다고 할 수 있다.

윤리학은 일반적으로 인간의 행위에 관한 여러 가지 문제와 규범을 연구하는 학문이라고 할 수 있다. '윤리(倫理)'의 '윤(倫)'자에 대한 사전적인 의미는 무리·또래·질서 등 여러 가지 뜻이 있으며, '이(理)'자에는 이치(理致)·이법(理法)

1) 윤리(倫理)란 사람으로서 마땅히 행하거나 지켜야 할 도리, 윤리학이란 인간 행위의 규범에 관하여 연구하는 학문을 말한다. 도덕(道德)이란 사회의 구성원들이 양심, 사회적 여론, 관습 따위에 비추어 스스로 마땅히 지켜야 할 행동 준칙, 도(道)와 덕(德)을 설파하는 데서 노자의 가르침을 이르는 말이다. 이하에서는 윤리와 도덕을 혼용하여 사용한다.

또는 도리(道理) 등의 뜻이 있다. 물리가 사물의 이치인 것처럼 윤리는 인간관계의 이법이라고 할 수 있다. 유교[2]에서는 대표적인 인간관계로 부자유친(父子有親), 군신유의(君臣有義), 부부유별(夫婦有別), 장유유서(長幼有序), 붕우유신(朋友有信)라고 표현되는 이른바 오륜(五倫)[3]을 든다. 물리(物理)는 자연에 있어 사물이 언제나 그렇게 나타나는 이치이지만 윤리는 반드시 그렇지 않다. 윤리는 인간의 자유에 의해서 실현되어야 할 이법이다. 그것은 존재의 이법이라기보다는 당위로서의 이치이다. 그러므로 오륜에 대해서는 그것을 실현해야 할 태도, 즉 덕목으로서 인(仁)·의(義)·예(禮)·지(智)·신(信)이라고 하는 이른바 오상(五常)이 강조된다.

오상(五常)의 의미

오상[五常]이란 사람이 항상 행해야 하는 5가지 덕목(德目), 곧 인(仁)·의(義)·예(禮)·지(智)·신(信)을 가리킨다. 한대(漢代) 이전에는 이 말의 유일한 용례(用例)로서 『장자(壯子)』, 『천운(天運)』에 "하늘에 육극오상(六極五常)이 있다"라고 한 것이 보인다. 그러나 그것은 단지 목화토금수(木火土金水)의 다섯 가지 요소를 의미하는 것이었으며, 인의예지신 5덕목을 의미하지는 않았다. 공자는 이 가운데 인(仁)을 가장 중시하였고, 또 "지혜로운 사람은 미혹되지 않고, 어진 사람은 걱정하지 않고, 용감한 사람은 두려워하지 않는다"라고 하여 지·인·용을 얘기하였다. 맹자는 인에 의를 더하고 '예·지'와 함께 '인·의·예·지'의 4덕을 말하였는데, 한대(漢代)에 이르러서 동중서(董仲舒)가 처음으로 이것들에 신(信)의 덕목을 추가하고 인·의·예·지·신을 각각 목금화수토에 상대시켜 오상의 개념을 인출해냈다. 동중서는 대책(對策)에서 "인·의·예·지·신 오상의 도(道)는 왕자(王者)가 마땅히 수식(修飾)해야 할 바이다"라고 하였는데 이 때문에 오상은 오행(五行)과 같은 뜻으로도 사용된다. 이러한 동중서의 설(說)은 후한(後漢) 반고의 『백호통(白虎通)』에 계승되어 정착되기 시작하였다. 『백호통의(白虎通儀)』〈정성(情性)〉에는 "오성(五性)은 무엇인가? 인·의·예·지·신을 말하는 것이다. 인은 차마 하지 못하는 것이요, 의는 마땅한 것이요, 신은 정성스러운 것이다"라고 되어 있다. 또한 진대(晋代) 이후에는 오상을 오전(五典)과 같은 의미로 얘기하기도 했다. 즉 『서경(書經)』에서 보이는 오전을 오상의 가르침으로 해석하였는데 그 내용은 아버지는 의롭고, 어

2) 유교(儒教)란 공자를 시조(始祖)로 하는 중국의 대표적 사상으로 조선을 다스리는 근본 원리, 인(仁) 사상을 바탕으로 나라에 대한 충성과 부모에 대한 효도를 중시하는 사상이다.
3) 오륜(五倫)이란 유학에서 사람이 지켜야 할 다섯 가지 도리, 즉 부자유친(父子有親), 군신유의(君臣有義), 부부유별(夫婦有別), 장유유서(長幼有序), 붕우유신(朋友有信)을 이른다.

머니는 자애로우며, 형은 우애롭고, 아우는 공경하고, 자식은 어버이에게 효를 다해야 하는 것으로 이해했던 것이다. 한편 불교에서는 불살생(不殺生)·불투도(不偸盜)·불사음(不邪淫)·불음주(不飮酒)·불망어(不妄語)의 오계(五戒)를 말하고 있는데, 『천태인왕경소상(天台仁王經疏上)』에서는 "불상생은 인이고, 불투도는 지이며, 불사음은 의이고, 불음주는 신이고, 불망어는 예이다"라고 하여 인·의·예·지·신과 대비시키고 있다.

오륜오상이라고 하는 유교윤리가 오늘날에도 그대로 통용되는지는 의문이나, 그것이 인간관계의 이법으로서 윤리의 본질을 잘 나타내는 것만은 확실하다. 윤리와 도덕이라는 말은 일상적으로 구별 없이 사용된다. 그러나 도덕이라는 말의 '덕(德)'자에다 중점을 두면 도덕이란 도를 실천해야 할 주체적 태도를 의미한다. '덕은 얻는 것이다'라는 말처럼 덕은 도의 체득을 의미한다. 이 점에서 도덕의 도리, 즉 이법으로서의 윤리를 실천해야 할 인간의 주체적 태도라고 정의하여도 무방할 것이다. 이러한 윤리나 도덕의 이론적 성찰이 윤리학이다. 영어의 'ethics'나 독일어의 'Ethik'는 그리스어 'ethos'이다. 'ethos'란 원래 동물이 서식하는 장소 또는 우리를 뜻하는 말이었으나, 나중에 사회의 관습·풍속·개인의 성격을 의미하게 되었다. 이로 미루어 보더라도 윤리와 관습은 서로 밀접한 관계가 있음을 알 수 있다.

'윤리학'이라는 이름을 가진 책 가운데 현존하는 최고의 것은 아리스토텔레스[Aristoteles(BC 384~BC 322)]의 ≪니코마코스 윤리학: Nicomachean Ethics≫[4]이다. 아리스토텔레스는 만학의 비조(飛鳥)라고 불리는데, 윤리학도 그에 의해서 비로소 확립되었다고 볼 수 있다. 그는 플라톤의 제자이다. 플라톤[Platon(BC 427~347)]은 아테네의 아카데미아에 학원을 설립하였는데, 플라톤이 죽은 뒤 이 학원에서 윤리학은 자연학·논리학과 더불어 철학의 한 분과로 보게 되었다. 철학의 이와 같은 삼분설은 로마 시대에 계승되었고, 로마의 철학자 키케로(Cicero,

4) 아리스토텔레스의 『니코마코스 윤리학』은 그리스 고전철학이 보여준 도덕적 세계관의 완성적인 형태로서 인정된다. 아리스토텔레스 고유의 방법을 가지고 주어진 문제에 관한 일상적 이해로부터 플라톤주의자를 비롯한 선대의 연구의견까지 분석의 터전을 마련한 후 그 안에서 취할 것과 가려낼 것을 골라가면서 하나의 종합적 체계를 구성했기 때문이다. 따라서 인간의 행복이 무엇인지 어떻게 그 행복에 도달하는지 그 과정에서 필요한 앎이 무엇인지에 관한 포괄적이고 체계적인 이해를 이 작품에서 읽을 수 있었던 것이다.

Platon(BC 427~347)

Aristoteles(BC 384~BC 322)

Marcus Tullius)[5]나 세네카(Seneca, Lucius Annaeus)[6] 등은 'thica'의 역어로서 '모랄리스(mora1is)'를 사용하였다. 그 어원은 '모스(mos)'로서, 이는 그리스어의 'thos'와 마찬가지로 관습·습속을 의미한다.

2. 윤리 위기의 사회적 문제

(1) 윤리의 위기

현대 사회는 오늘날 심각한 윤리적 위기에 직면하고 있다. 얼마 전 사회의 문제가 되고 있는 영남제분 회장 부인 여대생 청부살인 사건은, 2002년에 사위인 판사의 사촌 여동생인 여학생을 불륜관계로 오인하여 청부한 사건으로 그 여대생을 납치해 머리에 공기총 3발을 쏘아서 살해한 다음 야산에 유기하던 중 아직 숨이 붙어 있고 저항을 하자 팔을 부러뜨린 후 1발을 더 머리에 쏘아서 살해하고 확인사살로 2발을 더 머리에 쏜 후 하남시 야산 등산로에 시신을 유기한 사건이 있다. 그러나 얼마 전 문제가 되고 있는 것은 주인공인 영남제분 회장 부인 윤ㅇㅇ는 2002년 일어난 여대생 청부 살인의 범인으로 무기징역을 받고는 형집행정지를 이용해서 교도소 밖에서 4년 1개월 동안 호화생활을 했다는데 정말 논란이 일어날 수밖에 없다.

---

5) 키케로(Cicero, Marcus Tullius)는 로마의 정치가·학자·작가(BC 106~BC 43)로서 집정관이 되어 카틸리나의 음모를 폭로하고 '국부2'(國父)라는 칭호를 얻었다. 그의 문체는 라틴어의 모범으로 일컬어진다.

6) 세네카(Seneca, Lucius Annaeus)는 에스파냐 태생의 고대 로마 철학자·극작가(BC 4~AD 65)로서, 스토아학파의 철학자로, 네로의 스승이 되었지만 후에 반역의 혐의를 받고 자결하였다. 저서에 ≪메디아≫ 등이 있다.

그리고 얼마 전에 임신한 학생이 제주에 수학여행을 왔다가 출산한 다음 영아를 유기해 죽은 믿기 힘든 사건을 볼 수 있다. 최근 들어 십대들의 임신, 낙태는 어제오늘의 이야기가 아니다. 몇 해 전 아무 죄 없고 힘없는 여성들을 납치해서 성폭행하고 살해하기를 여러 번 반복한 연쇄 성폭행살인범 이야기는 대한민국 전체를 분노하게 만들었다.

한국의 역대 흉악범죄자

한국의 역대 연쇄살인 및 미성년자 성폭행범에 대한 관심이 높다. 최근 김길태와 같이 인면수심의 살인을 저질러 국민적인 분노를 샀던 유영철·정남규·정성현·강호순·조두순의 범행 동기는 비뚤어진 보복심리와 사회적 분노, 묻지마 살인충동 등 다양하다.

① **김길태**는 부산 여중생 납치사건 및 성폭행, 살인사건으로 집안에 있었던 여중생을 납치해 수차례 성폭행하고 살해까지 하고 가정집 물탱크 안에 나체상태로 유기하고 심지어 물탱크 안에 석회가루를 뿌려 증거인멸 시도와 벽돌과 비닐 등으로 위장까지 하였으며, 공개수사 12일째 덕포시장 근처에서 시민들의 신고로 검거되어 마무리 지어졌으나 이 사건은 폭행에, 살인에, 유기까지 세상 최악의 범죄를 한 번에 저질러 버린 최고의 충격이었다.

② **유영철**은 2003년 전주교도소 출소 후 살인을 시작해 2004년까지 서울 각지에서 부유층 노인과 출장 마사지사 여성 등 총 21명을 잔인하게 살해했으며, 같은 해 7월 체포돼 이듬해 6월 사형을 확정받았다. 이는 망치, 칼 등의 흉기로 사람을 참혹하게 죽이고 시체를 토막내고 희생자의 장기마저 먹는 등 엽기적인 범죄를 저질러 1997년 이후 처음으로 한국에서 사형선고를 받았다.

③ **정남규**는 제2의 유영철'로 불린 연쇄 살인범으로 2004년 서울 서남부 지역의 폐쇄회로TV가 없는 서민 주택가에서 13명의 부녀자를 죽이고 20명에게 중상을 입혔다. 살인이 비 오는 목요일에 되풀이돼 '서울판 살인의 추억'으로 불리며 시민들을 불안에 떨게 했다.

④ **정성현**은 2007년 12월 경기 안양에서 이혜진 양(당시 11세)과 우예슬(당시 9세) 양을 집으로 유인해 성폭행하려다가 실패하자 이들을 살해하고 시신을 훼손했다. 앞서 2004년 7월에는 군포에서 정모(여·당시 44세) 씨를 살해하고 시신을 훼손, 자신의 집 근처 야산에 버리기도 했다.

⑤ **강호순**은 2006년 9월부터 2008년 12월까지 경기도 서남부 일대에서 부녀자 8명을 살해하고 2005년 10월 경기도 안산시 본오동 장모 집에 불을 질러 장모와 처까지 살해해 전 국민을 경악케 했다.

⑥ **조두순**은 일명 '나영이 사건'으로 2008년 12월11일 경기도 안산에서 등교 중이던 당시 여덟살 나영이(가명)를 인근 상가건물 화장실로 끌고 가 성폭행해 성기와 항문 등의 기능

> 을 영구 상실케 했다. 당시 음주로 인한 심신미약이 인정돼 무기징역형에서 12년형이 선고돼 사회적으로 논란이 일었다.

이 무시무시한 사건이 잊혀지기도 전에 지나가던 20대 여성을 납치해서 성폭행하고 살해하는 것만으로도 부족해서 시신을 여러 토막 내기까지 한 사건은 대한민국 전체를 경악케 만들었다. 그리고 얼마 전에는 보험금을 타내기 위해 부모와 형제를 살해하고 마치 자살한 것처럼 꾸민 패륜아가 사회적으로 윤리적 문제가 제기 되었다.[7] 이런 패륜적 강력 범죄들은 더 이상 영화 속에서나 볼 수 있는 것이 아니다. 더욱 놀라운 사실은 이런 범죄들이 어른들만의 전유물이 아니란 것이다. 10대 청소년들의 강력범죄가 매년 증가 추세를 보이고 있는데, 근년의 통계에 따르면 연간 4,000건을 훌쩍 뛰어넘는다고 하니 매일 대략 10여 건 정도의 살인, 강간, 강도, 방화 등의 범죄가 발생하고 있다는 말이다.

연일 매스컴을 통해 보도되는 이런 강력 범죄 소식들은 사람들로 하여금 두려움에 떨게 하면서도 다른 한편으로는 잔혹 범죄들에 대해 무감각하게 만들고 있다. 이런 소식들에 워낙 빈번하게 노출되다 보니 사람들이 모두가 면역이 돼 버렸다. 잔혹 범죄에 대한 무감각성은 범죄들에게서도 공통적으로 관찰된다. 그들은 한결같이 범죄 후 체포된 다음에도 전혀 뉘우치는 기색조차 보이지 않는다. 오늘날 세상이 얼마나 악해졌고 얼마나 심각하게 윤리가 땅에 떨어졌는지를 보여주는 모습으로 전형적인 사이코패스형[8] 범죄의 유형들에 속한다.

---

7) 2009년 10월 10일 새벽 서울 면목동의 한 다세대 주택 반지하에서 화재가 발생해 잠을 자고 있던 모녀가 숨지는 사건이 발생했다. 불과 15세밖에 안 된 동네 소년이 사건 당일 몰래 현관문을 열고 들어가 휘발유를 붓고 불을 붙인 것이었다. 더 놀라운 것은 불을 지르라고 시킨 사람은 다름 아닌 그 집 아들 장○○(17) 군이라는 사실이었다. 이는 억대 보험금을 노린 10대들의 계획적인 살인사건이었다.

8) 사이코패스(反社會性性格障礙, Psychopath)의 정의, 사이코패스형 범죄의 특징, 사이코패스 범죄의 관련사례, 사이코패스 범죄의 문제점과 대응방안에 대하여 자세하게는 김상찬·김상명, 「법과여성」, 청목출판사, 2012, 443~460면 참조.

사이코패스(反社會性性格障礙, Psychopath)

사이코패스(反社會性性格障礙, Psychopath)란 반사회성 성격 장애로, 생활 전반에 걸쳐 다른 사람의 권리를 무시하거나 침해하는 성격적 장애를 일컫는다. 대부분 열다섯 살 이전에 나타나는 반사회성 행동(행동 장애)이 성인기로 이어져 계속되는 증상으로 다른 사람의 감정 및 권리를 무시 하고 오직 자신의 이익이나 쾌락을 추구하기 위해 수단과 방법을 가리지 않는다. 특징으로는 거짓말과 변명에 능하고 충동적이며 불안정하고 공격적이고 폭력적이며 피해망상이 짙게 깔려 있고(범죄를 저지르고도 자신은 사회의 피해자라는 등) 합리적이지 않은 변명들을 내세워 합리화하기도 한다.

그러나 행동장애와는 다른 점이 있다면 이들은 어른이며 사리 분별이 가능하고 자신이 저지르는 일들이 나쁜 일이고 그 사람들에게 어떤 영향을 미칠지 모두 알고 있다는 사실이다. 이러한 성격적 장애로 인하여 많은 피해자가 나타나고 있는 현실에서 가장 큰 피해자는 대부분 여성들이다. 이는 개인의 문제를 넘어 사회적·국가적 문제로 나타난다.

이런 충격적인 현실을 접하며 기독교 신앙과 무관한 사람들조차 '세상 말세'라고 한탄하고 있는 것이 사실이다. 윤리의 근간이 흔들리는 패륜적 범죄들은 언제나 있어 왔지만 오늘날처럼 이렇게 흉악하고 심각하게 윤리적 위기를 맞은 경우는 일찍이 없었을 것이다.

최근 검찰(서울중앙지검 특수1부)은 정운호(전 네이처리퍼블릭) 대표에게서 2014년 정 전대표 소유의 레인지로버 중고차를 시세보다 훨씬 낮은 5천만원에 사들이고 나서 정씨에게서 차 대금을 돌려받은 혐의, 그는 이때를 전후해 정 전대표와 베트남 여행을 다녀오면서 여행비를 정씨 측에 부담시키는 등 이후에도 여러 차례 금전적 이익을 취한 혐의도 받고, 정 전대표 측이 발행한 100만원권 수표 5~6장이 김 부장판사에게 흘러간 정황이 포착되기도, 정 전대표와 가까운 사이이면서도 네이처리퍼블릭이 피해자인 항소심 재판 3건을 맡아 판결을 내려 부정한 금품을 받은 혐의 등으로 인천지법 김수천 현직 부장판사를 구속했다.[9]

이에 양승태 대법원장은 현직 부장판사 뇌물수수 구속 사건과 관련해 "사법부를 대표해 국민 여러분께 끼친 심려에 대해 깊이 사과드리며 앞으로 밝혀

9) 현직 부장판사급 이상으로는 2006년 법조 브로커 김홍수 씨에게 금품을 받은 조관행 당시 서울고법 부장판사 이후 10년 만에 구속된 사례이다.

질 내용에 따라 엄정한 조치를 취할 것을 약속드린다"고 공식 사과하는 사태까지 벌어졌다.

이제 최고 권력층까지도 부정부패의 늪에서 벗어나지 못하는 이 나라의 현실에 아쉬움만 더해 간다.

(2) 윤리 위기의 행태

가. 가족제도의 위기

오늘날 우리가 당하는 윤리적 위기 중 가장 중요한 부분은 사회구성의 가장 기본적인 단위가 되는 가정(家庭)에서부터 윤리가 무너지고 있다는 것이다. 우리 사회는 효(孝)를 매우 중시하던 사회였다. 그럼에도 불구하고 오늘날의 현실을 보면 부모자식 간은 물론 형제자매들까지 서로 죽고 죽이는 사건까지 일어나고 있다.[10] 부모의 재산을 노린 박모씨는 부모와 형에게 수면제를 먹이고 연탄불을 피워 자살을 위장한 대담한 살해를 했다. 이 범행을 저지르기 전 자신의 집과 비슷한 원룸을 임대해 범행을 미리 모의 연습하는 치밀함까지 보였다. 뿐만 아니라 부모와 형을 살해한 뒤 119에 전화를 걸어 "빨리 와 달라"고 신고해 일가족이 동반 자살한 것처럼 위장했다. 박씨는 자신의 범행을 숨진 형에게 뒤집어씌우기 위해 형의 차량에 연탄과 번개탄을 가져다 놓고 수면제를 형의 시신 옆에 놓아둬 수사에 혼선을 빚게 하기도 했다. 그 후에도 태연하게 장례식의 상주로서 눈물을 흘리며 조문객들을 맞기까지 했다.

부모 살해라는 패륜적 범죄 못지않게 우리나라에서 최근에 빈번하게 일어나는 것은 가족 동반자살이다. IMF 이후 극심한 생활고로 인해 가족들의 동반자살이 현저히 늘어나고 있는데, 이는 한국 사회에서만 볼 수 있는 특이한 '나'

10) 2012년 7월에 아버지 소유 토지에 대한 상속 문제로 형제간 다툼이 살인으로 이어진 참극이 발생했다. 이씨 형제는 용인시 있는 부친 소유의 땅 1,800여㎡(560평)를 놓고 10년 동안 다툼이 있었다. 동생으로부터 해당 토지를 임대받은 안모(54)씨가 집을 짓겠다며 해당 토지에 살고 있는 형(59세)에게 원두막을 비워달라고 요구하자 3차례 걸쳐 시비가 있었고 안씨의 요구로 지적공사에서 측량을 진행하자 형 이씨가 측량을 방해해 쫓아냈으며, 이 과정에서 찾아온 안씨와 멱살을 잡는 등의 실강이가 있었다. 이 과정에서 형 이씨는 분을 참지 못하고 약 2Km 떨어진 용인동부경찰서 중앙지구대에 보관 중이던 유해조수 포획용인 본인 소유의 브로닝 엽총에 실탄 5발을 장전해 도망가는 안씨의 등을 1발 발사했다. 이후 이씨는 쓰러진 안씨에게 4발을 발사한 후 다시 5발을 재장전해 발사해 안씨가 그 자리에서 숨졌다.

란 가치관에서 '우리'라는 가치문화의 한 현상이다. 동반자살은 사실은 단순자살로 볼 수 없는데 이는 부모들이 동반자살을 빙자하여 자녀들의 목숨까지 빼앗는 엄연한 살인죄를 저지르고 있기 때문이다. 외국에서는 그 사례를 거의 찾아볼 수 없지만 한국 사회에서 일어나는 동반자살 현상은 자식을 부모들의 일부나 혹은 소유물로 생각할 정도로 친밀한 문화정서에서부터 비롯된 것이다. 우리 사회에 깊이 뿌리내린 부모 자식 간의 깊은 유대관계가 오히려 이런 가족 동반자살이라는 비극을 초래하는 원인이 되었다니 참으로 아이러니가 아닐 수 없다.

동반자살의 사례와 특징

최근 경기불황과 우울증 등으로 자살사건이 증가하고 있는 가운데, 가장이 일가족 모두를 살해한 뒤 자살하는 사고가 잇따라 발생해 충격을 주고 있다. 2013년 6월 27일 용인시 기흥구의 한 아파트에서 A(45)씨와 부인(39), 아들(11)이 숨진 채 발견됐다. 경찰조사 결과 A씨는 번듯한 공인회계사였지만 주식 투자에 여러 차례 실패하며 경제적인 문제로 부부간 갈등을 겪었던 것으로 전해졌다.

2013년 6월 25일 안산시 상록구의 한 아파트에서도 일가족 4명이 숨진 채 발견됐다. 화단에는 B(39)씨가 뛰어내려 숨진 채로, 집 안에는 부인(38)과 장모(70), 5살 난 딸이 목 졸려 숨져있었다. B씨는 지난해 10월 자동차 부품제조 공장에서 근무 도중 손가락 1개가 절단되는 사고로 휴직 중이었고, 극심한 우울증을 앓아왔던 것으로 전해졌다. 그는 평소 가족들과 불화가 있었던 것은 아니지만, 휴직으로 인한 우울증이 결국 부인과 딸, 장모의 목숨을 앗아가는 지경에까지 이르게 한 것으로 보인다. A씨와 B씨 모두 자신이 죽고 나면 남아 있는 가족들이 더욱 힘들어질 것으로 판단해 가족들을 먼저 살해하고 나중에 스스로 목숨을 끊은 것으로 보인다. 이와 같이 가족 살해 및 동반자살 사건의 특징은, 다른 나라에 비해 증가세에 있으며 '나'보다 '우리'를 중시하는 한국인 특유의 가치관과 관련이 있다.

부모 자식 관계가 이지경이 되다보니 장유유서(長幼有序)를 바탕으로 한 노인공경의 미풍양속(美風良俗)은 기대조차 할 수 없는 시대가 돼 버렸다. 버스나 지하철을 이용할 때면 노약자석이 분명히 마련돼 있는데도 불구하고, 젊은이들이 버젓이 자리를 차지해 앉아 있고 노약자들은 서있는 경우가 허다하다. 그렇다고 이런 젊은이들을 섣불리 나무라거나 꾸짖을 수도 없는 것이, 자칫 잘못하다가는 혈기왕성한 그들에게 낭패를 당할 수도 있기 때문이다. 세상이 이지경이 되다보니 어른들이 중·고생들의 탈선행위(脫線行爲)를 나무라는 것은 거의 불가능해졌다. 드물지만 이런 사건에 휘말려서 청소년들에게 몰매를 맞고 목숨을 잃은 어른들까지 생겨날 정도이니 우리 사회의 윤리가 어느 지경에 와 있는지 짐작할 수 있는 것이다.

나. 가정 파탄

서구사회에서 이혼(離婚)과 그로 인해 파생되는 사회적 문제는 오래전부터 사회적 골칫거리였으나, 유교문화(儒敎文化)에 뿌리를 둔 한국 사회에서 이혼은 상상도 할 수 없는 일이었다. 이혼이 우리나라에서 사회문제로 대두된 것은 그리 오래되지 않았다. 하지만 이제 이혼과 그로 인해 야기되는 문제들은 먼 나라 이야기가 결코 아니다. 통계청의 따르면,[11] '2013년 1월 이혼건수'만 9,400건으로 전년 동월 대비 400건(4.4%)이 증가했다. 40대 중 결혼하지 않은 사람은 2000년 2.8%, 2010년 7.9%(남 10.9%, 여자4.8%)로 10년 사이 3배 이상 늘어 40대 820만 4,781명 중 64만 5,383명이 미혼상태이다. 2012년 우리나라 이혼부부는 11만 4,300여 쌍으로 OECD 회원국 중 이혼율이 1위로 한 부모가정은 2012년 167만 7,415 가구로 해마다 증가추세에 있다. 수치적으로만 본다면 매년 세 쌍 당 한 쌍이 이혼했다는 통계다. 이는 한국 사회에서 이혼은 결코 남의 이야기가 아님을 보여주는 명확한 증거다.

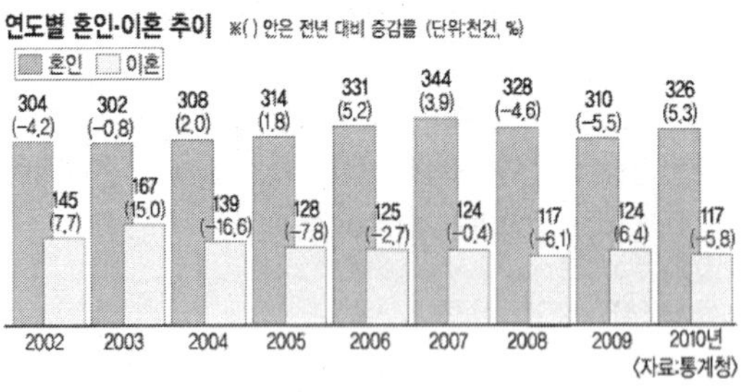

연도별 혼인·이혼 추이 ( )은 전년대비 증감률

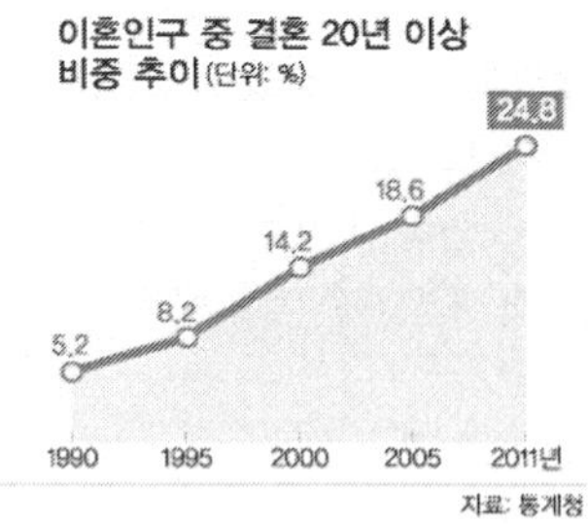

이혼인구 중 결혼 20년이상 비중 추이(단위: %)

11) 통계청, 2013년 혼인·이혼 통계 보도자료.

그러나 최근 통계청 자료[12]에 따르면, 2015년 이혼은 109,200건으로 전년(115,500건)보다 5.5%(6,400건) 감소하였다. 2015년 조이혼율(인구 1천 명당 이혼 건수) 2.1건은 1997년(2.0건) 이후 최저 수준이다. 유배우 이혼율(유배우 인구 1천 명당 이혼 건수)은 4.4건으로 전년에 비해 0.3건 감소하여 2000년 이래 최저를 기록했다.

〈표 1-1〉 이혼 건수, 조이혼율 및 유배우 이혼율, 2005~2015

	2005	2006	2007	2008	2009	2010	2011	2012	2013	2014	2015
이혼 건수(천 건)	128.0	124.5	124.1	116.5	124.0	116.9	114.3	114.3	115.3	115.5	109.2
증감(천 건)	−10.9	−3.5	−0.5	−7.5	7.5	−7.1	−2.6	0.0	1.0	0.2	−6.4
증감률(%)	−7.8	−2.7	−0.4	−6.1	6.4	−5.8	−2.2	0.0	0.9	0.2	−5.5
조이혼율*	2.6	2.5	2.5	2.4	2.5	2.3	2.3	2.3	2.3	2.3	2.1
유비유 이혼율**	5.5	5.3	5.2	4.9	5.2	4.8	4.7	4.7	4.7	4.7	4.4

* 인구 1천 명당 건, ** 15세 이상 유배우 인구 1천 명당 건

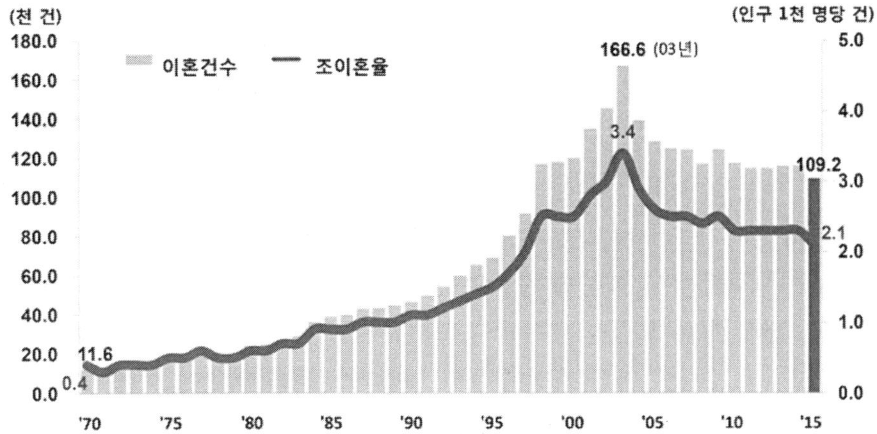

[그림 1-1] 이혼 건수 및 조이혼율 추이, 1970~2015

12) 통계청, 2015년 혼인·이혼 통계 보도자료.

성경에서 보는 결혼관

또 일렀으되 누구든지 아내를 버리려거든 이혼증서를 줄 것이라 하였으나 이는 너희에게 이르노니 누구든지 음행한 이유 없이 아내를 버리면 이는 그로 간음하게 함이요 또 누구든지 버림받은 여자에게 장가드는 자도 간음함이니라(마태복음 5장 31~32절).

예수께서 대답하여 이르시되 사람을 지으신 이가 본래 그들을 남자와 여자로 지으시고 말씀하시기를 그러므로 사람이 그 부모를 떠나서 아내에게 합하여 그 둘이 한 몸이 될지니라 하신 것을 읽지 못하였느냐 그런즉 이제 둘이 아니요 한 몸이니 그러므로 하나님이 짝지어 주신 것을 사람이 나누지 못할지니라 하시니 여짜오되 그러면 어찌하여 모세는 이혼 증서를 주어서 버리라 명하였나이까 예수께서 이르시되 모세가 너희 마음의 완악함 때문에 아내 버림을 허락하였거니와 본래는 그렇지 아니하니라 내가 너희에게 말하노니 누구든지 음행한 이유 외에 아내를 버리고 다른 데 장가드는 자는 간음함이니라(마태복음 19장 4~9절).

남편은 그 아내에게 대한 의무를 다하고 아내도 그 남편에게 그렇게 할찌라(고린도전서 7:3) 남편들아 아내 사랑하기를 그리스도께서 교회를 사랑하시고 위하여 자신을 주심 같이 하라(에베소서 5:25).

그러나 네가 네 남편을 두고 실행하여 더럽혀서 네 남편 아닌 사람과 동침하였으면 제사장이 그 여인으로 저주의 맹세를 하게 하고 그 여인에게 말할지니라 여호와께서 네 넓적다리로 떨어지고 네 배로 부어서 너로 네 백성 중에 저줏거리, 맹셋거리가 되게 하실지라(민수기 5장 20~1절).

아내들이여 자기 남편에게 복종하기를 주께 하듯하라 이는 남편이 아내의 머리됨이 그리스도께서 교회의 머리됨과 같음이니 그가 친히 몸의 구주시니라(에베소서 5장 22~23절).

자식 때문에, 다른 사람들 눈 때문에 참고 살던 시대는 이미 지난 지 오래다. 최근의 통계자료에서 보여주는 60대 혹은 70대 이후 황혼 이혼 비율의 현저한 상승은 사회적 통념 때문에 갈등의 상황 속에서도 가정을 지켰던 과거의 부부들과는 전혀 다른 모습을 부부들이 보여준 것이다. 이는 아마도 사회구조의 변화와 시대의 흐름에 따른 가정에 대한 인식과 남녀의 역할에 대한 새로운 이해에서 비롯된 것이다. 그 한 가지 예로 맞벌이 부부가 늘어나고 주부의 역할이나 부부간의 역할 분담에 대한 고정관념(固定觀念)의 자체가 흔들리고 있다는 것이다. 남편의 경제적 능력에 아내가 전적으로 의존하던 시대는 이미 지나고, 경제적 능력을 갖춘 많은 아내들이 그저 참고만 살지 않는 시대가 된 것이다.

전통적으로 기본적인 윤리의식이 가정에서부터 비롯되는데, 가족제도 자체가 위기 가운데 있고 엎친 데 덮친 격으로 맞벌이 부부들은 가정교육을 유치원, 학교, 학원, 종교시설 등과 같은 교육기관에 전가함으로써 가정이 감당해야할 최소한의 것 마저 포기하고 있는 실정이다. 책을 통한 이론이 아닌 부부의 삶을 통해 배우던 삶의 교육이 우리 사회에서 사라져가고 있는 것이 현실이다.

다. 학교 교육의 붕괴

가정에서의 윤리교육의 실종(失踪)은 곧바로 학교에서 이루어지는 모든 교육과도 직결된다. 공교육이 붕궤되었다는 얘기는 이미 여러 해 전부터 있어왔다. 교실에서 교사(敎師)의 권위는 더 이상 찾아볼 수 없고, 교실에서 선생님이 가르치면 학생들은 정신을 바짝 차리고 그것을 배우는 식의 전통적인 교육은 이미 사라졌다. 공교육 현장에서 스승과 제자가 배움을 주고받는다기보다는 더 높은 점수를 받기 위해 사교육 현장으로 내몰리는 학생들은 학교 교육에 무성의하게 참여하는 것이다. 이런 현실에서 어떻게 진정한 교육이 가능하겠는가?

부모에 대한 도리(道理)도 제대로 못 배운 청소년들이 학교에서 스승에 대한 도리를 제대로 배웠을 리는 만무하다. 학교의 시스템 자체가 제자들은 스승의 가르침을 받는다는 전통적인 사제(師弟)간의 관계 자체를 불허하고 있는 것이 오늘날의 현실이다. 작금에는 스승의 그림자도 밟지 않는다는 말은 옛 말이 되었다. 이젠 고전적인 사제 간의 관계는 고사하고 교사의 권위 자체가 땅에 떨어지는 현상이 교실 등에서 일어나고 있다. 문제가 있는 학생을 꾸짖는 교사에게 반항하는 데 그치지 않고, 오히려 학생이 교사를 폭행하는 믿기 힘든 사건들이 실제로 연일 매스컴에 보도되고 있다.

교사들의 인권침해

최근 학생인권침해만큼이나 교육계의 문제점으로 '교사인권침해'가 떠오르고 있다. 처벌과 벌점이 금지하면서 교사들이 학생들을 지도하는데 예전보다도 어려움을 겪고 있으며 학생들 역시 교사들이 자신들을 통제할 수단이 부족한 점을 알기 때문에 교사를 만만하게 보는 사례가 생겨 '교사인권침해'라는 문제가 떠오르는 것 같다. 게다가 학생들로 인한 교사의 인권침해뿐만 아니라 교감이나 교장 등 같은 교사 내에서 벌어지는 인권침해와 학부모들로 인한 인권침해도 빈번히 발생하는 추세이다.

우선 학생에 의한 교사의 인권침해 사례를 살펴보면, 어느 고등학교에서 A군은 점심시간

외출 중 생활지도부 교사 B씨에게 "학교 밖에서 담배를 피운 것 아니냐"는 의심을 받았고, B씨가 A군의 바지를 뒤져 담배를 발견했고 "담배를 건네라"며 욕설로 다그치자 이에 A군이 이를 거부하며 욕설과 함께 소리를 지른 사례가 있다. 또한 이천의 한 고등학교에서는 기간제 교사를 학생들이 빗자루로 폭행한 일명 '빗자루폭행사건'도 발생하였다. 그리고 2013년에는 한 중학생이 담임교사와 스포츠클럽 강사에게 폭언을 하고 교실을 무단이탈하는 일이 잇따라 발생했다. 이 학생은 종례에도 참석하지 않고 무단귀가를 하여 선도위원회 참석 요청서를 주려고 교무부장과 담임교사가 이 학생의 집을 방문하자 아버지는 두 교사를 무단주거침입으로 경찰에 고소하는 사건도 일어났다. 게다가 중학생들이 여교사의 치마 속을 스마트폰으로 몰래 촬영해 SNS에 유포한 것과 같은 성희롱 사건도 최근 들어 증가하고 있다. 2013년 교육부가 조사한 교권 침해 현황을 보면, '학생들에 의한 교사 성희롱' 사건은 모두 101건으로 교권 침해 사건이 가장 많았던 2012년보다 오히려 더 많이 발생했다.

또한 학부모에 의한 교사의 인권침해도 심각한 것으로 나타났다. 2012년 3월 서울의 한 초등학교에서 개학한 지 3일 만에 한 학부모가 교감을 찾아와 "장애를 가진 학생과 2년째 같은 반이 되어 억울하다, 담임교사 나이가 많다, 불친절하다" 등의 이유를 대며 담임교사를 바꿔달라며 요구하였다고 한다. 이 같은 이유로 담임교사를 바꿀 수는 없다고 하자 이 학부모는 매일 교장과 교감에게 담임 교체를 요구하는 문자를 보냈고, 2주 뒤에는 교무실에 찾아와 "이거 어디 있냐, 머리끄덩이 잡아 가만 두지 않겠다, 상판대기…"와 같은 욕설과 폭언을 퍼부었다고 한다, 심지어 담임교사가 학생들을 폭행한 것처럼 허위사실을 117(학교·여성폭력피해자 등 긴급지원센터)에 신고하기도 했으며 학부모에게 시달리던 담임교사는 결국 병가를 냈다고 한다. 그리고 같은 해 4월 대구의 한 초등학교에서는 아들이 크레파스를 바닥에 집어던진 일로 담임에게 꿀밤을 한 대 맞자 학생들이 보는 앞에서 학부모가 교사를 폭행하는 사건도 발생하는 등 학부모에 의한 교사의 인권침해 사례는 나날이 증가해가는 추세라고 한다.

같은 교사에 의한 인권침해 사례도 존재한다. 어느 모 초등학교에서 교장이 교사들을 강제로 야근시키고 교감에게는 "교감은 이번 결제에서 빠라", 여교사에게는 "남자 만나더니 일처리도 못한다"라며 폭언을 퍼부으며 인권침해를 하였다고 한다. 학부모와 학생들뿐만 아니라 같은 교사 내에서도 이러한 인권침해가 발생한다는 것은 최근 교사의 인권이 얼마나 추락하는 지를 분명히 나타내는 지표라고 생각한다.

한국교총이 교사 776명을 대상으로 실시한 설문조사에서 21.2%는 이처럼 학생이 분명히 학칙을 어겼는데도 학부모의 문제제기나 항의, 민원 제기로 2차 침해가 발생하는 상황을 학생 생활지도의 가장 큰 어려움으로 꼽았다. 또한 학부모의 행동 중 가장 어렵게 하거나 섭섭한 경우를 묻는 질문에서는 '성적이나 생활태도 등 학생에 대한 모든 책임을 교사나 학교에 돌릴 때'(26.0%)라고 응답한 교사가 가장 많았다. 25.0%는 '학생이 분명히 잘못했는데도 학교 탓만 할 때'라고 답했다. 이는 교사의 인권침해의 심각성을 보여주기에 충분한 결과라고 생각한다.

학교 내에서 일어나는 또 하나의 심각한 현상은 왕따 문제와 학교 폭력 문제이다. 사춘기 청소년들에게 부모보다 더 중요한 또래 친구들 사이에 약자에 대해 다수의 학생들이 왕따를 일삼거나 폭력을 행사하는 일이 날로 심각해지고 있다. 남녀 학생을 막론하고 집단적으로 약(弱)한 학생들을 괴롭히거나 아예 조직화하여 마치 갱단처럼 행세하며 교실은 물론 등하교 길까지 공포로 몰아넣기도 한다. 이런 왕따 문제와 폭력 문제는 가해자 입장에서는 장난삼아 한 일일지라도 피해자 입장에서는 감수성이 예민한 청소년들에게 자살과 같은 돌이킬 수 없는 심각한 결과를 초래한다.

그뿐 아니다. 우리 사회에서 청소년들의 문제는 날로 그 정도가 심각해지고 있다. 미성년인 학생들이 길거리에서 버젓이 어른들과 함께 담배를 피우는 일은 이제 자연스럽기까지 할 정도로 만연하다. 그런데 이들을 야단치는 어른들보다는 못 본 척하고 피하는 경우가 허다하다. 섣불리 나무라다가는 봉변당할 수도 있기 때문이다.

학교폭력의 실태, 문제점, 대안

□ 실 태

최근 학교폭력은 표면적으로 비율이 감소하는 것처럼 보이고 있지만 점점 집단화, 흉포화 양상을 보이고 있다(조선일보, 2012.02.07). 비행청소년뿐 아니라 일반청소년들도 학교폭력에 노출, 처음 경험 시기는 일반청소년 12.9세, 비행청소년 13.6세로 저연령화되고 있다(여성가족부, 2010).

[학교폭력 피해 시기]

(단위: 명, %)

항목	2010		2011	
	빈도	비율	빈도	비율
초등 1~3	174	17.5	750	26.5
초등 4~6	356	35.9	1,311	46.2
중 1	186	18.8	355	12.5
중 2	124	12.5	253	8.9
중 3	98	9.9	75	2.6
고 1	53	5.4	60	2.3
고 2	–	–	30	1.0
전 체	991	100.0	2,834	100.0

* 출처: 청소년 폭력 예방재단(2012).

학교폭력 가담 학생들이 문제학생에서 모범생으로 점차 일반화되어 가고 있다(조선일보, 2012.05.02).

[학교폭력 가해학생 수]

(단위: 명, %)

항목	2010		2011	
	빈도	비율	빈도	비율
1명	141	33.8	512	32.1
2~5명	208	49.9	828	52.0
6명 이상	68	16.3	253	15.9
전체	417	100.0	1,593	100.0

* 출처: 청소년 폭력 예방재단(2012).

□ 문제점

학교폭력에 대한 실태파악 및 폭력학생에 대한 사후조치가 미흡하다는 문제가 지속적으로 제기되고 있다. 가해학생들은 폭력에 대한 처벌의 두려움을 가지고 있지 않으며, 폭력행동을 정당화시키는 현상이 나타나고 있다. 자신의 행동이 크게 잘못되었다고 생각하지 않으며, 자신의 행동에 대한 객관적 판단, 타인에 대한 배려 부재 등을 들 수 있다(학교폭력 조사현황과 과제, 한국교육개발원, 2012).

학생들은 가정, 학교, 사회 등 대내외적 환경 변화로 바람직한 성숙한 인격체로 성장하는 데 필수적인 인성교육 부재에 직면하고 있다. 이는 핵가족화, 맞벌이 부부화에 따른 가정의 사회화·교육기능 약화, 교권상실, 각종 교육계 비리 등으로 인한 학교 권위의 추락, 학력만능주의 사회 환경, 입시위주의 교육 시스템 속에서 인성교육은 상대적으로 소외, 최근 입시에 인성테스트가 도입되면서 인성 과외가 성행하는 상황이다.

학교폭력 가해자는 미성년이라는 이유로 일반 성인 범죄에 비해 상대적으로 관대한 처벌을 받고 있다. 청소년이 실수로 범죄를 저지른 것과 친구 사이에서 조직화, 흉폭화된 폭력을 행사하는 것은 별개의 문제이고, 가해자의 인권보다는 피해자 인권이 우선되어야 하며, 그 이전에 사전예방과 재발방지 기능이 고려되어야 한다. 이는 형법 제9조(형사미성년자) 14세 되지 아니한 자의 행위는 처벌하지 아니한다(이런 경우 소년법을 적용해 처벌).

□ 대 안

첫째, 청소년들에 대한 인성교육 강화 — 오늘날 청소년들에게는 인격이 성장할 기회가 매우 부족하다. 약육강식의 승자와 패자만 있는 사회를 너무 일찍 경험하게 되는데 반해 가정과 학교의 모든 권위가 무너져 본받고 배워야 할 롤모델은 전무한 상태이다. 또한 가정, 학교, 사회에서는 오로지 입시와 성적의 잣대만 들이대는 상황이니 학교폭력이 난무하는 것이 어쩌면 자연스러운 상황이다. 왕따, 학교폭력 등이 만연한 이유는 학생들에 대한 인성교육 부재 때문이다. 핵가족화, 맞벌이 등에 따른 가정의 교육기능 약화, 교권의 추락, 학력지상주의에 따른 입시위주 교육으로 인해 학교는 스승과 친구가 사라진 오직 승자와 패자만 있는 양육강식의 세계가 된 것이다.

둘째, 학교폭력 가해자에 대한 처벌 강화 — 현재 학교환경은 야생 생태계와 유사하다. 형법상 미성년의 보호를 받는 폭력 가해자들이 아무렇지도 않게 활보하고 있는 상황에서 가해자의 인권은 지켜지고 피해자의 인권은 유린되는 상황이 지속되고 있다. 학교폭력 가해자는 일반 성인과 마찬가지로 강력한 처벌을 받아야 한다. 처벌강화는 가해자에 대한 단죄와 그에 따른 학생인권 보호의 차원에서 논의될 문제가 아니다. 강력한 제재를 고지함으로써 학교폭력을 미연에 차단하고 재발을 방지하고자 하는 것이 본질적인 목적이다. 동일한 관점에서 각 학교에 전담 경찰공무원을 상주시킬 필요도 있다.

셋째, 실추된 교권과 학교의 권위를 회복해 인성교육 강화 — 교육계 비리를 일소할 강력한 대책을 마련하고 체벌권 부여 등 교사의 권위와 책임을 강화해 교권의 위상을 회복, 가정, 지역사회 등 전통적 공동체의 교육기능이 약화된 상황을 감안해 인성교육을 전적으로 학교가 담당하여야 한다.

넷째, 학교폭력 종합 매뉴얼 제작 — 기 제작된 분야별 매뉴얼을 종합해 교사(상담, 처리), 가해학생(처벌), 피해학생(신고, 대응) 등의 행동지침서 제작·교육을 하여야 한다.

라. 사회의 부정부패

우리 사회가 선진화되면서 노골적인 뇌물(賂物)이나 비리들이 사라지고 부정부패가 많이 개선된 것처럼 보이지만 실제로 내면을 들여다보면 여전히 부패상에는 별 차이가 없는 것을 보게 된다. 아니 오히려 부정과 부패가 점점 더 지능화되기 때문에 겉으로 잘 드러나지 않을 뿐이다. 우리나라에서 총리나 장관 등에 임명되는 후보자들이 반드시 지나야 할 통과 의례절차 중 하나가 후보자 검증을 위한 청문회다. 청문회 자리에 선 후보자들 치고 청렴결백해서 아무런 문제없이 통과한 사람은 단 한 사람도 없었다. 사실 청문회에 참여하여 온갖 비리들을 파헤치는 국회의원들 역시 파헤치면 문제없는 사람은 아무도 없을 것이다. 또한 우리나라의 역대 대통령 중 본인이나 친인척 비리혐의로 법의 심판을 받지 않는 사람은 찾아볼 수가 없을 정도니 나라의 부패가 얼마나 심각한지 짐작이 간다.[13)]

---

13) 교육청 초등학교 행정실 횡령사례, 사회복지공동모금회 2010년 예산 유용 및 횡령사례, 허위공문에 의한 횡령과 세외수입 횡령사례, 급여 횡령, 복지보조금 횡령사례, 한국석유

제주도 공무원 범죄 유형

국회 안전행정위원회 이재정 의원(더불어민주당)은 2016년 9월 21일 경찰청으로부터 받은 '2012년 이후 공무원 4대 범죄(살인·강도·절도·폭력) 검거 현황 자료'를 분석한 결과를 발표했다. 자료에 따르면 지난 2012년부터 지난해까지 4년간 4대 범죄로 제주경찰에 검거된 공무원은 151명이다. 한해 평균 37.7명이 검거된 셈이다. 올해(8월 말 기준)에도 24명이 검거된 것으로 확인됐다.

유형별로는 폭력이 162명으로 전체의 92.6%를 차지했다. 절도가 13명(7.4%)이다. 살인과 강도는 1명도 없었다. 문제는 2012년 43건(폭력 38건·절도 5건)이던 제주지역 공무원의 4대 범죄 발생건수가 2013년 22건(폭력 22건)으로 감소했지만 2014년 39건(폭력 37건·절도 2건), 2015년 47건(폭력 42건·절도 5건)으로 증가추세를 보이고 있다는 데 있다.

지난해 10월16일에는 도 사업소 소속 A씨(45·7급)가 동료 B씨(45·8급)와 말다툼을 벌이다 주방에 있던 흉기를 휘둘러 B씨의 대퇴부에 15㎝가량의 상해를 입혔다. 또 이해 9월25일에는 다른 도 사업소 소속 공무원들이 회식 중 시비 끝에 폭력사건이 발생하기도 했다.

한편 최근 5년간 전국적으로는 총 8122명이 검거됐다. 유형별로 살펴보면 90%가 폭력사범(7,344명)이었으며, 절도가 729명(8.9%)이었다. 살인도 26명에 달하는 것으로 나타났다.

이런 정치계의 구조적 부패는 결국 사회 전반에 영향을 미쳐 소위 총체적 난국을 몰고 오는 결과를 낳게 되었다. 성수대교 붕괴, 삼풍백화점 붕괴, 대구지하철 폭발 사건, 경부 고속철도 부실공사, 재벌 기업들의 중소기업 착취, 세월호 참사 등은 공직자들이나 정치권의 부패와 결코 무관치 않다. 정경 유착의 고리와 공직 사회의 부패를 근절하지 않는 한 우리나라에서 부실 공사의 비리는 영원히 사라지지 않을 것이다. 더 큰 문제는 이러한 사회 전반의 부패를 바라보며 부패를 개혁하려는 의지를 가지는 대신 기독교인들을 포함한 대다수의 국민들이 그런 전반적 흐름에 휩쓸려 간다는 것이다.

세월호 참사

2014년 4월15일 오후9시 세월호가 인천에서 제주도를 향해 출발했다. 원래 출발시각은 오후6시30분이었지만 악천후로 출발이 늦춰졌다. 탑승자는 제주도 수학여행을 떠나는 경기도 안산 단원고 2학년 학생 325명을 포함해 교사 14명, 인솔자 1명, 일반탑승객 74명, 화물기

관리원 재무부서 직원의 검사수수료 횡령사례 등을 들 수 있다.

사 33명, 승무원 29명 등 모두 476명이었다.

4월16일 오전8시49분 전남 진도군 앞바다인 조류가 거센 맹골수도에서 세월호는 급격하게 변침을 했고, 배는 곧 중심을 잃고 기울어져 표류하기 시작했다. 8시51분 단원고 학생이 119에 구조요청 신고를 했다. 배는 침몰하고 있었지만 선내에서는 "이동하지 말라"는 방송이 연방 흘러나왔다. 9시35분 해경 함정 123정이 도착했다. 기관부 선원 7명이 승객을 버리고 탈출해 구조됐고 조타실 선원들도 뒤따라 탈출했다.

침몰 전까지 172명이 구조됐지만, 10시30분께 침몰한 이후 단 1명도 구조되지 못했다. 현재까지(2015년 4월) 희생자는 295명, 실종자는 9명이다. 이 같은 상황 속에서 일부 언론은 '전원구조'라는 오보를 냈고, 해경 등 구조당국은 구조작업에 우왕좌왕해 희생자·실종자 가족들의 불신의 대상이 됐다.

검찰은 승객들을 버리고 탈출한 이준석 선장 등 세월호 선원 15명에 대해 살인, 살인미수, 업무상 과실 선박매몰, 선원법 위반 등의 혐의를 적용해 2014년 5월15일 구속기소했다.

영남제분 사모 여대생 청부 살해 사건 개요[14)]

이 사건은 2002년 부산의 한 중견기업의 사모님이 이화여대에 다니던 법학과 고하지혜씨를 '내 사위와 바람이 났다'고 생각해서 청부 살해한 사건이다. 이 사건은 '유전무죄 무전유죄'란 말이 바로 떠오르게 된다. 아무리 돈이 권력이라고 해도 대체 왜 청부살인까지 하게 되었는지 보통 사람은 상상도 가지 않는다. 정말 복잡한 사연이 숨어 있다. 먼저 하지혜양의 아버지가 사건의 내용을 밝힌 사이버상에 공개된 글은 다음과 같다.

"본인은 지난 2002년 3월 16일 하남시 검단산에서 머리에 공기총 6발을 맞고 사체로 발견된 하지혜(이화여대 법학과 4년 재학중, 23세)의 아버지 하택환(57)입니다. 하늘이 무너지고 땅이 꺼질 듯한 엄청난 슬픔과 분노를 달래며 천인공노할 잔인무도한 범죄사실에 대해 저희 가족들은 물론 온 국민이 경악을 금치 못하고 있는 작금에 모든 진실을 조속하고 소상히 밝혀 저희 가족은 물론 온 국민에게 진실을 밝힘으로써 국민의 불안을 덜고 사회정의를 확인하여 억울한 죽음을 당한 고인의 넋을 달래고자 하는 일념으로 이화인 여러분께 우선 그동안의 결과를 말씀드립니다. 현재 검찰과 경찰에서 최선을 다해 수사한 결과 관련 범행자를 5명 이상 체포하였고 행동대 주범격인 윤남신(청부살해 사주자로 추정되는 윤길자의 고종조카)과 공범 김용기가 해외(베트남)로 도피한 상태이며 청부살인을 사주한 범인 윤길자(김현철 판사의 장모)를 체포하여(8월 18일)심문 중에 있습니다."

"사건 초기 당시(3월 중순) 일부 언론의 추측보도와 부정확한 보도로 이 사건이 마치 남자

14) 이 사건은 언론 및 피디수첩 등에 이미 공개된 사실이나 본 자료는 학습용으로 사용하는 것 이외에는 일절 복사 등을 제한한다.

문제와 관련된 치정사건인 것처럼 일반인에게 비추어져 저의 가족의 아픔과 답답함, 분노는 이루 말할 수 없었습니다. 특히 이화인 여러분의 당혹함과 아픔을 생각하면 이루 말할 수 없는 곤혹감을 느꼈습니다. 그러나 사건의 객관적 진실이 밝혀지지 않은 상태에서 우리 가족의 입장과 항변이 무의미하여 참담한 심정으로 5개월여를 기다려 이제 경찰의 수사결과 사건의 모든 진실이 백일하에 드러났으므로(모든 관련방송 보도내용과 신문기사 참조) 이제야말로 하지혜의 명예회복과 원한을 풀 수 있게 되었을 뿐만 아니라 이화인 여러분의 의구심 해소와 함께 이화인 여러분의 명예를 회복할 수 있게 되어서 이 글을 올리게 되었습니다. 이제 곧 수사결과 범인 체포와 응징은 경찰과 검찰의 노력으로 잘 마무리될 것으로 기대됩니다만 이번 사건의 핵심원인이면서 이러한 불행한 일이 일어나게끔 방치, 방조하며 오직 일신상의 보신과 자기방어에만 급급한 용렬하고, 부도덕하며 이기적인 처신과 교활한 언행을 보여 온 현직 서울지법 서초지원 판사로 재직 중인 김현철(하지혜의 이종사촌오빠)에 대하여 그의 인성 및 판사로서의 도덕성과 부적절한 자질로 인한 더 큰 사회적 피해가 확산되지 않기를 바라는 간절한 심정으로 이 글을 올립니다."

"이 사건의 발단은 1999년 11월 말경 김현철이 결혼의 전제조건으로 7억원의 현금을 받고 부산에 소재하는 기업 영남제분의 사장 류원기(현재 주가조작 혐의로 부산 교도소에 수감중)의 딸과 결혼한데서 비롯됩니다. 결혼 직후, 김현철은 대학 시절 동거하던 여자로부터 금전요구 전화를 여러 차례 받는 과정에서 자신의 장모(윤길자)로부터 어디서 온 전화냐는 추궁에 본인의 딸에게서 온 전화라고 했다고 합니다. 이러한 사실은 김현철의 어머니가 김현철의 결혼 몇 개월 후 어느 날, '지혜가 앞으로 전화할 일이 있어도 현철이 오빠한테는 전화를 하지 말았으면 좋겠다'고 하여 도대체 친척간에 전화도 하지 말라는 것이 무슨 말이냐고 물었더니 현철의 장모가 현철이를 의심하여 심지어 집에 도착하는 예정시간이 조금만 늦어도 꼬치꼬치 캐물으면서 감시한다고 하며 불필요한 빌미를 주지 않는 것이 좋겠다고 하여 우리는 '부잣집에 팔려간 죄로 별 어려움을 다 겪는구나'라고 생각하며 그 후 일체의 연락도 하지 않았으며 또한 그들의 변경된 전화번호조차 알지도 못했던 것입니다."

"그러던 차 2000년 연말부터 하지혜를 찾는 이상한 괴전화가 수시로 걸려와 불안감을 느껴 신사 전화국에 두 차례나 발신자 추적 신청을 하고 있던 차, 2001년 3월 경 김현철이 집으로 전화를 해 저의 처와 딸 하지혜가 일본여행을 다녀온 사실을 비롯하여 제반 행적을 소상히 알고 있다고 하여 어떻게 아느냐고 물으니 자신의 장모가 미행을 하여 다 알고 있다는 것입니다. 그때서야 괴전화의 실체가 바로 김현철의 장모라는 것도 모두 알게 되어 김현철의 장모 윤길자를 만나게 되었고 윤길자는 저의 딸 하지혜가 김현철이 근무하는 서부지원 사무실에 나타난 것을 자신이 목격하였다는 터무니없는 주장을 하였으나 윤길자가 주장하는 그 날 그 시간에는 저와 처, 딸 하지혜가 함께 집에 있었으며 당시 우리 식구 모두는 서부지원의 소재 위치조차 모르는 상태였으므로 너무도 어이없고 터무니없는 주장에 황당해하였으며 또한 자신의 사위 김현철과도 불륜 관계가 있는 듯한 발언을 함으로써 경악을 금치 못함과 동시에 저희 가족의 모욕감과 분노는 참을 수가 없었습니다."

"그리하여 본인은 김현철 집을 방문하여 김현철과 그의 처, 그의 장모 윤길자와 저의 가족(본인, 처, 딸 하지혜, 아들 하진영) 모두가 있는 자리에서 김현철에게 너의 장모가 주장하는 사실이 맞는지 여부를 삼자대면한 자리에서 명확히 밝히라고 하였으나 김현철은 끝내 묵묵부답으로 일관하여 우리 가족을 더욱 분노케 하였으며 문제 발단의 핵심 당사자로서 전혀 무책임한 행동을 했을 뿐 아니라 어떠한 분명한 태도 표명을 하지 않음으로써 의혹을 더욱 증폭시키고 감정의 골을 더욱 깊게 만든 결과가 되었습니다. 김현철은 자신의 장모 앞에서는 그런 일이 없다는 진실을 말하지 않음으로써 장모의 입장을 두둔하고 나중에 따로 전화상으로는 본인에게 자신의 결백을 아무리 주장해도 장모가 믿어주지 않는다고 변명함으로써 교묘히 자신의 입장만 모면하는 보신책으로 교활한 행동을 보였습니다."

"그러나 본인은 윤길자의 언행이 아무래도 심상치 않음을 느끼고 윤길자의 남편에 대해서도 수차례 윤길자의 정신상태 감정과 윤길자가 주장하는 사실 여부에 대한 증거를 요구하며 양가의 오해를 풀고 진실을 밝히기 위하여 노력하는 한편, 김현철에 대해서도 자신의 진실을 확실하게 밝혀 장모의 오해를 풀거나 만약 윤길자의 주장이 사실이라면 그에 상응한 해결책을 강구해야 될 것이 아니냐고 수없이 책망하고 종용했으나 끝까지 답변을 회피하고 일방적인 변명만 늘어놓았습니다."

"급기야 본인은 '김현철 너같이 용기없고 비열하며 일신상의 보전에만 급급해하는 파렴치한 인격으로는 판사로서의 자질도 없을 뿐 아니라 앞으로 많은 사람에게 피해를 줄 수 있으므로 너같이 비겁하고 몰지각한 인간은 내가 나서서라도 가만두지 않을 것이다'라고 질책하였습니다. 어쨌든 너무도 억울한 누명을 쓴 우리 가족으로서는 특히 혼사를 앞둔 나이의 딸 하지혜는 너무도 맑고 깨끗하며 주위 모두에게 촉망받는 아이로서 장래를 위해서도 이런 터무니없고 모욕적인 혐의를 받는다는 것은 참을 수 없어 급기야 김현철 부모의 동의하에(김현철의 부모도 윤길자의 남편으로부터 그런 얘기를 듣고 분개하고 있었음) 객관적인 진실을 밝히기 위해 법에 호소를 하기에 이르렀습니다."

"이 고소 사건은 2001형 제42269로 당시 728호 이두봉 검사의 지휘로 조사가 진행되었고 조사 결과 8월 중순 경 윤길자의 행위가 명예훼손과 모욕죄가 인정되어 기소유예 판정으로 종결되었습니다. 그러나 사건 담당 이두봉 검사는 조사 과정에서의 여러 정황으로 보아 접근금지 가처분 신청을 권유하여 본인은 민사재판(사건 2001 카합 2056 접근금지가처분)으로 청구를 하게 되었고 10월 22일 이 또한 재판부에서 받아들여져 승소하였습니다. 이 조사과정에서도 김현철은 진술서에서 고의적으로 자신의 장모 윤길자를 두둔하는 거짓 증언을 하였고 교묘히 자신의 입장을 호도하며 애매한 태도를 취했습니다."

"현재까지의 수사과정에서 나타난 사실로 미루어 볼 때 김현철은 결혼 후 자신의 처와의 격심한 갈등이 있었고 그 과정에서 자신의 여자문제와 관련된 전화 등을 이종사촌동생인 본인의 딸 하지혜에게 전가시키는 등의 행위로 자신의 처지를 변명, 호도했으며 또한 장모 윤길자는 결혼 당시에 준 돈 7억원 중 3억원의 환불을 요구하는 등 우리가 알지 못했던 모종의 갈등을 겪으면서 아무런 관련도 없는 우리 딸 하지혜를 속죄양으로 이용하여 결과적으로 오늘의 사태에 이르게 된 것입니다."

"김현철 자신이 자신의 장모 윤길자가 저의 딸 하지혜와의 관계를 지목하여 미행을 일삼는 등 도저히 이해할 수 없는 일이 진행되어지는 동안 김현철은 이런 일련의 사실을 우리 가족 모두에게 은폐해왔고 그러한 사실이 드러난 이후에도 자신이 직접 문제의 장본인이자 문제해결의 핵심이면서도 어떠한 책임있는 행동이나 예방조처도 취하지 않았으며 사건의 진상이 거의 다 밝혀지고 있는 현재의 상황에서도 장모 윤길자를 두둔하는 입장으로 일관하고 있는 그의 태도는 상식적으로나 인륜, 도덕적으로 도저히 이해되거나 용납되지 않은 행동으로서 이러한 인격의 소유자가 어떻게 만인의 정의를 집행하는 판사로서의 자질과 자격이 있는지 참으로 이해할 수 없고 자신의 사촌 여동생이 무고하게 살해당한 이러한 상황에서도 더욱이 범행자가 자신의 장모 윤길자가 살해 사주자로 지목되고 있는데도 불구하고 아직도 이해할 수 없는 괴변만 늘어놓고 있어 우리 가족을 더욱 분노케 하고 있습니다."

"그동안 경찰조사 결과 파악된 바에 의하면 결혼 직후 김현철과 그의 처와의 관계가 지극히 나빠 윤길자가 김현철을 이혼시키려 하였고 그런 과정에서 김현철의 사생활 감시와 미행이 끊임없이 행해졌으며 또한 이 문제가 결국 저의 딸 하지혜로 전가되어 오늘과 같은 극단적인 사태로 이어져 왔는데도 우리가 알지 못하는 그들의 갈등 관계로 인해 이런 엄청난 사태를 당하게 된 것입니다."

"이 모든 과정이 김현철 자신이 문제 발단의 핵심에 있으면서도 문제 해결을 위한 어떠한 책임있는 행동도 하지 않고 가족에게 알리거나 의논하지 않으면서 방치 내지 방조한 혐의가 있을 뿐만 아니라 인간의 기본 도리에도 어긋나며 상식적으로도 도저히 납득하기 어렵습니다. 더더욱이 만인의 정의를 위해 멸사봉공해야하는 공인의 자세로서도 위험천만한 사고력과 인격을 소유하고 있는 것으로 보아 사회정의와 인륜도덕적 차원에서도 철저히 응징되어야 할 것으로 생각되어 이렇듯 공개하는 바입니다."

"더욱 기막히고 한심한 것은 김현철은 검찰 조사가 진행되는 동안에도 장모의 진술보다 한술 더 떠서 허위사실을 진술하여 장모를 두둔하는가 하면, 사건 이후 딸의 빈소나 장례식에도 참석하지 않았을 뿐만 아니라 경찰 수사에도 거의 협조를 하지 않고 있으며 일가친척과도 전혀 접촉을 회피하면서 최소한의 도리나 의무를 전혀 하지 않고 있습니다. 심지어 본인의 동서나 처형, 즉 김현철의 부모조차도 아들에게 어떠한 충고나 지시도 먹혀들지 않는다고 한탄합니다."

"김현철의 부모와 형은 이 일의 단초, 과정과 결과 그리고 그동안의 김현철과 자신들의 잘못을 속죄하고 용서를 비는 의미에서도 스스로 사표를 내는 것이 마지막으로 스스로 취할 수 있는 선택이라고 종용하고 있습니다. 남도 아닌 자신의 처조카를 응징하려는 본인도 참담한 심정이오나 고인의 한을 풀어주려는 본인의 최소한의 충정과 신성하고 엄정해야 할 법의 정의를 바로 세워야 한다는 신념으로 이 글을 올리는 바이니 이화인 여러분의 공감과 김현철에 대한 적정한 충고와 응징을 기대합니다."

"이화인 여러분. 하지혜는 여러분의 다정한 친구였고 자랑스런 이화인 동료였으며 장차 국민과 국가를 위해 헌신하려고 자신의 길을 충실히 걷고 있었던 선량하고도 따뜻한 심성을 가진 아이였습니다. 항상 약자의 편에서 도움을 주려 노력했으며 자신을 희생할 줄 알았고 부모와 형제에게는 너무도 귀엽고 착한 아이였습니다. 그리고 이화인의 긍지와 자랑스러움으로 미래에 대한 꿈을 갖고 학업에 충실하였습니다. 밝은 미래를 건설하기 위해 오늘도 학업에 정진하고 있는 국가의 동량들인 이화인 여러분!!"

"이렇듯 참담한 일로 여러분들의 마음을 다시 한번 아프게 하는 아비의 심정을 너그럽게 이해해 주시길 바라며 향후 모든 문제가 해결되고 진실이 밝혀지고 난 후에 지혜의 꿈을 이어받을 이화인 여러분에게 기여할 수 있는 저의 뜻과 임무를 실행할 것입니다. 아무쪼록 학업에 더욱 정진하시고 이화의 명예를 드높일 수 있도록 애써 주시기 바랍니다. 마지막으로 여러분의 충고와 격려를 바라면서 이만 줄입니다."

"위의 글에 나온 판례들은 국가법령정보센터에서 찾아볼 수 없지만, 사건의 내용은 이 판결문(2008고합314)에 나와 있습니다. 이 판결이 나오기까지의 법적 공방을 요약하면 다음과 같습니다(원문). (전략) 사실 이 사건은 많이 알려진 것과 달리 2004년 대법원 판결이 아니라 2010년에 종결됩니다. 엄상익 변호사의 일요신문 기고문에 잘 나오는 것처럼 치열하게 진행되었던 서울고등법원 사건은 2004. 2. 5. 막을 내립니다. 2003. 5. 공소가 제기된 이래 성남지원에서 그리고 서울고등법원에서 진행된 검찰과 대형로펌 태X양의 치열한 대결은 정의를 밝히기 위한 수사검사 및 공판검사의 치열한 집념과 의지, 진실에 다가서고자 했던 그렇게 함으로써 죽은 사람의 억울함을 신원시키고자 했던 변호사, 무엇보다 피해자 아버님의 의지로 인해 검사의 승리로 막을 내립니다. 그리고 2004. 5. 27.에는 대법원에서 회장 사모님의 상고를 기각하는 것으로 최종 확정되었습니다.

그러나 회장 사모님의 의지는 상상을 초월했습니다. 이들은 대법원 확정 판결이 나왔음에도 그 결과를 뒤집기 위해 끊임없는 회유와 협박을 하였습니다. 실제로 범행을 실행한 조카는 대법원에서 고모로부터 살인을 지시받았다는 진술을 뒤집었는데 이를 근거로 사모님은 조카를 위증 혐의로 고소하게 됩니다. 그녀의 속셈은 위증 혐의를 인정받게 될 경우 이를 바탕으로 대법원에 재심을 청구하는 것이었고, 기존 대법원 사건의 판결이 그대로 이어지려면 이들의 위증 혐의가 없어야 하는데 검찰이 이들에게 위증에 대한 무죄의 구형을 하기 어려울 것이며, 그렇다면 위증에 대해 유죄 판결이 나올 가능성도 있다는 것입니다(정확하게는 그러한 것으로 보입니다). 더군다나 사모님 입장에서는 어차피 무기징역형을 받았기 때문에 위증고소에 대해 무고죄가 인정되더라도 손해 볼 것이 하나도 없는 상황이었습니다. (돈이 무한정 있고, 돈이 있으면 머리를 빌릴 사람들이 있으니 이런 잔꾀들이 나오나 봅니다. 윤씨는 아마 죽을 때까지도 돈이 모든 것을 결정한다는 자신의 신념을 버리지 못할 겁니다.)

이런 이유로 사모님은 2005년 로펌을 태X양에서 로X스로 변경한 후 자신의 조카를 위증죄로 고소하게 되는데, 당연히 검찰에서는 무혐의 처분을 하게 됩니다. 이에 사모님은 형사소송법에 나와 있는 대로 검찰의 무혐의 처분에 대해 항고, 재항고 신청을 하게 되지만 2007. 1. 재항고신청도 기각되면서 무혐의 처분은 그대로 유지됩니다. 그러던 중 2008년 형사소송법이 개정되면서 검찰의 무혐의 사건에 대한 재정신청 제도가 당초 공무원관련 범죄사건에서 모든 고소사건으로 확대되자 사모님은 2008. 1. 10. 대전고등법원에 재정신청을 내게 됩니다. 그리고 이 재정신청이 2008. 7. 28. 받아들여지게 되자, 검찰은 다시 이 사건을 수사하게 되었습니다. 여기서 사모님은 살인교사혐의를 부인했고, 하루살이 같은 인생을 살면서 돈에 이끌려 영혼을 팔았던 조카와 살인범은 사모님으로부터 살인지시를 받지 않았다고 말을 바꿨습니다. 관련법상 재정신청사건이 수용되면 검찰에서는 피고소인을 반드시 기소해야 하는 상황이지만, 실체적 진실에 반하는 결정을 할 수 없었던 검찰은 이례적으로 그리고 사모님의 의지와는 정반대로 무죄를 구형합니다.

이렇게 다시 불붙게 된 사건에 대한 판결은 2010년 2월 청주지방법원에서 내려졌습니다. 만약 위증 혐의가 무죄로 판결 나면 검찰의 입장에서는 무죄를 구형했기 때문에 항소를 할 수 없고 피고인의 입장에서도 항소의 실익이 없어지기 때문에 재심 청구는 불가능해지지만 유죄선고가 되면 사모님은 살인교사 혐의에 대한 재심청구를 할 수 있게 되는 상황입니다. 그래서 2010년 청주지법의 판결 결론은 중요했습니다. (후략)

그리고 이 사건은 일요신문 690호(2005.8.7)~709호(2005.12.18)에 '엄 변호사의 못다한 이야기'라는 팩션으로 연재되었는데, 그 내용은 엄상익 변호사님의 블로그에서 확인할 수 있다(1편)(2편). 내용이 길어서 인용은 하지 않는다. '그것이 알고 싶다'에서 방영한 내용, 피해자의 아버지가 쓴 글, 2심에 참여한 엄상익 변호사님의 글, 그리고 2010년의 판결내용을 통해 이 사건의 총체를 짐작할 수 있다. 사모님은 돈으로 판사(현재 변호사) 사위를 샀고, 사위와 불륜을 저지른다는 망상으로 하지혜 양을 살해했으며, 재판과정에서도 자신에게 유리하게 사건을 조작하려 했고, 심지어는 판결이 확정된 다음에도 온갖 특권을 누리며 자기 멋대로 살아왔다. 그리고 그 모든 과정에는 '돈이면 무엇이든 다 할 수 있다'라는 왜곡된 신념이 있다. 한마디로 '유전무죄 무전유죄'라는 사상이다. 그리고 그것은 아마도 사모님에게서 끝나지 않는 것 같다. 최근 '그것이 알고 싶다'는 900화에서 사모님 사건 방영 이후를 다룬 방송을 내보냈는데, 영남제분 회장이 '주가가 떨어진다'며 방영 중단을 요구하는 모습을 볼 수 있다. 심지어 윤씨의 형 집행정지는 정당한 절차를 밟았으므로 전혀 문제가 없다고까지 하고 있다."

> 최근 영남제분 홈페이지에는 '호소문'이 올라왔다. 그런데 이 호소문은 3번이나 고쳐 쓴 글이라고 한다. 개인적으로 이 호소문들이 '영남제분' 오너 일가의 입장을 가장 잘 드러내는 글이라고 생각된다. 그러므로, 마지막으로 이 호소문의 첫 번째와 두 번째 버전을 올리면서 글을 마무리하겠다. 과연 이 호소문 '공지사항'이 제대로 된 사람이 쓸 수 있는 글인지 묻고 싶다.

라. 사치 풍조와 성적 부도덕

사회적 부패 현상은 정치 경제에만 머무르지 않는다. 그것은 우리 사회 구석구석에 깊이 뿌리를 내리고 있다. 가시적인 사치풍조,[15] 추락하는 성도덕, 그리고 사회 전반에 만연한 무질서 등이 언제부터인가 우리 사회는 극단적 사치풍조가 만연하였다. 편안한 잠자리와 배불리 먹고 살게 된지 얼마나 되었다고 사람들은 서로 사치 경쟁이라도 하듯 더 큰 차, 더 큰 집, 더 큰 것들만 찾고 있다.

> **성매매특별법 합헌 결정**
>
> 서울북부지법은 2012년 12월 성매매를 한 혐의로 기소돼 재판받던 김모씨의 신청을 받아들여 위헌법률심판을 제청했다. 당시 법원은 성매매처벌법이 성적 자기결정권을 존중하는 쪽으로 변화된 가치관을 반영하지 못하고 성매매 관련 국제협약도 형사처벌과 행정적 규제를 반대하고 있다며 위헌성을 지적했다.
>
> 자발적인 성매매 여성까지 처벌하는 성매매특별법 조항은 헌법에 위반되지 않는다는 헌법재판소 결정이 나왔다. 헌법재판소는 성매매알선 등 행위의 처벌에 관한 법률 21조 1항에 대해 재판관 6(합헌) 대 3(위헌) 의견으로 합헌 결정했다. 이 법 조항은 "성매매를 한 사람은 1년 이하의 징역이나 300만원 이하의 벌금·구류·과료에 처한다"고 규정하고 있다. 헌재는 성 개방적 사고의 확산에 따라 성 관련 문제는 법으로 통제할 사항이 아니라는 인식이 커져가고 있지만 이것이 성을 사고파는 행위까지 용인한다고 볼 수 없다고 전제했다. 헌재는 최근

15) 한국소비자원이 '결혼에 대한 인식실태'를 조사한 결과 우리 사회의 결혼실태에 물음의 응답자 대다수(85%)가 '결혼의 호화사치 풍조가 존재한다'고 인식하고 있었다. 그 요인으로 '남만큼 호화로운 결혼식을 치러야 한다'는 의식 때문이 27.6%로 가장 많았고 '물질 만능의 사회 풍조 때문'이 24.6%, '사회 지도층의 과시적 혼례'가 21.5%, '건전한 결혼모델 부재 때문'이 17.4%로 나타났다. 또 이러한 물질 만능의 사회 풍조와 경제적 이유가 젊은 세대의 결혼 기피 현상을 더욱 부추기는 요인으로 지적되고 있다. 통계청이 발표한 '2015년 혼인·이혼 통계'에 따르면 지난해 혼인 건수는 30만2828건으로 1년 지난해보다 0.9% 감소했다. 이는 30만 2,500건이던 2003년 12년 만에 가장 낮은 수치다.

성매매산업이 음성적이고 기형적인 형태로 조직화, 전문화되고 있고 인터넷이나 스마트폰을 이용해 성매매가 이뤄지고 있다며, 성매매행위를 합법화하거나 처벌하지 않게 되면 국민의 성도덕을 문란하게 하는 현상을 더욱 심화시킬 수 있다고 밝혔다. 이어 성매매는 그 자체로 폭력적, 착취적 성격을 가진 것으로 자유로운 거래행위로 볼 수 없다며, 또 성매매는 성을 상품화하고 성범죄가 발생하기 쉬운 환경을 만들며 사회 전반의 건전한 성풍속과 성도덕을 허물어뜨린다고 설명했다. 또 자신의 성뿐만 아니라 타인의 성을 고귀한 것으로 여기고 이를 수단화하지 않는 것은 공동체 발전을 위한 기본전제가 되는 가치관이라며, 성매매행위에 대해 국가가 적극 개입해 지켜내고자 하는 성도덕이라는 공익적 가치는 개인의 성적 자기결정권 등과 같은 기본권 제한의 정도에 비해 결코 작다고 볼 수 없다고 말했다.

성매매를 합법화할 경우 성산업의 팽창, 청소년·저개발국 여성들의 성매매 유입과 같은 사회문제도 있을 수 있으므로 합법화 주장은 받아들일 수 없다. 다만 실적을 쌓는 등 입법목적과 부합하지 않는 단속은 지양돼야 한다. 성인 간 자발적 성매매는 사생활 중에서도 극히 내밀한 영역에 속하고 그 자체로 타인에게 피해를 주거나 해악을 미친다고 보기 어렵다. 이 조항이 성매매 근절에 전혀 기여하고 있지 못하고 있는 만큼 형사처벌보다는 사회보장의 확충을 통해 성매매여성이 성매매로부터 벗어날 수 있도록 지원해야 한다고 반대의견도 있다. 성구매자에 대한 처벌은 합당하나 성판매자에 대한 형사처벌은 과도한 형벌권 행사라며, 형사처벌 대신 다른 경제활동을 할 수 있는 지원과 보호를 하는 것이 바람직하다고 일부 위헌 의견을 제시하기도 했다.

상상을 초월하는 수백 수천만원짜리 보석, 옷, 액세서리들이 날개 돋친 듯이 팔려나가는 곳이 우리나라다. 모두들 유럽의 명품 가방들을 갖고 싶어서 안달이 나있다. 다른 나라보다 훨씬 비싸게 파는데도 불구하고 그런 명품 핸드백들이 오히려 더 잘 팔리는 곳이 우리나라다. 기름 한 방울 나지 않는 나라지만 소형차보다는 대형차들이 팔려나가고 있다. 추운 겨울에 난방도 제대로 못하는 사람들이 있는가하면, 골프장이나 스키장 같은 데는 이용객들이 차고 넘치고 있다. 쾌락과 재미, 과소비와 지나친 오락과 퇴폐 문화가 우리 사회를 병들게 하고 있다. IMF를 넘긴지 얼마나 되었다고 사람들이 이토록 사치풍조에 또 빠져든단 말인가? 금이나 보석으로 하는 외적인 단장보다는 "속 사람을 단장"(벧전 3:4)[16]하라는 성경의 교훈을 그 어느 때보다도 귀담아 들을 때가 바로 지금

16) 베드로전서 3장 4절 "오직 마음에 숨은 사람을 온유하고 안정한 심령의 썩지 아니할 것으로 하라 이는 하나님 앞에 값진 것이니라."

이 아닐까?

경치 좋은 곳이면 어김없이 자리 잡는 시설들이 바로 러브호텔 및 모텔들인데, 성 윤리를 무너뜨리는 데 일조하는 이러한 향락 산업은 날로 그 수요와 공급이 팽창하고 있다. 성매매가 엄연히 불법임에도 불구하고 음성적으로 만연하고, 날로 다양한 형태로 진화한다. 윤락 여성의 숫자가 모자라 인신매매가 만연한 때도 있었고, 중고등 학생들까지 술집 접대부로 진출하는 사태까지 일어났다. 점점 단속이 강해지자 그 산업은 새로운 형태로 진화하여 요즘엔 해외까지 접대부들을 수출하여 한국 여성들이 성매매범으로 체포되는 사례가 잇따르면서 국제적인 문제가 되고 있다. 이와 같은 해외 원정 성매매는 정말 국가적인 망신이 아닐 수 없다.17)

또 다르게 진화된 형태의 성매매는 '원조교제'18)라는 것이다. 이는 신종 성매매 방식으로서 젊은 여성들이 사회적으로 안정된 남성들에게 성을 제공하는 대가로 경제적 지원을 해주는 형태이다. 성과 돈의 교환을 통해 남녀쌍방은 자신의 욕구를 충족시키게 된다. 따라서 오늘날 많은 젊은 여성들은 이와 같이 가장 손쉽게 돈을 벌 수 있는 성매매의 유혹에 노출돼 있다. 성적인 부도덕이 어느 정도 더 타락한 형태로 진화할지 심히 걱정스럽다.

원정 성매매 실태

최근 5년간 한인 성매매 가담자 여권발급 제한조치 현황' 자료에 따르면, 해외원정 성매매에 가담해 여권발급을 제한받은 건수는 지난해 60여 건에 달했다. 이는 2012년 25건보다 140%나 증가한 수치다. 여권발급 제한 건수는 이후 2013년 29건, 2014년 34건으로 해마다 늘고 있다.

여권법 제12조 제3항에 따르면 외국에서의 위법한 행위 등으로 국위를 손상시킨 사람에 대해서는 1~3년 동안 여권의 발급 또는 재발급을 제한할 수 있다. 외교부 내부 규정에 따르

17) 성매매는 필요악인가? 성매매에 관하여 자세하게는 김상찬·김상명, 앞의 교재, 203~234면 참조.

18) 원조교제란 성인이 청소년에게 금품이나 편의를 제공하는 대가로 성행위를 요구하는 행위를 말한다. '원조교제'라는 말과 문화는 일본에서 시작되었다. 일본의 경우 윤락행위라는 느낌을 피하기 위해 '도와주면서 교제한다'는 의미를 지닌 원조교제라는 말을 선택한 것으로 알려진다. 일본의 경우 원조교제가 반드시 성관계를 가리키는 것은 아니지만, 국내의 경우 원조교제는 성관계를 포함하는 윤락행위로 한정되어 사용된다.

면 납치, 성범죄, 마약 사건에 연루됐을 경우 3년간 여권발급이 제한된다. 해외원정 성매매는 지난 4년간 미국(52건)에서 가장 많이 발생한 것으로 집계됐다. 중국(39건), 일본(32건), 필리핀(20건), 대만 (14건)이 그 뒤를 이었다. 필리핀에서는 특히 지난해부터 성매매 관련 사건이 급증하는 추세다.

이런 성적 타락과 맞물려서 나타나는 것이 혼전 성관계(sex before marriage)인데, 그것은 우리 가정들을 파괴하고 그로 인해 생겨나는 모든 사회문제의 중심에 놓여 있다. 남녀들이 결혼 관계 내에서만 이루어져야 할 부부관계를 혼인 이전이나 혹은 혼인 외의 관계 속에서 갖게 됨으로써 결혼한 부부들이 서로를 신뢰하지 못하는 불행한 일들이 일어나고 있다. 이런 문제들이 극단적으로 치우칠 경우 가정이 파괴되고 아무 죄없는 자녀들은 그로 인한 피해를 고스란히 떠안게 된다.

동성 간의 성관계 처벌할 수 있나?

세계 최대 무슬림 인구국이면서도 동성애를 규제하지 않았던 인도네시아에서 동성간 성관계를 전면 불법화하는 방안이 검토되고 있다. 일간 자카르타포스트 등에 따르면 인도네시아 헌법재판소는 현행 동성애 관련법에 대한 사법심사 신청을 받아들여 공청회를 열었다.

사법심사를 신청한 이슬람 활동가들은 공청회에서 "동성애는 본질적으로 비윤리적이며 국가이념에 반한다"면서 "동성 미성년자와의 성관계만 처벌하는 현행법을 고쳐 동성간 성관계는 예외 없이 최대 15년형에 처해야 한다"고 주장했다. 이들은 이에 더해 혼외정사뿐 아니라 혼전 성관계에 대해서도 처벌규정을 신설해야 하며, 남성에 대한 여성의 성폭행도 성폭행 행위로 간주하도록 법을 고칠 필요가 있다고 강조했다.

무슬림이 2억5천만 인구의 87%를 차지하는 인도네시아는 동성애를 정신질환으로 볼 정도로 금기시한다. 지난 2월에는 정부가 모바일 메신저 운영업체들에 동성애자 등 성적 소수자 관련 이모티콘 사용 중단을 요청하는 일도 있었다.

예전보단 많이 나아지긴 했지만 여전히 우리 사회의 공공질서 준수 수준은 선진국에 비해 낙제점수이다. 예를 들어 차량들의 신호위반, 보복운전, 과속, 불법 유턴이나 갓길 운전, 그리고 끼어들기 등은 정직하게 법규를 준수하려는 운전자들을 당황스럽게 만든다. 마치 법규를 제대로 지키는 사람만 바보 같다는 생각이 들 때가 부지기수다. 결국 이런 운전이 결국 교통사고의 원인이 되기도 한다. 거리를 달리며 차량 문을 열고 담배꽁초를 차창 밖으로 버리는 사람들을 보는 것은 그리 어려운 일이 아니다. 쓰레기를 아무데나 버리며 공공시설을 아끼지 않고 더럽히고 마구 훼손하는 행위를 서슴지 않고 있다. 사람들이 길거리에 침을 뱉고 취객이 노상 방뇨하는 것도 쉽게 볼 수 있다. 대중 질서가 우리 사회 전반에서 실종된 모습을 보여주는 모습들이다.

(3) 윤리 회복의 필요성

유교문화(儒教文化)에 깊이 뿌리 내린 동방예의지국(東方禮義之國)[19]임을 자처했던 우리나라가 도대체 왜 이지경이 되었는가? 전통적인 윤리의 추락은 차제하고라도 왜 도대체 기독교(基督教)[20]가 전 국민의 네 명 중 한 명 이상을 차지하는 이 사회가 이토록 윤리적으로 부패해 가고 있는가 하는 것이다. 바닷물에 든 3퍼센트 정도밖에 안 되는 소금이 바닷물을 부패로부터 막고 살아 있

---

19) 동방예의지국(東方禮義之國)이란 동쪽에 있는 예의에 밝은 나라라는 뜻으로 예전에 중국에서 우리나라를 이르던 말이다.

20) 장로교 계열; 대한예수교장로회(통합), 대한예수교장로회(합동), 대한예수교장로회(고신), 대한예수교장로회(개혁), 대한예수교장로회(개혁－성내동), 대한예수교장로회(합동보수A), 대한예수교장로회(대신), 대한예수교장로회(호헌), 대한예수교장로회(합신), 대한예수교장로회국제(합동복음), 대한예수교장로회(합동복음), 대한예수교장로회(보수개혁), 대한예수교장로회개혁(국제), 대한예수교장로회(고려), 대한예수교장로회(개혁합동), 대한예수교장로회(성합), 대한예수교장로회(합동중앙), 대한예수교장로회(합동진리), 대한예수교장로회(성장), 대한예수교장로회(중앙), 대한예수교장로회(총회), 대한예수교장로회(독노회), 대한예수교장로회(보수), 대한예수교장로회(근본), 대한예수교장로회(연합), 대한예수교장로회(합동정통), 대한예수교장로회(서울총회), 대한예수교장로회(합동개혁진리), 대한예수교장로회(개혁연합), 대한예수교장로회(합동개신), 대한예수교장로회(합동개혁B), 대한예수교장로회(진리), 대한예수교장로회(보수합동), 대한예수교장로회(합동보수), 대한예수교장로회(예장), 대한예수교장로회(합동총회), 대한예수교장로회(선교), 대한예수교장로회(브니엘), 대한예수교장로회(웨신), 대한예수교장로회(동신장자), 대한예수교장로회(합동개혁), 대한예수교장로회개혁총회, 대한예수교장로회(합동총신측), 대한예수교장로회(피어선), 대한예수교장로회국제(정립), 대한예수교장로회(합동한신), 대한예수교장로회(예장합동), 한국기독교장로회(기장)
성결교 계열; 기독교대한성결교회, 예수교대한성결교회, 대한기독교나사렛성결회
감리교 계열; 예수교대한감리회, 기독교대한감리회, 기독교대한감리회(연합)
하나님의 성회 계열; 기독교대한하나님의성회, 기독교하나님의성회(순복음)
침례교 계열; 기독교한국침례회
기타; 구세군대한본영, 대한예수교복음교회, 기독교한국루터회, 그리스도의교회협의회, 그리스도의교회교역자협의회

게 하는데, 30퍼센트 이상이 되는 이 나라의 기독교인들이 사회의 윤리적 부패를 막는 역할은 물론 윤리회복 운동의 주역(主役)이 되어야 할 사명(使命)을 갖고 있음에 틀림없다. 그러나 시대가 아무리 어두워도 하나님의 백성은 항상 시대의 어둠을 밝히는 역할을 감당해 왔다. 이 시대 윤리회복의 사명은 다름 아닌 그리스도인들에게 주어진 몫이라 생각한다.

마태복음 5장 13~15절[21]에서 그리스도인을 소금과 빛이라고 선언하신 주님의 명령이 기도교인들의 삶에서 실현된다면 우리 사회의 미래는 그렇게 어둡지만은 않다. 소금은 부패를 방지하는 소극적 기능만 가진 것이 아니다. 그것은 맛이라는 적극적인 기능까지 가졌다. 부패하고 악취만 가득한 세상에서 기독교가 소금의 역할을 제대로 감당한다면 부패가 멈출 뿐 아니라, 이 세상은 살맛나는 곳이 될 것이다. 어둠으로 가득한 세상에서 기독교인이 빛이라고 하신 주님의 명령도 특별한 의미를 지닌다. 빛은 어두울수록 그 진가를 발휘한다. 그것은 더 찬란하게 빛난다. 주께서 말씀하신 '빛'은 구체적으로 무엇을 의미하는 것일까? 그것은 "착한 행실"(마 5:16),[22] 곧 그리스도인들의 도덕적 삶을 말하는 것이다. 어두운 세상을 밝히는 방법은 오직 한 가지 그리스도인들이 빛된 삶을 사는 것이다.

위에서 살펴본 바와 같이 우리는 분명 윤리적 위기의 시대를 살고 있다. 이런 시대에 우리와 교회가 참된 소금과 빛의 사명을 감당한다면 우리의 윤리적 위기는 극복될 수 있을 것으로 확신한다.

3. 윤리의 개념적 정의

생물인 물고기는 물속에서 사는 것이 자연스럽고 당연한 것처럼 인간도 도덕적 규범하에 사회공동생활 속에서 사는 것은 지극히 당연한 이치다. 우리는 전자는 사물의 이치로 물리(物理)라 하고 후자는 사람으로서 마땅히 행하거나

21) 마태복음 5장 13절 "너희는 세상의 소금이니 소금이 만일 그 맛을 잃으면 무엇으로 짜게 하리요 후에는 아무 쓸데없어 다만 밖에 버리워 사람에게 밟힐 뿐이니라", 제14절 "너희는 세상의 빛이라 산 위에 있는 동네가 숨겨지지 못할 것이요", 제15절 "사람이 등불을 켜서 말 아래 두지 아니하고 등경 위에 두나니 이러므로 집안 모든 사람에게 비취느니라".

22) 마태복음 5장 16절 "이같이 너희 빛을 사람 앞에 비취게 하여 저희로 너희 착한 행실을 보고 하늘에 계신 너희 아버지께 영광을 돌리게 하라".

지켜야 할 도리로 윤리(倫理)라 한다.

우리가 살아가면서 윤리적 선택으로부터 자유로운 때는 없다. 그 이유는 모든 인간은 윤리라는 인간 삶의 원칙 속에 살기 때문이다. 이는 마치 물질세계에 존재하는 모든 것이 물리라는 한 가지 법칙의 지배에 따라 움직이는 것과 같은 것이다. 예를 들어, 우주에 존재하는 별들은 정해진 궤도를 따라 움직이고, 물은 높은 곳에서 낮은 곳으로 흘러 결국은 바다로 모인다. 식물들은 이산화탄소와 물을 흡입(吸入)한 후, 태양 에너지를 이용한 광합성작용을 통해 생명(生命)을 유지한다. 이처럼 물질계에 속한 모든 사물들은 물리의 법칙에 따라 그 존재를 유지하게 된다.

물리(物理)가 만물의 존재 방식인 것처럼 윤리(倫理)는 인간 존재의 기본 방식이다. 물질이 물질세계 속에서 물리적 법칙에 따라 존재하듯이, 인간은 사회 속에서 윤리의 규범에 따라 살아간다. 사회라는 삶의 공간 속에서 인간은 다양한 관계를 맺으면서 살게 되는데 이러한 관계들을 올바로 규정하는 규범을 윤리라고 말할 수 있다.

아리스토텔레스(Aristoteles) 수사학

아리스토텔레스의 책 〈수사학; The art of Rhetoric〉의 3요소, 로고스, 파토스, 에토스를 알아본다. 아리스토텔레스가 살았던 고대 그리스에서는 '소피스트'들이 각종 분쟁에 개입해서 의뢰인을 위해 변론을 해 주며 많은 수입과 존경을 받았다. 소피스트들이 아고라(Agora) 광장에서 배심원들을 앞에 놓고 의뢰인을 위해 변론을 펼치면 배심원들은 더 설득력 있는 소피스트 앞에 작은 돌멩이를 놓는다. 돌멩이가 많은 쪽이 이기는 것이다. 따라서 말을 조리 있게 하고 효과적으로 설득하는 방법을 가르치는 '수사학'은 그리스 시대부터 중요하게 여겨졌고, 중세유럽에서도 대학의 중요 과목으로 인정받았다.

<u>아리스토텔레스가 제시한 설득의 3요소 중 첫 번째 설득 요소는 로고스(logos)이다.</u> 아리스토텔레스는 인간은 이성적인 존재이기 때문에 무언가를 결정할 때 합리적인 이치에 근거한다고 보았다. 따라서 논리와 증거를 갖추지 못하면 설득은 애초에 불가능하다. 예를 들어 "김씨는 정말 착한 사람이야!"라고 아무리 소리 높여 얘기한다 해도 왜 착한 사람인지에 대한 근거를 내세우지 못하면 사람들은 설득되지 않는다.

<u>두 번쌔 설득의 요소는 파토스(pathos)다.</u> 파토스는 듣는 사람의 심리상태를 말한다. 상대방의 심리 또는 감정 상태는 설득에 영향을 큰 영향을 미친다. 기쁘고 호감을 느낄 때의 판단

은 고통과 적의를 느낄 대의 판단과 같지 않기 때문이다. 예를 들어 A가 B를 만났는데 B 피부가 푸석푸석하고 눈이 많이 충혈돼 있다. 건강식품을 판매하는 A로서는 좋은 기회를 잡았다 생각하고 이렇게 말한다. "피부가 푸석푸석하고 눈이 충혈된 것은 혈액순환이 제대로 안돼서 그런 겁니다. 제가 혈액순환을 도와주는 식품을 알고 있는데, 추천해 드리고 싶습니다." B는 과연 A의 말에 설득이 될까? B가 재수를 한 아들이 이번에도 또 수능시험을 못 봐서 원하는 대학에 가기 어렵게 되어 마음이 괴롭고 잠도 못자고 있는 상태다. 그런 B의 상황을 알지도 못하고 건강식품으로 혈액순환을 촉진하라는 A의 설득은 번짓수를 완전히 잘못 찾은 것이다. 세일즈 관련 책에 자주 나오는 '누군가에게 부탁하러 갈 때 11:30 보다는 13:30에 가는 것이 좋다. 사람은 일반적으로 배가 고플 때 신경이 날카로와지지만 포만감을 느끼면 관대해지는 경향이 있다"는 설명도 상대방의 심리상태, 즉 PATHOS를 고려하라는 것과 관련 있다.

<u>세 번째 설득 요소는 에토스(Ethos)이다.</u> 에토스는 설득하는 사람의 고유한 성품, 매력도, 카리스마, 진실성을 의미한다. 아리스토텔레스는 기본적으로 사람들이 화자(話者)를 신뢰해야만 설득이 가능하다고 했다. 즉, 내가 누군가를 좋아하고 신뢰한다면, 그 사람이 비록 설득력이 떨어지고(로고스의 부족), 예민하게 내 상황을 파악하지 못해도(파토스의 부족), 그 사람에게 설득될 수 있다는 것이다. '마누라가 예쁘면 처갓집 기둥도 예뻐 보인다'는 우리 속담과도 일맥상통하는 부분이다. 우리는 '그 사람의 말이 논리적이고 훌륭해서'라기 보다는 '그 사람이 좋고 훌륭해서' 그 사람의 말에 설득된다는 것인데, 아리스토텔레스는 세 가지 설득요소 중 에토스가 가장 중요하다고 생각했다. 이는 인간이 이성적인 존재라기보다는 지극히 감성적이고 충동적인 존재라는 사실을 시사하고 있다. 이런 상황은 정치 세계에서 아주 흔히 볼 수 있다. 예를 들어 보자? C는 골수 야당지지자다. 대통령 선거 운동이 진행 중이라, 야당 후보와 여당 후보가 치열한 유세전을 벌인다. 어느 날 여당 후보가 유세를 하다 실언을 하고 말았다. C는 분개했다. 만나는 사람마다 "최근 뉴스 봤지? 어떻게 그런 생각을 가진 사람이 대통령이 될 수 있겠어"라고 비난했고, 인터넷에도 그와 같은 취지의 댓글을 여러개 달았다. 그런데 공교롭게도 그로부터 2주일 후, C가 지지하는 야당 후보가 여당 후보와 비슷한 실언을 어느 유세장에서 했다는 것이 언론에 보도되었다. C는 당황했다. 하지만 마음을 추스린 뒤 야당 후보 선거 캠프 게시판에 댓글을 달았다. "위기가 곧 기회라는 말이 있습니다. 힘을 내십시오. 실언할 수도 있습니다. 사과하고 적극 해명하면 됩니다." 논리적으로만 따지자면 C는 야당 후보에게도 비난을 퍼부어야 한다. 하지만 C는 그러지 않는다. 왜? C는 야당 후보를 '좋아하고 지지하기 때문'이다.

보통 정치나 종교와 관련한 논쟁이 이성적으로 진행되지 않는 이유는 이들은 로고스(논리)의 영역이 아니라 에토스(호감, 믿음)의 영역이기 때문이다. 우리가 누군가에게 호감을 갖는 것이 하루아침에 되지 않듯, 에토스는 한 순간에 생겨나지 않는다고 한다. 마치 지속적으로 적금을 넣듯 마일리지를 쌓는 방식으로 증가된다.

> '에토스를 이루는 요소가 과연 무엇인가'에 대해서는 여러 가지 견해가 있을 수 있다. 아리스토텔레스는 성공적인 설득을 위해서는 에토스 → 파토스 → 로고스 순서로 접근해야 한다고 강조한다. 따라서 평소 행동을 통해 나의 호감도와 진정성을 인지시키고 그 사람과 신뢰의 다리를 구축한 다음(에토스), 그 사람이 당신의 마음을 받아들일 마음 상태일 때(파토스), 논리적으로 설득을 진행(로고스)하라는 것이다. 하지만 평소 아무런 신뢰관계도 구축되지 않고, 상대방의 심리상태도 파악하지 않은 상황이라면 아무리 논리로 무장을 하더라도 상대방을 설득하는 것은 실패하게 될 것이다.

윤리학(Ethics)이란 헬라어 에토스(ethos)[23]에서 유래했는데, 이 용어를 전문적인 의미에서 최초로 사용한 사람은 다름 아닌 헬라의 철학자 아리스토텔레스(Aristoteles)이다. 그의 [니코마코스의 윤리학][24]은 행복과 덕에 관한 행위이론을 포괄적으로 제시한 책으로서 윤리학의 기초가 되는 책이다. 여기서 윤리학으로 사용된 단어인 '에티카'(ethica)는 '성품에 관한 것'을 의미하는 헬라어인 '에티오스'(etheos)에서 파생된 단어인데, 아리스토텔레스는 이 단어가 '관습', 혹은 '습관'을 뜻하는 '에토스'(ethos)에서 파생되었다고 주장하였다. 에토스는 '파토스'(pathos, 정념), '로고스'(logos, 이성)와 더불어 인간의 정신을 구성하는 세 요소 중 하나로서 사회적 관습이나 개인의 성품을 의미하는 윤리적 성격의 용어이다. 선(善)과 악(惡)을 분별하는 인간의 영혼은 습관적으로 양성된 에토스에 따라서 그 성격이 구별된다고 보았기 때문에 에토스는 행위이론의 근간으로서 윤리학의 기초적 개념으로 이해할 수 있다.

로마인들이 헬라어 에토스를 라틴어로 옮기는 과정에서 '관습,'이나 '습관' 혹은 '삶의 방식'이란 뜻을 가진 '모스'(mos)로 번역했다. 여기서 관습(모스)은 전통적이며 사회적으로 폭넓게 수용된 인간의 생활양식을 의미하는데, 이것은 주

23) 설득의 방식으로 에토스(화자를 미덥게 보이기 위한 방법들)와 파토스(청중과 관련된 부분들)를 포함시키고 있다 하더라도 로고스, 즉 엄밀한 의미에서의 '논리적인' 부분을 가장 중요하게 생각하는 까닭이 바로 여기에 있다. 따라서 아리스토텔레스가 궁극적으로 강조하고자 하는 것은 말의 기술이 아니라 설득의 방법들을 발견하는 이성적이고 논리적인 능력이었다. 그는 수사학을 논리학에 바탕을 두게 함으로써 말을 감성보다는 이성의 산물로 부각시키고자 한다. 이런 관점에서 볼 때 논리학의 연역법과 귀납법을 수사학에 도입하여 수사적 삼단 논법과 예증법을 이론적으로 분석하고 설명한 것은 아리스토텔레스 수사학의 커다란 업적이라고 할 수 있다.

24) 각주 2) 참조.

거(household)라는 뜻도 포함하고 있다. 생활양식과 주거가 무슨 관계가 있기에 이렇게 번역되었을까? 모스(mos)는 당시의 귀족들이 여러 대(代)가 함께 대저택에서 살뿐 아니라, 노예들과 농노 가족들까지 포함하는 작은 사회단위를 이루고 살던 고대 사회를 생각하면 이해가 쉽다. 이들이 저택 안에서 조화를 이루고 살기 위해서는 상호간의 관계를 지도할 행동규칙들이 필요했을 것이며, 이들은 사람들이 구전(口傳)을 통해 전달되었을 것이다. 관습이란 이와 같이 어떤 사회의 행동규칙들의 총체를 말한다.

헬라어 '에토스'(Ethos)에서 영어의 '윤리학'(ethics)이 유래했다면, '에토스'의 라틴어 번역인 '모스'(mos)에다 측정하다는 의미를 지닌 라틴어 '메트리'(metri)가 결합된 '모스메트리'(mosmetri)로부터 도덕성을 의미하는 영어 단어 '모랄리티'(morality)가 나왔다. 이런 의미에서 볼 때, 어원상 윤리란 도덕에 관한 규범을 말하는 것이다. 인간의 행실과 선에 대한 철학적 주제는 아리스토텔레스에 의해 단순한 이론이 아닌 실제적 철학으로 발전하여 윤리학으로 발전하게 되었다. 따라서 윤리학은 도덕적 행위에 관한 학문으로 자리매김하게 되었다.

4. 윤리와 도덕

우리가 본질적으로 동일한 개념으로 생각하는 윤리와 도덕은 같은 말인가? 아니면 구별되는 개념인가? 일반적인 논의에서 윤리와 도덕의 어원적 의미에서 살펴본 바와 같이 윤리와 도덕은 종종 교호(交互)적으로 사용된다. 하지만 윤리학에서는 윤리와 도덕이 다른 의미로 사용된다. 학문적 의미에서 윤리는 규범적 성격을 지니고 이고, 도덕은 기술적 성격을 가진고 있다. 전자가 옳고 그름에 대한 판단이 개입되었다고 한다면, 후자는 그런 판단 없이 사실적이며 객관적으로 말하는 것을 가리킨다. 또한 실제적인 측면에서 이들을 구분하자면, 윤리학은 이론적인 특성을 지닌 것으로서 옳고 선한 것에 관한 규범(規範)에 대한 이론으로 이해되고, 도덕은 특정 행위를 두고 사용되는 것으로서 옳은 것을 실천(實踐)하는 주체적인 태도로 설명될 수 있다. 윤리가 이론적(理論的)인 것이라면, 도덕은 실천적(實踐的)인 것이며, 윤리학이 일반적(一般的)인 것이라면, 도덕은 특수(特殊)한 것으로 이해될 수 있다. 즉 윤리학이 옳고 선한 것에 대하여 연구하는 것이라면, 도덕은 옳은 것을 실제 행동으로 옮기고 사는 것을 의미한다.

예를 들자면 거짓말은 잘못이라는 도덕적 혹은 윤리적 개념이 있다. 이 경우 도덕은 이 개념에 따라 거짓말을 하지 않고 살아가는 것을 말하고, 윤리학이란 이런 행동이 왜 비도덕적인지에 대해 연구하는 작업을 말하는 것이다.

독일의 윤리학자 팻치그(Patzig)는 이런 맥락에서 윤리학과 도덕을 다음과 같이 구분하고 있다. 일상적인 언어 사용법에 따라서 우리는 도덕적 규범, 도덕적 가치 판단, 도덕적 제도의 총체를 '도덕'이라고 부른다. 이에 비해, 우리는 도덕의 문제 영역에 관한 철학적 탐구에 대해서 '윤리학'이라는 표현을 사용한다(Ethik ohne Metaphysik). 이 정의에 따르면 도덕은 윤리학의 실제적인 대상이 되는 것이다.

학자들은 이들 둘 사이를 이렇게 구별하긴 하지만, 이 둘은 거의 구분되지 않고 혼용되는 것이 현실이다. 용어적 정의는 윤리가 도덕을 포함하는 것처럼 보이지만 두 단어는 동일한 개념으로 사용되고 있다. 윤리라는 말의 에토스가 로마 철학자들에 의해 모스(도덕성, morality)란 용어로 번역된 것을 볼 때 두 단어는 엄격하게 구분할 수 없는 것임을 보여준다. 이 두 단어는 헬라와 라틴어적 구분일 뿐 실제적인 용례에 있어서는 거의 같은 개념으로 이해될 수 있다.[25]

5. 윤리적 선택의 접근법

인간의 삶에 있어서 어떻게 사는 것이 윤리적·도덕적으로 옳은 삶인가? 그리고 옳고 그른 삶의 기준은 무엇인가? 윤리학은 이러한 문제들에 대한 해답을 찾는 학문이다. 사실 우리 삶은 수도 없는 선택적 상황에 직면하게 되는데, 이들 중 많은 것들은 사사(私事)로운 것들이지만, 또 많은 선택들은 윤리적인 것들이다. 이에 관하여 윤리학이란 삶을 어떻게 살아야 할지를 고민하면서 생기는 다양한 종류의 문제를 깊이 생각하는 것이라고 할 수 있다. 우리가 학습하게 될 윤리학이란 도덕성의 관점에서 인간의 삶의 선택에 관해 연구하는 학문으로서 도덕철학[26]으로 정의할 수 있다. 윤리학이 다루는 범주는 다양하겠지만 위의

25) 강봉수, 유리학 강의노트, 온누리, 1997, 10~12면 참조.

26) 도덕철학(道德哲學, moral philosophy)은 윤리학을 크게 나누어 도덕적 사실을 사실로서 연구하고 기술(記述)하는 경험적 과학과, 도덕의 보편적 원리 및 법칙에 기초를 부여하는 학문으로 구별한다면 도덕철학은 후자에 속한다. 따라서 전자는 '도덕의 과학(Moralwissenschaft)'이다. 또한 실천철학을 기술적 실천(技術的實踐: poiesis)에 관계되는 것과 도덕적 실천에

정의에 기초하여 삶에 관한 표준이나 원리를 만드는 것에 초점을 맞추고 있다.

윤리적 선택의 상황에 있어서 크게 두 가지 접근법이 있는데, 첫째는 목적론적(目的論的) 접근법이고, 둘째는 의무론적(義務論的) 접근법이다. 윤리적 선택이 어디에 주안점을 두느냐에 따라 우리의 윤리적 선택이 다를 수 있다는 것이다. 결과(結果)를 중요하게 생각하는 접근법은 목적론적 접근법이고, 동기(動機)를 중요하게 생각하는 접근법은 의무론적 접근법이다.

칸트 윤리설의 이해

다음은 칸트가 그의 윤리설을 설명하기 위해 자주 들었던 예시 자료이다. 어떻게 행동하는 것이 윤리적인지를 판단하고 그렇게 판단한 이유에 대하여 의무론적 윤리설과 목적론적 윤리설을 알아본다.

당신의 친구가 당신에게 와서 총을 맡겼다고 생각해 보자. 그는 총을 맡기면서 언제든지 '내가 필요할 때 너에게 와서 총을 달라고 하면 총을 달라'고 요청하였다. 나는 그렇게 하겠다고 약속을 하였으며 몇 달이 지나갔다. 친구는 나에게 와서 총을 달라고 하였다. 나는 친구가 자살을 결심하고 있는 것을 알고 있으며, 총을 돌려 줄 경우 분명 그는 죽을 것이다. 당신은 어떻게 할 것인가?

첫째, '총을 돌려주는 것이 윤리적이다'라고 생각하는 경우

의무론적 윤리설에 따르면, 행위의 결과는 중요하지 않고 행위의 동기만이 중요하다. 또한, 칸트에 따르면 자신의 정언 명령을 지키는 것이 윤리적인 행동라고 한다. 따라서 위의 예에서 총을 돌려주기로 약속을 했다면 그 약속을 지키는 것이 윤리적이다. 그가 그 총으로 무엇을 하는지는 그 사람의 판단에 달린 것이기 때문이다. 내가 그에게 총을 돌려주는 행위는 그가 죽기를 바라는 동기에 의해 한 행동이 아니라 그와의 약속을 지키기 위한 동기에 의해 한 행동이므로 그 행동은 선한 것이다. 약속을 지키고자 하는 의미는 대표적인 선의지이다. 물론, 칸트가 인간을 수단으로 대하지 말고 목적으로 대하라고 하였으니 자살에 쓸 총을 돌려주는 것은 인간의 존엄성을 해치는 것이 아니냐고 반박하는 경우가 있을 수 있지만, 총을 돌려주는 행위는 그 사람의 목숨을 소중히 여기지 않는 행동이 아니라 오히려 삶과 죽음을 선택할 수 있는 그의 인격체의 존엄을 존중하는 행위이므로 칸트의 인간 존엄성을 존중하는 행동이라고 본다.

둘째, '총을 돌려주지 않는 것이 윤리적이다'라고 생각하는 경우

목적론적 윤리설에 따르면, 행위의 동기보다 행위의 결과가 중요하기 때문에 총을 돌려주지 않는 것이 윤리적이다. 공리주의자인 존 스튜어트 밀(John Stuart Mill)의 '최대 다수의 최대 행복'이라고 하였는데 그 사람이 죽으면 여러 사람이 슬퍼할 수도 있고, 사회의 일꾼이

관계되는 것으로 나눈다면 도덕철학은 후자에 속한다.

죽는 것이므로 행복이 줄어드는 행위이다. 그러므로 행복을 극대화하기 위해서는 그 사람을 살려야 하고 그렇다면 '약속을 지켜라'와 같은 도덕 법칙은 무시해도 되는지가 의문이다. 듀이는 도덕 법칙이 상황에 따라 다르게 적용될 수 있다고 하였다. 한 사람의 생명을 살렸으니 결과적으로 행복이 증진되었고 그러므로 총을 돌려주지 않는 행위는 도덕적인 행동이라고 본다.

(1) 목적론적 접근(목적론적 윤리설)

윤리적 선택의 상황에서 우리의 행위가 선(善)한 결과를 낳는다면 그것은 지극히 도덕적인 행위로 인정받는다. 이와 같이 목적론적 윤리설은 결국 어떤 행위가 윤리적으로 옳으냐(right) 그르냐(wrong) 하는 가치판단은 그 행위가 그 궁극적인 목적 달성(good)에 어느 정도 기여하는가 아니면 방해되는가 하는 결과에 의해 평가되어야 한다는 윤리학설이다. 이런 이유 때문에 행위의 옳고 그름이 결국 결과의 좋고 나쁨에 의존하게 되는 결과주의 윤리설이라 할 수 있다. 따라서 목적론적 윤리설에서 최초의 근본 문제는 '인생의 궁극 목적이 무엇인가?'이다. 이와 같이 윤리적 결정을 선(善)한 결과에 초점을 두고 있는 접근법을 목적론적 접근법이라고 한다. 이 접근법에 따르면 어떤 행위의 옳고 그름은 그 행위가 가진 내적이고 본질적인 어떤 것에 의해서라기보다는 그 행위가 낳은 결과에 의해서 결정되어야 한다는 것이다. 윤리적 결정이 결과에 의해 결정된다는 이유로 이것을 결과주의라고 부르기도 한다.

예를 들어, 2차 대전 중 어떤 독일인 그리스도인이 유대인들을 숨겨두고 있는데 독일 비밀경찰들이 들이닥쳐서 유대인이 집안에 숨겼냐고 물었을 경우, 그를 살리기 위해 거짓말 하는 것은 목적론적 접근에 따르면 윤리적으로 인정된다. 성경에서도 이와 비슷한 상황이 나온다. 여호수아 2장에서 이스라엘의 정탐꾼 2명을 숨기고 여리고성의 추격대를 거짓말로 따돌린 라합[27]이 바로 그런 경우다.[28] 좋은 결과를 낳는다는 장점이 있는 이유로 이런 결과론적 접근법은

---

27) 라합(Rahab)이란 '넓다'는 뜻을 가진 이름이다. 라합은 여리고에 있는 가나안인 기생으로 여호수아가 파견한 정탐군을 숨겨 주어 화를 면하게 했다(여호수아 2:1). 그래서 여리고가 함락될 때 그의 일가는 구조되었고(여호수아 6:17), 칭찬할만한 신앙의 용사로 인정되었다(히브리서 11:31, 야고보서 2:25). 라합은 예수의 선조의 한 사람이 되었다(마태복음 1:5).

28) 여호수아 2장 1절 "눈의 아들 여호수아가 싯딤에서 두 사람을 정탐꾼으로 보내며 이르되 가서 그 땅과 여리고를 엿보라 하매 그들이 가서 라합이라 하는 기생의 집에 들어가 거기

현대의 많은 윤리학자들의 지지를 받는다.

하지만 이런 윤리적 결정 이면에는 또 다른 윤리적 문제들이 숨겨져 있다. 목적이 수단을 정당화할 것인가가 중요한 윤리적 이슈가 된다. 옳은 결과를 만들어내는 것이라면 어떤 수단과 방법이라도 사용하는 것이 문제가 없다는 논란이 되는 결과를 낳는 접근법이 바로 이것이다. 예를 들어, 국제적인 테러조직인 알카에다를 소탕한다는 명목으로 탈레반 정권을 향해 일으킨 아프가니스탄 전쟁은 과연 정당화될 수 있느냐 하는 것이다. 이 전쟁이 테러조직을 와해시키기 위한 좋은 목적을 가진 것에는 의심의 여지가 없지만, 그 전쟁에서 얼마나 많은 양민들과 어린이들이 희생되었는지를 보면 이야기는 달라진다. 그럼에도 불구하고 이런 미국의 선택을 국제사회는 인정하고 미국은 전쟁을 강행하여 수많은 무고한 희생자들을 낳았다. 이런 미국의 윤리적 선택은 전형적인 목적론적 접근법에 의한 것이라 할 수 있다. 그들이 내세우는 논리도 분명히 타당성이 충분하다. 비록 미국이 많은 희생을 초래하는 전쟁이라는 방법을 선택하긴 했지만 그것은 더 많은 생명을 구하기 위한 행동이기 때문에 그 정당성이 인정된다는 것이다.

이런 목적론적 접근법은 어떤 행동의 선택이 유용성의 원리에 의해 그 옳고 그름이 결정된다는 존 스튜어트 밀이 주장한 '최대 다수의 최대 행복'을 주창하는 공리주의(Utilitarianism)에 그 기초를 두고 있다. 이에 따르면 윤리적 행위란 최대한의 선을 낳는 선택, 혹은 반대로 최소한의 악을 낳는 선택을 의미한다. 공리주의에 기초를 둔 목적론적 윤리가 가장 합리적인 것으로 보이지만, 그 선택이 낳는 결과는 결코 단순한 것이 아닌데 이는 우리의 선택이 궁극적으로 어떤 결과를 낳을지 알 수 없기 때문이다.

공리주의(Utilitarianism)

벤담(Jeremy Bentham)의 저술들이 공리주의라는 새로운 사상을 정립하고 이를 법률에 적용시키기 위한 의도를 갖고 있는 것이라면, 윤리이론과 관련된 밀(John Stuart Mill)의 저

서 유숙하더니" 여기서 라합은 여리고의 기생으로 여리고를 정탐하러 온 두 명의 이스라엘 두 정탐꾼이 이 집에 묵으러 들어갔을 때 마침 누군가 여리고 왕에게 꼬질르는 일이 발생하고 밤에 급습을 당하는데, 라합은 그들을 지붕에 숨겨주고 그들은 이미 떠났지만 그러나 따라잡을 수 있을 거라며 추적자를 따돌려 정탐꾼의 목숨을 지켜준다.

술들, 특히 『공리주의』(On Utilitarianism)는 이처럼 공리주의의 개념을 분명히 하고, 유럽 대륙의 철학자들에 의해 공리주의에 제기된 물음들과 밀 스스로 확인한 의문들에 답하기 위한 의도에서 저술된 것이다.

'공리주의란 무엇인가?', '공리의 원리의 궁극적 제재에 대하여', '공리의 원리는 어떻게 증명되는가?', '정의와 공리의 관계에 대하여' 등의 총 5장으로 구성되어 있는 이 책은 '공리'와 '쾌락'의 어의적 부정합성에 대한 해명을 포함하여 공리주의와 여타 이론들을 비교하는 내용으로 채워져 있지만, 무엇보다도 중요한 것은 공리주의는 인간의 특성을 해명하지 못한다는, 즉 공리주의는 쾌락을 추구한다는 점에서 인간과 여타 존재 — 가령 돼지 — 를 동일하게 취급하고 있다는 비판에, '쾌락의 질적 차이'를 강조하는 이른바 '질적 공리주의'로 응수하고 있다는 점이다. 그래서 밀에 따르면 "만족한 돼지보다는 불만족한 인간이 낫고, 만족한 바보천치보다는 소크라테스가 되는 것이 더 낫다." 바보천치나 돼지가 어떤 다른 견해를 갖고 있다 하더라도, 그것은 모두 이 문제에 대해 자신들 각자의 입장만을 알고 있는데 지나지 않는다. 그러나 바보천치나 돼지에 비교되는 상대방은 양쪽 모두를 알고 있기 때문이라 한다.

(2) 의무론적 접근법(의무론적 윤리설)

의무론적 접근법에 따르면, 윤리적 선택의 상황에서 인간은 자신의 본성에 내재된 도덕성을 따를 때 사람들은 그것을 도덕적 행위로 간주한다. 즉 인간 행위의 도덕성 여부는 전적으로 그 행위 자체가 도덕적인지 아닌지에 의해 판단되는 것이지, 동기나 목적, 혹은 방법이나 결과 등에 의해 판단되는 것이 아니다. 도덕성은 행위에 내재되어 있는 본질적인 요소로 판단되기 때문에 어떤 행동을 할 때 인간은 그 행동에 내재되어 있는 도덕적인 의무에 충실해야 한다는 것이 이 접근법의 요지다.

예를 들어, 유대인을 숨긴 독일인이 독일 비밀경찰 게슈타포에게 거짓말을 해야 할 것인가 말아야 할 것인가의 상황에서, 의무론적 접근법에 따르면 거짓말을 해서는 안 된다는 명령을 따라야 한다. 진실을 말해야 한다는 의무에 충실하게 행동하는 것이 도덕적인 결정이란 사실이다. 이 이론은 그가 거짓말을 한다할지라도 비밀경찰들이 그 유대인을 찾아내 처형할 수 있을 것이며, 사실대로 말한다 할지라도 유대인이 이미 피신해서 체포되지 않을 수도 있기 때문에, 그가 진실을 말하는 것과 유대인의 운명은 무관하다고 주장한다.

이 이론은 그 철학적 바탕을 임마누엘 칸트(Immanuel Kant)의 정언명령(定

言命令)에 두고 있다. 정언명령(categorical imperative)이란 어떤 상황에 의해 인간의 윤리적 의무가 변하는 것이 아니라 무조건적이고 절대적인 명령을 의미한다. 칸트는 "정언명령은 행위의 결과와 관계없이 그 자체로서 객관적으로 필요한 행위를 명령한다"고 말한다. 그는 자신의 [실천이성비판]에서 "하늘에는 별이 있고 인간의 가슴에는 도덕률이 있다"고 주장하는데, 이는 인간 내면에 선의지가 존재함을 강조하는 것이다. 그는 이 선의지를 무조건적으로 실천하는 것이 바로 도덕적인 행위라고 생각했다. 칸트의 정언명령에 따르면, 윤리적인 행동이란 내재되어 있는 선의지의 의무를 정직하게 따르는 것을 말하는 것이다.

칸트의 정언명령과 가언명령

보통 어떤 특정한 조건에 좌우되지 않는 무조건적, 절대적인 명령을 "정언명령(categorical imperative)"이라 보고 조건이나 상황에 따라 적용되고 요구되는 도덕 명령을 "가언명령"이라 한다. 칸트의 정언명령에는 크게 2가지 원리가 있다. 보편주의 원리는 "네 의지의 격률이 언제나 동시에 보편적 입법의 원리가 될 수 있도록 행위하라"는 것이고 인격주의 원리는 "너 자신과 다른 모든 사람의 인격을 결코 단순히 수단으로 취급하지 말고 언제나 동시에 목적으로 대우하도록 행위하라"는 것이다. 칸트에 의하면 도덕 법칙의 명령은 방법이나 결과를 위한 것이 아니다. 그래서 아무리 결과가 좋아도 동기가 좋지 못하거나 불선하면 그것은 도덕이 아니다라고 보는 것이다. 정언명령은 그 자신을 목적으로 하여 지켜야 하는 것이라고 했는데, 이것이 정언명법이다.

칸트에 의하면, 도덕적 행동은 그자체로 선한 선의지의 지배를 받아야 하며, 목적이 아닌 의무 의식에서 나와야 한다. 순수이성, 즉 양심의 선험적 존재를 인정한다면 우리의 의무의식은 도덕 법칙을 존중하는데서 나오며 이것은 실천 이성을 통해 이루어진다. 따라서 도덕 법칙은 인간의 타율적 행위의 강제성이 아니라 자율성에 의해 이루어진다. 즉 자유의 주체가 되는 인격을 존중하고 동물과 달리, 인간은 도덕 법칙에 따라서 행위할 수 있는 자율의지가 있다고 주장하며 도덕 법칙에 관한 유명한 말을 남기고 임종한다.

"그것을 생각하는 것이 거듭되면 거듭될수록 또는 그 기간이 길면 길수록 더욱 새로워지며, 그리고 더욱 강한 감탄과 존경의 생각으로 마음을 채워주는 두 가지가 있으니, 하나는 내 위에서 항상 반짝이는 별을 보여 주는 하늘이며, 다른 하나는 나를 항상 지켜 주는 마음속의 도덕 법칙이다"라고 말하였다. 칸트는 인과율의 지배를 받는 과학의 세계와 인과율의 지배를 받지 않는 자율적 도덕법칙의 세계를 나름대로 둘 다 증명해냈다.

의무론적 윤리는 인간의 내면에 내재된 윤리적 의무에 충실하므로 자신의 도덕적 의지에 따라 행동하는 것이 핵심이다. 물론 이 이론이 인간이 살아가는 데 있어서 무엇이 옳고 그른지에 대한 윤리의 절대적인 기준이 있음을 나타냄으로써 윤리학의 토대를 놓은 것은 사실이지만, 모든 인간이 행위에 내재되어 있는 의무를 다 확신할 수 있는가에 대해서는 분명치 못하다는 단점을 가지고 있다.

목적론적 접근법이나 의무론적 접근법 둘 다 윤리의 훌륭한 이론들임에는 틀림없지만 실제적인 윤리의 선택 상황에서 한계를 가지고 있다. 목적론적 접근법은 윤리적 선택의 상황에서 가장 합리적이고 많은 이들의 공감을 얻어낼 최선의 선택이다. 하지만 어떤 행동을 함에 있어서 윤리적 선택의 결과에 따라 윤리적으로 옳고 그름을 결정을 한다는 입장은 그 행위가 어떤 결과를 낳을지 알 수 없다는 치명적인 문제점을 안고 있다. 어떤 선택의 상황에서 우리가 할 수 있는 것은 단지 특정 결과를 예상하고 어떤 윤리적 선택을 하게 되지만 과연 실제로 예상한 결과가 나오느냐하는 것은 의문이다. 그렇다고 의무론적 접근법이 윤리학의 대안이라고 말하는 것은 아니다. 실제로 현실 세계에서 칸트가 말하는 정언명령과 같은 윤리적 원칙을 우리가 구체적으로 알기란 불가능하다. 윤리적 결정들이 이들 이론들이 말하는 것처럼 그렇게 단순하지 않다는 것이 문제이다. 많은 경우에 서로 다른 윤리적 원칙들이 서로 상충된다. 거짓말을 하지 말아야 한다는 윤리적 원칙은 동시에 그 선택의 결과로 일어날지도 모르는 살인에 대한 금지규정을 어기는 결과를 초래할 수도 있기 때문이다.

그렇다면 인간이 윤리적 선택을 할 수 있는 가이드라인을 제시하는 윤리학이 실제로 가능할까? 이를 가름하는 것은 만만치 않은 일이다. 위의 두 접근법에 따르면 윤리적 선택 상황에서 무엇을 근거로 어떤 행동을 할지에 대한 기준이 있긴 하지만 실제 윤리적 선택 상황은 그렇게 단순하지 않다. 윤리적 선택이 복잡하고 만만치 않다는 현실 앞에서 나오게 된 윤리적 입장이 절대적 구속력을 가진 도덕 법칙은 존재하는지에 대해서 한 마디로 대답하기란 결코 쉬운 일이 아니기 때문이다.

6. 윤리학의 중요성

윤리학은 단순한 철학적인 견해가 아니라 인간 삶의 실제적인 문제들에 대한 방향을 설정해준다. 인간 행위의 옳고 그름을 판단하는 자체가 마치 산술적인 계산처럼 답이 딱 떨어지는 것이 아니기 때문에 윤리학은 어떤 한 이론으로 모든 것을 해결할 수 있는 성질의 것이 아니다. 그래서 윤리학은 도덕적 선택을 위해 사색(思索)하고 탐구(探究)하는 철학으로 인정된다. 자연과학적 탐구와 달리 윤리학은 하나의 철학으로서 어떤 논제에 대한 인식론적 결론에 도달하는 학문이 아니다. 다만 인식론적 결론들에 대한 반성과 사색을 통해 그 결론이 정당한지 끊임없이 탐구하는 것이다. 특정 행위가 옳고 그른지에 대한 도덕적 판단의 근거가 무엇이며, 그 결론에 도달한 것이 과연 정당한 것인지 부단히 분석하는 작업이라 할 수 있다.

(1) 인간 삶은 윤리적 결단을 요구한다

인간은 매일 매일 많은 선택 가운데 노출된다. 무엇을 먹고 어떤 제품을 살 것인가와 같은 사소한 선택에서부터 교통신호를 지킬 것인가 무시할 것인가, 구걸하는 사람에게 돈을 줄 것인가 안 줄 것인가, 길에 떨어진 돈 지갑을 주인을 찾아 줄 것인가 아니면 내 주머니에 그냥 집어넣을 것인가 등과 같은 무수한 윤리적 선택에 직면한다. 이런 윤리적 선택의 상황은 개인에게 윤리적 결단을 요구한다. 양심의 소리를 들을 것인가 말 것인가 하는 것은 전적으로 나의 자유의지(自由意志)에 달려 있다. 이런 선택들이 단순한 것이 아니므로 많은 경우 우리에게 윤리적 결단을 요구한다.

어거스틴(ST Augustine of Hippo 345~430)의 자유의지(free will, 自由意志)론

자신의 행동과 결정을 스스로 통제할 수 있는 힘 혹은 능력을 말한다. 자유의지는 인간이 창조될 때 하나님이 인간에게 부여한 것으로서 외적인 제약이나 구속을 받지 아니하고 내적 동기나 이상에 따라 어떤 목적을 위한 행동을 할 수 있는지의 여부를 중점적으로 논하면서, 인간 행위의 책임 한계성과 하나님의 섭리가 어떻게 나타나는 가를 알아본다.

어거스틴(ST Augustine of Hippo 345~430)은 "하나님이 전적으로 전능하시다면 왜 세상에 악이 존재하는가?"에 대한 질문에 답변하는 형식으로 "하나님은 악의 근원이 아니다"라고 논증했다. 그의 논증을 설명하면 다음과 같다.

어거스틴에 의하면 "인간은 이성적인 존재다. 이성적이기 위해 인간은 자유의지를 지녀야 한다. 이것은 인간이 선과 악 중에서 하나를 선택할 수 있다는 의미이다. 따라서 인간은 나쁜 행동이나 좋은 행동을 할 수 있다. 그러므로 신은 악의 근원이 아니다"라고 논증한다. 이를 다시 설명하면, 하나님이 인간을 창조하실 때 "이성적인 존재로 창조했다"는 것이다. 이성적이란, 개념적으로 사유하는 능력을 감각적 능력에 상대하여 이르는 말로도 해석되나, 진위나 선악을 구별하여 바르게 판단하는 능력을 의미하기도 한다. 인간이 이성적이기 때문에 인간은 자유의지를 지녀야 한다는 것이다. 인간이 이성적이기 위해서는 자유의지를 부여한 것이라고 말한다. 인간이 자유의지를 지닌다는 것은 선이나 악을 선택하는 것을 비롯해서 무엇이던 선택할 수 있다는 것을 의미한다. 이런 이유로 하나님은 아담에게 선이 아닌 악, 그리고 순종이 아닌 불순종을 할 수 있는 가능성을 열어두었다. 이점이 바로 간교한 뱀에게 여자가 대답한 말로서 "동산 중앙에 있는 나무의 실과는 하나님의 말씀에 너희는 먹지도 말고 만지지도 말라. 너희가 죽을까 하노라(창 3:3)"고 함으로써 지식의 나무(Tree of Knowledge)에서 과일을 따 먹지 말라고 하였음에도, 불순종의 사건이 발생하게 된 것이다.

이렇게 창조주 하나님은 인간에게 선악 중 한쪽을 선택할 수 있는 가능성(possibility)을 열어 둠으로서 신의 명령을 어긴 엄청난 일대의 사건이 발생한 것이다. 어거스틴이 가능성을 열어둔 자유의지를 설명할 때, 합리성을 내세워 추론의 과정을 통해 선택을 평가하는 방법으로 자유의지를 설명하려고 한 것은 아니라고 본다. 합리성은 나쁜 일을 하도록 선택하는 자유를 비롯해서 선택의 자유가 있는 곳에서만 가능하다는 논리는 합당한 설명이 되지 못한다. 어거스틴은 우리가 세상을 바라보는 자세를 보다 긍정적으로 생각해야 된다는 입장에서 "비록 세상에 악이 존재할 찌라도 악이 존재하는 세상의 선이, 악이 존재하지 않는 세상의 선보다 더 위대하다"고 주장한다. 이는 마치 음악의 불협화음이 더욱 아름다운 소리로 조화를 이루는 것과 같다고나 할까? 불협화음의 단순 이해는 둘 이상의 음이 동시에 울릴 때, 심미적으로 서로 어울리지 않아 조화롭지 않게 들리는 경우도 있겠지만, 음율(음악의 소리와 가락)이 일정한 규칙에 따라 소리를 발산하게 되면 합창이나 사중주와 같은 소리를 내게 되는 위대한 음악으로 변화되는 것과 같다는 의미가 된다.

도움을 베푸는 사람은 그저 그 사람이 불쌍해서 베풀 수 있고, 그렇지 않은 사람은 그를 돕는 것이 그에게는 아무 도움이 되지 않고 오히려 그들 뒤에서 조종하는 불손 세력을 양성하는 결과를 낳는다고 생각할 것이다. 그를 돕지 않으면서 이런 식으로 자기 합리화를 할 때에라도 그는 마음 한편에 그 걸인에 대해 애처로움을 느끼고 자신의 선택을 후회할 수도 있을 것이다.

우리는 매일 매일 이런 윤리적 선택의 상황을 직면하는데, 이런 때에 우리는 윤리적 결단을 필요로 한다. 인간 삶의 전 영역에서 우리는 자신이 가진 윤리적 원칙에 따라 윤리적 결단을 내려야만 한다.

(2) 윤리는 인간성을 극대화한다

옳고 그름에 대한 인식을 가진 인간이 어떤 선택을 해야 할지는 자명하다. 어떤 종류의 윤리학이든 윤리학은 인간에게 윤리적인 삶을 요구한다. 우리가 왜 윤리적인 삶을 선택해야 하는가의 문제를 생각해볼 필요가 있다.

우선 윤리는 인간 삶의 기본 법칙이기 때문에 윤리적 삶을 살아야 한다. 살인하지 말아야 한다는 윤리적 원칙을 예를 들어보자. 만약 이 윤리적 원칙이 세상에서 전혀 지켜지지 않는다면 온 세상 사람은 다 죽고 제일 힘센 사람만 살아남을 것이다. 윤리적 삶을 산다는 것은 인간이 살아야 할 기본적 법을 따르며 사는 것을 말한다.

이런 사상을 극단적으로 적용한 철학자들은 인간이 윤리적 삶을 살게 되면 이 땅이 유토피아(Utopia)[29]가 될 것이라고 생각하기도 한다. 18세기 계몽주의 사상가들이 가진 꿈이 바로 이런 것이었다. 인간이 이성적인 교육을 통해 도덕적인 삶을 살게 될 때 인류는 점점 진보하게 되어 결국 낙원(樂園)을 건설할 수 있을 것이라는 꿈을 꾸게 되었다. 하지만 그런 꿈은 현실적으로 실현되지 않았고, 오히려 인류는 더 많은 문제들을 직면하고 있다.

계몽주의(啓蒙主義, illuminism)

계몽주의는 17세기 말 영국에서 발생하여 유럽 전역으로 확산되었다. 영국에서 로크의 경험철학과 민주적 정치이론이 중심이 된 계몽주의사상은 교회에서 시작된 오랜 사상과 교회의 특권에 반하여 사람이 인간적으로 살아가기 위한 자유를 추구한다. 이 사상은 민중에게 강한 의지를 심어주고, 몽테스키외와 루소 등에 영향을 주면서 프랑스 혁명의 원동력이 되었다.

칸트(Kant)는 인간의 이성의 권위를 주장, 인간을 무지몽매하게 하였던 봉건적 권위를 부정, 인간을 위한 새로운 사회 질서를 확립하고자 하였다.

몽테스키외(Montesquieu)는 입법, 사법, 행정의 삼권분립을 주장하였으며, 이 삼권분립의 이론은 왕정복고(王政復古), 미국의 독립 등에 영향을 주었고, 19세기의 자유주의를 옹호하게 되는 기본적 자유의 규정에 공헌하였다.

볼테르(Voltaire)는 신앙과 언론의 자유를 옹호하였다. 그는 '페르네의 장로(長老)'라는 별명으로 불렸으며, 반봉건·반교회 운동의 지도자로서 수많은 공격적 문서를 발표하였는데, 종교적 편견에 의한 부정재판을 규탄한 칼라스 사건(1761) 등의 실천운동으로도 유명하다.

---

29) 유토피아(Utopia)란 이상(理想)으로 그리는 가장 완벽하고 평화로운 사회를 말한다.

루소(Jean-jacques Rousseau)는 자유와 평등, 주권재민을 주장, 프랑스 혁명에 영향을 주었다. 평생 동안 많은 저서를 통하여 지극히 광범위한 문제를 논하였으나. 그의 일관된 주장은 '인간 회복'으로, 인간의 본성을 자연 상태에서 파악하고자 하였다.

위에서 검토한 바와 같이 기독교적 시각에서 볼 때, 이런 시대적인 상황에서 절실하게 요구되는 것이 바로 기독교 윤리를 회복함으로써 세상을 바꾸는 것이다. 인간 존재의 근간이 되는 윤리가 무너져버린 현 시대에 인류는 존재론적 위기를 맞게 되었는데, 이런 사회적 위기를 탈피하기 위한 대안으로 기독교 윤리, 기독교인들의 사명이 무엇보다 중요한 시대이다.

기독교적 관점에서 본 성적 타락과 새로운 성윤리

최근 일부 목회자들의 성폭력 사건에 대하여 일반적으로 두 갈래의 반응을 볼 수 있다. 먼저 이러한 사건들을 해당 목회자 개인의 문제로 취급하여 개체 교회나 교단의 차원에서 그 목회자의 임무를 정지시키거나 자격을 박탈하는 것을 논의하는 것이다. 이러한 방식은 한국 교회의 보수적인 정치 현실의 벽에 부딪혀 범죄사실에 대한 제대로 된 치리(治理)로 나아가지 못하는 일이 다반사이다. 또 다른 하나는 일부 목회자들의 이러한 문제가 다만 특정 목회자 개인의 문제에서 발생한 것이 아니라 오늘날의 세속적인 성해방 앞에 교회의 전통적인 성도덕이 통제 능력을 상실하고 추락했기 때문이라고 보고, 다시 이전의 강력한 성도덕을 교회와 사회에 복원하고 강화하려는 시도이다. 그러나 이 두 번째 해결책 역시 미봉책에 머무는 것처럼 보인다. 강력한 성도덕이 장악했던 중세에 오히려 성직자들의 성적 문란이 심각해졌다는 사실을 상기해 본다면, 전통적 성도덕의 부활은 오늘날 자행되고 있는 목회자들의 성적 문란을 오히려 더 음성적으로 확산시키는 억압적 기제로밖에 작용되지 않을 것이기 때문이다.

이에 우리는 제3의 해결책을 모색해야 한다. 그것은 "선한 몸"과 "창조의 질서로서의 성"에 대한 성서 신앙을 저버린 채, 한국 교회가 지금까지 성서적 인간관을 끊임없이 밀어내며 서구 교회사를 장악해 온 영육 이원론적 인간관을 무비판적으로 수용하고 나아가 여성에게 정조관념을 강조함으로써 가부장제의 혈통을 통제하는 유교적 가족 제도를 결합시켜 '금욕적이고 성차별적인 성도덕'을 교회의 지배적인 가르침으로 삼았던 데에서 기인하는 것은 아닌지 반성하는 데에서 출발해야 한다.

현재 한국의 남성 목회자들에게서 자행되는 성적 문란과 번죄는 사람의 몸, 여성의 몸을 하나님을 영화롭게 하는 "성령의 전"(고전 6:19-20)으로 보지 못하고 다만 자녀 생산과 양육을 위한 도구로 여기거나 혹은 남성 목회자의 피치 못한 정욕을 은밀하게 해소하는 대상물로 여기는 데에서 비롯된 것이기 때문이다. 그렇다면 한국교회의 성문화를 지배해 온 금욕적이고 성차별적인 성도덕의 자리를 대신하고 나아가 목회자뿐만 아니라 모든 기독교인들의 아름다운 성문화를 새롭게 창조할 수 있는 새로운 대안이 있는가? 오늘날 한국교회의 일부 목회자들의 성문제가 중세 가톨릭 성직자들의 성 문란의 데자뷰(deja vu)인 것처럼 그 해결책 역시도 교회의 역사에서 찾을 수 있을 것이다.

중세 성직자들의 성 문란의 문제는 가톨릭교회 내부에서 온전히 해결되지 못하고 결국 교회의 분열, 새로운 개혁교회의 탄생을 초래했다. 이로 인해 대부분의 종교개혁자들은 교회의 경제적·정치적 타락을 개혁할 뿐만 아니라 성직자들의 성과 결혼 문제까지 혁명적으로 변화시킨다. 대표적으로 존 칼뱅을 언급할 수 있다. 그는 다른 종교개혁자들과 마찬가지로 결혼을 인간에게 부여된 거룩한 하나님의 명령으로 이해하며, 가톨릭교회의 성직자 독신주의를 반대한다. 그에 의하면, 하나님의 피조물로서의 인간은 결혼을 통해 자신의 배우자뿐만 아니라 하나님과도 연합하여 자기존재를 완성한다. 이에 결혼은 남녀의 계약일 뿐만 아니라 하나님과의 계약을 의미하는 거룩한 관계인 것이다. 그러나 칼뱅은 거룩한 관계로서의 결혼 관계에서 성 문제를 금욕적이고 성차별적인 관점에서 바라보지 않았다. 그는 바울과 같이 결혼한 부부는 자녀의 출산뿐만 아니라, 배우자가 욕정에 휘말려 실수나 범죄에 빠지지 않을 수 있도록 부부간의 성관계를 유기하지 말라고 가르친다. 그러나 이보다 더 중요한 것은 칼뱅이 부부간의 성적 만남을 다만 성욕의 실현(출산) 혹은 해소(쾌락)로 이해하는 바울의 입장에서 더 나아가 '한 몸과 한 인격'이 되는 아름답고 거룩한 연합으로 이해했다는 점이다. 칼뱅의 부부관을 21세기의 새로운 성윤리에 그대로 적용하는 데에는 무리가 있을 수 있다. 남성과 여성의 동등한 경제적, 사회적, 법적 권리를 주장하는 현대의 여성해방운동을 경험하지 못한 16세기 칼뱅에게서는 여전히 가족과 사회, 교회에서 남성과 여성에게 본질적으로 부여된 고정된 성역할 개념이 존재하기 때문이다.

그럼에도 불구하고 칼뱅의 가르침이 여전히 오늘날 한국교회에게 유용한 것은 다음과 같은 현실적인 이유에서다. 한국 교회의 많은 남성 목회자들은 자신의 아내를 하나님의 창조질서를 완성하기 위해 만나는 존귀한 인격체이자 동반자(同伴者)로 여기지 못한 채, 목회를 보조하는 순종적인 동역자(同役者)로만 대하고 있다. 성장주의가 목회의 최고 가치로 자리 잡으면서 목회자의 아내는 교회 안팎의 많은 고단한 일들을 음지에서 처리하며 '사모'라는 변종(變種)의 직책을 감당하게 되는데, 이로 인해 더 이상 여성으로서의 본인의 아름답고 성적인 매력을 남편을 포함한 어느 누구에게도 발산해서는 안 되는 정숙의 감옥에 갇히게 되었다. 이에 한국교회의 상당수 목회자 부부의 성은 억압되거나 유기되고, 결과적으로 일반 성도와 똑같이 "몸을 입은 존재"로서 그들에게 태생적으로 내재된 성적 욕망은 부부관계 내에서 제대로 해소되지 못한 채 실수나 범죄에 휘말리게 하는 욕정으로 끊임없이 타락하는 위기에 노출되게 되었다.

한국교회 목회자들의 성위기를 극복하기 위해 우리는 성차별적이고 금욕적인 전통적 성도덕으로 복귀해서는 안된다. 오히려 그것은 문제를 심화시킬 것이라는 것을 역사가 우리에게 가르쳐주고 있다. 성은 죄가 아니라 하나님이 창조하신 인간의 축복받은 실존이기에, 억압이 아니라 올바른 성관계를 통해 아름답게 구현되어야 한다. 이를 위한 전제조건으로서 이제 한국교회는 "선한 몸"과 "아름다운 성"개념에 바탕을 둔 성서적 인간관을 회복해야 하며, 나아가 여전히 성차별적인 교회 제도를 실제적으로 개혁하여 남녀가 서로 존중하고 배려하는 새로운 성윤리를 마련해야 할 것이다. 또한 이와 함께 성차별적이고 금욕적인 전통적 성도덕에 익숙한 많은 목회자 부부들에 대한 올바른 성윤리 재교육이 요구되며, 동시에 새로운 목회 세대를 길러내는 교육과정에서 이러한 성윤리 교육을 의무로 해야 할 뿐만 아니라, 잘못된 성관념과 폭력적 행위를 습관적으로 범하는 이들을 목회 수련과정에서 조심스레 걸러내는 제도적 장치가 조속히 마련되어야 할 것이다.

이와 같은 윤리적인 삶을 살아야 할 이유는 개인적인 차원에서도 중요하다. 인류 전체가 살아가는 가장 자연스런 방식이 윤리적인 삶인 것과 마찬가지로 윤리는 개개인의 존재성에서도 요구된다. 윌리엄 프랑키나(William Frankena)[30]는 [윤리학]에서 인간이 윤리적으로 살아야 할 이유가 "그것이 이성적이기 때문"이라고 주장한다. 윤리적인 삶은 이성적인 사람이 선택하는 가장 자연스런 삶의 방식이다. 인간은 본질적으로 이성적 존재로서 윤리적 삶을 살아야 한다는 것이다. 도덕적인 삶을 사는 것 자체가 인간성을 극대화하는 것이다.

(3) 사회문제에 대한 구체적 답변을 추구한다

윤리적 선택은 인간 삶의 일부분으로서 매일 우리는 윤리적 결단에 직면하고, 우리는 윤리가 인간 사회 문제를 해결하고 인간성을 회복함으로써 사회정의가 실현되도록 하는데 필수적인 것을 알 수 있다. 중요한 것은 이런 윤리적 선택의 상황에서 우리가 갖게 되는 윤리적 원칙에 대한 이해를 바탕으로 우리가 윤리적인 삶을 실천하는 것이다.

선의의 거짓말, 합리화한 전쟁과 폭력, 혼전 성관계, 이혼 등과 같은 윤리학의 고전적 문제들은 아직도 논쟁의 대상이 된다. 문제는 사회가 점점 더 복잡해지면서 이런 문제들과는 비교도 안 될 복잡한 윤리적인 문제들이 계속해서

30) William Klaas Frankena(1908~1994) was an American moral philosopher. He was a member of the University of Michigan's department of philosophy for 41 years(1937~1978), and chair of the department for 14 years(1947~1961).

쏟아져 나오고 있다는 것이다. 가령 트랜스젠더, 인공수정, 복제 등과 같은 생명공학적 질문에서부터 동성애, 스와핑, 원정교제, 기업윤리, 환경 윤리 등과 같은 다양한 문제들이 응용윤리학에 포함되었다. 이처럼 복잡한 현대사회에서 윤리학의 역할은 점점 더 커지고 있다.

윤리적 문제들

트랜스젠더(transgender)란 사전적으로 '성전환자'의 의미를 가지는 트랜스젠더들은 수술이나 치료를 받아 생물학적인 성을 버리고 정신적인 성으로 삶을 사는 사람들로, 트랜스섹슈얼(transsexual)이라는 말과 동일하게 사용된다. 실제 수술을 하지 않았더라도 심리검사, 호르몬검사, 염색체검사 등 수술을 위한 과정을 밟고 있는 사람들도 이에 포함된다. 2006년 6월 우리나라의 대법원에서는 사회통념상 성전환 인정기준을 만들어 성전환자의 가족관계등록부상 성별 정정을 허용하여 트랜스젠더의 결혼과 트랜스젠더 부부의 입양이 가능하도록 하였다. 사회적 편견은 뒤로 하고 법적으로는 트랜스젠더를 인정하고 있다.

인공 수정(intrauterine insemination)이란 배란기에 남편의 정액을 받아 특수 처리를 한 후 가느다란 관을 통해서 자궁 속으로 직접 주입하는 시술로, 사람의 경우는 남편의 정액을 사용하는 배우자간 인공수정(AIH)과 남편이 아닌 남자의 정액을 사용하는 비배우자간 인공수정(AID)의 2가지 방법이 있다. AIH는 남편에게 정자감소현상이 나타나는 경우나 요도하열(尿道下裂) 등으로 질내수정이 잘 되지 않는 경우에 시행한다. AID는 무정자증이나 남편 측에 유전적 질환이 있을 경우에 적용하지만, 윤리적 문제가 있기 때문에 나라마다 실행 여부는 이론이 많다.

복제(replication, 複製)란 유전물질이 자기복제를 하는 것을 일컫는 말로 유전물질의 생합성은 1개의 어미 분자가 주형이 되어 그것과 똑같은 구조와 기능을 가진 새끼 분자 2개가 만들어 내는 일이다. 이것은 반보존적 복제에 의해 이루어진다. 유전물질로서 DNA와 RNA는 고분자화합물이며 생세포 속에서 이 유전물질의 합성은 일련의 생화학 반응에 의해 이루어지는데, 유전물질의 생합성만을 복제라고 하는 것은 1개의 어미 분자가 주형이 되어 그것과 똑같은 구조와 기능을 가진 새끼분자 2개가 만들어지기 때문이다. 더욱이 유전물질의 자기증식은 모두 반보존적 복제에 의해 이루어진다.

동성애(homosexuality, 同性愛)란 동성의 상대에게 감정적·사회적·성적인 이끌림을 느끼는 것으로, 동성애자는 이러한 감정을 받아들여 스스로 정체화한 사람을 뜻한다. 대개 여성동성애자는 레즈비언(lesbian)으로, 남성동성애자는 게이(gay)로 지칭되며, 흔히 트랜스젠더(transgender)와 혼동되기도 한다. 그러나 트랜스젠더는 자신의 육체적 성과 정신적 성이 일치하지 않는다고 받아들이는 것으로, 이는 자신이 사랑하는 사람이 동성이라는 점을 받아들이는 동성애자와 구별된다.

스와핑(swapping)이란 스와핑은 '교환하다, 바꾸다'를 뜻하는 스와프의 명사형으로, '부부를 교환하다'라는 속어로도 쓰인다. 경제용어로는 서로 다른 금리 또는 통화로 표시된 부채를 상호 교환하는 거래를 스와프거래, 2개국의 중앙은행이 상호 일정액의 자국통화를 일정기간 예치하기로 하는 협정을 스와프협정이라고 한다. 속어로 쓰일 때는 두 쌍 이상의 부부가 배우자와 함께 같은 장소에서 혼음을 하거나, 부부끼리 서로 상대를 바꾸어 성행위를 하는 것을 일컫는다. 스와핑은 고대 그리스를 비롯해 각국에서 종교적인 관점에서 행해졌다고 한다. 정신과 의사들은 스와핑을 하는 사람들을 일종의 성도착증 환자나 섹스 중독자들로 보기도 하는데, 아직까지 정확한 의학적 정의는 내려져 있지 않다. 일종의 도덕불감증, 원초적 본능의 과잉 등으로 인식하는 학자들도 있기는 하지만, 스와핑 자체를 정신적 질병으로 보는 견해는 많지 않다.

사회가 복잡해지고 윤리적 문제들이 단순하지 않은 상황도 만만찮은데, 다양한 문화권의 다양한 사상들이 그런 문제들에 대한 나름대로의 해결책들을 제시한다는 것이다. 절대 진리를 거부하고 진리의 상대성을 강조하는 포스트모던[31] 사회에서 도덕적 절대주의는 상대주의와 다원주의에게 그 자리를 빼앗기고 있는 실정이다.

이런 시대적 상황에서 기독교 윤리가 갖는 의미는 그 어느 때보다 중요하다. 기독교 윤리는 단순한 도덕성 회복의 차원이 아닌 타락한 본성을 지닌 인간성 회복에 그 초점을 맞추고 있으므로 현실 사회가 직면한 과제들을 해결할 대안으로 대두되고 있다. 인류 사회와 문화의 변화에도 불구하고 기독교 윤리는 인류사회와 개인의 실존적 문제에 대한 성경적 해결방안들을 제시고 있기 때문이다.

윤리적 상대주의와 윤리적 절대주의, 그리고 다원주의

윤리규범과 관련하여 제기되는 질문중의 하나는 '도덕적 가치는 절대적인가 상대적인가?' 하는 문제이다. 이러한 질문은 모든 인류에게 적용되는 보편적인 도덕적 표준이나 행위의 규칙이 있는가? 또는 도덕적 표준이나 행위규칙은 문화권에 제한되어 있는가를 묻는 것으로 이

31) 포스트모던(post－modern)이란 기능 중심의 합리성에 대한 것으로서 감성(感性)의 자유로운 표현이나 놀이의 요소를 도입한 사고방식이나 표현 수법으로, 근대(modern)주의의 다음(post)에 오는 것이라는 뜻이다.

해될 수 있다. 이러한 질문에 윤리적 상대주의자들은 모든 도덕규범은 문화권에 따라 상대적이라는 주장을 하며, 윤리적 절대주의자들은 윤리적 상대주의자들의 주장은 규범 윤리학의 모든 탐구활동에 심각한 의문은 제기한다.

윤리적 상대주의는 모든 도덕적 가치는 상대적이거나 또는 문화권에 제한되어 있다는 주장이다. 이와 달리 윤리적 절대주의는 어떤 사람이 '도덕규범은 상대적인가 절대적인가?'라고 물을 때 상대적이라고 주장하는 것 이외에 절대적이라고 주장이다.

윤리적 보편주의가 아디에 있는 누구에게나 적용될 수 있는 규범이 있다고 할 때, 그가 의미하는 것은 이러한 규범은 개별적인 경우에 적용하며 한 종류의 행동은 항상 옳다고 결정될 것임에 틀림없다는 것이 아니다. 그가 의미하는 것은, 단지 규범이 적용될 때 한 사회는 실제 도덕률에 이를 받아들였고 다른 사회는 이를 배척여부와는 관계없이 적용되는 것이다.

윤리적 상대주의에 따르면 한 행위는 옳고 다른 행위는 그를 수 있다. 그 이유는 문제의 행동에 관해 두 사회의 규범이 다를 수 있기 때문이다. 그러나 윤리적 보편주의자는 한 행위가 옳다면 다른 행위도 옳고, 한 행위가 그르면 다른 행위도 그르다고 말할 것이다. 왜냐하면 둘 다 동일한 상황에서 일어난 동일한 종류의 행위이기 때문이다. 그러므로 보편주의자는 비록 행동의 옳고 그름이 환경이나 상황의 차이에 따라 달라진다고 하더라도 각기 다른 사회가 채택한 규범의 차이에 따라 변하지 않는다고 주장한다.

윤리적 다원주의(pluralism)는 개인이나 집단이 저마다 갖고 있는 가치관·이념, 또는 추구하는 목표 등이 서로 다를 수 있다는 것을 인정하는 입장, 또는 그것을 전제로 하여 사회현상을 파악하고 설명하는 입장. 다원주의라는 개념을 한 마디로 정의하기 어렵다. 사회학적으로는 개인 또는 집단들이 갖는 가치관·이념, 추구하는 목표 등이 서로 다를 수 있다는 전제하에 사회현상을 설명하려는 입장이라 말할 수 있다. 다원주의의 특징은 무엇보다도 개인주의를 바탕으로 하며, 개인의 안전·이익·행복에 최고의 가치를 둔다는 점이다. 바꾸어 말해서 다원주의는 국가권력의 절대성을 부정하는데 그 특징이 있다.

제 2 절 이기주의와 이타주의

1. 이기주의(egoism, 利己主義)

토마스 홉스(Thomas, Hobbes)[32]에 의하면, 모든 인간의 존재는 자기 자신

32) 토마스 홉스(Hobbes, Thomas)는 영국의 철학자이자 정치학자이다. 영국 유물론의 창시자인 베이컨의 유물론 철학을 계승하고 체계화시켰다. 체계화의 과정에서 그는 수학적 요소를 중시하여 자연 현상을 역학적, 양적 형식으로 파악함으로써 운동을 공간에 있어서의

의 이익(善)을 위해 행동하고, 때에 따라 사람은 누구나 스스로가 자신의 이익이 된다고 지각하는 바의 추구만이 유일한 동기가 되어 행동하고 있다고 말한다. 물론 이런 홉스의 입장이 충분한 설득력을 가질 수 없는 것이 분명한 것은 실제로 우리는 많은 사람들이 타인을 돕고 있는 예를 알고 있기 때문이다.[33] 설사 우리가 많은 사람들이 자신의 이익을 위해 행동하고 있다는 것을 인정한다 할지라도 이 사실이 그들도 또한 때에 따라선 타인의 이익을 위해 행동한다는 사실을 부인하는 것은 아니다.

게다가 홉스는 다른 장소에선 그의 이기주의를 매우 상식적인 방식으로 정의하고 있기도 하다. 홉스는 선(good)이란 사람이 욕구(desire)하는 대상이라고 정의함으로써 사람은 누구나 자신의 선(이익)을 도모하기 위해 행동한다는 그의 애당초의 주장은 사람은 누구나 자신의 욕구를 만족시키기 위해 행동한다는 것을 의미하는 것에 지나지 않게 된다. 다시 말하면 타인을 도와주려는 것이 많은 사람들의 욕구인 만큼, 많은 사람에게 선이요 이익이 되는 것은 타인을 도와주는 것이라 보는 것이다.

따라서 홉스의 견해는, 무해(無害)하거나 중립적인 것으로 이해될 수도 있는 것이다. 실제로 학자들 사이에서는 홉스가 과격한 이기주의자와 온건한 이기주의자의 견해 중 어느 쪽을 대변하고 있는지, 또는 양자 모두를 대변하고 있는지에 관해 의견이 분분하다. 다만 홉스의 견해를 그 전체적인 정신에서 파악한다면, 인간 행동을 결정하는 데 이기적인 동기가 비이기적인 동기에 선행한다고 보아야 할 것이다.

역학적인 위치 변화로밖에 보지 못하였다. 결국 그의 이론은 베이컨이 물질에서 인지한 다양한 운동 형태를 부인하는 결과가 되었고, "감성이 그 화려함을 잃은", "인간 혐오"의 유물론으로 되었다(마르크스). 정치론에서는 인간의 자연 상태를 "만인의 만인에 대한 투쟁"이라 하여 이 무질서 상태를 벗어나기 위해 국가가 계약을 바탕으로 만들어졌다는 국가 계약설을 펴기도 했다. 이 계약은 1회에 한한 것으로 취소할 수 없다고 하여 절대주의적 군주제의 기초가 되었는데, 그의 역점을 국가 권력의 절대성에 두었고 이것은 17세기 영국 혁명을 이룩한 여러 계급의 이해에 합치할 만한 것으로 되었다.

33) 지난 2천 년부터 16년 동안 얼굴 없는 천사는 모두 17번의 기부를 이어왔다. 얼굴 없는 천사가 지금까지 낸 성금은 4억 4천여만원 "이 정도 밖에 못해요"라며 구세군 냄비 두 곳에 9백만원을 넣고 사라진 할머니, 대구의 '키다리 아저씨'는 2015년에도 1억 2천만원을 기부했다. 벌써 4년째 같은 날 부산에서도 '동전천사'가 찾아와 10년째 이웃사랑을 이어갔다. 얼굴없는 천사들의 드러내지 않는 선행이 한겨울 추위를 따뜻하게 녹이고 있다.

그러나 개인은 자신의 이익을 위해서만 행동한다는 것이 전제되면, 인간은 천성적으로 사회생활에 적합하지 않고 따라서 제약을 받지 않으면 서로가 충돌할 수밖에 없게 된다는 추론이 가능하다. 이런 의미에서 홉스는 「시민론」 1장 2절에서 "그러므로 우리가 사회를 추구하는 것은 사회생활이 우리 자연본성에 맞아서가 아니고 사회로부터 우리가 얻을 수 있는 어떤 이익이나 명예 때문이다"라고 말하고 있다.

그뿐만 아니라 개개인으로서 인간은 그들의 이기적인 행태에서 필연적으로 발생하는 갈등과 충돌로부터 그들 자신을 보호할 수가 없다. 결국 이와 같이 인간의 자연본성으로 인한 궁지에서 벗어나기 위해 인간이 창조해 낸 것이 바로 리바이어던(leviathan)[34]이라 불리는 국가인 것이다.

홉스(Thomas Hobbes(1588~1679)의 리바이어던(The Leviathan)의 이해

홉스(Hobbes)는 옥스퍼드大 철학학사, 프랜시스 베이컨의 개인비서로 근무하였고, 스페인 무적함대의 공포로 일곱 달 반 만에 태어나 혼란의 시기를 살면서, 이를 극복하기 위한 방법을 모색했고, 그 사유의 결과물이 역작 ≪리바이어던≫이다. 17세기 유럽은 근본적 사상이 흔들리던 혼돈의 시기였다. 과학혁명이 중세의 神중심 가치관을 인간과 물질 중심의 유물론적 사상으로 바꾸었고, 근대 질서가 중세의 질서를 대체하면서 정치, 종교, 경제적 문제가 한꺼번에 불거져 나왔다. 유럽 여행에서 만난 과학혁명의 주역 갈릴레이(1564~1642)의 영향을 받아 자신의 철학에 과학적 방법론을 접목한다. 영국은 17세기 중반 정치적 혼란이 심화되면서 왕당파와 의회파의 대립이 내전으로 이어져 극한상황으로 치달았다. 당시 내전이 비화되기 전인 1640년 신변의 위협을 느낀 그는 프랑스로 망명을 떠났고, 11년간의 망명생활을 청산하고 돌아온 것은 1차 내전과 청교도혁명이 끝난 후인 올리버 크롬웰의 공화정 치하였다. 망명 이전의 세 차례에 걸친 유럽 여행 그리고 내란의 소용돌이는 ≪리바이어던≫에 나타난 그의 평화사상을 더욱 구체화해 주었다. 하지만 평화를 꿈꾸던 그는 한쪽에서는 무신론자로, 한쪽에서는 절대왕권 옹호자로 비난받으며 쓸쓸한 말년을 보내다 91세를 일기로 세상을 떠났다. 평생 독신으로 살았다.

홉스는 사회계약설 입장에서 절대주의를 이론화했다. 중세 유럽 사상의 근간인 스콜라 철

34) 리바이어던(leviathan)이란 철학자 토마스 홉스의 대표적인 저술로, 그 담고 있는 내용의 깊이와 폭에 의해 그 자체가 압권일 뿐 아니라 철학이 인류에게 남긴 불후의 걸작 중 하나이기도 하다. 리바이어던'이란 이름의 출처는 다름 아닌 기독교의 성서이다. 성서에서 리바이어던은 여호와의 적이며 혼돈의 원리로서 제시되고 있으며 또 때로는 악어나 고래의 형상이 부여되고 있기도 하지만 본질적으로 신화적 상상의 소산으로서 추정된다.

학을 부정하고 새로운 사고의 틀을 마련한 사회계약론의 고전이다. 자연권을 주창하며 개인주의적 관점을 견지하였고 계약에 의한 국가 성립을 이야기하며 사회계약론을 창시하여 법, 정치사상에 큰 영향을 미쳤다. 하지만 당시의 평가는 가혹하리만치 적대적이었다. 욥기 41장에서 리바이어던은 입에서 불을 내뿜고, 콧구멍에서는 연기를 쏟아내는 무시무시한 존재로 묘사되고 있다. 〈교회 및 시민의 공동체의 내용, 형태, 권력〉이라는 부제가 붙어 있다. 이 책은 서론, 결론 외에 4부로 이루어져 있다. 1부는 인간, 2부는 코먼웰스, 3부는 그리스도교의 코먼웰스, 4부는 어둠의 나라에 대하여 서술하고 있는데, 3부와 제4부는 교회에 대한 비판이다. 어떻게 하면 상호경쟁이 보다 생산적이고 발전적인 방향으로 나아갈 수 있을까?

타인과 협력하는 것이 생명을 유지하는 더 나은 방법인데도 자연상태에 처한 개인들은 이기적 욕망에 사로잡혀 타인을 이용하려고 한다. 이 같은 이기적 욕망은 급기야 전쟁상태로 인간들을 내몰게 되는데, 바로 이것이 자연상태에서 벌어지는 만인에 대한 만인의 투쟁 상태인 것이다.

철학은 현실과 무관한 것이 아니다. 철학은 우리의 현실을 그 일차적 사유대상으로 삼아 비판적으로 성찰하는 학문이다. 이러한 점에서 19세기에 헤겔은 철학을 시대의 아들이라고 불렀다. 데카르트(1596~1650) 철학은 현실과 무관하고 현실문제에 대한 구체적인 답변이나 해결책을 주지 않는, 이론을 위한 이론으로 알려져 있다. "나는 생각한다. 고로 존재한다." 데카르트는 이 명제야말로 세상에서 가장 확실한 진리라고 주장하면서 이것을 철학의 제1원리로 삼았다. 철학의 제1원리는 지극히 개인적인 지적 호기심과 탐구정신에 의해 모든 것을 의심하고 회의한 데에서 비롯한다고 치부되었다. 그러나 이는 현실과의 연결이 부족한 비철학적인 해석이다. 그의 시대상황과 연관 지어 살펴보면 달라진다.

데카르트가 성인이 될 무렵부터 사망할 때까지는 유럽 한복판에서 30년 전쟁(1618~1648)이 벌어진 기간과 거의 일치하기 때문이다. 17세기 유럽사회는 사소한 문제도 각자의 종교적 신념에 따라 해결하려 했던 사회적 혼란기였다. 구교와 신교는 각자의 종교적 진리 기준에 따라 자신의 입장만이 정당하다고 주장하고 있었다. 이러한 입장 차이가 해결될 기미가 보이지 않으면 폭력적인 방식을 통해 해결하려는 데에 이르렀고, 급기야 종교전쟁이 발생했다. 이러한 현실에서 데카르트는 종교적 교리와 무관한, 이성적인 사람이라면 누구나 받아들일 수 있는 참/거짓의 보편적 판단기준을 제시하고자 했다. 마침내 모든 것을 의심할 수 있어도 의심하고 회의하는 사유 그 자체는 결코 부정할 수 없는 명백한 사실이라는 점을 들어, 이성적 사고와 판단을 참과 거짓을 따지는 객관적 기준으로 제시했다. 그 결과 모든 사람이 본래부터 지닌 이성적 사고와 판단이 보편적 진리의 기준으로 그 역할을 수행하게 된 것이다. "나는 생각한다. 고로 존재한다"라는 명제는 그가 살았던 시대의 중요한 현실문제에 대한 해결책을 제시한 것이었다. 목숨이 달린 근본적이고 거시적인 선생문제에 대한 해결책 말이다. 〈리바이어던〉 역시 홉스의 조국인 영국사회의 가장 근본적인 문제에 대한 분석과 해결책을 제시하려는 철학적 사유의 산물이다.

스페인의 무적함대의 침략을 받은 해에 태어나면서부터 그의 삶은 끊임없이 지속된 내전, 혼란, 불안, 도피로 얼룩진 처절한 생존투쟁의 연속이었다. 당시 제임스1세(1566~1603~1625)와 아들 찰스1세(1600~1625~1649)의 절대왕정시대(1603~1642)의 절대군주에 대항해 청교도혁명(1642~1649)이 일어났다. 7년에 걸친 내란이 수습되고, 영국 역사상 최초로 국민이 선출한 대표가 국민의 권리와 이익을 위해 통치하던 공화정시대(1649~1660)가 열렸다. 이때의 통치자가 호국경 올리버 크롬웰(1599~1658)이다. 하지만 그의 죽음 이후 공화정도 막을 내리고, 찰스1세의 아들인 찰스2세(1630~1660~1685)가 국왕으로 복귀해 왕정복고시대(1660~1685)가 되었다.

홉스의 일생은 이처럼 군주제에서 공화제로, 그리고 다시 군주제로 되돌아가는 우여곡절의 시기였다. 이와 같은 영국의 급격한 정치체제의 변화는, 당시는 절대왕정시대였지만 한편으로는 시민계급이 성장하고 있었기 때문이었다. 왕당파와 의회파 간의 견제와 대립 속에는 단순히 세속적 이해관계 뿐 아니라 서로 종교적 입장 차이 또한 얽혀 있었다. 국왕과 국교회에 충성을 맹세한 왕당파에는 주로 귀족과 대지주가 속해 있었는데, 그들은 대체로 국교회 신도이거나 온건 가톨릭교도였다. 반면 의회파는 주로 상공업계급과 자유농민, 일부 자유주의적 성향의 귀족과 젠트리 계층이었고, 이들은 청교도와 그 분파인 장로교도였다. 뇌관을 서서히 건드린 쪽은 왕당파였다. 이들은 세력을 확대하고자 다양한 명분으로 엄청난 세금을 거두었다. 게다가 비국교도에 대해 가혹한 종교탄압을 가했다. 청교도들이 메이플라워호를 타고 대서양을 건넌 것도 이 무렵이었다. 왕당파와 의회파의 대립은 찰스1세의 통치 후반기에 절정에 이르러 마침내 내란으로 이어졌다. 시민전쟁 중에 찰스1세는 런던탑에 갇혔다가 결국은 처형되었다. 내란은 크롬웰이 이끄는 청교도 측의 승리로 일단락되었지만, 이후 공화정의 성립과 함께 영국사회는 안팎으로 시련을 겪게 된다. 안으로는 국왕의 처형을 둘러싸고 장로교와 청교도 세력간 전투가 벌어지고, 밖으로는 네덜란드와 전쟁(1652~1654)이 시작되었다. 이런 정치적 혼란기에 홉스는 내란 직전에 왕당파에 가담했다가 정치적 위기에 몰려 프랑스로 망명길에 오른다. 11년간 프랑스에서 데카르트 등 당대 최고의 지식인들을 만나 토론과 논쟁을 자유롭게 즐기며, 그의 정치사상 형성에 도움을 받았다. 크롬웰에게 정치적 사면을 받아 영국으로 되돌아온 홉스는 1751년 〈리바이어던〉을 출간했다.

이 책이 공화정하에서 출간되었다는 점은, 왕권신수설에 기초한 군주제를 전폭적으로 지지하는 책이라는 항간의 주장이 억측임을 보여 준다. 크롬웰이 죽자 그의 통치방식에 신물이 난 시민들은 이번에는 귀족들과 연계해 찰스2세를 망명지 프랑스에서 불러들여 군주제로 복귀했다. 하지만 찰스2세는 곧바로 선정에 대한 군중의 기대를 저버리고, 선왕의 죽음에 관여한 사람들을 무자비하게 처형했다. 결국 또 다시 왕당파와 의회파 사이의 대립을 초래하게 된다. 홉스는 적극적으로 왕당파에 가담했다. 홉스가 외견상으로는 절대왕정을 옹호하는 사상가였고, 현실적으로 수용할 수밖에 없는 통치형태로서 군주제를 선호한 것은 사실이다. 그렇다고 그가 사상적 신념에 의해 절대군주제를 전폭적으로 지지했다고는 결코 말할 수 없다. 그것은 오랜 기간 이어진 사회혼란의 종식, 평화의 지속을 향한 그의 정치적 열망에서 비롯된 것이기 때문이다. 더욱이 그가 지지하고 정당화한 군주제는 왕권신수설에 기초한 군주제가 아니라는 사실도 이 점을 뒷받침해 준다. 홉스는 국민들과의 자유로운 계약을 통해 전폭적인 동의를 얻음으로써 통치자의 권위가 보장되는 군주제를 원했던 것이다.

끝없는 전쟁과 내란이 지속되는 시대를 살았던 홉스는 무엇보다도 혼란상태와 그것을 일으키는 것들에 대해 지독한 혐오감을 갖고 있었다. 그는 평화로운 상태를 절실히 바라고 있었다. 그랬기에 안정과 질서를 해치는 요인들을 강력한 국가권력의 통제 아래 두어야 한다고 주장했다. 홉스의 주장은 크게 두 가지 의미를 우리에게 전해 준다. 첫째, 구성원들 사이의 충돌로 인한 처참한 혼란상태와 강력한 국가의 통제 하의 평화상태의 대비를 통해 사회혼란에 대한 혐오감을 일깨워 주었다. 둘째, 사회안정과 평화가 지속되기 위해서는 이를 확실히 보장할 수 있는 강력한 국가가 필연적으로 요구된다는 것이다. 이 메시지들이 바로 〈리바이어던〉의 핵심 사상이다. 흔히 자연상태라고 하면 인류가 문명사회로 이행하기 이전의 야만상태라고 생각하기 쉽다. 하지만 홉스의 자연상태란 인간이 사회를 형성한 이후 삶 속에 깊이 뿌리내린 채 은폐되어 있는 악의 상태라고 할 수 있다.

그러므로 자연상태는 틈이 생길 때마다 언제라도 전면에 나타나 우리 삶을 혼돈과 무질서 상태로 빠뜨릴 수 있다. 예컨대 통치권이 약화되어 사회통합이 더 이상 유지될 수 없을 때, 우리는 곧바로 무정부 상태에 빠지게 된다. 외적 환경이 열악한 상태로 급변하면 이성적인 사람들도 두려움, 이기심, 탐욕과 같은 본성에 사로잡히기 마련이다. 그에 따라 자신의 생명을 보존하는 행위 역시 이성이 아닌 본성이 이끄는 대로 내맡기게 된다. 타인과 협력하는 것이 생명을 유지하는 더 좋은 방법이지만, 자연상태의 개인들은 이기적 욕망에 사로잡혀 타인을 이용하려고 한다. 자신의 생명을 유지해 나가고자 서로 죽고 죽이는 전쟁상태로 서로를 내몰게 되는데, 이것이 자연상태에서 벌어지는 만인에 대한 만인의 투쟁이다. 이러한 전쟁상태와 다름없는 자연상태에서 빠져 나올 탈출구는 어떻게 확보할 수 있을까?

홉스는 무엇보다 인간의 이성을 믿었다. 최악의 상태에서도 정확한 판단능력을 쉽게 잃지 않는 것이 바로 이성이다. 자연상태에서는 자기보존을 위해서라면 개인들 사이에도 무차별한 폭력이 동원될 수밖에 없다. 이는 자기파멸의 길로 이어진다. 이성적 성찰을 통해서 인간의 자기보존을 위한 최선의 방식은 투쟁이 아니라 평화의 추구라는 사실을 깨닫게 된다. 사회계약을 통해 수립된 군주의 의지는 곧 국민의 의지다. 홉스는 구체적인 통로를 바로 이 지점에서 찾았다. 무엇보다 개인들이 국가의 구성원이 되겠다는 의지와 의도가 담긴 사회계약을 체결해야 한다고 역설했다. 모든 개인이 자연상태에서 그들 자신을 다스리는 지배권을 단 한 사람, 즉 통치자에게 위임하는 것에 자발적으로 동의해야 한다는 것이 핵심이다. 그는 투쟁이나 무정부 상태를 끝내기 위해서는 개인들의 의지와 판단을 오직 하나의 의지로 전환해야 한다고 역설했던 것이다.

이를 위한 구체적인 방법으로 사회계약이라는 절차를 생각해냈고, 계약을 통해 군주의 의지와 판단이 곧 모든 국민의 의지이자 판단이라는 사실을 모든 계약 당사자들의 자발적 합의로 이끌어 내고자 했다. 즉 사회계약이란 통치자와 국민들 사이에 통치자의 의지와 판단이 곧 나의 의지와 판단임을 서로 동의하고 합의하는 절차적 과정이라 할 수 있다. 사회계약의 결과 국민의 의지를 한데 모아 이루어진 통치자의 의지 혹은 그러한 강력한 의지를 지닌 통치자가 바로 리바이어던이다.

홉스는 사회계약설[35] 입장에서 절대주의를 이론화했다. 중세 유럽 사상의 근간인 스콜라 철학[36]을 부정하고 새로운 사고의 틀을 마련한 사회계약론의 고전이다. 자연권을 주창하며 개인주의적 관점을 견지하였고 계약에 의한 국가 성립을 이야기하며 사회계약론을 창시하여 법, 정치사상에 큰 영향을 미쳤다. 하지만 당시의 평가는 가혹하리만치 적대적이었다. 구약성경 욥기 41장에서 리바이어던은 입에서 불을 내뿜고, 콧구멍에서는 연기를 쏟아내는 무시무시한 존재로 묘사되고 있다. <교회 및 시민의 공동체의 내용, 형태, 권력>이라는 부제가 붙어 있다. 이 책은 서론, 결론 외에 4부로 이루어져 있다. 1부는 인간, 2부는 코먼웰스, 3부는 그리스도교의 코먼웰스, 4부는 어둠의 나라에 대하여 서술하고 있는데, 3부와 제4부는 교회에 대한 비판이다.

2. 개인주의(individualism, 個人主義)

개인의 자유와 권리를 중요시하고, 개인을 기초로 하여 모든 것을 규정하는 태도 및 그 제도의 구상이다. 개인의 원래 의미는 '더 이상 분할할 수 없는 것'

---

35) 홉스의 사회계약설에 따르면 홉스는 절대 군주 정부를 다른 어떠한 정부보다도 효과적이라 생각하였고 군주제를 특수 이익에 의하여 부정부패할 가능성이 비교적 적은 제도라고 추천하고 있다. 또한, 그의 이론은 평화와 질서를 유지할 수 있는 정부라면 어떤 것도 다 같이 좋다고 생각하였다. 홉스는 군주정치가 최선의 기능한 정부형태라고 확신하였으나 왕권신수설은 부인하였다. 그 대신에 사회계약이 왕권의 근원이라고 주장하였다. 홉스는 왕권이 인민으로부터 유래한다고 확신 하였던 것이다.

36) 스콜라철학(schola, 哲學)이란 8세기부터 17세기까지 중세 유럽에서 이루어진 신학 중심의 철학으로 가톨릭교회의 부속학교에서 교회교리의 학문적 근거를 체계적으로 확립하기 위하여 이루어진 기독교 변증(釆證)의 철학이다. 고대 철학의 전통적 권위를 빌려 주로 아리스토텔레스 및 플라톤의 철학을 원용하여 학문의 체계를 세우려 하였으며, 토마스 아퀴나스가 대성하였다. 스콜라 철학은 교회의 가르침을 합리화하여 과학적 형식으로 제시하려 했다.

으로 원자(atom)와 동일한 의미이다. 따라서 개인주의의 역사적 단서는 고대 그리스의 원자론으로 거슬러 올라갈 수 있다. 그러나 개인주의가 세속사회의 구성원리가 된 직접적 원인은 프로테스탄티즘(Protestantism), 계몽사상(enlightenment),[37] 자연권 사상(自然權思想),[38] 자유시장경제(自由市場經濟)[39] 등에서 찾을 수 있을 것이다.

프로테스탄티즘(Protestantism)

프로테스탄티즘(Protestantism)은 16세기의 종교개혁 초에 발전·분화한 그리스도교의 일군을 포괄하는 명칭으로 로마 가톨릭 교회, 동방 정교회와 함께 그리스도교의 세 개의 큰 흐름의 하나로〈프로테스탄트 주의〉라고도 한다. 그리스도교의 일군을 총칭하는 객관적 개념으로서 많이 이용하게 된 것은 20세기에 들어온 이후이다. 현재 사용되고 있는 의미에서의 프로테스탄티즘은 신앙, 교의나 사상, 공동체의 성격 등의 여러 점에서 다양한 그리스도교 현

37) 계몽사상(enlightenment, 啓蒙思想)은 17세기, 18세기의 서구에서 근대시민계층의 대두와 함께 널리 행하여지고, 시민사회형성의 추진력이 된 사상운동의 총칭으로 계몽에 해당하는 영어의 enlightenment로 빛이나 빛에 의해서 밝아지는 것을 의미한다. <자연의 빛>으로서의 인간 생득의 <이성>에 전면적으로 신뢰해서 호소하며, 각자가 굳이 자신의 이성의 힘을 행사함으로써, 칸트의 말에 의하면 <인간이 스스로 미성숙 상태에서 탈피하는 것>으로 작용하고, 이렇게 해서 이성적·자립적인 인격의 공동체 실현을 지향하는 것에 그 목표가 있었다. 이와 같은 이성의 자율을 목표로 하는 계몽사상은 당연히 이성의 이해를 초월한 <은총의 빛>·<계시의 빛>의 권위에 의지하는 구교회 세력, 또한 그것과 밀접하게 결부된 중세 이후의 스콜라철학에 비판의 화살을 돌리게 된다. 대학인이 아니라 오히려 많은 신흥 시민계급의 민간인을 그 담당자로 하고, 특히 프랑스에서는 여성을 포함한 살롱에서 배양의 장을 발견하고, 또한 저작의 형태에서도, 학술 논문보다는 수필, 대화, <사전>에서 때로 소설, 희곡까지를 포함하는 보다 자유로운 형식을 취하는 것 등이 계몽사상의 일반적 특징이다.

38) 자연권 사상(自然權思想)은 17세기에 과학 혁명의 영향을 받아 체계가 갖추어졌다. 자연의 세계에 자연의 법칙이 있듯이 인간의 사회에도 자연의 법칙이 있는데, 이 법칙을 자연법이라고 하며, 이 자연법에 따라 인간에게 보장된 권리가 자연권이다. 자연권은 인간이 자연 상태 속에서 기본적으로 가지고 있으며, 그중 생명, 자유, 재산의 권리가 핵심적이라고 하였다. 로크, 홉스 등이 이러한 자연권 사상을 강조하였다. 특히 로크는 인간이 사회계약을 맺고 정부를 형성하는 것은 그들이 가진 자연권을 보다 잘 지키기 위한 것이라고 주장하였는데, 이것이 계몽사상의 기반이 되었다.

39) 자유시장(自由市場, free market)은 시장활동에 대한 국가의 간섭이 배제된, 즉 개인의 경제활동의 자유가 최대한으로 보장된 시장을 일컫는다. 자유시장에서의 가격은 시장에서 수요와 공급이 일치하는 점에서 결정된다. 이는 가격이 정부에 의해 임의대로 결정되는 것이 아니라, 이른바 아담 스미스의 '보이지 않는 손'에 의해 자연스럽게 결정됨을 의미한다. 자유시장경제의 생산활동은 더 높은 이윤을 추구하는 방향으로 전개된다.

상을 포함하고 있기 때문에 엄밀하게 규정하는 것은 어렵지만, 그 기원과 기본적 성격은 독일의 루터에 의해서 개시되고, 스위스의 츠빙글리, 프랑스의 칼뱅 등에 의해서 강력하게 추진된 종교개혁운동에서 발단된 것이다. 따라서 이 개념은 특히 로마 가톨릭 교회와의 대비를 강력하게 포함하고 있다. 이런 기원에서의 프로테스탄티즘의 기본적 입장은 인간의 선한 행위(공덕)에 의하지 않는, 은혜로서의 〈신앙에만 의한〉 구원을 주장하는 〈신앙의 인〉, 교권이나 전통이 아니라 〈성서만〉을 규범적 권위로 인정하는 성서원리, 믿는 각자가 직접 신의 앞에 선다는 〈만인제사주의〉의 3점을 특징으로 하는데 이런 점에서 〈복음적〉 또는 〈복음주의적〉 그리스도교라고도 한다. 예배는 설교를 중심으로 하며, 전례는 극도로 간소화되었고, 사크라멘트는 세례와 성찬의 두 가지로 한정된다. 로마 가톨릭교회가 사크라멘탈한 종교유형에 속하는 것에 대해서, 프로테스탄티즘은 〈신의 말씀〉으로서의 성서와 설교를 중심으로 하는 예언자적 유형에 속한다. 로마 가톨릭 교회가 교황을 정점으로 하는 성직제도에 의해서 민족이나 국가를 초월하는 통일체로서 기능하는 데 비해서, 프로테스탄티즘은 발상지, 지도자 등에 의해서 개별로 분화해서 발전한 종교개혁 여러 운동을 포함하기 때문에, 당초부터 통일적 체제를 가지지 않는다. 루터파 교회는 독일에서 정치적 지배와 결부된 영방교회로서 발전하고 북구제국에서 확산되었다. 칼뱅 등의 개혁파 교회는 스위스에서 프랑스, 스코틀랜드, 네덜란드로 확산되었다.

영국에서는 종교개혁이 정치적인 사정에 의해서 행하여졌기 때문에, 거기에 성립한 앵글리칸 처치(영국 국교회)는 원칙적으로 프로테스탄티즘에 들어갔지만, 자의식은 희박했다. 따라서 루터파 교회와 개혁파 교회가 로마 가톨릭 교회에서 분리된 분파라는 것이 교회로서의 형태를 가지는 프로테스탄티즘의 정통파나 주류를 형성하고 있다. 그러나 프로테스탄티즘의 특징은 독립적인 분파집단을 끊임없이 창출하는 것이다. 종교개혁시대의 신비주의적, 열광주의적, 심령주의적 여러 운동은 현대의 프로테스탄티즘 여러 파의 대부분의 원류를 이루고 있다. 침례파, 회중파 교회, 메서디스트, 퀘이커 등의 현대 유력한 교파는 역사적 기원에서도, 사상적 배경에서도, 종교개혁운동과 근대사상과의 교섭 중에서 복합적인 요인에 의해서 성립했다.

나아가서 미국에서는 이상의 여러 파가 융성해지는 동시에 프로테스탄티즘의 주변 현상도 현저하다. 프로테스탄티즘은 서양근대의 성립과 발전에 발자취를 같이하고 있기 때문에, 근대세계와 깊은 관계를 가지는 것이 당연하다. 근대자본주의 성립에 관련된 프로테스탄티즘, 특히 칼비니즘이나 퓨리타니즘의 윤리의 역할을 강조한 M. 베버의 『프로테스탄티즘의 윤리와 자본주의 정신』은 유명하다. 또한 신의 앞에 선 양심적 인격의 확립은 근대의 개인주의적 경향에 큰 영향을 미치고 있는데 독일 관념론이나 실존주의가 그 예이다. 그러나 수차에 걸친 대전을 경험하고, 허무주의에 침투한 현대에서 프로테스탄티즘이 의의를 가지기 위해서는 자신 속에 있는 분열주의적 경향을 극복하고, 다양한 일치에서 보편성을 회복하는 동시에, 모든 불의와 압제와 죄를 배격한 본래의 예언자적 사명을 발휘하는 것이 요구된다.

세속적이고 부패한 로마 가톨릭교회에 대해 프로테스탄티즘(루터; Martin Luther, 칼뱅; Jean Calvin)은 성서의 정통성을 주장하고, 하나님과의 직접적인 관계를 찾아 자아(自我) 성찰하는 것을 중시하였다. 여기에서는 교회나 주변인은 구제를 돕는 수단이 되지 않으며 개인은 구원의 확증을 얻기 위해 고립감정과 자기확신을 가지고 자신의 생활을 주체적으로 합리화하였다. 여기에 자신의 정신을 자력으로 단련하는 개인주의의 이상이 나타난다.

로마 가톨릭교회(Catholica)의 이해

로마 가톨릭교회(라틴어: Ecclesia Catholica Romana, 영어: Roman Catholic Church), 천주교(天主敎) 또는 가톨릭교회(라틴어: Ecclesia Catholica, 영어: Catholic Church)는 전세계적으로 약 12억 명의 신자를 가진 세계 최대 규모의 그리스도교 교파이다. 세계에서 가장 오래된 그리스도교로서 특히 역사적으로 서양 문화에서 중요한 비중을 차지하고 있다.

교계제도는 교황을 정점으로 한 피라미드식 성직자 제도를 고수하고 있다. 가톨릭교회에서는 예수 그리스도가 오직 하나의 교회만을 세웠으며, 그 교회는 바로 사도들의 으뜸인 성 베드로의 유일한 계승자인 교황을 단장으로 하는 그리스도의 사도들의 계승자인 주교들이 있는 교회, 즉 가톨릭교회라고 가르치고 있다. 더불어 가톨릭교회는 교황이 신앙과 도덕에 관한 교리를 확정하는데 있어 결코 오류를 범할 수 없다는 무류성의 특권을 누린다고 가르친다. 다만 이 무류성에는 다음과 같은 조건이 붙는다. ① 전체 교회의 최고 목자로서 공식으로 선언한다. 따라서 교황도 개인 자격으로나 로마 교구의 교구장 자격으로 선언한 것은 무류하다고 보장할 수 없다. ② 어떤 진리를 최종적으로 결정할 의사를 밝혀야 한다. 따라서 교황의 통상적인 설교, 지도, 권유, 해설, 반박, 경고 등이 다 무류하지는 않다. ③ 신앙이나 도덕의 문제에 국한된다. 따라서 교황이 아무리 강력하게 주장할지라도 과학, 예술, 인문, 정치, 경제, 사회 등에 관한 주장이라면 무류할 수 없는 것이다. 현재 무류권에 의해 확정된 교리는 그리스도의 인성과 신성, 성모의 무염시태와 승천분이다.

가톨릭교회의 4대 교리는 천주존재(天主存在), 삼위일체(三位一體), 상선벌악(賞善罰惡), 강생구속(降生救贖)이다. 천주존재는 우주를 창조하고 다스리는 창조주, 즉 하느님(천주)이 존재함을 믿는 것이며, 삼위일체는 성부, 성자, 성령의 삼위(三位)가 한 하느님이라는 뜻으로, 세 위격(位格)이 서로 구별됨과 동시에 하나의 신성(神性)을 이룬다는 교리로 제1차 니케아 공의회에서 확정되었다. 상선벌악은 하느님은 선한 사람에게는 상을 주지만, 악한 사람에게는 벌을 내린다고 믿는 것이며, 강생구속은 인간이 죄를 지어 하느님의 영광에 참여하지 못하게 되었으나 하느님의 아들 예수 그리스도가 사람이 됨(강생)으로써 인간의 죄를 대신 보속했으므로 누구든지 그리스도를 믿고 세례를 받으면 구원을 얻는다는 교리이다. 가톨릭교회의 경신

례는 미사 또는 성찬예배라고 불리며, 이 경신례 안에서 빵과 포도주가 그리스도의 몸과 피로 성변화하는 성체성사를 거행한다. 가톨릭교회는 예절과 규율, 교리와 신학의 주안점 등의 다양성을 반영하여 라틴 교회와 자치 조직인 동방 가톨릭교회 그리고 탁발수도회와 봉쇄수도회 등의 여러 조직으로 구성되어 있다.

가톨릭교회는 예수의 어머니 마리아를 공경하는 특징이 두드러지는데, 성령(하느님)의 힘으로 그녀가 처녀의 몸으로 예수를 잉태하였다고 가르친다. 그녀와 관련된 가톨릭교회의 주요 교리는 다음과 같이 정리할 수 있다. 그녀를 간택한 하느님의 특은으로 그녀가 잉태되는 순간부터 원죄가 감면되었으며(원죄 없는 잉태), 삼위일체에 따라 참 하느님이신 예수님의 어머니이며(하느님의 어머니), 평생을 처녀로 살았고(마리아의 평생 동정), 사망한 다음에는 하느님에 의해 들어올림을 받았다는 것(성모 승천)이다.

그러나 이러한 신앙의 내면화는 보편적 가치를 전제로 하면서도 이단(異端)의 신앙을 엄격하게 배제하는 것으로 '신앙의 자유'와는 상당히 거리가 멀었다. 신앙의 자유란 정치에 있어서 어느 종파에 대해서도 관용적이어야 한다는 '정교분리'[40]의 이념으로 이것은 18세기 프랑스의 계몽사상 속에서 구상되었다. 여기에서 개인주의는 단일의 권위에 반대하고 권위를 다원적으로 확보하는 정치제도로서 나타났다.

한편, 17~18세기를 통하여 국가와 개인의 중간에 위치하는 집단, 즉 대가족, 자치도시, 길드,[41] 봉건 영주령, 지구교회 등이 해체되자 개인은 기존의 사회적 관습의 기반을 잃고 새로운 윤리와 사회제도의 구상을 추구하였다. 정치단계에서의 개인주의는 개인의 권리(특히, 사유재산권)에 기초한 제도가 정의에

40) 정교분리란 정치와 종교, 국가와 교회·사원(寺院)과의 분리의 원칙을 말하는데, 이것은 국가는 국민의 세속적(世俗的)·현세적 생활에만 관여할 일이지 국민의 신앙적·내면적 생활에는 간섭해서는 안 된다. 즉 국가는 종교활동을 행하든가 특정의 종교단체를 지지해서는 안 되며 종교단체도 정치권력을 행사해서는 안 된다는 의미이다. 정교분리의 근거에 대하여서는 대체로 정교 각각의 특질에서 당연히 도출(導出)된다고 하는 견해이다. 정치의 목적은 국민에게 현세적(現世的) 행복을 부여하는 것이나 종교의 목적은 국민에게 영적(靈的) 자유를 부여하는 것이다. 양자는 각자의 본질에 따라서 명확하게 구별되고 또 분리되어야 한다는 것이다.

41) 길드(guild)란 10세기 중엽 내지 11세기 이후 유럽에 있어서의 상업 및 수공업의 독점적·배타적인 동업조합을 말한다. 길드는 도제제도(徒弟制度)의 직장에 의해 조직되어, 조합원의 경제적 공존과 보호를 목적으로 하였으나 경제적 목적뿐만 아니라, 사회적·종교적인 성격도 지니고 있었다. 유럽 외에 중세기 인도, 일본 등에도 길드조직이 존재하였다.

적합하다는 자연권 사상(홉스; Thomas Hobbes, 로크; John Locke)[42]으로서 나타났다. 이것에 대해 경제 단계에서의 개인주의는 개인의 이기심에 기초한 시장거래가 의도하지 않은 결과로서 사회전체의 이익을 가져온다는 자연조화의 사상으로서 나타났다.

개인주의는 당초 독단의 개인을 사회로부터 분리하여 옹호하였지만 그것은 기존의 사회체제를 근본적으로 비판하기 위해 필요한 요청이었다. 이것에 대해 개인주의의 이념을 어느 정도까지 확립한 사회에서 개인주의는 사회 속에서 한층 개인의 강화를 요구하는 실천이념으로 변용되었다. 기존의 정치적·윤리적 통치에 반대하는 사회운동, 정치권력의 집중을 필요로 하지 않는 상업사회의 추진, 기존의 사회적 관습으로부터 자유로워지고자 하는 문화영위, 계몽된 보편적·이성적인 판단력보다 '개성의 발전'을 추구하는 낭만주의적 개인주의 등이 그 한 예이다. 그러나 권위에 대한 저항, 자기 결정권의 확대, 속박으로부터의 자유, 상업의 자유라는 개인주의적 요청은 사회의 공통목표를 상실시켜 질서와 안정을 위협할 우려가 있다. 따라서 19세기가 되자 사회정책의 공통목표로서 개인의 쾌락과 고통에서 나온 효용의 총합을 최대화한다는 사상이 나타났다. 벤담의 '최대다수의 최대행복'을 추구하는 공리주의가 바로 그것이다.

한편, 19세기에서 20세기에 걸쳐 현실의 개인주의에 대한 비판도 많이 나타났다. 사회의 기초를 이루는 개인은 자본주의하의 계급대립이나 도시화나 공업화에 따른 '소외'로 자기상실의 위기에 빠진다. 근거가 없어진 개인은 자신의 인격을 닦는 사회적 환경을 갖지 않으며 사회의 안정성과 정통성을 무너뜨린다. 그들은 대화, 회화, 조언, 예의, 배려, 우애 등의 영위를 회피하는 개인으로 방종(放

---

42) 존 로크(John Locke, 1632~1704)는 영국의 철학자이자 정치사상가로서 계몽철학 및 경험론철학의 원조로 일컬어진다. 자연과학에 관심을 가졌고 반스콜라적이었으며, ≪인간오성론≫ 등의 유명한 저서를 남겼다. 교육에도 많은 관심을 보여 소질을 본성에 따라 발전시켜야 한다고 주장하였다. 옥스퍼드대학에서 철학·자연과학·의학 등을 공부하였고, 한때 공사(公使)의 비서관이 되어 독일에 체류하던 중에 애슐리경(뒤의 샤프츠베리 백작)을 알게 되어 그의 시의(侍醫) 및 아들의 교사 그리고 고문이 되었다. 백작이 실각되자 반역죄로 몰려 1683년 네덜란드로 망명했다가 1689년 사면되어 귀국하였다. 망명생활 동안 각지를 전전하면서 여러 학자들과 친교를 맺고, 귀국 후 ≪종교 관용에 관한 서한≫(1689), ≪제2서한≫(1690), ≪제3서한≫(1692), ≪통치이론≫(1690), ≪인간오성론(人間悟性論)≫(1690) 등을 간행하여 국내외에 이름을 떨쳤다. 그 뒤 관직에도 있었으며, 1700년 이후 은퇴하여 에식스의 오츠에서 사망하였다.

縱)이고, 이기적이고, 무기력하고, 도피적인 성격이라는 비판을 받게 되었다. 이러한 현실에 대해 맥퍼슨(Crawford B. Macpherson)은 '발전적 개인주의'의 이념을 주장하고 그 기반을 배분적 정의[43]의 실현에서 찾았다. 또한 하이에크(Friedrich August von Hayek)는 '진정한 개인주의'라는 이념을 주장하고 그 기반을 중간집단의 영위나 사회적 관습에서 찾았다. 키르케고르(Søren Aabye KierKegaard)나 니체(Friedrich Wilhelm Nietzsche)와 같은 윤리적 개인주의자들은 탁월한 소수의 개인(천재)에 의한 정치·문화의 창조를 추구하였다. '유연한 개인주의'는 대화에 의한 문화적 인격의 도약을 추구하고 있다. 최근에는 자신의 상업활동을 통하여 힘차게 살아가는 생활자나 시행착오에 의해 자존심을 단련하는 개인의 이념이 주창되고 있다.

3. 이타주의(altruism, 利他主義)

이타주의란 자기 자신보다는 타인의 복지에 관심을 갖는 것을 말한다. 따라서 이타주의적 행동은 이기주의적 행동과는 반대가 된다. 그것은 인간의 행동에 사용될 때 다른 사람을 돕고자 하는 의도와 관련되지만, 어떤 행동이 이타적이라고 판단되는 사실에는 두 가지의 가능한 기초가 있음을 보여 준다. 즉 의도성과 행동의 결과이다. 이 용어는 사회가 실증주의[44]의 영향력을 통해 인간주의적 가치를 향해 진화한다고 본 꽁트(Comte)[45]에 의해 만들어졌다. 루쉬톤(Rushton)과

43) 배분적 정의란 아리스토텔레스에서 유래한 정의의 관념 가운데 하나로 인간의 재능과 가치의 차별성을 인정하고 이를 근거로 명예와 재화를 분배하는 것이 정의라는 관념이다.

44) 실증주의(實證主義, positivism)란 사실에 관한 모든 지식은 실증적 경험자료를 바탕으로 하고, 사실의 영역을 넘어서면 순수논리학과 순수수학의 영역으로 한다는 것이다. 실증주의자에게는 관찰과 경험의 증언에 엄격히 따르는 것이 절대명령이다. 윤리학에서 대부분의 실증주의자는 '최대다수의 최대행복'이나 이와 유사한 윤리 규범을 받아들인 공리주의자였다. 프로타고라스·섹스토스 엠피리코스·오컴·게오르크 리히텐베르크 등 실증주의를 미리 내다본 인물들이 있었으나, 실증주의의 가장 가까운 뿌리는 이성의 계몽을 강조한 프랑스 계몽주의와 감각경험의 역할을 강조한 데이비드 흄, 조지 버클리의 영국 경험론이었다. 콩트는 계몽주의 백과전서파의 영향을 받았고, 사회사상면에서는 프랑스 사회주의의 창시자 클로드 앙리 생 시몽의 영향을 받았다.

45) 오귀스트 꽁트(Auguste Comte, 1798~1857)는 실증주의적이고 경험주의적인 사회학의 창시자이다. 그는 '실증주의 철학'과 '사회학'이라는 용어를 명명하였다. 생시몽(Saint-Simon)의 비서로서 유토피아적 사회주의의 발전을 위해 그와 밀접히 공동 노력을 하였다. 꽁트주의 사고는 프랑스의 레비-브륄(Lévy Bruhl), 뒤르껭(Durkheim), 알랭(Alain)과 모라(Mauras), 영국의 스펜서(Spencer), 밀(J.S. Mill), 렉키(Lecky)와 몰리(Morley), 독일의 역사학자인 몸

소렌티노(Sorrentino)는 이타주의에 대한 4가지의 가능한 설명을 제시했다.

이타주의(利他主義, altruism)의 이해

이타주의(利他主義, altruism)는 altruism이라는 용어는 19세기 실증주의자 오귀스트 콩트가 만들었다. 즉, 이타주의는 나보다 남을 먼저 생각하는 주의로 행동의 목적을 타인에 대한 행복에 둔다는 것으로, 남보다 자신의 이익을 먼저 생각하는 이기주의와 반대된다. 이타주의는 많은 문화권에서 전통적인 미덕으로 받아들여지고 있으며, 다양한 종교에서 오래전부터 중요하게 여기는 덕목이기도 하다. 이타주의는 의무나 충성과는 달리 어떤 가치 있는 것을 자기 자신이나 특정한 대상을 위한 것이 아니라 모두를 위해 제공하기 위한 동기를 말한다. 반면에 의무는 특정 대상에 대한 도덕적 의무에 포커스가 맞춰져 있다. 순수한 이타주의(Pure altruism)는 자신이 아닌 남을 위해(직접적 혹은 간접적 이득이나 보상을 바라지 않고) 무언가(예를 들어, 시간, 에너지, 소유하고 있는 물건 등)를 희생 하는 것 이다. '진정한 이타주의가 존재하는가?'에 관한 논쟁(Debate)은 굉장히 빈번히 일어난다. 공유, 도움, 혹은 희생이라는 행동을 하는 사람은 개인적 만족감이라는 형태로 많은 보상을 받는 것 이라는 점에서 심리학적 이기주의 이론(The theory of Psychological egoism)에서는 공유, 도움, 혹은 희생이라는 행동이 없는 것이 진정한 이타주의라고 정의한다.

이러한 주장의 타당성은 본질적인 보상(Reward)인지 혜택(Benefit)인지 아닌지에 달려 있다. 이타주의라는 용어는 또한 '개인은 타인에게 혜택을 줘야 하는 도덕적 의무가 있다'라고 주장하는 윤리적인 원칙과 관련이 있다. 이러한 맥락에서 보았을 때, 이타주의는 이기주의와 상반된 의미를 가지고 있다.

첫째, 유전적 계승으로, 동물의 증거와 사회학자인 도킨(R. Dawkin)의 '이기적 유전자' 이론(1976)에 의해 지지되었다. 개인의 친족을 향한 이타적 행동(예, 모성적 행동)은 개인의 유전자에 공통적으로 보유되어 있는 결과이다. 둘째, 인지적 발달로, 나이가 들어감에 따라 도덕적 추론과 '다른 사람의 역할을 취하는' 능력이 증가된다는 것이다. 셋째, 사회적 학습으로, 사회화는 관찰과 본보기를 통해서 타인으로부터 학습하는 것과 관련된다. 넷째, 분별 있는 행동으로, 다른 사람을 돕는 것은 호혜적 행위를 고취시키는 경향이 있다. 이에 대하여 마지막 항목도 이타적인 것으로 보아야 하는지는 의심스럽다. 왜냐하면 그것은 '순수하

센(Mommsen)과 그로트(Grote), 그리고 스페인, 포르투갈, 남아메리카의 학문적 사상에 영향을 끼쳤다. 『사회 재조직을 위한 과학적 작업』(1822), 『실증철학』 6권(1830~42), 『실증정치의 체계』 4권(1848~54), 『실증정신론』(1844) 등의 사회학적 저술이 있다.

게' 이타적 행위라기보다는 개인적 이익, 혹은 상호의 이익에 대한 전략적 계산과 관련되는 경향이 있기 때문이다. 이러한 측면에서 모든 인간의 행위는 이기적인 것으로 해석될 수 있지만, 이것은 이타적 행동과 이기적 행동 간의 어떠한 구분을 상실케 할 수도 있다.

이와 같은 경우에 심리학자들은 이타주의적인 퍼스낼리티(Personality)경향을 제시한다. 예를 들면, 돕는 행위는 어떤 특정의 사람들에게서 더 명백히 나타난다. 낯선 사람에 대한 이타주의는 특히 복지국가의 기초 철학에 영향을 미치고 있는데, 티트무스(Titmuss)의 수혈 서비스에 대한 분석에서 특히 나타나고 있으며, 이것은 증여교환과 증여관계로 볼 수 있다.

티트무스(Titmuss)의 선택성(selectivity)

모든 사람들에게 사회적 서비스의 혜택을 주는 것은 낭비이며, 선택적으로 가장 큰 수요를 필요로 하는 사람들에게 집중되어야 한다고 많은 사람들이 주장하고 있다. 그러나 선택성에 의해 제기된 중심적인 문제 중의 하나는 서비스를 필요로 하는 사람들에게 접근하는 일이다. 이러한 접근은 서비스 수혜자에게 모욕이 될 수 있으며, 혜택이 잘 받아들여지지 않을 수 있다. 만약 선택성이 보건과 같은 영역에 적용된다면, 두 가지의 다른 서비스 방법이 나타날 것이다. 돈을 지불할 능력이 있는 사람과 그렇지 못한 사람을 대상으로 하는 것인데, 후자의 경우 전자에 비해 열악한 것이 될 수 있다. 선택성은 특정한 정치철학과 연관되어 있다. 선택성을 주장하는 사람들은 국가의 복지지출의 감소를 주장한다.

그럼에도 불구하고, 사회적 서비스 혜택의 보편적 기초를 지지하는 사람은 모든 선택성을 배제하지 않는다. 예를 들어, 티트무스(Titmuss)는 보편적 혜택이 경제적, 사회적 차별의 장벽을 허물어뜨리는데 충분치 않다고 믿었다. 그는 수혜자가 개인적인 실패나 과오를 선택적 차별과 연관시키지 않도록 하는 적극적(선택적) 차별을 주장했다. 한 가지 답은 개인적으로 보다는 집단적으로 차별을 익명적으로 만드는 것이다. 그러한 주장은 Plowden Report에서 제안한 교육우선지역과 같이 지역적 차별을 좋아하는 사람들에게 적합한 것이다.

제 3 절 서양윤리사상

1. 서

서양의 사상은 지금까지 많은 도전을 받았고 자체 내에서 깊은 반성이 일어나고 있음에도 불구하고, 어쨌든 아직도 현대 사상의 주역으로 군림하고 있다. 즉 서양인들의 역사와 생활 속에서 형성된 그들의 사상은 19세기부터 동방으로 진출하여 일시에 동양 사상을 위압한 채 자기들의 사상만으로 문제를 해결하고자 하여, 그 결과가 인간의 자기 소외(自己疏外), 물질문명의 만개(滿開) 등으로 나타나고 있는 것이다. 이것에 대한 평가는 어찌 되었든 그들의 사상이 이미 상당히 한국 속에 침투하여 한국인의 사고에 큰 영향을 끼치고 있는 것이 사실이라면, 한국인로서는 앞으로 동서양이 하나가 되는 새로운 시대에 한국인의 문제를 효과적으로 해결하기 위해서라도 그들 사상의 유래와 진수를 다시 한번 진지하게 검토해 볼 필요가 있을 것이다.

서양 사상의 연원은 그리스 사상(헬레니즘)[46]과 유대－기독교 사상(헤브라이즘)[47]이다. 전자는 폴리스를 배경으로 한 자유로운 시민 사이에서, 후자는 광

46) 헬레니즘(Hellenism)이라는 말을 처음 사용한 것은 1863년 독일의 드로이젠이 그의 저서 ≪헬레니즘사(史)≫에서 쓰기 시작하면서부터였다. 이 말은 그리스 문화, 그리스 정신을 가리키는 경우도 있다. 이 시대의 특징에 관해서는 그리스 문화의 확대·발전으로 보는 견해, 반대로 오리엔트 문화를 통한 그리스 문화의 퇴보로 보는 등의 견해도 있으나, 그리스 문화와 오리엔트 문화가 서로 영향을 주고받아 질적 변화를 일으키면서 새로 태어난 문화로 보는 것이 타당하다.

47) 헤브라이즘(Hebraism)은 헬레니즘(그리스 문화)과 함께 유럽사상의 2대 원류의 하나로 실제로는 양자는 상호 영향을 미쳐서 역사상 여러 가지로 나타났다. 헤브라이즘의 연원인 『구약성서』(일부 『신약성서』) 의 근본사상의 특색은, 헬레니즘이 휴머니즘과 본질적으로 연결되는 것에 비하여 헤브라이즘은 신으로부터 인간에 대한 계시를 근간으로 한다고 할 수 있을 것이다. 이를 불교사상과 대비해서 보면, 이 계시라는 성격에 대해서는 종래 상당히 오해가 있었다. 계시를 단지 초월적인 신이 하늘에서 명령을 내리고, 그것에 따르는 자에게는 좋은 은혜를 주고, 따르지 않은 자를 벌한다라는 것은 아시아만이 아니라 유럽이나 미국에서도 널리 퍼져 있다. 그러나 헤브라이즘에서의 계시라는 것은 역사 중에서 신의 영(靈)이 말과 일체를 이루어서 작용하는 리얼리티를 말하는 것으로 경직한 교리적 말씀이 밖에서 인간을 속박한다는 것과는 다르다. 신의 영이 역사, 나아가서 자연에 내재하는 은혜의 사실이 출발점이며, 그 은혜가 말씀으로서 계명의 형태를 취한다. 이집트로부터의 구제가 시내에서의 법의 계시(십계)에 이르러 헤브라이즘의 본래의 출발이 이루어졌다. 거기에서 바울이 로마서 7장 14절에서 헤브라이즘의 진수로서 <율법이 영스런 것이

막한 사막 지대를 배경으로 한 수난의 유목민 사이에서 각각 발원하여 처음에는 한 사회, 한 민족의 사상이던 것이 점차로 그 심도(深度)와 진폭(振幅)이 확대됨에 따라 지중해 연안의 통일된 고대 사회 속에서 합류하게 되었다.

전사(戰士)의 공동체로서의 폴리스와 그들의 자각적(自覺的)인 연맹·단결 속에서 그리스인은 개인의 자각적·목적적인 의지나 자유를 익히게 되었고, 합리적인 이성이 인간 생활의 가장 중요한 본령(本領)임을 인식하게 되었다. 이에 대하여 절망적인 자연환경과 타민족의 압박 속에서 온갖 수난을 겪고서도 민족의 통일성을 지켜온 이스라엘 사람들은 절대적인 유일신(唯一神)의 신앙 속에서 구원을 기대하고, 이 신앙을 통하여 자신들의 행복이나 단결을 기원하였다. 그들은 현실 속에서의 합리적인 사고보다는 절망적인 운명을 극복해 줄 수 있는 비합리적인 신앙과 신의 구원을 선택한 것이다.

자연철학(Philosophy of nature, 自然哲學)

자연을 경험적인 사상(事象)의 연구 성과에 의해서가 아니라, 추상적 사고에 의해 그 전체를 통일적으로 파악하려 하는 철학으로 고대 그리스 초기의 유물론자들의 세계관이다. 당시는 아직 경험적 자연과학의 발전이 없이 철학적 사고가 자연에 관한 지식을 대표하고 있었던 시기였으므로 그것들은 '자연학'이라는 이름으로 불리어졌다. 자연철학의 이름을 띠고 나타난 것은 르네상스 이후부터이다. 그 후에도 개별적으로 진행된 자연과학적 연구가 자연을 전체로서 관련지울 수 있을 정도에까지 이르지 못함에 따라, 이러한 관련지움을 떠맡고 자연철학이 성립한 것이다. 대표자는 파라켈수스, 브루노, 셸링, 헤겔 등이다.

그리스인들의 사고가 자연철학에서 인간 중심으로, 다시 개인의 행복 문제로 초점을 옮겨가고 있는 동안에 이스라엘에서는 배타적인 민족종교로서의 유대교가 쇠퇴하고, 사랑과 구원의 종교인 기독교가 일어나 헬레니즘 세계 속에 파급되기 시작하였다. 로마제국 속에서 만난 이들 두 사상은 처음에는 서로 충돌·절충을 거듭하였으나, 그들이 가지고 있는 공통성 때문에 결국은 하나로 융합될 수 있었다. 즉 그리스 사상과 기독교 사상은 그들 간의 근원적인 차이에도

다>라고 간결하게 표현되고 있는 것이다. 시내산에서처럼 영스런 법에 저촉해서 인간은 한 번 죽음을 경험하고, 영스런 은혜의 신의 계명으로 다시 삶을 시작했으며 계명은 개인의 생활에서 사회생활에 미치기 때문에 역사적 성격이다.

불구하고 다 함께 민족을 넘어선 하나의 세계, 하나의 인류를 전제로 한 것이었고, 세속적인 문제를 넘어서서, 보편적인 인간으로서의 궁극적인 행복과 구원을 과제로 한 점에서 일치하였던 것이다. 따라서 전자가 비교적 로마의 상류층에서부터, 후자가 비교적 로마의 하층민 속에서부터 퍼져나갔지만, 그들은 결국 로마세계의 붕괴와 함께 새로운 중세사회의 두 기둥이 될 수 있었다. 사상사상(思想史上) 그들 두 사상이 어느 때는 한쪽이 다른 쪽을 위압하기도 하고, 어느 때는 한쪽이 다른 쪽과 격렬한 대립을 일으키는 일이 있었지만, 서양사상은 이 두 연원을 한 번도 잊은 적이 없었다.

표면상으로 기독교 사상이 그리스 사상을 위압하는 가운데 그러나 실은 내면적으로 후자를 포용하는 가운데, 중세 봉건사상이 1,000년간 지속한 다음, 이번에는 후자의 전자에 대한 반발로부터 새 시대의 사상이 형성되니 이것을 근세(近世)사상이라고 한다. 근세는 확실히 고대 그리스의 인간 중심·합리주의를 회복시켰고, 개인의 원자적(原子的)인 독립성을 더 추가하여 자유·평등·박애의 시민민주주의를 전개하였다.

역사상 시대구분

세계사에서는 봉건시대·봉건사회 단계가 끝난 다음에 전개되는 시대를 말한다. 그렇지만 봉건시대의 다음 시대를 지칭하는 관점에서 공동체에 대한 '나'라는 개인의식의 성립이나 개인존중 등의 '개인우월 사상'을 내세워 따진다면 유럽에서는 보통 15~16세기 르네상스나 종교개혁의 시기 이후가 되고, 자본주의의 형성이나 시민사회의 성립이라는 관점에서 본다면 17~18세기 이후가 된다.

일반적으로 후자를 근대라고 한다. 이때 르네상스에서부터 절대주의·중상주의가 전개되는 17~18세기까지의 시기를 근세(近世)라고 한다. 그러므로 근세와 근대는 구분되어 근세 다음에 근대가 시작되는 것이다.

그러나 근세라고 해서 중세를 전면 부정한 것은 아니요, 중세의 기독교 사상은 계속해서 근세 사상의 저변(底邊)에 흐르고 있었던 것이다. 왜냐하면 그들이 인간 이성의 능력을 강조하면 상조할수록 그 이성의 한계와 이성 이전의 비합리성을 인정하지 않을 수 없었고, 이미 자기들 내면에 깊이 파고든 두 사상의 갈등과 모순을 더욱 절감하게 되었기 때문이다. 그렇기 때문에 그들은 이성의 성과인 과학 문명의 발달과 시민사회의 번영 속에서도 이성(理性)과 신앙(信仰) 간의 논쟁을 계속하지 않으면 안 되었다. 무엇보다도 고도화된 과학 문명과 자본주의 사회의 모순과 한계가 뚜렷해지기 시작한 19세기 후반에 이르러 서양사상은 다시 한 번 진통을 겪지 않으면 안 되었다. 일부는 이성의 합리성을 교조화하여 무신론(無神論)[48]·유물론(唯物論)[49]으로 발전하였고, 일부는 이성의 한계를 절감하고 비합리주의 쪽으로 발전하였으며, 일부는 근대문명 자체에 절망한 나머지 중세 기독교로의 복귀를 주장하였다. 그러나 그들이 거쳐 온 이전의 사상 전체에 실망한 일부 사람은 자기들의 위기가 서양사상 내부보다 근본적인 결함에서 온다고 생각하여, 지금까지 별로 겪지 못한 전연 이질적인 동양사상에 기대를 걸어보기도 하였다.

이들 여러 갈래의 움직임은, 20세기 후반인 지금까지도 계속되고 있는데 그중 어느 것이 과연 타당한 길인지 아직 판명되지 않고 있다. 다만 이 단계에서 한국인이 말할 수 있는 것은 서양사상 자체의 내적 본질이나 현대 세계의 상황으로 보아 서양사상만으로의 전개는 많은 문제점을 드러내고 있다는 것이다. 동양사상이 이미 오래 전에 순수한 동양사상만으로의 전개를 단념했듯이 서양

---

48) 무신론(atheism, 無神論)은 유신론(theism)과 반대의 개념이다. 유신론은 신(神)과 같은 절대적이고 전능한 존재의 실재를 인정하고 그것이 세상을 직접 주재하고 영향을 끼친다고 인식한다. 하지만 무신론은 신의 개입이나 존재 자체를 인정하지 않는다. 하지만 무신론은 매우 상대적인 개념이어서 신의 개념을 어떻게 인식하느냐에 따라 다르게 정의된다. 예컨대 기독교나 유대교처럼 하나의 창조주와 조물주만을 인정하는 유일신 신앙에서는 그러한 신의 존재와 대립하는 다신론(多神論)이나 범신론(汎神論)도 모두 무신론으로 인식된다. 또한 신을 절대적인 능력을 지닌 인격적 존재로 인식하면 그러한 인격신을 중심으로 하지 않는 유교(儒教)나 불교(佛教) 등은 모두 무신론에 포함된다. 하지만 신을 초인간적이고 초자연적인 형이상학적 실재를 나타내는 것으로 폭넓게 정의하면 유교나 불교도 유신론에 포함되며 무신론은 초인간적이며 초자연적인 모든 존재의 실재를 부정하는 사상으로 엄격하게 정의된다.

49) 유물론(Materialism, 唯物論)은 관념론과 대립되는 철학적 입장으로 보통 생활하는 모든 사람들은 자연발생적으로 유물론의 입장을 취하고 있다. 즉 자연물을 포함하여 사회적 존재물이 자신의 의식 밖에 독립하여 존재하고 있으며 자신은 그 가운데에 존재하고 그들과 여러 관계를 맺고서 생활하고 있다는 것을 의식하고 있다. 사물이 인간의 의식 밖에서 의식과는 독립적으로 존재한다는 것을 인정하는 것이 유물론의 근본적 특징이다. 유물론 철학은 이러한 자연발생적인 소박한 유물론에서 출발하여 그것을 이론적으로 정립한 것이다. 유물론은 세계에 있어서 물질이 1차적이며 정신과 의식은 2차적이고, 물질로서의 세계는 시간적·공간적으로 영원하고 무한하며, 신(神)에 의해 창조된 것이 아니라 그것 자체로 존재한다고 한다. 따라서 정신과 의식은 물질에 기초하여 성립한다고 설명한다.

사상 역시 그들의 것만으로는 뚜렷한 진로를 찾기가 힘들 것이다. 세계가 이제 비로소 진정한 하나로 되어 가듯이 인간의 사상도 이제부터는 하나의 세계 속에서 새로 출발할 때가 다가오고 있는 것이다.

서양 윤리 사상의 두 가지 연원으로는, 그 하나는 고대 그리스-로마 시대의 윤리 사상인데, 여기에는 인간의 이성을 중시한 소크라테스와 플라톤 및 아리스토텔레스, 그리고 스토아학파와 인간의 감각적이고 본능적인 욕구의 충족을 중시한 에피쿠로스학파를 들 수 있다.[50] 다른 하나는 로마제국의 말기부터 15세기경까지 발전해 온 신(神) 중심의 크리스트교의 윤리사상이다. 이러한 사상들은 당시 서양인들의 생활에서 정신적 지주가 되었으며, 근대 이후 현대에 이르기까지 다양하게 전개되어 온 서양 윤리 사상의 이론적 기초를 제공해 주었다고 할 수 있다.

2. 서양윤리사상의 연원

서양윤리사상의 연원은, 인간(人間)중심의 고대 그리스-로마 윤리사상과 신(神)중심의 중세 크리스트교 윤리사상에서 찾아볼 수 있다. 고대 그리스-로마의 윤리사상은 자연보다 영혼과 덕, 법과 제도 등과 같은 인간과 사회의 본질에 대하여 관심을 두면서부터 당시 아테네를 중심으로 하여 시작되었다. 특히, '인간은 어떤 존재인가?' 또는 '인간의 본성은 무엇인가?'라는 물음에 대한 해답을 찾고자 노력하였다.

서양윤리사상에서 보면, 인간의 본성을 크게 두 가지로 제시하고 있다. 하나는 이성(理性)에 의한 사유 활동이며, 다른 하나는 감각적이고 육체적인 본능이나 욕구를 충족시키는 활동이다. 서양윤리사상은 인간에게 이러한 두 가지 측면의 본성이 있다는 것을 인정하고, 그러한 본성들이 추구하는 구실이나 기능을 밝히기 위하여 노력해 왔다.

그리스-로마의 윤리사상도 인간의 본성에 대한 관점에 따라 제각기 다르게 형성되었다. 인간의 본성을 이성에 의한 사유 활동이라고 본 사상은, 소크라테스, 플라톤과 아리스토텔레스를 중심으로 하는 고대 그리스사상과 헬레니즘

50) 스토아학파와 에피쿠로스학파의 특징에 대하여는 이하 서양사상의 연원에서 살펴보기로 한다.

시대의 스토아학파가 대표적이다. 인간의 본성을 감각적이고 육체적인 본능이나 욕구를 충족시키는 활동이라고 본 것은 헬레니즘시대의 에피쿠로스학파가 대표적이다. 먼저, 이성을 중시한 고대 그리스－로마의 윤리사상에 대해서 보면 아래와 같다.

스토아학파의 금욕주의

스토아학파의 윤리학을 우리는 보통 금욕주의라고 부른다. 이들은 참된 행복이 쾌락에서 나오는 것이 아니라고 한다. 그것은 우리의 의무를 잘 준수하고 자칫 감정에 사로잡히기 쉬운 자신을 이겨내며 욕정을 단념하는 데에서 생겨난다고 한다. 아리스토텔레스가 말했던 대로 인간의 본성은 이성이기 때문에 그 이성에 따라 사는 것이 덕이며, 그것으로 인해 인간은 얼마든지 행복해질 수 있다고 한다. 그렇다면 “쾌락이 행복을 가져다준다”라고 하는 쾌락주의자들의 주장은 어떨까? 만일 그 말대로 인간이 쾌락만을 따른다고 하면, 어린이는 평생 걸음걸이를 배우지 못하고 말 것이다. 걸으려다가 넘어져서 화가 나고 아파서 고통스러운데 누가 힘들게 걸음을 배우려 할 것인가 말이다. 그러나 실제로 어린이는 걸음 배우는 일을 포기하지 않고 기어이 그 일을 해내고야 만다. 이러한 사정은 우리 인간의 행동을 지배하는 것이 단순한 쾌락이나 충동이 아니라는 것을 증명해 준다. 다시 말해 삶에 길을 제시해 주는 어떤 법칙, 즉 자연과 세계를 지배하는 객관적인 이법(理法)이 있다는 것이다.

이성에 따라 사는 것이 덕이라고 하는 스토아학파의 주장이 있다. 그런데 어떻게 덕과 부덕(不德)을 구별할 수 있을까? 그것은 밖으로 드러나는 행위에 있다기보다 그 사람의 정신적 태도에 달려 있다. 누군가 “인간은 무엇이 되느냐보다 어떻게 사느냐가 중요하다”라는 말을 했다면, 우리가 갖고 있는 건강·재산·생명·명예·권력·병·가난 등에 대해 그 자체로 선하다거나 악하다거나 말할 수 없다. 가령 돈이 많은 어떤 사람이 선하다고 말할 수도 없지만, 그렇다고 악하다고 할 수도 없다. 오래 사는 것이 바람직스러울지는 모르지만, 그 자체가 선이나 악은 아니다. 말하자면 이러한 것들은 선악이 구별되지 않는 ‘중립적인 것(adiaphora)’에 불과하다.

현자가 진실로 추구해야 할 것은 어떤 특정한 사물이 아니라, 어떤 것을 선택해야 하는지를 아는 지혜다. 그것은 마치 훈련을 하는 사수(射手)의 목적이 과녁 자체가 아니라, 사수 자신의 숙련도를 높이는 것과 마찬가지다. 우리가 어떤 행위에 대해 도덕적 가치를 내리는 것은 그 사람의 행동이나 그 결과가 아니라, 과연 바른 행위를 하고자 하는 의무 의식과 내면적인 심정이 있었느냐 하는 것이다. 그러므로 우리가 선도 아니고 악도 아닌 ‘중립적인 것’에 마음을 빼앗기는 것은 부끄러운 일이다. 이러한 사정을 잘 아는데도 크든 작든 그러한 것들에 대해 신경을 쓰지 않을 수 없다. 가령 건강이 나빠지는데 신경 쓰지 않을 사람이 얼마나 있을 것이며, 가난에 허덕이는데 가난으로부터 초연할 사람이 얼마나 될까? 인간은 누구나 나약하여 가난과 질병을 늘 두려워하기 마련이다.

> 우리가 '현자'라는 말을 들을 정도로 그러한 것들에 완전히 무관심하려면 꾸준히 수양을 쌓아야 하는데, 이는 오직 수양을 통해서만 외부적인 것에 흔들리지 않는 부동심(apatheia)을 얻을 수 있기 때문이다. 이처럼 우리가 외부 사건으로부터 벗어나 있으면서 또한 감정의 소용돌이를 완전히 지배할 수 있을 때, 우리에게 진정한 자유가 찾아온다. 그래서 스토아학자들은 아파테이아를 유지하는 현자야말로 진실로 행복하고, 자유롭고, 부유하다고 말한다. 하지만 이 부동심이란 그저 소극적으로 머물러 있어서는 안 되며, 그야말로 저돌적인 정념을 극복할 수 있을 만큼 강인한 것이어야 한다. 이러한 형편을 잘 아는 스토아학자들은 이 부동심을 얻기 위해 생사(生死)까지도 가볍게 봤으며, 심지어 숨을 멈추거나 스스로 자살을 택한 사람도 많았다. 구차하게 살아남아 '중립적인 것'에 지배되면서 매일매일 삶 속에 허우적거리기보다는 용감하게 목숨을 끊는 편이 낫다고 생각했던 것이다.

(1) 소크라테스(Socrates, B.C. 470~399)

소크라테스는 소피스트(Sophist)[51]들에 맞서 윤리적 회의주의나 상대주의를 극복하려고 노력하였다. 당시 소피스트들은 변론술[52]과 수사학[53]을 가르쳤던 사람들로서, 인간의 사고 능력으로는 절대적 진리를 파악할 수 없다고 생각하였다. 즉, 이들은 감각적 경험이나 개인의 유용성에 따라 모든 가치를 판단하고 보편적 진리에 대하여 회의적인 입장을 취하였다.

---

51) 소피스트(Sophist)는 '지혜로운 자' 혹은 '현명하고 신중한 자'를 뜻하는 그리스어에서 유래했다. 본래는 현인이나 시인, 장인, 철학자들에게 존중하는 의미로 사용되었던 말이었으나 웅변술과 상대주의를 설파하는 교사의 강연이 인기를 누린 기원전 5세기 말부터는 교육자를 뜻하는 말로 고착화되었다. 그들은 여러 도시들을 여행하며 사람들에게 지식과 재주를 가르치고 보수를 받았다. 대표적인 소피스트로는 프로타고라스(Protagoras), 고르기아스(Gorgias), 프로디코스(Prodicos), 히피아스(Hippias), 트라시마코스(Thrasymachus) 등이 있다. 최초의 소피스트라 불리는 프로타고라스는 "인간은 만물의 척도이다"라는 말로 진리의 주관성과 상대주의를 이야기했다. 소피스트들에 평가는 극단적으로 엇갈린다. 일부는 가르침에 대해 상당한 보수를 받거나 정치나 외교와 같은 공공부문에 적극적으로 개입해 부와 명성을 누리는 소피스트들을 곱지 않은 눈길로 바라보았다. 플라톤과 아리스토텔레스는 소피스트들을 철학적 사유를 담지 않은 공허한 말장난이나 언어의 기술적인 면만을 강조하는 궤변론자라고 비난했다. 그러나 소피스트 사상은 언어학과 문법 발전에 영향을 끼쳤으며, 그들의 교육은 당대 지식인 양성에도 큰 기여를 했다. 뿐만 아니라 윤리, 종교, 제도 등의 가치 기준을 상대적인 것으로 파악함으로써 절대적이라고 여겨졌던 것들을 이성적으로 고찰할 기회를 제공했다.

52) 변론술(辯論術)이란 설득적이고 효과적인 화법(話法)의 기술을 말한다.

53) 수사학(rhetoric, 修辭學)이란 그리스·로마에서 정치연설이나 법정에서의 변론에 효과를 올리기 위한 화법(話法)의 연구에서 기원한 학문을 말한다.

소피스트들에게 윤리적 행위의 주체는 인간이었지만, 그들은 지극히 개인주의적이고 상대주의적이었으며 윤리관과 진리관도 마찬가지였다. 이러한 소피스트들의 생각은, 프로타고라스의 "인간은 만물의 척도이다"라는 말에 잘 나타나고 있는데, 이 말은 인간의 감각적 경험과 그 유용성이 모든 사물을 판단하는 기준이므로 절대적인 진리나 행위의 기준은 없다는 주장을 함축하고 있다.

이에 반해서 소크라테스는, 모든 인간의 삶에는 보편적이고 절대적으로 실재하는 진리나 지식이 존재한다고 보았으며, 그것은 보편적 이성의 활동에 의해서 밝힐 수 있다고 생각하였다. 더 나아가서 그는 보편적 진리나 지식을 발견하는데 그치지 않고, 반드시 실천해야 한다는 지행합일설(知行合一說)[54]을 제시하였다. 소크라테스에 의하면, 무엇이 올바른 일인지 아는 사람은 그것을 행하려고 하며, 그릇된 행위는 선악(善惡)이 무엇인지 모르는 무지(無知)에서 비롯되는 것이라고 하였다. 소크라테스는 사람이 선악을 분별(分別)할 수 있는 지식을 가지면 바람직한 생활을 할 수 있으며, 자신의 무지를 자각하는 것이 덕을 쌓고 선을 실행할 수 있는 기초가 된다고 보았다. 그리하여 참된 앎(眞知)을 통해서 덕을 쌓아 갈 때에 사람은 비로소 행복을 누릴 수 있다는 지덕복합일설(知德福合一說)[55]을 주장하였다. 소크라테스는 무지를 자각하게 하는 방법으로서, 대화의 상대자가 스스로 참된 지식에 도달하게 하는 대화법(對話法)을 사용하였다.

---

54) 서양과는 달리 동양에서는 주자학의 창시자인 남송 대의 유학자 주희(1130~1200)는 아는 것이 먼저요, 행하는 것은 나중이라는 선지후행설(先知後行說)을 주장했고, 후에는 아는 것과 행하는 것을 함께 해야 한다는 지행병진설(知行竝進說)을 내놓기도 했다. 그러나 명나라 때의 유학자 왕양명(1472~1528)은 지행합일설(知行合一說)을 주장했는데, 그 내용은 아는 것과 행동하는 것이 분리될 수 있는 게 아니라 본래부터 하나라는 것이다. 그러니까 주희에 비해 실천을 중시한다고 할 수 있다. 아는 것은 곧 실천하는 것이요, 실천하지 않는 것은 아는 것이 아니라는 말이다.

55) 소크라테스는 '지행합일' 즉 보편적 진리와 지식을 실천하는 '지행합일설'을 주장하였다. 누구도 알면서 자발적으로 악을 행하지 않으며, 악은 무지에서 비롯된다고 주장하였다. 한편 '지덕복합일설'로 소크라테스에 의하면 보편적 진리, 즉 참다운 진리는 그것을 실천하는 데에 비로소 진정한 가치가 있는 것이며, 참으로 알고서는 행하지 않을 수 없다고 보았다. 그러므로 그에 있어서 지(知)는 곧 덕(德)이다. 지 없이는 덕이 있을 수 없고, 덕으로 나타나지 않는 지식은 참다운 앎이 아니라는 것이다. 이미 지와 덕이 합일하면 만족이 생기는 것이니, 그것이 곧 진정한 행복이다. 그러므로 지(知)와 덕(德)과 복(福)이 합일(合一)이 된다.

소크라테스의 대화법(Socratic dialogue method)

소크라테스의 일생 목표는 사람들을 무지(無知)의 세계에서 애지(愛知)의 세계로 인도하려는 것이다. 소크라테스는 반어법(反語法)을 사용하여 무지를 자각하게 하였고 산파술(産婆術)로서 무지의 자각에서 출발하여 진지(眞知)를 파악하게 하였다. 따라서 이 반어법과 산파술은 대화법의 중요 구성요소이다. 그러나 반어법과 산파술은 각각 별개의 요소가 아니라 대화법 전체에 흐르는 정신에 의하여 지배된다. 즉, 반어법을 쓰는 가운데에는 이미 산파술이 작용하고 산파술을 쓰는 가운데 이미 반어법의 사용이 포함되기 마련이다. 소크라테스는 사람들의 무의식적 무지에서 의식적 무지로 이끌어서 그 의식적 무지에서 참다운 진리로 이끌어가기 위하여 사람들과 대화를 한 것이다. 이 대화의 목적은 모든 사람에게 올바른 사고를 하도록 가르쳐 주는 것이다. 오늘날의 교육에서 교육방법으로 많은 주목을 받고 있다.

(2) 플라톤(Platon, B.C. 427~347)

플라톤은 소크라테스의 윤리사상을 이어 받아 객관적이고 불변하는 진리를 추구하였다. 그는 감각적 경험을 바탕으로 한 지식은 참된 지식이 아니기 때문에, 완전한 사물의 본질인 '이데아(Idea)의 세계'를 모방해야 하며, 최고의 이데아인 '선(善)의 이데아'를 모방해서 이를 실현해 가는 것이 참된 삶이라고 말하였다. 또, 그는 인간이 타고난 기질(氣質)을 알고 거기에 알맞은 역할을 잘 수행해 나갈 때에 개인의 자아실현이 완성되고, 나아가서 바람직한 정의사회(正義社會)를 이룩할 수 있다고 강조하였다.

플라톤의 이데아(idea)의 이론

플라톤 철학이론의 핵심은 형상 혹은 이데아(idea) 이론이다. 플라톤은 『국가론』(Politeia)에서 목수가 만든 실제 탁자와, 목수의 마음속에 있는 탁자에 대한 생각이나 개념 사이의 관계에 주목했다. 즉 목수는 자신이 만들 각각의 탁자를 가능하면 자신의 마음속에 있는 생각에 맞도록 만들려고 하지만, 못을 두드리는 각도는 매번 다르므로 완전한 탁자를

만들 수 없고 불완전하게 만들 수밖에 없다. 따라서 목수가 만든 어떤 탁자도 서로 완전히 동일할 수는 없다. 즉 완전한 개념으로 만든 탁자의 영역을 포함하는 비물질적인 이데아의 영역과 이들 이데아가 불완전하게 복제되는 물질세계가 존재하게 된다.

플라톤에게 있어서 이데아의 세계는 비물질적이고, 감각에 의해 느낄 수 없는 존재의 영역으로서 환상적인 세계이며 이성의 세계이다. 반면에 물질세계는 가시적 세계이고 감각 경험의 세계이며, 변화의 영역에 속한다. 따라서 우리 눈에 보이는 것은 모두 모형이며, 실재는 이데

아인 것이다. 이런 까닭에 플라톤의 철학은 수학적, 이론적, 형이상학적이며, 추상과 사고를 중시해서 결과적으로 경험적인 것보다는 관념적인 것을 강조하게 된다.

플라톤에 의하면, 인간의 영혼(靈魂)은 정욕(情慾)과 기질(氣質) 및 이성적인 부분으로 구분되며, 그는 개인의 확대로 나타난 것이 '국가'라고 봤으며, '지혜(智慧)'를 가진 통치자 계급과 '용기(勇氣)'를 가진 방위계급(군인), '절제(切除)' 하는 생산자 계급(상민)들이 모두 타고난 기질을 알고 거기에 대한 역할을 할 때 '정의(正義)'가 실현된다고 보았다. 이것을 4주덕[56]이라고 하는데, 4주덕에 맞는 각각의 신분이 각자 맡은 일을 해야만 그것이 조화를 이룬다고 보았다. 이와 같은 세 가지 덕인 절제(切除)와 용기(勇氣) 및 지혜(智慧)가 서로 조화를 이룰 때에 정의(正義)의 덕을 이루고 행복한 삶을 누리게 된다는 것이다. 플라톤은 개인이 갖추어야 할 이러한 4주덕(四主德)이 사회 속에서 실현될 때에 정의로운 사회 혹은 이상 국가(理想國家)가 이루어진다고 보았다. 특히, 인격과 지혜를 구비한 철학자가 나라를 통치할 때에 이상 국가가 달성될 수 있다고 주장하였다.

(3) 아리스토텔레스(Aristoteles, B.C. 384~322)

아리스토텔레스는 소크라테스나 플라톤과 마찬가지로, 이성적 존재로서 인간이 어떻게 하면 바람직한 삶을 살 것인가에 대해서 탐구하였다. 그는 이성을 포함한 인간의 모든 기능을 탁월하게 수행함으로써 바람직한 삶이 가능할 것이라고 보았다. 덕(德)은 진리를 인식하는 지성적인 덕과 정욕을 억제하는 품성적인 덕으로 나눌 수 있는데, 후자는 이성이 정욕을 억제하여 극단적인 행위를 피하고 중용(中庸, the mean)[57]을 취하여 습관화될 때에 나타나는 덕이라 하였다.

---

56) 플라톤 4주덕이란 플라톤은 그리스의 위대한 철학자로서 소크라테스의 제자였으며, 현대 우리가 공부하고 있는 철학이라는 학문의 아버지이다. 플라톤은 국가 등 자신의 철학세계를 표현한 여러 저서 가운데 4주덕은 이데아론과 함께 그의 세계에 대한 인식을 엿 볼 수 있다. 이해하기 쉽게 표현하면 다음과 같다.
<계급> : <개인> : <4주덕> : <국가사회계급>
1계급: 머리 – 이성 – 지혜 – 통치(지배)계급 – 정치가
2계급: 가슴 – 기개 – 용기 – 전사(수호)계급 – 군인
3계급: 배 – 욕망 – 절제 – 산업(생산)계급 – 서민
⇒ 균형과 조화: 정의(이상국가의 덕)

57) 중용(中庸, mean)은 도덕이론에 있어 과(過) 또는 부족(不足)이 없는 행위의 준칙으로 중

아리스토텔레스에 의하면, 바람직한 삶은 덕을 행함으로써 얻어질 수 있고, 그러한 삶이란 행복한 삶을 의미한다. 그는 인생의 궁극적인 목적을 행복(幸福)이라고 보았는데, 행복은 각자의 주관적인 느낌이 아니라 인간의 존재 방식, 즉 이성에 알맞은 덕스러운 활동을 의미한다. 아리스토텔레스는 소크라테스나 플라톤과 같이, 지식은 덕이고, 덕은 곧 행복을 가져온다고 생각하였다. 그러나 모든 악은 무지에서 나오고 모든 덕은 참된 앎에서 나온다고 본 소크라테스와 플라톤의 주지주의적(主知主義的) 입장과는 생각을 달리하였다.

아리스토텔레스는, 덕이란 단순히 지식만으로 이루어지는 것이 아니라, 선한 행위를 실천하려는 선의지(善意志)가 있을 때에만 가능하다고 보았다. 다시 말해서, 인간은 선악을 알면서도 일시적인 충동에 의해서 부도덕한 행위를 저지를 수 있는 것이다. 누구나 이성에 의해서 자발적으로 결정하고 선택하겠지만, 인간에게 중요한 것은 반드시 선한 행위를 하겠다는 도덕적 실천의지이다. 이러한 의지를 함양하기 위한 실천적인 덕이 바로 중용이라는 점을 강조한 것이다.

중용이란 이성에 의하여 충동이나 정욕 또는 감정을 억제함으로써 한쪽으로 치우치지 않으려는 의지를 습관화한 덕이다. 예를 들면, 용기는 무모와 비겁, 절약은 낭비와 인색, 긍지는 교만과 비굴 간의 중용의 덕이다. 아리스토텔레스는 이성의 역할을 중시하면서도 주의주의적(主意主義的)[58] 측면을 가미시킴으로써, 인간의 지식과 행위를 선택하는 자유 의지와 그에 따른 도덕상의 책임문제까지 다룰 수 있는 윤리 사상을 제시하였다. 그는 사회나 국가에서 도덕 생활의

국의 자사(子思)와 그리스의 플라톤(Platon)과 아리스토텔레스(Aristoteles)에 의해 주장되었다. 자사는 그의 저서 ≪중용≫을 통하여 인간행위의 이상적 기준으로 중용의 원리를 체계화하여 중국과 한국에 널리 영향을 미쳤다. 그에 의하면 중(中)이란 지나치거나 미치지 못함이 없이 꼭 알맞은 것을 말하며, 용(庸)은 언제나 변함이 없이 바른 것을 말한다. 즉, 중용이란 덮어놓고 중간적인 것이 아니라 인간 행위의 가장 참되고 불변하는 원리인 것이다. 플라톤은 인간행위의 준칙으로 절제·용기·지혜·정의의 4덕(德)을 말하고 있는데, 이 덕은 균형과 조화라는 중용의 사상 위에 세워진 것이다. 중용은 아리스토텔레스 윤리학의 중심 개념이다. 그는, 인간에게는 누구나 충동과 욕망이 있는데 이것이 그대로 인간생활을 지배하게 해서는 안되며, 부족과 과도(過度)의 중용으로 조정되어야 한다고 했다. 도덕적인 덕은 이 중용이 어느 정도로 실현되는가에 따라 생겨나며, 이때의 중용은 행동이 양 극단 사이의 중간을 취하는 것이되 수량적인 중간치가 아니라 최선성(最善性)의 위치에 서는 것을 말한다.

58) 주의주의적이란 지성이 아닌 의지를 존재의 근본 원리나 실체라고 보는 사상으로 주의설이라고도 한다.

실천을 통하여 개인의 이성적 자아실현이 가능하다고 역설함으로써, 개인 윤리와 사회 및 국가 윤리를 서로 결부시키려고 하였다.

아리스토텔레스 이후, 그리스는 알렉산더 대왕의 동방 원정으로 인하여 헬레니즘(Hellenism) 시대가 전개되었다. 이때에 이방인의 잦은 침입과 사회적 혼란으로 사람들은 불안한 생활을 하게 되었으며, 공동체 생활에 대한 의욕을 잃고 개인의 안심입명(安心立命)[59]에만 관심을 기울이게 되었다. 따라서 이 시대의 사상은 자연히 개인의 현실 문제를 다루는 개인적 성격과 세계 국가를 바탕으로 한 세계 시민적 성격을 띠게 되었다. 당시 윤리 사상의 주된 관심은, 개인의 정념 상태로부터 벗어나서 마음의 평정과 자유를 얻을 수 있는 방법에 있었다. 이 시대의 대표적인 윤리 사상으로는 스토아(Stoa)학파[60]의 금욕주의(禁慾主義)와 에피쿠로스학파의 쾌락주의(快樂主義)를 들 수 있다.

(4) 스토아학파의 금욕주의 윤리사상

스토아학파의 금욕주의 윤리사상은 기원전 4세기 말부터 3세기 초에 나타났는데, 인생의 궁극적 목적인 최고선(最高善)과 행복(幸福)은 모든 욕망을 끊어버리고 어떤 것에 의해서도 마음이 움직이지 않는 부동심(不動心)의 경지에 있다고 주장하였다. 스토아학파에서는 '정념이 없는 마음의 상태(apatheia)'를 누리기 위해서 자연의 법칙에 따라 이성의 힘으로 욕정을 억제하는 생활을 해야 한다고 강조하였다.

일체의 만물은 신적인 이성(logos)에 의해서 지배되고, 인간의 본성에도 이러한 로고스가 구비되어 있기 때문에, 이성에 따르는 삶만이 유일한 선(善)이라는 것이다. 그리고 그와 같은 상태에 도달한 사람만이 유덕하고 현명한 사람이고, 정념의 노예가 된 사람은 부덕(不德)한 사람이라고 하였다. 이와 같은 스토아학파의 윤리 사상은 당시 로마의 만민법(萬民法)[61]과 중세 및 근세의 자연법

59) 安心立命(안심입명)이란 생사(生死)의 이해에 대하여 태연함으로 생사의 도리를 깨달아 내세의 안심을 꾀하는 것을 말한다.

60) 스토아(Stoa) 학파는 고대 그리스·로마 시대의 철학으로, 헬레니즘을 대표하는 철학이다. 스토아학파는 모든 탐구의 목표는 평온한 마음과 확실한 도덕을 낳는 행동 양식을 인간에게 제시하는 것이라고 주장하였다. 흔히 금욕을 강조하였다고 알려져 있으며, 로마 시대의 현실적인 로마인의 성격에 알맞아 지식층에 널리 퍼졌다.

61) 만민법(萬民法)이란 로마는 기원전 8세기에 건국된 것으로 전하여지는데, 이때 로마시민들에게 적용된 법을 시민법(ius civile)이라고 한다. 로마는 점차 영토를 확장하면서 세계

(自然法) 사상[62]에 이론적 기초를 제공하였으며, 범신론적(汎神論的) 윤리 사상[63]의 형성에도 큰 영향을 끼쳤다.

스토아학파 금욕주의 사상 이해

인간의 정신적·육체적인 욕구나 욕망을 이성(理性)이나 의지로 억제하고 금함으로써 도덕이나 종교상의 이상을 성취시키려는 사상이나 태도. 금욕을 뜻하는 금제(禁制)가 따르는 연습·수련을 말하는데, 이에서 유래되는 금욕주의에는 2가지 경우가 있다. ① 어떤 궁극적인 목적을 위하여 몸을 단련시킨다는 본래의 뜻과, ② 육체에 대한 불신(不信)에서 몸을 파괴하거나 그 중요성을 부정하는 것으로, 금욕주의의 역사에는 이 두 가지 전혀 다른 견해가 섞여 있다. 원래 금욕주의는 의지가 생활 앞에 내세우는 이성의 명령과, 생활 속에 있는 자연적인 여러 가지 욕구와의 모순을 전제로 하고 있다. 이 모순은 당연히 고통이나 불쾌감을 수반하게 되므로, 이를 이겨내기 위해서 육체를 이성의 명령에 복종하도록 단련시키거나, 영혼의 발전을 방해하는 것이라고 보아 이를 제거하려고 한다. 영혼과 육체, 정신과 물질을 대립적인 것으로 보는 형이상학적 이원론(二元論)은 인생을 영혼과 육체, 정신과 물질의 싸움터로 보고 후자의 소멸에 의한 전자의 승리를 목표로 삼는다.

이러한 태도와 결부된 금욕주의가 이원론적 금욕주의이다. 여기서는 이성만이 선(善)의 근원이며, 감성(感性:충동·욕망)은 악의 인연(因緣)으로 보고, 후자의 억압이 도덕생활을 위하여 가장 중요하다고 여긴다. 감성 그 자체를 악으로 볼 때에는 금욕의 정도가 극단적으로 기울어 마침내 고행(苦行)을 적극적인 선(善)으로 생각하는 입장이 된다. 피타고라스파(派), 퀴

제국으로 발전함에 따라 그 영내에 많은 이민족을 지배하게 되었는데, 이들 이민족에게 적용할 법이 발달하게 되었다. 이것을 시민법에 대해서 만민법(ius gentium)이라고 한다. 만민법은 널리 로마제국 내의 이민족에 적용하기 위하여 제정된 것이었기 때문에 세계 어느 곳에서나 적용될 수 있는 합리적인 원리가 내포되어 있다. 이는 로마법이 세계 각국에 영향을 미치게 된 원인의 하나이기도 하다.

62) 자연법(自然法) 사상이란 인간의 경험적인 인식에 의하여 형성되는 시간과 공간의 개념을 초월한 영구불변의 초경험적·이성적인 법을 자연법이라 한다. 자연법은 이성에 의하여 선험적(先驗的)으로 인식되고 자연법칙과 정의의 이념을 내용으로 한 초실정법적인 법규범이라고 할 수 있다. 자연법은 자연 내지 이성을 전제로 하여 존재하는 법으로서, 자연법 규범의 절대성을 인정하는 자연법 사상을 내용으로 하고 있다. 자연법론은 전통적 자연법론과 근세적 자연법론의 두 가지로 대별된다. 전통적 자연법론은 고대의 그리스철학에서 시작되어 플라톤(Platon)과 아리스토텔레스(Aristoteles)·스토아학파를 거쳐 스콜라학파의 아퀴나스(Aquinas, T.)에 이르러 신학과 종교철학을 기반으로 하여 전통적인 자연법론의 이론체계가 완성되었다.

63) 괴테는 문학작품이나 자연연구에 있어서 신(神)과 세계를 하나로 보는 범신론적(汎神論的) 세계관을 전개하였으며, 그의 종교관은 범신론적 경향이 뚜렷하지만, 복음서의 윤리에는 깊은 존경을 표시하였다.

닉파, 스토아파, 중세의 수도원 생활, 쇼펜하우어의 윤리설, 간디의 순결사상 등은 모두 이런 뜻의 금욕주의 계통에 속한다. 한편, I.칸트는 수도사의 금욕은 덕을 목적으로 하지 않고 광신적 속죄(狂信的贖罪)를 꾀하는 것으로 보아, 이에 대하여 본원적인 도덕적 금욕이 있다는 것을, 스토아파의 "인생의 우연한 화악(禍惡)에 견디고 쓸데없는 오락이 없어도 지낼 수 있도록 길들여라"라는 격언을 인용하여 설명하였다. 그에 의하면, 도덕적 금욕은 자기 자신을 도덕적으로 건강하게 유지하기 위한 일종의 양생법(養生法)으로서, 자연충동에 대한 투쟁과 그 지배가 인간을 건전하게 만들고 재차 획득한 자유의식이 사람을 기쁘게 해준다고 강조하였다. 프로테스탄티즘의 금욕주의는 신의 은총에 의해서 일부 사람만이 영원한 구원으로 선택된다는 J.칼뱅 등 예정설(豫定說)과 결부시켜, 자기가 선택되었다는 확증을 일상생활에서 구하고 있다. 인간은 신의 은총에 의하여 주어진 재화(財貨)의 관리자, 영리추구의 기계로서의 의무를 지게 되며, 금욕은 목적으로서의 부(富)의 추구를 악(惡)이라고 배척하면서도 부의 추구를 직업노동의 성과로 생각하였다. 이러한 프로테스탄티즘의 금욕주의는 팽창되어가고 있는 시민사회의 윤리로서 반권위적 성격을 가지고, 쾌락을 추구하는 사람을 보호하는 절대주의적 봉건사회에 항의하는 역할을 하였다.

(5) 에피쿠로스학파의 윤리사상

에피쿠로스학파의 윤리사상은 스토아학파와 같은 시기에 유사한 배경 속에서 형성되었지만, 그와는 반대로 인간의 감각적이고 본능적인 욕구의 충족을 중시하였다. 에피쿠로스학파는 모든 고행적 생활 태도를 배격하고, '쾌락은 유일한 선이며 고통은 유일한 악'이라고 하여 쾌락이야말로 행복한 생활의 시작이며 인생의 목적이라고 주장하였다. 그러나 순간적이고 육체적인 쾌락은 오히려 고통을 초래할 수 있으므로, 고통이 없는 순수하고 참된 쾌락, 즉 정신적이고 지속적인 쾌락을 추구할 것을 강조하였다.

에피쿠로스학파는, 쾌락이 단순히 인간의 욕망을 충족시키는 데에 그치지 않고 '마음이 평온한 상태(ataraxia)'를 유지시켜 줄 때에 바람직한 삶의 가치가 되며, 이때에 인간은 진정한 행복을 실현할 수 있다고 보았다. 그들은 극기(克己)와 절제(節制) 있는 생활을 통하여 감각적인 충동에 지배받지 않도록 노력하였으며, 행복을 실현하기 위한 방법으로 플라톤이 제시한 4주덕(四主德)을 받아들였다. 그 덕들은 인간으로 하여금 신과 죽음에 대한 공포로부터 해방시켜 주고, 행위를 정당하게 판별할 수 있게 해 주며, 검소한 생활을 할 수 있도록 해준다고 믿었다. 이와 같은 에피쿠로스학파의 윤리 사상은 신중하게 쾌락을 추구함으로써 고통을 회피할 수 있으며, 정신적 평온 상태를 유지하여 바람직하게 살아갈 수 있다고 보았다. 그리고 이러한 사상은 그 후 근대 영국의 경험론[64]과 공리주의[65] 윤리설의 형성에 큰 영향을 끼쳤다.

에피쿠로스의 쾌락주의의 이해

쾌락주의(快樂主義)란 개인이 쾌락을 얻는 것이 인간행위의 기본 동기이며, 또한 최종목적이고 그것이 도덕상의 선(善)이라는 가치의 기준이 된다는 윤리설이다. 고대 그리스의 퀘레네학파의 아리스티포스는 쾌, 불쾌의 감정에 기초한 개인의 행복을 그 윤리학의 출발점으로 하여, 즐거움을 즐길 수 있는 것이 인간 최고의 행복이라 하여 쾌락주의를 제창하였는데, 즐거움이라는 감정은 맹목적으로 추구하여 얻어지는 것이 아니고, 진정으로 지속적인 즐거움을 얻을 능력은 현자(賢者)에게만 주어진다고 했다. 에피쿠로스의 쾌락주의도 또한 유물론적인 인식에 기초한 마음의 평정을 즐거움으로 삼는 현자의 것이었다. 중국에도 전국시대 양주(揚朱)의 윤리설에 쾌락주의가 보인다. 18세기의 프랑스 유물론자들은 봉건사회의 종교적 세계관과 피지배계급에 대한 금욕적인 설교에 대항하여 쾌락주의를 주장하였는데, 여기에는 진보적, 혁명적인 의미가 포함되어 있었다. 이에 계속하여 18~19세기의 영국에서 주창된 공리주의 윤리학이 쾌락주의의 입장을 취하였지만, 이것은 부르주아 계급이 지배적 지위를 차지한 다음에 주장된 것이다. 오늘날 찰나적, 자학적 혹은 타락적인, 그리고 동물적이기도 한 쾌락에의 욕구가 현저하게 보여지는 것은 퇴폐적 사회현상에 지나지 않다.

---

64) 경험론(Empiricism, 經驗論)은 인식론에 있어서 지식의 기원을 경험에 두는 학설이다. 역사적으로는 고대의 소피스트, 키레네학파, 스토아학파, 에피쿠로스학파 등과 중세기의 유명론 등은 경험론적이라고 볼 수 있으나, 합리론에 대립할 수 있는 확고한 기반은 18세기에 이르러 확립되었다. 17세기 합리론의 이성주의 철학이 종교적·절대적 이성의 입장인데 반하여, 18세기 경험론의 철학은 인간적·상대적 이성의 입장이었다. 이 경향의 선구를 이룬 것은 17세기 후반의 J. 로크이다. 그의 사상은 영국의 G. 버클리와 D. 흄에 의해 발전되어 영국의 경험론을 형성하고, 그 영향을 받은 프랑스에서는 콩디야크·달랑베르의 실증론, 돌바크의 유물론이 생겼다. W. 제임스를 대표로 하는 현대 미국의 프래그머티즘도 경험론에서 파생된 한 유파라고 볼 수 있다.

65) 공리주의(功利主義, utilitarianism)는 벤덤(Bentham, J.)에 의해 완성되어 19세기 전반 영국을 지배한 사회사상으로서, 인간의 도덕적 행위의 기초를 개인적 이익에서 구하여 최대다수의 최대행복을 도덕철학 및 사회철학의 기본원리로 삼았다. 벤덤은 그의 유명한 저서인 「도덕과 입법의 원리서설 Introduction to the Principle of Morals and Legislation」(1789)에서 "자연은 인류를 두 개의 주권자, 즉 쾌락과 고통하에 두었다"고 하여 모든 인간을 쾌락을 구하고 고통을 피하려는 존재로 파악하고, 사회를 이러한 등질의 인간집합체로 간주하였다.

(6) 크리스트교의 윤리사상

서양윤리의 또 다른 사상적 연원(淵源)은, 로마제국시대의 말기에 본격적으로 전파된 크리스트교의 윤리사상이다. 원래 초기의 크리스트교는 하나님의 말씀이 수록된 구약성서를 경전(經典)으로 하는 종교였다. 그 후, 구약성서에서 구세주로 예언되었던 예수(Jesus Christ)가 나타나서 세계평화주의적 복음을 전파함에 따라, 크리스트교는 일반 대중의 정신생활에 영향을 주었다. 크리스트교에서는 어려운 처지에 있는 이웃을 자기의 몸과 같이 평등하게 사랑하라고 가르쳤다. 이러한 사랑의 윤리는 사도(使徒)들에 의해서 세계 종교로서의 기반을 다지게 되었고, 로마 정부에서는 밀라노 칙령을 반포(313)하여 크리스트교를 공식적으로 인정하게 되었다.

예수 그리스도(Jesus Christ)

예수(히브리어: עושוי/עושוהי ,הישמ 예슈아/예호슈아, 마쉬아흐, 그리스어: Ἰησους, Χριστός 이에수스 크리스토스, 라틴어: Iesus Christus 예수스 크리스투스, 음역어: 야소(耶蘇), 기원전 약 7~2년 ~ 기원후 약 26~36년) 또는 나사렛의 예수는 유대교와 기독교, 이슬람교 등 여러 종교에서 중요하게 다뤄지는 인물이다. 대부분의 기독교에서는 삼위일체 곧 성부와 성자와 성령이 한 몸인 하나님이라는 신앙 고백에 따라 예수를 동정 마리아에게 잉태되어 강생한 하나님(니케아-콘스탄티노폴리스 신경), 완전한 사람, 완전한 하나님이라 여긴다. 흔히 '메시아'를 옮긴 '그리스도'를 붙여 예수 그리스도라 부른다.

인간 중심의 사상이 중세시대에 이르러 신중심의 크리스트교사상으로 전환하게 되었다. 우주의 창조주(創造主)인 하나님의 절대적인 진리를 우선적으로 믿고 이를 실천함으로써 인간의 행복(幸福)과 영생(永生)이 실현될 수 있다고 보았다. 크리스트교 윤리사상의 핵심은 성경(聖經)에 수록되어 있는 예수의 말씀에 나타나 있는데, 이것은 신의 의지(意志)이며 인간이 지켜야 할 도덕률(道德律)을 표현한 것이라고 한다.

크리스트교에서 윤리적으로 바람직한 행위는, 보편타당하고 절대적인 권위를 지닌 신의 의지인 계율에 따라 행동하는 것이다. 크리스트교에서는 절대적으로 선하고 완전하며 영원한 존재로서 인격신(人格神)이 존재한다고 믿고 있다. 이러한 윤리 사상의 체계를 세운 대표적인 학자는 교부철학(敎父哲學)시대의 아우구스티누스[66]와 스콜라철학 시대의 아퀴나스[67]이다.

스토아학파(Stoics)와 에피쿠로스학파(Epicouros)의 특징

인간은 살면서 많은 욕망에 직면한다. 먹고자 하는 욕망, 자고자 하는 기초적인 욕망에서부터 더 많은 재산을 얻고 싶은 욕망, 더 높은 자리에 오르고 싶어 하는 욕망에 이르기까지 그 종류 또한 수도 없이 많다. 그러나 욕망이 지나치면 짧게는 한 인간의 인생을 망칠 수 있고, 길게는 사회적 혼란을 야기할 수도 있다. 전 세계적으로 지배자들의 헛된 욕망이 엄청난 사회적 파장을 불러온 것만 봐도 간단히 알 수 있다. 그렇기 때문에 우리는 이성을 통해 욕망을 제어할 필요가 있는 것이다.

그러나 헬레니즘시대의 철학자들 사이에서 욕망의 제어에 대한 견해는 서로 달랐던 모양이다. 그중 대표적인 것이 스토아학파와 에피쿠로스학파이다. 먼저 스토아학파는 철저한 금욕주의로 인간의 모든 감정을 부정한다. 그들의 주장에 따르면 모든 욕망은 제어되어야 하며, 모든 욕망이 제어되었을 때 궁극의 상태가 된다고 주장했다. 그에 비해 에피쿠로스학파는 인간의 가장 기초적인 욕망인 의, 식, 주를 제외하고는 모든 욕망을 절제하여야 한다고 주장했다. 그냥 봤을 때는 스토아학파나 에피쿠로스학파나 별 차이가 없다. 오히려 욕망의 절제라는 점

66) 아우구스티누스(Augustinus)은 초기 기독교 교회의 대표적인 교부철학과 신(新)플라톤학파의 철학을 종합하여 가톨릭교회의 교의에 이론적인 기초를 다졌다. 중세의 기독교사상에 큰 영향을 끼쳤으며, 자서전인 『고백록』(Confessiones)에서 말하고 있는 것처럼 여러 사상을 편력한 후 386년에 가톨릭에 정착했다. 자서전인 『고백록』(Confessiones)에서 말하고 있는 것처럼 여러 사상을 편력한 후 386년에 가톨릭에 정착했다. 그는 세계가 신의 이데아에 따라 그 의지에 의해 창조된 것이고, 원죄를 짊어진 인간은 악을 행하는 자유를 가질 뿐이며, 구원은 오로지 신의 은총에 의해 가능하고, 이 구원의 대상이 누가 되는가는 신의 영원한 예정에 의한 것이며(예정설) 교회가 이 은총을 매개한다고 주장하였다. '교회 외에 구원은 없다'라는 그의 신앙과 사상을 역사철학의 형태로 전개한 것이 만년의 저작인 『신국론』(神國論, 413~426)인데, 그는 여기에서 인간의 존재를 지상적인 측면과 천상적인 측면 양쪽에서 파악하고, 역사를 인간에 대한 신의 구원 계획의 실현과정으로 보면서, 교회라는 보편적인 인간공동체의 확립을 통하여 영원한 기독교 공화국인 '신의 나라'가 최종적으로 실현된다고 주장하였다.

67) 아퀴나스(Thomas Aquinas)는 이탈리아의 신학자. 중세기의 대표적인 스콜라 철학자이며, 저서 『신학대전』(神學大典), 『아리스토텔레스 주해서』 등을 제술하였고, 1239년 몬테카시노 수도원이 황제의 군대에 의해서 전거되는 불온한 사태기 발생하여, 도마스는 창설 후 얼마 되지 않은 나폴리 대학으로 옮겨서 면학을 계속했는데, 여기에서 그를 정신적·학문적으로 방향을 부여한 두 가지의 만남이 일어났다. 특, 복음의 이상과 학문 연구를 2개의 기둥으로서 교회에 새로운 바람을 불어넣은 설교자 수도회(도미니코회) 및 아리스토텔레스 철학과의 접촉이다.

에서 공통점을 지니고 있다. 그러나 그들 사이의 차이점은 에피쿠로스학파가 제한된 욕망을 허용했던 것에 비해서 스토아학파는 모든 욕망과 감정을 부정하라는 주장을 펼쳤다는 것이다. 때문에 그냥 봤을 때는 스토아학파는 부적절한 것이고, 에피쿠로스학파가 훨씬 현실적인 것으로 보인다. 그러나 당시의 시대상을 보면 오랫동안 그리스 전역에 퍼져있던 폴리스가 무너지고 헬레니즘 시대가 오기 전 혼란스럽던 사회에서 욕망의 표현이나 '숨어서 살아라' 같은 도피는 용납될 수 없는 것이었다. 따라서 모든 감정을 절제하고 오로지 국가를 위해 봉사하는 '철저하게 완벽한' 사람이 당시의 사회가 필요로 했던 사람인 것이다. 따라서 지금 보면 말도 안 되는 이 이론이 헬레니즘시대 당시에는 철저하게 현실적인 학문이었던 것이다.

철학적인 관념으로 보면, 스토아학파의 이론은 지나치게 이상적이며, 터무니없을 정도로 완벽을 추구한다. 그러나 당대의 현실에서 스토아학파의 이론은 혼란한 시기에 그들을 이끌 완벽한 지도자가 나타나기를 원했던 학자들과 민중의 소망이 투영된 거울이었던 것이다. 그렇기 때문에 스토아학파의 이론이 후에 유럽의 사상에도 영향을 미칠 수 있었던 것이다.

(7) 아우구스티누스(Augustinus)와 아퀴나스(Aquinas)의 윤리사상

아우구스티누스(Augustinus, A., 354~430)는 인간이란 하나의 피조물(被造物)로서 신(神)의 은총(恩寵) 속에서만 행복을 누릴 수 있도록 만들어졌으므로, 하나님으로부터 부여받은 자유의지(自由意志)[68]를 남용(濫用)되어 원죄(原罪)를 짓게 되었다고 말한다. 그는 인간이 이러한 원죄로부터 벗어나려면 독실(獨室)한 신앙을 가지고 사랑을 실천해야 하며, 이를 통해 인간은 신의 은총(恩寵)과 축복(祝福)을 받으며 영원한 안식(安息)과 평안(平安)을 얻을 수 있다고 주장하였다. 아우구스티누스는, 플라톤이 말한 네 가지 덕목 이외에도 믿음, 소망, 사랑은 인간이 추구해야 할 최고의 목표이며, 그중에서도 사랑을 통해 영혼을 정화하고 최고의 선을 이룩할 수 있다고 강조하였다.

아퀴나스(Aquinas, T., 1225~1274)는 아리스토텔레스의 철학에 입각하여 신학과 철학을 설명하려고 하였다. 즉, 신앙과 이성은 대립적 관계에 있는 것이 아니라 서로 보완적 관계에 있으며, 신의 존재를 이론적으로도 증명할 수 있다

68) 자유의지(自由意志)란 하나님께서 인간 의지에 선천적 자유를 부여해 주셨기 때문에 그 의지는 선이나 악을 행하도록 강요당하거나 또는 절대적인 필연에 의하여 결정되지도 않는다는 것이다. 인간은 하나님의 형상을 닮은 인격체로 지음을 받았으므로 인격체는 기계적인 것과는 반대 개념인 자유 의지가 필수적 요소라는 것이다. 인간은 선천적으로 이것을 소유하고 있으며 그 무엇보다도 강요당하지 않는다는 것이다.

고 주장하였다. 그는 인간이란 누구나 행복을 바라고 있지만, 완전한 행복은 신을 따르며 인간의 본성(本性) 속에 들어 있는 자연법(自然法)에 따라 행동하는데 있는 것이라고 보았다. 그리고 선(善)을 행하고 악(惡)을 피하려면 사람들이 올바른 의지를 지니고 정당한 방법으로 이성(理性)에 따르는 생활습관을 길러야 한다는 점을 강조하였다. 또 국가는 덕에 기초를 둔 공동선(共同善)을 실현하는데 그 목적이 있다고 하였다.

공동선(共同善, the common good)

모든 이에게 두루 미치는 선(善) 즉, 개인을 포함한 공동체 전체를 위한 선(善)으로, 공익성을 강조한다는 점에서 일명 '공공선'(公共善), 혹은 사회 구성원 전체에 공통되는 이익(public interest)이라는 점에서 '공공복지'(公共福祉)라고도 한다. 이 같은 공동선의 추구는 다양한 구성원과 복잡한 사회 체계를 구축한 현대 사회를 건강하게 움직일 수 있게 하는 핵심적인 원리이다. 인간은 사회 속에서 함께 살아가야 하는 공존적 존재(共存的 存在)이기 때문에 개개인이 공익(公益)보다 사익(私益)을 앞세우면 공동체는 혼란에 빠지고 그 사회는 와해되고 만다.

하지만, 공동선을 지나치게 앞세워 개인의 존엄성을 침해하는 변질된 집단주의나 권력 지향주의는 반드시 경계해야 한다. 공동선이라는 가치의 추구도 결국은 인간 개개인의 가치와 존엄성 존중은 물론, 모든 구성원이 다함께 인간다운 삶을 영위하자는 데 그 목적이 있다.

(7) 소 결

이제까지 우리는 서양윤리사상의 두 가지 연원에 대하여 살펴보았다. 그 하나는 고대 그리스-로마 시대의 윤리사상인데, 여기에는 인간의 이성을 중시한 소크라테스와 플라톤 및 아리스토텔레스, 그리고 스토아학파와 인간의 감각적이고 본능적인 욕구의 충족을 중시한 에피쿠로스학파를 검토하였다.

다른 하나는 로마제국의 말기부터 15세기경까지 발전해 온 신(神) 중심의 크리스트교의 윤리사상이다. 이러한 사상들은 당시 서양인들의 생활에서 정신적 지주가 되었으며, 근대 이후 현대에 이르기까지 다양하게 전개되어 온 서양윤리사상의 이론적 기초를 제공해 주었다고 할 수 있다.

제4절 동양윤리사상

동양사상(東洋思想)은 유럽대륙과 영미(英美)를 중심으로 형성되어온 사상에 대응하여 중국·동아시아·인도 등에서 가꾸어 온 사상으로 서양문물이 동양에 전해질 때 반대로 동양의 고전(古典)이 유럽에 소개되고, 특히 B.러셀[69] 같은 철학자가 중국에 다녀간 후 자신의 철학사(哲學史)에 '웨스턴(western)'이라는 제한어(制限語)를 붙임으로써 간접적으로 동양사상의 고유성(固有性)과 독자성이 인정되어 활발한 연구가 이루어졌다. 그런데 근래에 동양사상이라고 할 때에는 인도사상을 제외하고 중국사상과 그 영향권 안에 있는 철학들을 가리키는 말로 사용하기도 한다.

1. 주요 국가별 사상

(1) 중국의 사상

중국인들은 선진시대(先秦時代)부터 인문(人文) 중심의 가치철학(價値哲學: 儒家)[70]을 바탕으로 존재철학(存在哲學: 道家)과 방법철학(方法哲學: 墨家)[71]의 세 전통을 형성하였다. 사회정치사상으로서 법가(法家)[72]와 논리학파(論理學派)로서

69) 버트런드 러셀은 20세기 지식인 가운데 가장 다양한 분야에서 지속적으로 영향을 미쳤던 인물로 철학, 수학, 과학, 역사, 교육, 윤리학, 사회학, 정치학 분야에서 40권 이상의 책을 쉬지 않고 출간할 정도로 왕성한 지식욕을 가진 인물이었다. 그는 제1차 세계대전 중 반전운동(反戰運動)에 참여한 것이 화근이 되어 사직했고, 그 후 유럽 및 러시아와 미국 등을 방문하여 대학의 강의를 맡기도 했으나 주로 저술활동에만 전념했다. 그의 탁월함은 자신의 지능을 최대한 사용하는 놀라운 능력(그는 하루에 거의 고칠 필요가 없는 3,000단어 분량의 글을 썼다고 한다)과 기억력이 밑받침 되었지만 그의 활동력의 원천은 심오한 휴머니즘적 감수성이었다. 그의 사상은 분리된 두 개의 주제를 갖고 있었다. 그 하나는 절대 확실한 지식의 탐구이고, 다른 하나는 인간의 삶에 대한 관심이었다. 전자는 그의 스승이며 협력자였던 화이트 헤드와의 공저 "수학원리"로 결실을 맺어 현대의 기호논리학과 분석철학의 기초를 이루었다.

70) 유가(儒家)란 제자백가의 수위에 선 중국 고대의 사상집단. 공자를 개조로서 전국기의 맹자, 순자 등 원시 유가에 의해서 크게 사상형성을 이루었다. 선진 제자 중 유가와 묵가가 활동적 학파로서 가장 조직적이며 활발하였다.

71) 묵가(墨家)사상은 춘추전국 시대 사람들은 고난만 가중시키고 탁상공론에 불과했던 유가에 불만을 지녔다. 이러한 시대적 배경에 따라 수공업자 출신이었던 묵자는 자신의 이름을 딴 학파를 창설하였다. 묵가는 중앙집권적 체제를 지향하고 실리적인 지역사회의 단결을 주장하는 등 유가(儒家)와 대립한 유력 학파다. 시조는 전국(戰國) 초기 송(宋)의 기술자(工匠) 출신 묵적(墨翟)이며, 묵적의 뒤를 이은 지도자를 거자(鉅子)라 한다.

의 명가(名家)[73] 등은 이 전통 위에 서 있으며, 뒤에 전래된 인도의 불교도 여기에 용해되어 법화(法華)[74]·화엄(華嚴)[75]·선종(禪宗)[76] 같은 중국불교로 변모하였다. 송(宋)나라 이후 이른바 신유학(新儒學: 理學·心學)[77]이나 고거학(考據學)들

72) 법가(法家)는 전국시대에 출현해서 유가의 자연법적인 예에 대해 실정법적인 법의 우위를 주장했다. 예(禮)가 지연적·혈연적 공동체를 결합하는 것이었지만, 춘추 중기 이후의 생산력의 발전에 의한 공동체의 붕괴는 예를 대신한 법에 의한 지배를 요구했다. 이 사실을 간파한 법가의 사상가들은 한결같이 발전적 역사관을 갖고 시대에 부응하는 지배를 실시할 것을 주장하였다. 거기에는 또 하나의 인간관이 있다. 즉 법의 실질은 상과 벌이지만, 법의 유효성의 전제는, 인간이 욕망의 충족을 추구하는 존재이며, 그것은 또한 상벌에 의해 통제할 수 있다고 하는 견해이다.

73) 명가(名家)는 변자라고도 한다. 명(名: 명사 및 개념)의 분석을 전문으로 했던 일파로 춘추전국시대에 사회제도의 변혁이 심하여 사물의 명칭(名)과 그 실제의 사물(實)이 맞지 않는 경우가 빈번하게 되었다. 여기에서 실명논쟁이 제기되었는데, 처음에는 사회 정치면의 문제가 논쟁의 초점이었으나, 전국(戰國) 중기 이후에는 지식론과 논리학의 방면으로 쟁점이 옮겨갔다. 여기에서 명사와 개념의 연구를 전문으로 하는 명가가 출현했다.

74) 법화종(法華宗)은 『법화경』을 근간으로 하는 종파로, 『법화경』은 인도의 비구(승)의 교단과는 별도로, 재가신자의 보살단 운동 중에서 북서 인도에 성립, 석존은 역사를 초월한 영원한 과거부터의 존재라고 하고, 그의 가르침을 비유나 상징에 의해서 주장했다. 인도에서는 용수가 『대지도론(大智度論)』에서 인용하고, 세친은 이의 주석서 『묘법연화경우파리사』를 저술했다. 중국에서는 6종의 한역이 있는데, 쿠마라지바의 『묘법연화경』이 가장 많이 유포되었으며 주석도 많이 행하여졌는데, 특히 법운의 『법화경의기』는 그중 최고라고 한다. 이 경전을 근본으로 한 것이 천태종으로, 천태대사 지의에 의해서 일종(一宗)이 되어 독특한 경의 위치를 부여했으며 지의의 삼대부(『법화현의』, 『법화문구』, 『마하지관』)는 그 체계를 나타내고 있는데 후에 법상, 화엄, 밀교의 세력에 눌렸으며, 잠연이 이를 중흥했다.

75) 화엄종(華嚴宗)은 불교의 한 종파로, 불경 중 하나인 화엄경의 가르침을 따른다. 우리나라에서는 신라 시대 의상이 당나라 유학을 다녀온 뒤, 처음 들여왔다. 화엄종은 '원융'이라 해서 조화의 사상을 강조했다. 신라 왕실과 진골 귀족층은 지배층과 피지배층의 대립이나 지배층 내부의 대립을 막기 위해 이 원융 사상을 적극 활용했다. 고려 시대에는 균여가 화엄종을 크게 일으켰으며, 의천은 화엄종 위주의 교종을 중심으로 선종을 통합시켜 천태종을 창시했다.

76) 선종(禪宗)이란 불교 종파의 하나로 선(禪)은 인도에서 일어나고, 선종은 중국에서 시작했다. 좌선을 의미하는 인도불교의 선에 대해서, 선종은 자파의 기원을 다음과 같이 주장하였다. 불타가 말년, 영취산에서 설법하고 있는데 범천(힌두교의 신)이 한 송이 꽃을 바친다. 불타는 이를 대중에게 보여주지만 대중은 무슨 뜻인지 알지 못하나 장로인 마하가섭만이 빙긋이 끄덕인다(점화미소). 불타는 가엽을 칭찬하고 인가를 주어서 자신의 정법안장, 열반묘심, 실상무상, 미묘의 법문을, 불립문자, 교외별전해서 남김없이 가섭에 부촉한다고 선언한다. 자신이 생애에 지금까지 주장한 8만4,000의 법문은 응병여약(應病與藥)의 방편교(方便敎)였다. 병들지 않은 사람에게 약은 무용하며, 방황하지 않으면 깨달음은 필요없다. 정법안장(正法眼藏)이라는 것은 그런 본래의 불어이다. 열반묘심(涅槃妙心)은 불타가 입열반을 직전에 설교한 『대반열반경』의 진실이며, 실상무상(實相無相)은 법화의 오의인 제법실상을 의미하는데 법화도 화엄도 꽃이다. 꽃의 마음을 보라, 불어심을 보라이다.

77) 이학(理學)이란 중국 송·원·명·청 시대에 이기, 심성 등의 문제를 중심으로 다룬 철학사조. 도학(道學)·성명학(性命學)·정주학(程朱學)이라고도 함 광의의 이학은 천도(天道)

은 이 전통들을 유가(儒家)를 중심으로 일원화시켰던 새로운 창조작업이라고 할 수 있다.

유가사상과 도가사상

유가사상(儒家思想)은 중국 춘추 말기에 공자(기원전 552~479)를 창시자로 하여 성립된 학파로 그 주요사상은 사서오경에 잘 드러난다. <주례(周禮)>에 의하면 유(儒)는 "도로써 백성을 얻는다(以道得民)"는 의미가 있으며, 한서 <예문지(藝文志)>에 의하면 "임금을 도와서 음양의 이치에 따르며 교화를 밝힌다(助人君順陰陽明敎化)"는 의미가 있다. 유가사상의 근본은 인(仁)으로, 인은 임금에 대하여는 충(忠)이 되고 부모에 대하여는 효(孝), 형제에 대해서는 제(悌)가 된다. 유가의 주요 사상은 사서오경에 잘 드러나 있는데 사서오경의 사서는 중국의 <논어>, <맹자>, <중용>, <대학>을 가리키며 오경은 중국 진·한나라 때 유교에서 존중한 <주역>, <서경>, <시경>, <예기>, <춘추>의 5가지 경서를 말한다. 유가사상의 대표적인 사상가로는 공자(仁 중시), 맹자(義 중시), 순자(禮 중시), 주자(이기(理氣)), 왕수인(양지(良知)) 등이 있다. 이 유가사상은 인본주의 정신을 기본으로 하며, 천인합일(天人合一)의 일원적 사유를 기본으로 한다. 천인합일은 우주와 인간의 원리를 일관된 것으로 보는 것으로 이 둘을 유기적 전체로서 이해하는 것을 말한다.

도가사상(道家思想)은 우주와 인생을 근원적으로 탐구하는 사상으로 노자(老子), 장자(莊子)를 대표로 하는 제자백가(諸子百家)의 하나로서 유가(儒家)의 인의예악(仁義禮樂)이나 묵가(墨家)의 겸애설(兼愛說)을 모두 인위라 부정한다. 노자는 만물의 근원을 무(無)라 하고 무는 자연이며 이는 생명의 근원을 이룬다고 하였다. 장자는 인간의 절대적 자유와 만물제동의 이치를 논하였다. 즉, 노자는 도(道), 무위자연(無爲自然), 겸허, 부쟁(不爭), 상선약수(上善若水), 소국과민(小國寡民) 등을, 장자는 정신적 자유의 경지인 제물과 물아일체를 주장하였다. 이러한 노자·장자의 사상은 도교의 사상적 근거가 되었고 불교사상을 받아들이는 매개가 되었으며 주자학 등 후대의 철학에 큰 영향을 미쳤다.

중국사상의 일반적 특성은, 우주 및 자연과, 인간 및 만물(萬物)을 언제나 유기적 관계로 이해했다는 점이다(이른바 天人合一, 道卽萬物, 一而多 理卽事 등이 좋은 예이다). 본체(本體)를 설명함에 있어 공간적 단위상(單位像)보다는 시간적 변화상(變化像)을 중시하였다. 즉, 본체의 존재론적 측면보다는 생성변화론적

와 성명(性命)의 문제를 중심으로 삼는 철학 사조 전체를 뜻하나, 협의의 이학은 오직 이정과 주희를 대표로 하는 '이'를 최고의 철학 범주로 삼는 학설, 즉 '정주리학'을 말한다. 이들은 공통적으로 사람과 자연, 사람과 사회 및 사람과 사람 간의 관계 문제를 탐구하는데 관심을 두었다.

측면에 관심을 두었다(一氣 즉 本體, 취산(聚散) 즉 변화운동으로 설명하는 일반적 방식이 좋은 예이다). 인륜(人倫) 또는 인문과 도덕을 중시하는 가치관을 가지고 있다. 즉, 인간을 그들의 관계 속에서 이해하되 바람직한 관계형식을 심성(心性)과 연관시켜 정립하려 하였다(諸性論과 諸規範의 발달이 그 좋은 예이다). 동양사상의 마지막 특징은 그 방법이 직관적(直觀的)이고 그 성격이 예술적이라는 점이다. 사유(思惟)의 단계적 과정이나 논리적 추론보다는 본질을 밝혀내어 깨닫는 것[覺]을 중요시하고, 사실의 과학적 세계보다 미적 경지(美的境地)를 지향하는 경향은 동양사상의 일반적 특성임에 틀림없다.

(2) 인도의 사상

인도사상의 역사는 자연계의 구성요소와 그 현상(現象)을 신격화하여 찬양하던 리그베다(Rgveda)[78]의 종교시대로부터 우주의 창조원리인 브라만(Brahman)[79]과 인격적 개체원리인 아트만(Atman)[80]의 관계를 철학적으로 논하는 우파니샤드(Upanisad)[81]시대를 거쳐 불교시대 또는 육파(六派) 불교시대[82]로 전개되어 나갔다. 결국 인도사상은 힌두교(Hinduism)라는 테두리 안에서 발전되었는데, 이것은 브라만교·불교·자이나교·시크교 등 인도에서 발생하고 전개된 종교·철학·문화를 총칭하는 그들의 정신적 결정체(結晶體)라 할 수 있다.

인도사상의 공통된 특징은, 철학과 종교, 생활과 사상이 합일되었다는 점, 진리탐구 또는 실천방법이 명상적(瞑想的: yoga的)이라는 점, 절대의 세계에 접근하거나 그것을 표현하는 데 있어 부정적 방법(neti neti 法)을 즐겨 사용한다는

---

78) 리그베다(산스크리트어: ऋग्वेद, Rigveda)는 기원전 1000년경에 만들어진 인도의 가장 오래된 문헌(文獻)으로 브라만교 및 힌두교의 근본 성전(聖典)이다. 10권 1028의 시구(詩句)로 되어 있으며, 자연신 숭배의 찬미가(讚美歌)를 중심으로 혼인·장례·인생에 관한 노래, 천지 창조의 철학시(哲學詩), 십왕 전쟁(十王戰爭)의 노래 등을 포함하고 있다.

79) 브라만(Bráhman)은 힌두교의 최고 원리이자 최고신으로 중성적인 원리이다. 브라만(Brahman) 또는 브라흐민(Brahmin)은 인도 카스트 제도에서 가장 높은 지위인 승려 계급이다.

80) 아트만은 영원하고 물리적인 한계의 너머로 있는 것으로서 살아있는 존재의 즉 생명체의 한 부분으로서 물질 세계 너머에 있는 것을 의미한다. 이 아트만은 참 자신이며 내부에 거주하는 그러나 인격적인 면을 지니고 있지 않은 영혼을 의미한다.

81) 우파니사드(산스크리트어: उपनिषद् Upaniṣad, 영어: Upanishads)는 힌두교의 이론적·사상적 토대를 이루는 철학적 문헌들의 집성체이다.

82) 힌두 철학(Hindu philosophy) 또는 힌두교 철학은 여섯 정통 학파로 나뉘기 때문에 육파철학(六派哲學) 또는 인도 육파철학이라고도 한다.

점 등이 특징적 요소를 이루고 있다.

(3) 한국의 사상

한국인은 역사의 여명기 때부터 신시(神市)의 시민의식, 곧 선민의식(選民意識) 안에서 홍익인간(弘益人間)[83]의 인간애를 제창하였다. 그 뒤에는 중국사상과 밀접하게 관계를 맺으면서 그것을 재창조하는 길을 걸어왔다. 그러다가 민족의 주체적 자각을 통하여 사상적 독립을 천명한 것은 '실사구시(實事求是)'[84]의 실학(實學)[85]과 '인내천(人乃天)'[86]의 동학(東學)[87] 종교에 이르러서였다고 할 수 있다. 이 과정에서 한국사상은 민족주의적이면서 호국사상(護國思想)의 특징

---

83) 홍익인간(弘益人間)이란 단군신화에 의하면 '널리 인간을 이롭게 한다는 것'이 천신 환웅이 이 땅에 내려와서 우리의 시조 단군을 낳고 나라를 연 이념이다. 여기에서 '인간'은 오늘날처럼 '사람'을 뜻하지 않고, '사람들이 사는 세상'을 뜻한다. 우리나라 고대신화라고 볼 수 있는 단군신화는 13세기 말엽에 저술된 ≪삼국유사≫와 ≪제왕운기≫, 그리고 15세기 전반기에 편찬된 ≪세종실록≫ 지리지 등에 실려 있다.

84) 실사구시(實事求是)란 입각하여 진리를 탐구하려는 태도. 즉 눈으로 보고 귀로 듣고 손으로 만져 보는 것과 같은 실험과 연구를 거쳐 아무도 부정할 수 없는 객관적 사실을 통하여 정확한 판단과 해답을 얻고자 하는 것이 실사구시이다. 이것은 ≪후한서(後漢書)≫ <하간헌왕덕전(河間獻王德傳)>에 나오는 "수학호고 실사구시(修學好古實事求是)"에서 비롯된 말로 청(淸)나라 초기에 고증학(考證學)을 표방하는 학자들이 공리공론(空理空論)만을 일삼는 송명이학(宋明理學)을 배격하여 내세운 표어이다.

85) 실학(實學)은 17세기 중엽부터 19세기 초반까지 조선 후기 사회에서 나타났던 새로운 사상으로 당시 사회 문제의 해결을 위해 성리학의 관념성과 경직성을 비판하며 경세치용과 이용후생, 실사구시의 학문 태도를 강조했다.

86) 인내천(人乃天)이란 동학의 제3대 교주 손병희(孫秉熙)가 주장한 천도교의 종지(宗旨), 1905년을 전후하여 간행된 손병희의 ≪대종정의설 大宗正義說≫에서 공식적으로 확립되었다. 사상적 근원은 최제우(崔濟愚)에 두고 있는데, "대신사께서 일찍이 주문의 뜻을 풀어 가라사대, 모심이란 안으로 신령을 지니고 있으며 밖으로 기화(氣化)함을 지니고 있어서 온 세상 사람들이 저마다 이를 옮길 수 없는 것으로 깨달아 앎이니, 이는 영(靈)의 유기적 표현을 가리킴이요, '사람이 곧 하늘'이라는 정의를 말씀한 것이니라(大神師 嘗呪文之意 解釋曰 侍者 內有神靈 外有氣化 一世之人 各知不移者也 是指稱以靈之有機的表顯道破人乃天之定義也)"라 하였다.

87) 동학(東學)이란 1860년 최제우가 창시한 민족 종교로 기일원론(氣一元論)과 후천개벽(後天開闢) 사상, 인내천(人乃天) 사상을 특징으로 한다. 2대 교주인 최시형이 교단과 교리를 체계화하였다. 1894년 농민전쟁에 큰 영향을 끼쳤으며, 1905년 천도교(天道敎)로 개칭하였다. 동학(東學)이라는 명칭은 서학(西學)에 대립된 것으로, 최제우는 "나 또한 동쪽에서 태어나 동도(東道)를 받았으니 도(道)는 비록 천도(天道)이나, 학(學)은 동학(東學)이다" (논학문)라고 하였다. 그리고 동학의 창시는 지배층의 착취로 농촌 경제가 파탄에 이르고 자본주의 열강의 침략에 대한 위기의식이 고조되었던 19세기 후반의 사회 상황에 대한 문제의식에서 이루어졌다.

을 나타냈고, 범신론적(汎神論的) 자연관을 가졌으며, 온정적(溫情的)이고 예술적인 성격이 농후하였고, 외부 사상의 수용태도에 있어 개방성과 보수성이라는 일견 모순적인 특징을 나타내었다.

2. 종교별 사상

(1) 유교(儒敎)

유교(儒敎)를 공교(孔敎)·공자교(孔子敎)라고도 한다. 인(仁)을 모든 도덕을 일관하는 최고이념으로 삼고, 수신(修身)·제가(齊家)·치국(治國)·평천하(平天下)의 실현을 목표로 하는 일종의 윤리학·정치학이며, 수천 년 동안 중국·한국·일본 등 동양사상을 지배하여 왔다. 춘추시대 말기에 태어난 공자(孔子)[88]는 대성(大聖)이었으나 고국인 노(魯)나라에서는 뜻을 이루지 못하고 15년간 여러 나라로 돌아다니며 '선왕(先王)의 도(道)'를 역설하였으나 끝내 그 이상을 펴지 못하였다. 만년에는 고향으로 돌아와 사학(私學)을 열어 많은 제자를 가르치는 한편 ≪시(詩)≫, ≪서(書)≫의 2경을 정리하고 예(禮)·악(樂)을 선정하였으며 ≪춘추(春秋)≫를 저술하고 또한 ≪역(易)≫을 좋아하여 그 해석서라 할 수 있는 ≪십익(十翼)≫을 저술하였다.

논어(論語)

사서오경(四書五經)에 포함되는 유학 경전 중 하나. 공자의 언행, 제자들과의 대화, 문답 내용 등을 수록한 책이다. 공자가 죽은 뒤 제자들이 스승의 가르침을 후대에 전하고자 평소 공자의 가르침에 대해 의논하고 정리하여 엮었기에 논어(論語)라는 이름이 붙여졌으며 현존하는 것은 전체 20장(章)으로 구성되어 있다. 공자의 학설과 사상이 나타나 있음은 물론 글이 간결하면서도 내용이 깊고 함축적이어서 동서고금을 막론하고 널리 읽혀지는 동양 고전(古典) 중 하나이다.

---

88) 공자(孔子)는 4대 성인 중 한 사람으로 노나라 사람. 유교의 시조로서 중국 최초의 민간 사상가이자 교육자. 어머니는 아들을 얻기 위해 니구산(尼丘山)에 가서 신령님께 기도를 올리고 공자를 낳았다. 그런 까닭에 공자의 이름 구(丘)를 니구산의 구(丘) 자에서 따왔다고 하는데, 일설에는 그가 태어날 때 이마 기운데가 니구산처럼 골이 파어 있었기 때문에 이름을 구(丘)라고 지었다고도 한다. 어렸을 때부터 예(禮)에 뛰어났으며, 천하를 주유하며 인(仁)에 기초한 정치를 펼치려 했으나 실패하여 유가 경전을 정리·편찬하는 데 전념하고, 제자 양성에 힘썼다. 그 결과 3,000여 명의 제자들을 길러냈다. 공자의 사상을 담고 있는 ≪논어≫는 그의 제자들이 스승이 죽은 후 편찬한 것이다.

그러나 그의 사상의 진수(眞髓)는 그가 죽은 후, 제자들이 수집 편찬한 그의 언행록인 ≪논어(論語)≫에서 잘 나타난다. 공자는 인(仁)을 가장 중시하였으며, 인은 곧 효(孝)이며 제(悌)라 하여 인의 근본을 가족적 결합의 윤리에서부터 시작하여 육친(肉親) 사이에 진심에서 우러나는 애정을 강조하는 한편, 그것을 인간 사회의 질서 있는 조화적 결합의 원리로 삼고 정치에도 전개시켰다. 그것은 춘추시대 말기의 인간주의적 풍조의 영향을 받아 인간 내면에 존재하는 도덕성에 주목하고, 거기서부터 현실사회의 혼란을 구제하려하였다. 공자는 훌륭한 정치를 행했던 주(周)의 예악(禮樂)을 끌어들여 그 실행을 강조하면서, 예는 전통적·관습적인 사회규범이며 그것은 곧 인의 사회성·객관성을 보증하는 것이라 하였다.

왕도론(王道論)

조선왕조 임금 정조 대왕 시대, 비운의 왕세자인 사도세자가 억울하게 세상을 뜨자, 아버지의 왕통을 이어받지도 못하고, 할아버지 영조의 세손이 되어 25세에야 임금으로 등극했다. 80이 넘도록 52년간이나 오랜 통치자이던 영조의 장기집권이 끝나면서 그래도 조선에는 일말의 희망이라도 보이던 때가 그때였다. 영특한 두뇌에 근면과 성실함까지 갖춘 정조는 등극하던 무렵이면 이미 높은 수준의 학문역량과 통치철학까지 제대로 터득하여 세상을 한번 변화시키려던 의욕도 있었다. 정조의 곁에는 믿음직스럽던 정치가 번암 채제공이 있었고, 뛰어난 학자이자 기획통이던 다산 정약용이 있었다.

정조의 가장 큰 꿈의 하나는 동양 유교사상의 궁극이던 왕도(王道)정치를 실현해보자는 뜻이었다. 어느 날 정조는 젊은 신하 정약용을 불러 맹자(孟子)의 왕도론에 대한 질문을 했다. "맹자는 공자 이후의 일인자이다. 『맹자』 7편에는 맹자의 도(道)가 실렸는데 설명해보도록 하라." 이런 질문을 받은 정약용은 「맹자책(孟子策)」이라는 논문으로 답변을 정리해놓았다. 유교의 왕도론은 맹자에 이르러 그 본모습을 보여주고 있는데, 참으로 어렵기 그지없을 것으로 여겨지는 왕도론이 얼마나 간단한 원리이고 얼마나 쉽게 이해할 수 있는 것인가를 다산은 설명해내고 있다. "신(臣)은 일찍이 성현의 도통(道統)은 위로는 무왕(武王)에서 그치고, 아래로는 맹자에 와서 그쳤으므로, 그분들의 기상도 서로 비슷하다고 여겨왔다. 지금 만약 맹자의 글을 가지고 무왕의 도를 구한다면 거의 잘못이 없을 것이다"라고 전제하여, 요·순·우·탕·문·무·주공의 왕도정치는 맹자를 통해 알아낼 수 있다고 설명하였다.

그 후 맹자(孟子)가 나타나 인의 실천을 위한 의(義)의 덕을 내세워 인의(仁義)를 병창(倂唱)하였으며, 또한 인간의 본성은 선(善)이라 하여 내면적인 도덕론을 펴고, 선한 본성에서 우러나오는 덕치(德治)로서의 왕도론(王道論)을 주장하였다. 맹자에 의하여 유교는 뚜렷하게 내면적으로 심화되고, 또 정치론으로도 정비되었으며 오륜(五倫)도 이 무렵에 시작되었다. 얼마 후 순자(荀子)가 나타나 맹자의 내면화에 반대이론을 내세웠다. 그는 인간의 본성은 악(惡)이므로, 외면적·객관적인 예에 의해서만 수양(修養)이 완성된다고 생각하여 예를 강조하였다. 또 공자와 맹자가 존중하던 불가지(不可知)인 하늘의 존재를 추방하고 인간의 독자적 입장을 주장하였다.

삼강오륜(三綱五倫)

유교의 도덕사상에서 기본이 되는 3가지의 강령(綱領)과 5가지의 인륜(人倫)을 말한다. 즉 삼강은 군위신강(君爲臣綱)·부위자강(父爲子綱)·부위부강(夫爲婦綱)을 말하며, 이것은 글자 그대로 임금과 신하, 어버이와 자식, 남편과 아내 사이에 마땅히 지켜야 할 도리이다. 오륜은 오상(五常) 또는 오전(五典)이라고도 한다. 이는 ≪맹자(孟子)≫에 나오는 부자유친(父子有親)·군신유의(君臣有義)·부부유별(夫婦有別)·장유유서(長幼有序)·붕우유신(朋友有信)의 5가지로, 아버지와 아들 사이의 도(道)는 친애(親愛)에 있으며, 임금과 신하의 도리는 의리에 있고, 부부 사이에는 서로 침범치 못할 인륜(人倫)의 구별이 있으며, 어른과 어린이 사이에는 차례와 질서가 있어야 하며, 벗의 도리는 믿음에 있음을 뜻한다.

(2) 불교(佛敎)

불교라는 말은 부처(석가모니)가 설한 교법(敎法)이라는 뜻[89]과 부처가 되기 위한 교법이라는 뜻이 포함된다. 불(佛: 불타)이란 각성(覺性)한 사람, 즉 각자(覺者)라는 산스크리트·팔리어(語)의 보통명사로, 고대 인도에서 널리 쓰이던 말인데 뒤에는 특히 석가를 가리키는 말이 되었다. 불교는 석가 생전에 이미 교단(敎團)이 조직되어 포교가 시작되었으나 이것이 발전하게 된 것은 그가 죽은

89) 부처라는 뜻은 사람(人)옆에 떨어버린다(弗)는 합성어로 이루어진 불(佛)은 인간이 가지고 있는 모든 죄업의 습기를 털어 없앤다는 뜻(깨달음)이다. 부처님(Buddha)=여래(Tathagata). 응공(Arhat). 정변지(Samyak－sambuddha). 명행족(Vidta－carana－sampanna). 선서(Sugata). 세간해(Loka－vid). 무상사(Anuttara). 천인사(Sasta deva－mabusyanam). 釋敎라고도 한다.

후이며, 기원 전후에 인도·스리랑카 등지로 전파되었고, 다시 동남아시아로, 서역을 거쳐 중국으로, 중국에서 한국으로 들어왔고, 한국에서 일본으로 교권이 확대되어 세계적 종교로서 자리를 굳혔다. 그러나 14세기 이후로는 이슬람교에 밀려 점차 교권을 잠식당하고 오늘날에는 발상지인 인도에서는 세력이 약화되었으나, 아직 스리랑카·미얀마·타이·캄보디아, 티베트에서 몽골에 걸친 지역, 한국을 중심으로 한 동아시아 지역에 많은 신자가 있으며, 그리스도교·이슬람교와 함께 세계 3대 종교의 하나이다.

다른 여러 종교와 비교하여 불교가 지니는 중요한 특징은 다음과 같다. 첫째, 신(神)을 내세우지 않는다. 불타가 후에 이상화(理想化)되고 확대되어 절대(絕對)·무한(無限) 및 그 밖의 성격이 부여되고, 각성과 구제의 근거가 되고 있으나 창조자·정복자와 같은 자세는 취하지 않는다. 둘째, '지혜(智慧)'와 '자비(慈悲)'로 대표된다. 자비는 무한이며 무상(無償)의 애정이라 할 수 있어 증오(憎惡)나 원한을 전혀 가지지 않는다. 그런 까닭에 일반적으로 광신(狂信)을 배척하고 관용(寬容)인 동시에 일체의 평등을 관철하고자 한다. 셋째, 지혜의 내용은 여러 가지로 발전하는데, 일체를 종(縱)으로 절단하는 시간적 원리인 '무상(無常)'과, 일체를 횡(橫)으로 연결하는 공간적 원리인 '연기(緣起)'가 중심에 있어, 이것은 후에 '공(空)'으로 표현된다. 넷째, 현실을 직시(直視)하는 경향이 강하다. 다섯째, 모든 일에 집착과 구애를 갖지 않는 실천만이 강조되고 있다. 여섯째, 조용하고 편안하며 흔들리지 않는 각성(覺性: 解脫)을 이상의 경지(境地)로 삼아 이를 '열반(涅槃)'이라 한다. 그 교의(敎義)는 석가의 정각(正覺)에 기초를 둔다. 그러나 8만 4,000의 법문(法門)이라 일컫듯이 오랜 역사 동안에 교의의 내용은 여러 형태로 갈라져 매우 복잡한 다양성을 띠게 되었다. 불(佛)도 본래는 석가 자체를 가리켰으나 그의 입적(入寂) 후 불신(佛身)에 대한 논의가 일어나 2신(身)·3신 등의 논의, 또는 과거불·미래불, 또는 타방세계(他方世界)의 불, 보살(菩薩) 등의 설이 나와 다신교적(多神敎的)으로 변화되었다.

(3) 도교(道敎)

황제(黃帝)와 노자(老子)를 교조로 삼은 중국의 토착종교로, 노자(老子)와 장자(莊子)를 중심으로 한 도가(道家)사상과 구별된다. 도교는 후한(後漢)시대에 패국(沛國)의 풍읍(豊邑)에서 태어난 장도릉(張道陵)이 세웠다고 전하며, 지금도

타이완[臺灣]·홍콩[香港] 등지에서 중국인 사회의 신앙이 되어 있다. 장도릉은 초기에 오경(五經)을 공부하다가 만년에 장생도(長生道)를 배우고 금단법(金丹法)을 터득한 뒤 곡명산(鵠鳴山)에 들어가 도서(道書) 24편을 짓고 신자를 모았다. 이때 그의 문하(門下)에 들어가는 사람들이 모두 5두(斗)의 쌀을 바쳤기 때문에 오두미도(五斗米道) 또는 미적(米賊)이라고도 불렸다. 장도릉이 죽자 아들 형(衡)과 손자 노(魯)가 그의 도술을 이어 닦았다.

장도릉 등이 도교를 일으킨 초기에는 그 신도들이 대부분 어리석었던 탓으로 종교라기보다도 일종의 교비(敎匪)에 지나지 않았다. 그러나 도교가 일반 민중뿐만 아니라 상류 지식층 사이에도 널리 전파되자 체계적인 교리와 합리적인 학설·교양의 뒷받침이 필요하게 되었다. 이와 같은 필요에 따라 도교가 하나의 종교로서 이론체계를 갖추기 시작한 것은 3~4세기 무렵 위백양(魏伯陽)과 갈홍(葛洪)이 학술적인 기초를 제공하면서부터였다. 그리고 구겸지(寇謙之)가 전래 종교인 불교의 자극을 받아 그 의례(儀禮)의 측면을 대폭 채택하고 도교를 천사도(天師道)로 개칭함으로써 종교적인 교리와 조직이 비로소 정비되었다.

도교에서 받드는 신들은 매우 잡다(雜多)할 뿐 아니라 시대에 따라서 그것은 새로이 생기기도 하고 없어지기도 하였다. 그러나 일반적으로 가장 널리 제사 지내는 신에는 원시천존(元始天尊) 또는 옥황상제(玉皇上帝)가 있고 이는 다시 무형천존(無形天尊)·무시천존(無始天尊)·범형천존(梵形天尊)으로 변신하기도 한다. 그리고 교조인 노자, 곧 노군(老君)도 원시천존의 화신(化身)이라고 믿는다. 그 밖에도 현천상제(玄天上帝: 北極星)·문창제군(文昌帝君)·후토(后土)·서낭신[城隍神]·조군(竈君: 五祠 중의 한 神)·화합신(和合神)·삼관(三官)·재신(財神)·개격신(開格神)·동악대제(東嶽大帝: 泰山神) 등 수많은 신들을 제사지낸다. 한편 도교의 경전을 통틀어서 도장(道藏)이라고 한다. 그 내용을 분류하면 신부(神符: 부적)·옥결(玉訣: 秘試)·영도(靈圖: 鬼神像)·보록(譜錄: 敎法의 연혁)·계율(戒律: 修道의 율법)·위의(威儀: 齋戒 등의 의식)·방법(方法: 귀신을 쫓는 術策)·중술(衆術·鍊丹類)·기전(紀傳: 老子 등의 전기)·찬송(讚頌: 神典의 偈)·표주(表奏:귀신에게 奏上하는 祈願文) 등으로 이루어졌다 금주(禁呪)나 부록(符籙) 등 방술을 행하는 것도 이 종교의 두드러진 특징이다. 즉 특정한 날과 시간에 목욕재계하면 치아가 튼튼해진다든지, 명경(明鏡)이나 호부(護符)를 차고 다니면 요괴(妖怪)를 피할 수 있다는 따위가 방술이다. 또한 도교에서는 장생불사(長生不死)를 염원하면서 이를 이룰 수 있다는 여러 가지 방법을 실천하는데, 대표적인 것으로는 ① 태식법(胎息法)으로 충화기(沖和氣)를 받아들여 장생하는 수련인 내단(內丹), ② 황금·수은과 약물들을 복용하거나 몸에 주입하는 외단(外丹), ③ 음기(陰氣)를 취해서 양기(養氣)를 충만하게 하는 방중술(房中術) 등이다. 도교에서는 이러한 수련 결과, 상자(上者)는 허공에 올라가 우주에 소요하는 천선(天仙)이 되고, 중자(中者)는 36동천(洞天)과 72복지(福地)에서 사는 지선(地仙)이 되며, 하자(下者)는 혼백이 육체로부터 분리되어 시선(尸仙: 人仙)이 된다고 말한다. 그러나 전적으로 이와 같은 연단술(鍊丹術)만을 닦는 것이 아니라 적덕행선(積德行善)하고 계율을 지켜야 진선(眞仙)이 된다고 하여 도덕적 측면을 강조하기도 하였다.

도교가 중국에서 한국으로 전래된 것은 삼국시대(624: 고구려 영류왕 7년)이다. 신라와 백제에도 비슷한 시기에 전래되었으나 도교신앙은 고구려에서만 성행하였다. 그것은 천제(天祭)·무속(巫俗)·산악(山岳) 신앙 등 지리적 여건으로 종교적 의식이 강했기 때문이기도 하지만 정책적으로 국가에서 적극 수용 권장한 데 그 원인이 있다고 할 수 있다. 백제와 신라에서는 종교적 신앙보다는 노자(老子), 장자(莊子)의 서적을 통한 무위자연(無爲自然)사상을 자연스럽게 받아들여 자체사상과 융합하면서 선도(仙道)·선풍(仙風) 의식을 심화시켜 나가는 양상을 보였다. 그러나 신라가 통일한 이후에는 당(唐)나라 유학을 하고 돌아온 사람들 중에 양생(養生) 보진(葆眞)을 도모하는 사람이 있어 단학(丹學)의 성격을 가지는 수련(修鍊)도교의 양상을 드러내는 현상도 없지 않았다. 도교가 가장 성행했던 시기는 고려시대라고 할 수 있다. 중세에 해당하는 고려시대는 신앙의 시대, 종교의 시대라고 할 만큼 신(神) 중심의 나라였다. 불교가 그 중심 종교이기는 했지만 귀신·영성(靈星)·산신(山神), 그리고 무속(巫俗)과 더불어 도참(圖讖)사상이 병존하여 모든 것이 기복(祈福)종교의 현상을 띠는 것이 이 시대의 특색이라고 할 수 있다. 그러므로 도교 역시 여러 민간신앙과 잡유(雜糅)되면서 불교 도참사상과 함께 하여 현세이익(現世利益)을 희구하는 양재기복(禳災祈福)의 기축(祈祝)행사가 성해, 그 풍습이 민간생활에까지 뿌리를 내렸다.

국가적으로는 호국연기(護國延基)를 바라는 재초(齋醮: 도교 제사)행사가 크게 행하여졌으며, 특히 예종(睿宗: 1105~1130)은 복원궁(福源宮)이라는 도관(道

觀: 도교 사원)을 건립하는 등 도교를 크게 진작시켜 불교보다 더 중시하기도 하였다. 예종은 복원궁을 건립하기 이전에도 그의 즉위 2년에 연경궁(延慶宮) 후원에 있는 옥청정(玉淸亭)에 도교의 최고신인 원시천존상(元始天尊像)을 모시고 달마다 초제(醮祭)를 지냈고 청연각(淸燕閣)에서 노자 도덕경을 강론토록 하였다고도 한다. 이러한 도교의 성행은 민간에 수경신(守庚申)이라는 도교습속(道敎習俗)까지 낳게 하여 그 풍습이 오늘에 이른다. 조선시대로 넘어 오면서도 재초 중심의 도교는 그대로 이어졌으나 중종(中宗: 1506~1544) 때에 이르러서는 조광조(趙光祖: 1482~1519) 등의 유학 선비들의 상소로 소격서(昭格署: 재초 등 도교행사를 관장하던 관청)가 혁파(革罷)되는 등 점차 위축되어 갔으며, 임진왜란(1592) 이후에 초제를 행하는 의식도교의 모습은 완전히 없어졌다. 그러나 궁중이나 민간에 뿌리내려진 수경신 등의 도교풍습은 그대로 존속하여 왔고 식자층에서는 노자·장자에 대한 철학적 이해와 더불어 양생 보진의 수련도교에 종사하는가 하면 참동계(參同契) 용호비결(龍虎秘訣) 등의 도서(道書)를 주해 및 연구 저술하는 사람들이 있어 도교의 사상적 측면은 계속 이어졌다고 할 수 있다. 한국의 도교는 중국으로부터 전래된 이후 크게 의식도교와 수련도교의 두 맥을 이루면서 종교사상은 물론 문학·예술 등 생활 전반에 걸쳐 많은 영향을 끼치면서 오늘에 이르렀다.

3. 동양사상의 특징

동양사상에 대하여 지금까지는 서양의 개인주의적이며 논리적·분석적·2원적(정신·물질)이고 진취적인 특성과의 대비에서, 전체주의적이며 직관적·종합적·정신주의적이고, 과거 지향적 또는 정태적이라는 점을 들고 있는 것이 보통이나, 그와 다른 동양사상의 일반적 특징으로서는 다음과 같음과 같다. 예술적이고 정적인 성격을 가지고 있다. 자연과 인간을 대립·대결의 투쟁 관계로 보지 않고 유기적 일원체로 이해하였다(이 점에서 동양사상은 융합적 성격을 가졌다). 관용과 조화의 정신이 전반에 넘쳐흐른다(이는 인간이해에 있어 일반적으로 性善說에서 있었기 때문에 내적 능력의 함양과 교화의 방법을 사랑한 것과 밀접한 관계가 있다). 이 밖에도 달리 말하자면, 동양사상은 일체의 존재에 대하여 근원적으로 신뢰하는 입장을 밝혔다고 할 수 있다.

제 5 절 현대윤리사상

1. 유물론(唯物論; materialism)

유물론은 근대 과학의 성과에 의해서 정신을 고도로 조직된 특수한 물질, 즉 뇌수(腦髓)의 산물이라고 본다. 그리고 그 밖에 비물질적인 영혼 자체나 의식 일반, 헤겔식의 절대 정신과 같은 것을 인정하지 않는다. 따라서 우리의 지식은 정신은 자발적 창조에 의하여 구성되는 것이 아니라, 우리의 두뇌에 의한 외부 세계의 반영(反影) 또는 모사(謀事)라고 생각된다. 공산주의의 변증법적 유물론은 물질계의 변증법적 근본 법칙으로서 다음의 세 가지를 생각한다. 첫째, 점진적인 양적 변화가 누적되어 일정한 단계에 이르면 급작스런 질적 변화를 일으킨다. 둘째, 자연 현상은 언제나 부정적인 면과 긍정적인 면을 가지며, 과거와 미래를 가지고 있다. 생명이 소진(消盡)된 면과 새로운 생명으로 성장 발전하는 면을 아울러 가지고 있다. 이리하여 대립자 상호간의 투쟁과 이로 말미암아 고차의 형태에로의 전환을 거쳐 자연은 항상 발전하고 있는 것이다. 셋째, 자연의 발전 과정은 부정의 부정이라는 형식을 거쳐서 진행된다. 부정의 부정은 단순한 부정에 그치는 것이 아니라 부정을 통하여 고차의 긍정으로 높여지는 부정이다. 한 알의 씨앗이 부정됨으로써 열 개 백 개의 열매를 맺는 그러한 부정이다. 이러한 변증법적 법칙은 비단 자연계뿐만 아니라, 인간 사회에 대해서도 마찬가지로 적용되어 유물사관이 된다. 그러하므로 물질을 제1차적 근본적인 실재로 생각하고, 마음이나 정신을 부차적 파생적인 것으로 보는 철학설, 정신을 바로 물질이라고 주장하는 입장 또는 물질(뇌)의 상태, 속성, 기능이라고 주장하는 입장 등 여러 입장이 있다.

변증법(dialectic, 辨證法)

변증법이란 실재 속에 모순구조가 존재한다고 생각하고 따라서 모순율을 부정하는 특별한 논리라고 생각하는 경향이 많다. 이러한 의미의 변증법을 사용한 것은 헤겔 이후이다.

변증법에 철학의 방법으로서의 의미를 부여한 것은 소크라테스와 플라톤이었다. 소크라테스는 변증법을 대화술, 문답법으로 구사하였고 플라톤은 진리를 탐구하기 위한 사유방법으로 생각했다. 헤겔은 변증법이 인식의 발전만이 아니라 존재 자체의 발전 논리라고 생각했다. 즉 모든 사물은 결국 정·반·합의 3단계로 발전한다고 생각했다. 헤겔의 변증법은 마르크스와 엥겔스에 이르러 유물론과 결합되어 변증법적 유물론으로 계승되어 자연이나 사회도 변증법적 구조를 갖고 변증법적으로 발전해간다는 의미로 확장되었다.

(1) 용어의 정의

원래 철학용어로서는, 세계의 본성(本性)에 관한 존재론(存在論)상의 입장으로서 '유물론(唯物論)'과 '유심론(唯心論)'을 대립시키고, 인식의 성립에 관한 인식론(認識論)상의 학설로서 '실재론(實在論)'과 '관념론(觀念論)'을 대립시키는 것이 올바른 용어법이다. 그러나 실제로 '유물론'은 '관념론'의 대어(對語)로 사용된다. 그 까닭은 근본적으로 근세철학에서 유물론은 실재론적 입장의 세계를 구성하는 '물질적 실체'에 근거를 두고 존재론이라는 형식으로 자기주장을 해왔던데 대하여, 관념론은 유심론적 입장이 '사고(思考)하는 우리'에게 근거를 두고 인식론적으로 전개하여왔기 때문이라고 생각할 수 있다. 또 '유물론'으로 19세기부터 20세기에 걸쳐 커다란 영향력을 끼친 F.엥겔스가 용어법으로서 '유물론과 관념론'이라는 대어를 사용한다는 사실과 그것을 계승한 N.레닌이 '오해를 초래하는 것'이라고 하여 '실재론'이라는 용어를 배척하였다는 사정도 있다.

(2) 특 징

1) **과학주의** 유물론의 근본적인 주장에 "존재하는 것은 모두 물질적이다"라는 말이 있는데 그 '물질'이 무엇이냐 하는 점에 관해서는 여러 입장이 있다. '물질'의 특질은 흔히 질료(質料) 불가입성(不可入性)·타성(惰性) 등 대개 자연과학적으로 기술되고 규정되는 것을 생각할 수 있다. 유물론자는 대체로 그 시대의 자연과학이 이룬 성과를 철학적 입장의 근본으로 하는 '과학주의적' 태도를 취한다. 마르크스주의에서는 물질을 '우리 의식에서 독립된 객관적 實재'로 보고(물질의 철학적 개념), 물질에 관한 과학적 인식내용에서 원리적(原理的)으로 구별한다. 그러나 그 경우도 자연과학의 성과에 의거한다는 '과학주의(科學主義)'로 일관한다.

2) **결정론**(決定論) 유물론에는 이 '과학주의'와 관련하여 일종의 '결정론'이 있다. 즉 "모든 사물의 변화는 선행하는 물질적 조건과 그것을 포함하는 법칙성을 근거로 결정된다"라는, 존재하는 사물에 대한 인과율(因果律)의 지배를 인정하는 사고방식이다. 한마디로 '무슨 일에나 원인이 있다'는 뜻이며 이것으로 인간의 자유의지에 관하여 그것을 완전히 인정하지 않든가 혹은 어떤 법칙성(法則性)에 따른다고 보는 것이다. 마르크스주의는 "자유란 필연성의 인식이다"라고 하여 법칙적 필연성 인식에 근거를 두는 법칙성의 기술적 이용을 인간의 자유로 보고 있으나 이 경우도 '법칙에 따르는' 자유이며 근본적으로는 결정론으로 볼 수 있다.

3) **감각론**(感覺論) 유물론은 이러한 법칙성의 인식에 관하여 감각만을 인식의 원천으로 인정하는 입장을 취한다. 그 까닭은 인식내용의 원천을 물질적인 외계에서만 찾고 내적 주관적인 것은 혼입(混入)을 배제하려고 하기 때문이다. 따라서 일반적으로 상상력에서 유래하는 것, 감각적 경험에 의존하지 않는 선험적(先驗的)인 것의 역할은 부정된다. 유물론자 엥겔스가 영국의 경험론을 평하여 '부끄럼쟁이의 유물론'이라고 하였듯이 유물론은 경험론과 같이 감각론의 입장을 취한다는 점에서 경험론과 가깝다. 그러나 경험론은 감각의 원인으로 그 자체로서는 비감각적인 실체(유물론이 인정할 수 있는 물질)를 인정하는 일이 없다.

4) **무신론**(無神論) 존재하는 모든 것이 물질적일 때 신이라든지 정령(精靈)이라는 비물질적인 존재는 인정될 수 없다. 게다가 세계의 사상(事象)이 물질적 법칙성에 의하여 결정될 때 세계의 변화를 관장하고 거기에 목적을 부여하는 신적(神的)인 것은 설명의 편법으로서도 배제된다. 이렇게 유물론은 언제나 무신론을 위한 강력한 논리가 되어왔다. 유물론자는 모두 무신론자이며 사상사(思想史)의 측면에서 볼 때 양자는 거의 구별할 수가 없다.

(3) 역 사

유물론이라는 명칭은 18세기에 성립된 것이다. 그러나 그 사고방식은 이미 초기 그리스 철학에서부터 볼 수 있다. 데모크리토스의 원자론에 따르면 원자(原子)와 공간(空間) 이외에는 아무것도 존재하지 않는다. 세계의 모든 사물의 성질은 이러한 사물을 구성하는 원자의 모양 크기 위치 및 그 결합의 밀도(密

度)로 설명할 수 있다. 모든 현상은 원자의 기계론적인 작용으로 일어나며 필연적으로 결정된다. 영혼의 작용도 원자의 한 작용으로 생각하였다. 유물론은 소크라테스, 플라톤 이후, 더욱이 중세에 이르러 쇠퇴하였으나 근세에 이르자 F.베이컨,[90] P.가생디[91]를 선구자로 18세기의 영국과 프랑스에서 각각 독자적으로 발전되었다. 독일에는 G.W.F.헤겔[92]의 관념론을 비판한 L.A.포이어바흐[93]가 있으며 그 영향을 받아 K.마르크스, 엥겔스가 변증법적 유물론(辨證法的唯物論)을 확립하여 현대사상에 큰 영향을 미쳤다.

마르크스〈Karl Heinrich Marx〉(1818.5.5~1883.3.14)

독일의 공산주의자 혁명가 경제학자로 유대인 그리스도교 가정의 7남매 중 셋째아들로 태어났다. 아버지는 변호사로 자유사상을 지닌 계몽주의파 인물이었고, 어머니는 네덜란드의 귀족 출신이었다. 자유롭고 교양 있는 가정에서 성장하여 1830~35년 트리어김나지움(고등학교)에서 공부한 다음, 35년 본 대학에 입학하여 그리스와 로마의 신화 미술사 등 인문계 수업

---

90) 프랜시스 베이컨(Francis Bacon)은 르네상스 후의 근대철학, 특히 영국 고전경험론의 창시자이다. 인간의 정신능력 구분에 따라서 학문을 역사·시학·철학으로 구분했다. 다시 철학을 신학과 자연철학으로 나누었는데, 그의 최대의 관심과 공헌은 자연철학 분야에 있었고 과학방법론·귀납법 등의 논리 제창에 있었다.

91) 피에르 가생디(Pierre Gassendi)는 프랑스의 물리학자·수학자·철학자. 샹테르시에 출생. 어릴 때부터 수재라는 이름을 얻고, 엑스(Aix)의 대학에서 신학 및 철학을 배웠다. 디뉴의 학원 교장 겸 수사학 교수, 이어서 그곳의 사제(司祭)가 되었다. 1613~23년에 엑스 대학에서 신학 및 철학을 교수하고 뒤에 파리 국립 학원의 수학 교수가 되었다(1645). 1648년 폐환(肺患)으로 엑스에 귀환했으나 1653년 다시 파리를 방문, 병중에도 저작 활동에 종사하다 그곳에서 사망. 그는 철학자로서는 아리스토텔레스의 학설에 반대하고 에피쿠로스의 원자론을 취했다. 즉 원자(原子)와 공허한 공간(空間)을 주장했는데, 그 점에서 데카르트의 반대자였으며 1641~46년까지 계속된 데카르트와의 논쟁은 유명하다. 인식론적으로는 로크 및 콩디야크의 근대 경험론의 선구(先驅)가 된 감각론을 제창했다. 과학자로서는 천체의 관측 및 지중해의 수로도(水路圖)의 작성에 유니크(Unique)한 업적을 보였고 지동설에 관하여는 갈릴레이 및 코페르니쿠스에 동조(同調)했다.

92) 헤겔(Hegel)은 독일 관념론 철학을 완성시킨 근세의 체계적 형이상학자로 예나(Jena), 하이델베르크 등에서 강의하였으며, 만년에는 베를린 대학의 교수로 활동하였다. 헤겔 철학의 입장은 절대적 관념론이다. 이는 그의 철학이 피히테의 주관적 관념론과 셸링의 객관적 관념론의 모순 대립을 매개하여 통일한 것이며 이 두 입장을 관념론의 웅대한 하나의 철학체계로 종합·완성시킨 것이기 때문이다.

93) 포이어바흐(Ludwig Andreas Feuerbach)는 19세기 독일의 철학자이며, 그의 철학의 공적은 그리스도교 및 관념적인 헤겔철학에 대한 비판을 통하여 유물론적인 인간중심의 철학을 제기한 데에 있다. 그의 철학은 후일, K.마르크스와 F.엥겔스에 의해 비판적으로 계승되었다.

을 받았다. 1년 후 본을 떠나 36년 베를린대학에 입학하여 법률, 역사, 철학을 공부하였다. 당시 독일의 철학계에서 강한 영향력을 가지고 있던 G.W.F.헤겔의 철학을 알게 됨으로써 마르크스는 젊은 신학(神學) 강사 B.바우어가 이끌던 헤겔학파의 좌파인 청년 헤겔파에 소속되어 무신론적 급진(急進) 자유주의자가 되어 갔다. 41년 에피쿠로스의 철학에 관한 논문으로 예나대학에서 박사학위를 받고 본으로 갔으나, 바우어가 대학에서 해직되는 것을 보고 대학교수의 꿈을 포기하였다. 마르크스는 42년 1월 새로 창간된 급진적 반정부신문인 ≪라인 신문≫에 기고를 시작하여 그해 10월에 신문편집장이 되었으나, 여러 현실 문제를 취급하는 과정에서 경제학 연구의 필요성을 느꼈다. 43년 관헌에 의하여 ≪라인 신문≫이 폐간되자 프로이센 귀족의 딸로 4살 연상인 W.예니와 결혼하여, 파리로 옮겨가 경제학을 연구하는 한편 프랑스의 사회주의를 연구하였다. 42년에 처음 만났던 F.엥겔스와 파리에서 재회하였으며, 엥겔스의 조언에 의하여 경제학 연구에서의 영국의 중요성을 깨닫게 되었다. 여기서 마르크스는 A.루게(1802~80)와 ≪독불년지(獨佛年誌)≫를 출판하였으며, 이로 인해 프로이센 정부의 요청으로 파리에서 추방되어 45년 2월 브뤼셀로 가서 프로이센 국적을 포기하였다. 그동안 44년 ≪경제학 철학 초고(草稿)≫와 ≪헤겔 법철학 비판서설(法哲學批判序說)≫을, 45년 엥겔스와 공동으로 ≪신성가족≫과 ≪독일 이데올로기≫를 썼으며, ≪독일 이데올로기≫에서 유물사관의 주장을 처음으로 정립 설명하였다. 47년 P.J.프루동(1809~65)의 ≪빈곤의 철학≫을 비판한 ≪철학의 빈곤≫을 쓰고, 그해에 런던에서 공산주의자 동맹이 결성되자 엥겔스와 함께 이에 가입하여 동맹의 강령인 ≪공산당선언≫을 공동명의로 집필하였는데 이 선언은 그해 2월에 발표되었다. 48년 2월 파리에서 시작된 혁명이 이탈리아 오스트리아 등 제국에 파급되자 마르크스는 브뤼셀 파리 쾰른 등지로 가서 혁명에 참가하였으나, 각국의 혁명은 좌절되고 그에게는 잇달아 추방령이 내려졌다. 그는 마침내 런던으로 망명하여 수년간 고립생활을 하게 되었다. 50~64년까지 마르크스는 정신적 고통과 물질적인 빈궁 속에서 지냈다. 대영박물관 도서관에 다니면서 경제학을 연구하는 한편, 51년부터 미국의 ≪뉴욕 트리뷴≫지(紙)의 유럽 통신원이 되었다. 이때 맨체스터에서 아버지의 방적공장에 근무하고 있던 엥겔스가 마르크스에게 재정적 원조를 계속하였으며, 마르크스 부인의 친척과 W.볼프(마르크스는 ≪자본론≫을 이 사람에게 바침) 등의 유산(遺産)을 증여받아 마르크스 일가는 경제적 곤란을 덜었다. 59년 경제학 이론에 대한 최초의 저서 ≪경제학비판≫이 간행되었는데, 이 책의 서언(序言)에 유명한 유물사관 공식이 실려 있다. 64년 제1인터내셔널이 창설되자 마르크스는 이에 참여하여 프루동, F.라살(1825~64), M.A.바쿠닌(1814~76) 등과 대립하면서 활동하는 한편, 62년부터 구상 중이던 ≪자본론≫제1권을 67년 함부르크에서 출판하였다. 그러나 제2권과 제3권은 마르크스의 사후에 엥겔스가 85년과 94년에 각각 출판하였고, 처음에 제4권으로 구상되었던 부분은 K.카우츠키에 의하여 1905~10년에 ≪잉여가치학설사(剩餘價值學說史)≫라는 이름의 독립된 형태로 출판되었다. 마르크스의 마지막 10년은 자신의 말대로 만성적인 정신적 침체에 빠져 있었으며, 최후의 수 년 동안은 많은 시간을 휴양지에서 보냈다. 1881년 12월에는 아내의 죽음으로, 83년 1월에는 장녀의 죽음으로 충격을 받은 그는 그해 3월 14일 런던 자택에서 평생의 친구이자 협력자인 엥겔스가 지켜보는 가운데 64세로 일생을 마쳤다.

2. 생철학(生哲學; philosophy of life)

생철학은 쇼펜하우어[94]를 시조로 하고 니체,[95] 베르그송,[96] 딜타이,[97] 짐멜[98] 등에 의해 대표되는 철학이다. 원래 이것은 헤겔의 이성주의, 주지주의에 대항하여 일어났기 때문에 생(生)을 경화된 고정적인 것으로 보지 않고 살아 있는 생, 항상 새로운 것을 창조해 나가는 생으로 파악하려 한다. 그리고 생을 파악하는 방법에 있어서도 개념, 판단 등 합리적 방법에 의하지 않고 생에 적응해서 생을 직접 파악하려고 하는 직관적. 비합리적 방법을 가진다.

쇼펜하우어(Arthur Schopenhauer)는 헤겔의 이성주의를 정면에서 반대하고 칸트의 물자체(物自體)를 '살려고 하는 맹목적 생존 의지'로 봄으로써, 의지를 세계와 삶의 본질 또는 기초로 삼았다. 의지의 활동은 결코 쉬지 않고, 또 영원히 만족할 줄 모르는 욕망으로서 무정부적 경쟁, 약육강식, 만인 투쟁의 현실 사회의 상징인 것이다. 따라서 이 세계는 고뇌로 차 있으며 여기에서 헤어나기 위해서는 금욕과 무의지에 의한 해탈의 경지에 들어가야 한다는 허무적 염세주의를 주장하였다.

---

94) 쇼펜하우어(Arthur Schopenhauer)를 흔히 '염세주의 철학자'로 불린다. 무엇보다도 헤겔의 관념론에 정면으로 반대하는 의지의 형이상학을 주창한 인물로 중요하다. 그의 글은 나중에 실존철학과 프로이트 심리학에 영향을 끼쳤다.

95) 니체(Friedrich Nietzsche)는 전통적인 서구 종교·도덕·철학에 깔려 있는 근본 동기를 밝히려 했으며, 신학자·철학자·심리학자·시인·소설가·극작가 등에게 깊은 영향을 미쳤다. "신은 죽었다"는 그의 주장은 20세기 유럽 지식인의 주요한 구호였다.

96) 앙리 베르그송(Henri(-Louis) Bergson)은 프랑스의 철학자로 1927년에는 노벨 문학상을 받았다. 주요 작품으로는 <창조적 진화>, <형이상학 개론> 등이 있다.

97) 딜타이(Wilhelm Dilthey)는 인문학과 인문과학의 방법론에 크게 이바지했다. 당시 인문과학에 널리 퍼진 자연과학의 영향을 거부하고 인간을 역사적 우연성과 가변성에 따라 이해하는 생철학을 발전시켰다. 특히 문화적 관점에서 역사를 포괄적으로 다룸으로써 문학연구에 큰 영향을 미쳤다.

98) 게오르크 지멜(Georg Simmel)은 독일 출신의 사회학자이다.

니체(Friedrich Nietzsche)는 쇼펜하우어의 부정적 생철학을 반대하고 비합리적 생을 비합리적인 그대로 긍정하려는 생에 대한 긍정적 태도를 취한다. 그러므로 니체야말로 진정한 생철학자라 할 만하다. 니체도 세계의 본질을 의지에 두었으나 쇼펜하우어의 의지가 맹목적인 데 반하여, 니체의 의지는 부단히 보다 큰 힘을 추구하며, 부단히 성장, 강화하려는 의지, 즉 '권력에의 의지'이다. 힘의 성장에는 물론 파괴가 수반된다. 우리는 힘의 성장에서 환희를, 힘의 파괴에서 고통을 느낀다. 그러나 고통의 총량은 열락의 총량을 능가한다는 이유로 생을 부정하고 의지를 근절하려는 약한 염세관을 니체는 취하지 않는다. 창조의 일면에 파괴가 따르는 자기 모순적인 디오니소스적 생성,[99] 언제나 같은 일이 영원히 되풀이 되는 영겁 회귀의 세계, 그것은 확실히 허무한 세계임이 틀림없다. 그러나 이 허무한 세계를 허무한 그대로 받아들여 생을 긍정하고 살아가는 운명애(運命愛)의 태도, 이것을 니체는 장래의 새로운 인간인 초인이 지녀야 할 태도라고 본다. 이런 의미에서 니체는 허무주의를 극복한 최초의 완전한 허무주의자로 자처한다.

생철학은 실증과학(實證科學) 발달에 영향 받은 실증주의와 과학비판철학의 성행에 대립하여 19세기 후반부터 20세기 초에 걸쳐 유럽에서 일어난 일련의 철학의 총칭으로 A.쇼펜하우어, F.W.니체, W.딜타이, G.지멜, H.베르그송의 철학이다. 이들의 공통 특징은 인간 또는 인간을 포함한 생물, 나아가서는 우주 전체의 '생'은, 실증과학의 합리적이고 과학적인 사고로는 파악하기 어려우며, 오히려 은폐되어 버린다고 생각한 점에 있다. '생'의 실체를 놓고, '생'의 철학의 시조 쇼펜하우어는 '생에의 맹목적 의지', 니체는 '권력에의 의지', 딜타이는 '정신적·역사적 생', 지멜은 '초월의 내재', 베르그송은 '생명의 비약'이라 파악하여 같은 생의 철학이라 해도 각각 다른 뉘앙스를 가진다. 그러나 합리적·과학적 사고의 그물을 피하는 것, 오히려 어떤 종류의 직관, 또는 직접적 체험으로 되돌아감으로써 비로소 파악할 수 있는 것에 대한 일관되고 집요한 주목이라는 점에서는 궤도를 같이하며, 거시적으로 볼 때 하나의 조류를 이룬다. 생의 철학

---

99) 디오니소스적(Dionysos－的)이란 예술에 있어서 음악적(音樂的)이고 동적(動的)이며, 격정(激情), 도취(陶醉), 열광(熱狂) 따위의 특징이 있는 것. 니체가 그의 책 ≪비극의 탄생≫에서 처음 썼던 개념이다.

이 지닌 의의는 근대에서 현대로 이행하는 서구문명 전반에 확대되는 생의 모든 영역에서의 합리화 경향에 빠지지 않고, 오히려 그 근저에 있는 생의 비합리적 기반에 소행(遡行)하여 그 존재를 적시한 데 있다. 그러나 반면에 그것은 '비합리적'인 '직관'의 지시로 끝나기 쉽다는 점에, 다시 말해서 철학이 나쁜 의미에서 문학으로 해소되기 쉬운 경향이 있다는 점에 한계가 있다. 생의 영역에서 고유한 논리를 찾으려고 한 딜타이의 역사적·해석학적 방법은 뒤에 E.후설의 현상학(現象學),[100] K.야스퍼스,[101] M.하이데거[102]의 실존철학에 영향을 끼쳤다. 또 미국에서는 W.제임스[103]나 프래그머티즘의 사상가에게서, 또 에스파냐에서는 오르테가 이 가세트, M.우나무노 등에서 생의 철학의 영향을 엿볼 수 있다.

실용주의(pragmatism, 實用主義)

넓은 의미로는 유용성·효율성·실제성을 가리키며 학문적 의미로는 추상적·궁극적 원리의 권위에 반대하는 태도를 가리킨다. 실용주의는 미국의 철학사조로서 법·교육·정치·사회 이론, 나아가 예술·종교에까지 막대한 영향을 미쳤다. 이 철학의 기본 논점을 6가지로 정리할 수 있다.

첫째, 인간 지식을 실재에 적용하고 실제를 통제하는 도구로 본다. 둘째, 연구활동에서 현실경험을 더 중시한다. 셋째, 실용적 의미는 현실 적용의 실제 결과 속에 들어 있다. 넷째, 진리는 검증과정에 의해 결정된다. 다섯째, 관념은 도구로 보아야 한다. 여섯째, 실재에 관한 인간의 사고는 필요에 의해 생겨나며 효율성·효용성 여부에 의해 정당화된다.

---

100) 후설(Edmund Husserl)은 의식의 분석과 기술을 통해 엄격한 학문으로서 철학을 얻기 위한 방법인 현상학을 창시했다. 이 방법은 체험생활의 구조와 관심 속에서 모든 철학 체계와 과학 체계가 생겨나고 이론이 발달한다는 점을 지적함으로써, 관찰을 강조하는 경험론과 이성·이론을 강조하는 합리론 사이의 대립을 해소하려는 노력을 보여준다.

101) 야스퍼스(Karl Jaspers)는 독일에서 가장 중요한 실존주의자 중 한 사람으로, 인간의 자기 실존에 대한 직접적 관심으로부터 문제에 접근했다. 후기 저작에서는 독일과 제2차 세계대전에서 나치의 몰락에 대응하여 사고의 새로운 통일을 모색했으며 이 통일을 세계철학이라고 불렀다.

102) 하이데거(Martin Heidegger)는 20세기 실존주의의 대표자로 꼽히는 독창적인 사상가이며 기술사회 비판가이다. 당대의 대표적인 존재론자였으며 유럽 대륙 문화계의 신세대에게 커다란 영향을 끼쳤다.

103) 제임스(William James)는 실용주의 철학 운동과 기능주의 심리학 운동의 주도자이다. 다른 사람들에게 새로운 사고의 씨앗을 심어주는 철학을 제시하여 이후 심리학과 철학, 종교의 문제에 있어 많은 선구적인 질문들을 던져주었다.

3. 실존주의(實存主義; existentialism)

19세기의 합리주의적 관념론 또는 실증주의에 대한 비판과 도전으로부터 시작된 사상으로, 주체적 존재로서의 실존의 본질과 구조를 밝히려는 철학적 입장이다. 최초의 실존 철학자 키르케고르[104]에 의하면, 인간은 합리적 체계 속에서는 해소될 수 없는 구체적 개별적 단독자로서의 존재이다. 실존이란 그러한 현실 존재 또는 참된 진실 존재로서의 참된 본래적 자기를 가리킨다. 이 참된 본래적 자기를 어떠한 입장에서 보느냐에 따라서 각기 입장이 달라지는 것이지만, 대체로 신을 인정하는 유신론적 입장과 신을 부정하는 무신론적 입장으로 나눌 수 있다. 전자에는 키르케고르, 야스퍼스, 마르셀, 베르자예프 등이 있고, 후자에는 니체, 하이데거, 사르트르, 카뮈 등이 있다.

니체(Friedrich Nietzsche)[105]는 "신은 죽었다"고 선언하고, 대지(大地: 現實)에 충실을 기하고 현실적 생에 대한 긍정적 사랑을 역설하는 무신론적 실존을 주장하며, 그 목표는 운명애와 '권력에의 의지'를 원리로 삼는 초인의 이념이다. **야스퍼스**(Karl Jaspers)[106]는 실존을 밝혀 주는 독특한 방법을 실존 해명(實存解明, Existenzerhellung)에서 찾는다. 실존 해명은 오직 사람으로 하여금 자아 존재에 눈뜨게 하고 자기 자신이 되게 한다. 특히 죽음, 고뇌, 투쟁, 책임 같은 한계상황에서 실존은 가장 잘 해명된다. 우리는 이러한 상황에서 벗어날 수 없음을 깨닫고 이 속으로 뛰어들어감으로써 오히려 우리 자신이 깊이 해명된다. 이 '한계 상황'에서 우리는 어떤 상황 속에 필연적으로 놓여 있다는 사실을 절실히 깨닫게 된다. **하이데거**(Martin Heidegger)[107]는 현존재로서의 인간을 세계 내 존재

---

104) 키르케고르(Søren (Aabye) Kierkegaard)는 각 개인이 삶의 여러 길 가운데 하나를 완전히 의식적으로 선택하고 그에 따르는 책임을 질 수밖에 없다고 믿었는데, 그의 이러한 생각은 모든 실존주의 사상과 저술에서 기초가 되었다. 그래서 키르케고르를 실존주의의 창시자라고 부르기도 한다.

105) 니체(Friedrich Nietzsche)는 전통적인 서구 종교·도덕·철학에 깔려 있는 근본 동기를 밝히려 했으며, 신학자·철학자·심리학자·시인·소설가·극작가 등에게 깊은 영향을 미쳤다. "신은 죽었다"는 그의 주장은 20세기 유럽 지식인의 주요한 구호였다.

106) 야스퍼스(Karl Jaspers) 독일에서 가장 중요한 실존주의자 중 한 사람으로, 인간의 자기 실존에 대한 직접적 관심으로부터 문제에 접근했다. 후기 저작에서는 독일과 제2차 세계대전에서 나치의 몰락에 대응하여 사고의 새로운 통일을 모색했으며 이 통일을 세계철학이라고 불렀다.

107) 하이데거(Martin Heidegger)는 20세기 실존주의의 대표자로 꼽히는 독창적인 사상가이며

(世界內存在, In-der-Welt-Sein)로 본다. 인간이 세계 내 존재인 한, 인간은 사물과 인간에 대한 염려, 관심(關心, Sorge)과 불안(不安, Angst)을 갖고 살기 마련이다. 즉, 현존재의 존재 방식은 염려이며, 이 염려는 현존재의 유한성과 시간성을 드러내 준다. 죽음 앞에 나서게 되면 우리는 현존재가 시간이라는 사실을 체험하게 되는 것이다. 다시 말하면 존재의 이해는 시간성의 시계(視界, Horizont)에서 있다고 할 수 있다. 인간은 죽음에 이르는 존재(Sein-zum-Tode)이며, 절대적 한계점으로서의 죽음을 직시하는 현존재이다.

20세기 전반에 합리주의[108]와 실증주의[109] 사상에 대한 반동으로서 독일과 프랑스를 중심으로 일어난 철학 사상으로 제1차 세계대전 후의 '생(生)의 철학'이나 현상학의 계보를 잇는 이 철학 사상은 제2차 세계대전 후에는 문학이나 예술의 분야에까지 확대하여 오늘날에는 세계적인 한 유행사조가 되었다. 그러나 한편 성립 당초의 실존주의의 주장 내용이 희미해져 실존이란 말뜻도 애매해진 감이 없지 않다. 실존주의 철학을 초기에 수립한 야스퍼스나 하이데거를 오늘날 실존주의자라고 부르는 것이 합당하지 않은 이유도 바로 여기에 있다 할 것이다. 실존[110]이란 말은 원래 철학용어로서 어떤 것의 본질이 그것의 일반

기술사회 비판가이다. 당대의 대표적인 존재론자였으며 유럽 대륙 문화계의 신세대에게 커다란 영향을 끼쳤다.

108) 합리주의(合理主義, Rationalism)란 비합리적이고 우연적인 것을 배제하고 이성적이며 필연적인 것들을 중요하게 생각하는 경향으로 로크나 흄에 의한 영국경험론에 대비되는 개념으로 대륙 합리주의라고도 불린다. 영국의 경험론이 감각과 귀납을 통해 원리를 도출하는 것과는 달리, 대륙의 합리주의는 생득적(生得的; 태어나면서 갖춘)인 이성의 능력을 통한 성찰만을 진정한 인식으로 파악한다. 데카르트·스피노자·라이프니츠 등이 대표적인 학자이다.

109) 실증주의(實證主義, positivism)란 사실에 관한 모든 지식은 실증적 경험 자료를 바탕으로 하고, 사실의 영역을 넘어서면 순수논리학과 순수수학의 영역으로 한다는 것이다. 실증주의자에게는 관찰과 경험의 증언에 엄격히 따르는 것이 절대명령이다. 윤리학에서 대부분의 실증주의자는 '최대 다수의 최대 행복'이나 이와 유사한 윤리 규범을 받아들인 공리주의자였다.

110) 실존(實存, existence)이란 '구체적·실질적으로 존재하고 있음'을 말한다. 이는 철학 특히 실존주의 철학 용어로, 가능적 존재로서의 본질(essence)에 대응하는 것을 가리킨다. 원래 중세철학에서 '실존'(existential)이란 "~(로부터) 나가다", 또는 "~(로부터) 나와서 현재 있다"를 의미했고, 이에 대응하는 '본질'(essential)은 영원불변의 것을 가리켰다. 근대철학은 이 영원불변한 본질을 구하였고 헤겔(G.W.F. Hegel, 1770~1831년)은 그 완성자였다. 그리고 모든 철학의 기초라고 일컬어지고 있는 플라톤(Platon, B.C.427~347년) 이래 '본질'이 '실존'에 앞서고, 본질을 원형으로 하여 실존이 만들어졌다는 생각이 지배적이었다.

적 본성을 의미하는 데 대한 그것이 개별자(個別者)로서 존재하는 것을 의미하여, 옛날에는 모든 것에 관해 그 본질과 실존(존재)이 구별되었다.

그러나 하이데거나 야스퍼스에서는 실존이란 특히 인간의 존재를 나타내는 술어로 사용된다. 그것은 인간의 일반적 본질보다도 개개의 인간의 실존, 특히 타자(他者)와 대치(代置)할 수 없는 자기 독자의 실존을 강조하기 때문인데, 이와 같은 경향의 선구자로서는 키르케고르나 포이어바흐를 들 수 있다. 이 두 사람은 모두 헤겔이 주장하는 보편적 정신의 존재를 부정하고, 인간 정신을 어디까지나 개별적인 것으로 보아 개인의 주체성이 진리임을 주장하고(키르케고르), 따라서 인류는 개별적인 '나'와 '너'로 형성되어 있음을 주장했으며(포이어바흐), 바로 이와 같은 주장이 실존주의 사상의 핵심을 이루고 있다. 야스퍼스의 '실존'을 예로 들면, 실존이란 '내가 그것에 바탕을 두고 사유(思惟)하고 행동하는 근원'이며, '자기 자신에 관계되면서 또한 그 가운데 초월자와 관계되는 것'이지만, 한편 그러한 실존은 고립되어 있는 것이 아니라 다른 실존과의 관련 속에서만 존재하는 것이다.

따라서 궁극의 진리는 '좌절하는 실존이 초월자의 다의적(多義的)인 언어를 지극히 간결한 존재확신으로 번역할 수 있을 때 존재하는' 것이다. 사르트르의 분류에 따르면 이와 같은 초월자 또는 신(神)의 존재를 인정하는 야스퍼스나 마르셀은 '유신론적(有神論的) 실존주의자'이고, 사르트르 자신은 '무신론적 실존주의자'임을 주장한다. 즉 사르트르의 생각으로는, 인간에게는 실존이 본질에 선행(先行)하며, 따라서 인간의 본질을 결정하는 신은 존재하지 않기 때문에, 개인은 완전히 자유로운 입장에서 스스로 인간의 존재 방식을 선택하게끔 운명지어져 있다. 만약 인간의 본질이 결정되어 있다면 개인은 다만 그 결정에 따라 살아가기만 하면 되지만, 본질이 결정되어 있지 않다는 바로 그 이유 때문에 인간 한 사람 한 사람의 자각적인 생활방식이 실로 중요하게 된다. 이런 의미에서 자유는 인간에게 주어진 선물이라기보다는 오히려 무거운 짐인 것이다. 제2차 세계대전 후에 생긴, 자유와 니힐리즘을 표방하는 실존주의의 한 파(派)는 사르트르의 아류(亞流)로서, 사르트르의 자유에 관한 사상을 오해하고 있는 경향이 있다. 실존주의 철학자로는 이 밖에 L.셰스토프, N.A.베르자예프, 부버를 들 수 있고, 문학자로는 사르트르 이외에 카뮈, 카프카 등을 들 수 있으며, 실존주의의 시조(始祖)로서는 F.W.니체나 도스토예프스키, 나아가서는 B.파스칼까지도 거론되는 경우가 있다. 또한 바르트나 불트만 등의 변증법 신학자가 실존주의 신학자로 불리는 경우도 있다. 물론 이들에게 공통되는 것은 개인의 실존을 중시한다는 점일 뿐, 그 사상 내용에는 상당한 차가 있음에 주의하여야 한다.

키르케고르〈Kierkegaard, So ren Aabye〉(1813.5.5~1855.11.11)

덴마크의 철학자이며, 코펜하겐 출생으로 아버지는 비천한 신분에서 입신한 모직물 상인으로 경건한 그리스도교인이었고, 어머니는 그의 하녀에서 후처가 된 여인이었다. 7형제의 막내로, 태어날 때부터 허약한 체질이었으나, 비범한 정신적 재능은 특출하였으며 이것이 특이한 교육으로 배양되어 풍부한 상상력과 날카로운 변증(辨證)의 재능이 되었다. 소년시절부터 아버지에게 그리스도교의 엄한 수련을 받았고, 청년시절에는 코펜하겐대학에서 신학과 철학을 연구하여 1841년에 논문 ≪이로니의 개념에 대하여≫로 학위를 받았다. 그 동안에, 1837년경 그가 스스로 '대지진(大地震)'이라고 부른 심각한 체험을 하였다. 그 내용은 아버지가 소년시절에 유틀란트의 광야에서 너무나 허기지고 추운 나머지 하나님을 저주한 사실이 있었다는 것과, 바로 자기 자신이 결혼 전에 아이를 밴 어머니의 아들이라는 것 등을 안 사실로 죄의식이 심화되었고, 인생을 보는 눈과 그리스도교를 보는 눈에 근본적인 변혁이 생겼다. 한편, 37년 당시 14세의 소녀 레기네 올센을 알게 되자, 곧 사랑의 포로가 되어 약혼까지 하였으나, 애정의 상극과 내면의 죄의식 때문에 41년 가을에 약혼을 파기하였다. 이른바 레기네 사건이며, 이때에 체험한 정신적인 갈등이 훗날 미적 저작의 주제가 되었다. 그 후 한때 베를린에 나가 당시 명성을 떨치던 철학자 F.W.셸링의 강의를 듣기도 하고, ≪돈 조반니≫, ≪파우스트≫ 등 많은 오페라를 관람하기도 하다가 이듬해인 42년에 귀국하여 저술을 시작하였다. 그의 활동은 활발하여 43~46년의 짧은 기간에 ≪이것이냐 저것이냐≫ (43) ≪반복≫ (43) ≪공포와 전율≫ (43) ≪불안의 개념≫ (44) ≪인생행로의 여러 단계≫ (45) 등과 같은 이른바 미적 저작과 ≪철학적 단편≫ (44) ≪철학적 단편을 위한 결말의 비학문적 후서(非學問的後書)≫ (46) 등의 철학적 저작을 모두 익명으로 출판하였고, 이 밖에도 그리스도교에 관한 많은 교화적인 강화(講話)를 발표하였다. 그 후 저술에 싫증이 난 그는 시골의 목사가 되어 조용한 생활을 보내고 싶어 하였다. 그러나 이때에 풍자신문 ≪코르사르≫에 그의 작품과 인물에 대하여 오해에 찬 비평이 실려, 그것을 둘러싸고 격렬하게 논쟁하는 사이에, 또다시 그리스도교도로서의 새로운 정신활동과 저술을 향한 의욕이 용솟음쳤다. 그는 신문의 무책임한 비평과 세간의 비웃음에도 굴복하지 않고, 한편에서는 대중의 비자주성과 위선적 신앙을 엄하게 비판하였으며, 다른 한편에서는 절망의 구렁텅이에서 단독자(單獨者)로서의 신(神)을 탐구하는 종교적 실존의 존재방식을 ≪죽음에 이르는 병≫ (49) ≪그리스도교의 수련≫ (50) 가운데에서 추구하였다. 그는 기성 그리스도교와 교회까지도 비판하였으며, ≪순간≫ 등의 팸플릿을 통한 공격은 매우 격렬하였다.

키르케고르는 G.W.F.헤겔의 범논리주의를 배제하여 불안과 절망 속에 개인의 주체적 진리를 탐구한 그의 사상은 20세기에 들어설 때까지 국외에는 거의 알려지지 않았으나, 1909년부터 독일에서 C.슈램프가 키르케고르의 번역집을 내어 당시 신진이었던 P.바르트, J.H.하이데거, K.야스퍼스 등의 변증법 신학자와 실존주의자에게 커다란 영향을 주었고, 그로부터 그의 명성은 현대 그리스도교 사상과 실존사상의 선구자로서 세계에 알려졌다. 1995년 기독교한국루터회가 뽑은 '세계를 빛낸 10인의 루터란'의 한 사람이다.

니체〈Friedrich Wilhelm Nietzsche〉(1844.10.15~1900.8.25)

독일의 시인 철학자로 쇼펜하우어의 의지철학을 계승하는 '생의 철학'의 기수(旗手)이며, S.A.키르케고르와 함께 실존주의의 선구자로 지칭된다. 목사인 아버지를 5세 때 사별하고 어머니 누이동생과 함께 할머니 집에서 자라났다. 14세 때 프포르타 공립학교에서 엄격한 고전교육을 받고 1864년 20세 때 본 대학에 입학하여 F.리츨 밑에서 고전문헌학에 몰두하였다. 다음 해, 전임하는 스승 리츨을 따라 라이프치히대학으로 옮겼다. 이 대학에 있을 때, 쇼펜하우어의 ≪의지와 표상으로서의 세계≫라는 책에서 깊은 감명과 영향을 받았고 또 바그너를 알게 되어 그의 음악에 심취하였다. 69년 리츨의 추천으로 스위스의 바젤대학 고전문헌학의 교수가 되었다. 70년 프로이센 프랑스 전쟁에 지원, 위생병으로 종군했다가 건강을 해치고 바젤로 돌아왔다. 그 이후 그는 평생 편두통과 눈병으로 고생하였다. 28세 때 처녀작 ≪비극의 탄생≫(1872)을 간행하였다.

쇼펜하우어의 형이상학을 빌려 그리스 비극(悲劇)의 탄생과 완성을 아폴론적, 디오니소스적 이라는 두 가지 원리로 해명하고, 이어 소크라테스적 주지주의(主知主義)에 의거하는 에우리피데스에서 이미 그 몰락을 보았으며, 다시 그 재흥(再興)을 바그너의 음악에서 기대 확인하는 이 저서는 생의 환희와 염세, 긍정과 부정을 예술적 형이상학에 쌓아 올린 것이다. 73~76년에 간행된 4개의 ≪반시대적 고찰≫에서는 프로이센 프랑스전쟁의 승리에 도취한 독일국민과 그 문화에 통렬한 비판을 가하면서 유럽 문화에 대한 회의를 표명, 위대한 창조자인 천재(天才)를 문화의 이상으로 삼았다. 이 이상은 76년 ≪인간적인, 너무나 인간적인≫(1878~80)에서 더욱 명확해져 과거의 이상을 모두 우상(偶像)이라 하고 새로운 이상으로의 가치전환을 의도하였다. 이미 고독에 빠지기 시작한 니체는 이 저술로 하여 바그너와도 결별하였고, 79년 이래 건강의 악화, 특히 시력의 감퇴로 35세에 바젤대학을 퇴직하고, 요양을 위해 주로 이탈리아 북부 프랑스 남부에 체재하면서 저작에 전념하였다. ≪여명(黎明)≫(81)≪환희의 지혜≫(82)의 뒤를 이은 ≪차라투스트라는 이렇게 말하였다. : Also sprach Zarathustra≫(83~85)로 그의 성숙기(成熟期)가 시작된다. 신의 죽음으로 지상(地上)의 의의를 설파하였고, 영겁회귀(永劫回歸)에 의해 삶의 긍정(肯定)의 최고 형식을 밝혔으며 초인(超人)의 이상을 가르쳤다. ≪선악의 피안(彼岸)≫(86)에서는 위의 사상에 부연하여 근대를 형성해 온 그리스도교가 삶을 파괴하는 타락의 원인이라 하여 생긍정(生肯定)의 새로운 가치를 창설해야 한다고 역설하였다. 또 ≪도덕의 계보학(系譜學)≫(87)에서는 약자(弱者)의 도덕에 대하여 삶의 통일을 부여하는 강자(强者)의 도덕 수립을 시도하였으며, 미완의 역작 ≪권력에의 의지(意志): Wille zur Macht≫(84~88)에서는 삶의 원리, 즉 존재의 근본적 본질을 해명하려 하였다.

니체 사상의 기조를 이루는 것은 근대 문명에 대한 비판이며 그것의 극복이다. 그는 2000년 동안 그리스도교에 의해 자라온 유럽 문명의 몰락과 니힐리즘[111)]의 도래를 예민하게 감득하였다. 사람들은 지고(至高)의 가치나 목표를 잃어 이미 세계의 통일을 기할 수 없게 되었다. 그래서 사람들은 왜소화(矮小化)되고 노예화하여 대중을 이루고 있다. 이러한 근대의 극복을 위해 그는 '신은 죽었다'고 선언하고 피안적(彼岸的)인 것에 대신하여 차안적(此岸的) 지상적인 것을, 즉 권력에의 의지를 본질로 하는 생을 주장하는 니힐리즘의 철저화에 의해 모든 것의 가치전환을 시도하려 하였다. '초인·영겁회귀·군주도덕' 등의 여러 사상은 그것을 위한 것이었으며, 인간은 권력에의 의지를 체현(體現)하는 초인이라는 이상을 향하여 끊임없는 자기 극복을 하여야 한다고 주장한 것이다.

---

111) 니힐리즘(nihilism)이란 독일어로 Nihilismus, 러시아어로는 nigilizm. 라틴어의 니힐(nihill, 허무)에 의거한 조어. 모든 기성의 종교적·도덕적·정치적 권위나 기성의 사회적 질서와 그 이데올로기에 대한 무조건적인 부정의 입장을 나타내며, 허무주의로 번역된다. 이 말이 철학용어로서 비교적 중요한 의미로 최초로 사용된 경우의 하나로서 인정되고 있는 것은 1799년에 F.H. 야코비가 피히테에게 보낸 공개 서한으로, 거기에서는 피히테의 관념론이 니힐리즘으로서 비난되고 있다. 일설에 의하면 변증법을 신학의 대상에도 적용한 아벨라르의 설을 계승한 12세기 신학자들의 일파인 니힐리아니즘(nihil－ianism), 즉 그리스도의 인간성은 우유성(偶有性)에 지나지 않으며, 그리스도는 인간으로서는 니힐이라는 중세 그리스도론이 당시의 야코비들에게 영향을 주었다고 한다.

슈바이처〈Albert Schweitzer〉(1875.1.14~1965.9.4)

독일계의 프랑스 의사 사상가·신학자·음악가로 알자스의 카이제르스부르크에서 출생하였고, 제1차 세계대전 후 알자스가 프랑스령(領)이 되었으므로 프랑스 국적을 취득하였다. 스트라스부르대학에서 신학과 철학을 공부하고 졸업 후에는 목사와 대학 강사로, 그리고 어려서부터 천부적 재질을 보인 파이프오르간 연주가로 활약하였다. 그 사이에 ≪음악가·시인 요한 제바스티안 바흐≫ (1905) ≪예수전(傳) 연구사≫ 등을 발표하였다. 아프리카의 흑인들이 의사가 없어 고통을 당한다는 사실을 알게 되자 모교 의학부의 청강생이 되어 의학을 공부한 후 1913년에 프랑스령 적도아프리카(현재의 가봉공화국)로 건너가 오고웨 강변의 랑바레네에 자력으로 병원을 개설하였다.

제1차 세계대전이 일어나자 독일인이라 하여 포로의 몸으로 본국에 송환되고 그의 병원도 폐쇄되었으나 아프리카 생활의 회상 ≪물과 원시림 사이에서≫(21)의 출판을 계기로 그의 인간과 사업이 점차 세인의 주목을 끌기에 이르렀다. 이에 힘을 얻어 다시 랑바레네로 가서 병원을 재개하여 온갖 고난을 무릅쓰고 큰 병원을 이룩하였다. 제2차 세계대전 중에도 유럽으로 돌아가지 않고 전도와 진료에 전렴하였는데, 재차 아프리카로 건너갈 무렵부터 그는 '세계의 위인' '인도(人道)의 전사', '원시림의 성자' 등으로 불려 세인의 존경을 받았다. 28년에는 괴테상(賞)을 수상하고, 51에 아카데미프랑세즈 회원이 되었으며, 52년에는 노벨평화상을 수상하였는데, 그는 노벨상의 상금으로 나환자촌(癩患者村)을 세웠다. 60년에 프랑스령 적도아프리카가 독립하여 가봉 공화국이 되었으나 흑인들의 그에 대한 경외(敬畏)의 마음은 변함이 없어, 새로 창설된 적도성십자훈장(赤道星十字勳章)으로 감사의 뜻을 표하였다. 90세의 생일이 지나고부터 건강이 나빠져서 65년 9월 4일 전 세계인의 애도 속에 죽었다. 그는 신학자로서는 종말론적 요소를 강조하였고, 철학가로서는 칸트를 연구하였으며, 독자의 윤리관인 '생명의 경외'를 주장하였다. 음악가로서는 뛰어난 오르간 연주가였을 뿐만 아니라 오르간 개량에 있어서도 큰 업적을 남겼다. ≪독일과 프랑스의 오르간 제작법과 오르간 음악≫(1906)을 발표하고 과도한 풍압(風壓)으로 인하여, 음색이 손상되던 폐해를 제거하는 등 근대 오르간의 간소화를 꾀하였고, 바흐 연구가로서도 손꼽히는 인물이었다.

슈바이처는 생명 외경(畏敬) 사상으로 도덕 철학의 중심 사상이 비폭력이라는 점에서 생명에의 외경이라고 불렀는데 예수와 쇼펜하우어, 니체의 영향을 받았다. 슈바이처는 어렸을 때부터 '너희는 죽이지 말라'는 계율을 배웠으며 이것은 모든 살아있는 존재에 대한 존중으로 나타났다. 생명에의 외경 사상은 생명을 상해하거나 살생하는 것이 아니라 생명을 돕고 고양시키는 것을 의미한다. 그러므로 임의적인 살생을 거부한다. 동물의 생명도 불가피한 경우에는 살생해야 하나 무차별적인 살상은 죄악이다. 이는 그 자체로 고귀한 생명을 죽였다는 점에서 죄악이고 살인하는 자의 정신을 타락하도록 만들었기 때문에 죄악인 것이다. 살인은 희생자뿐만 아니라 살인자 자신에게도 해를 입히지만 친절은 그 반대의 효능을 갖는다.

도덕의 기준은 생명에의 외경이다. 즉 생명을 보존하고 촉진하는 것은 좋은 일이며, 그것을 파괴하고 억제하는 일은 나쁜 일이다. 슈바이처는 윤리란 '내가 나 자신에게 보이고 있는 바와 같이 동일한 외경을 다른 모든 생명에의 의지에 대해서도 보이고자 하는 의무감을 스스로 체험하는 것'이라고 정의한다. 그러므로 윤리란 생의 긍정이며 이는 우리로 하여금 자신의 생존을 지속하는 일뿐만 아니라 낙관적인 열정으로 생을 향유할 것까지도 요구한다. 이런 의미에서 생에의 외경 사상은 현세 긍정적 세계관이고 살아 있는 존재에 대한 건실한 애정, 삶에 대한 건전한 열망인 것이다. 생의 외경으로 인하여 나는 나 자신의 존재를 최고의 가치에로 끌어올리게 되고 그것을 세계에 제공하게 된다. 그러므로 생에의 외경은 자기완성의 윤리라 할 수 있는 것이다.

제 2 장

직업윤리

CHAPTER 02 직업윤리

제 1 절 직업이란 무엇인가

1. 직업의 의미

사람은 누구나 일(work)을 하면서 살고 있다고 할 수 있다. 일이란 '휴식'과 '놀이(play)' 또는 '여가(leisure)'를 위한 활동을 제외한 모든 '생산적인 활동'을 말한다. 그러므로 모든 사람들은 공부를 하든지 아니면 집안일을 하든지 혹은 다른 일을 하든지 여러 가지 생산적인 활동을 하면서 살아간다. 그러나 그와 같은 모든 '일'이 곧 직업(職業)[1]이라고는 말할 수 없는 것이다. '직업'이라고 할 때에는 성인들의 일상적인 활동으로서 경제적으로 보상되는 활동을 의미하는 것이다. 직업을 성인들의 활동으로 제한하는 것은, 미성년자[2]들이 경제적 소득을 목적으로 일하는 것이 사회적으로 기대되는 활동으로 제도화된 것이 아니며, 미성년자들이 장래의 직업을 위해 준비하는 학습활동을 직업이라고 말할 수 없기 때문이다. 또한 직업을 성인들의 일상적인 활동이라고 보는 것은 성인들이 휴식과 여가를 위해 보내는 시간을 제외한 대부분의 시간을 생산적인 활동, 즉

1) 직업(職業)이란 생계를 유지하기 위하여 자신의 적성과 능력에 따라 일정한 기간 동안 계속하여 종사하는 일을 말한다.

2) 민법 제4조(성년) 사람은 19세로 성년에 이르게 된다. 따라서 미성년자란 19세에 이르지 않는 사람을 말한다.

일을 위해 사용하고 있는 때에만 그는 직업을 가지고 있다고 말할 수 있기 때문이다. 우리들은 흔히 일상적인 활동으로서의 일을 하고 있지 않는 사람을 실직자(失職者) 혹은 실업자(失業者)라고 분류한 것도 그 때문이다.

그런데 사람들이 일상적인 일을 가지고 있다고 하더라도 그것이 경제적으로 보상되는 일이 아닐 때에는 직업이라고 부르지 않는 것이 일반적이다. 가령 주부가 집안일을 하는 것은 분명히 성인의 일상적인 활동이고 생산적인 일임에는 틀림이 없지만 그것을 직업이라고 부르지 않는 것은 그것은 가사활동이 경제적 보상을 받는 일이 아니기 때문이다. 그러나 똑같은 가사노동도 주부가 아니라 파출부나 가정부가 할 때에는 그 일이 경제적 보수를 받는 일상적인 활동이기 때문에 우리는 그것을 직업이라고 분류하는 것이다.

어떤 사람들은 전혀 경제적인 보상을 받지 않으면서도 일상적으로 생산적인 활동에 참여하기도 한다. 그런 경우 그러한 활동은 직업이라기보다는 자원봉사 활동이라고 부르는 것이 더 적절한 것이다. 자원봉사자들은 경제적 보상보다는 일 자체에 더 큰 목적을 갖고 있기 때문에 보수에 관계없이 생산적인 활동에 참여하는 것이다.

그러나 직업을 경제적으로 보상받는 성인들의 일상적인 생산활동이라고 정의한다고 해서 직업의 개념이 아주 정확하게 규정되었다고 말할 수는 없다. 어떤 경우에는 어린이들이 경제적 소득을 위해 일상적으로 일을 하는 일도 있고, 또 어떤 경우에는 어느 정도 경제적인 보상을 받으면서도 소득보다는 일 자체를 위해 일을 하는 사람도 있고 또 시간제(part time)[3]로 일을 함으로써 일을 일상화하지 않는 사람도 있는 것이다. 또 어떤 사람은 물려받은 재산을 가지고 별다른 일도 하지 않으면서 집세만 받아 넉넉한 생활을 해 나아가는 사람도 있다. 그러므로 우리는 직업의 개념을 완벽하게 정의할 수는 없는 것이지만 대체로 사람들이 경제적 소득과 관련해서 수행하고 있는 일상적인 생산적 활동이라고 말함으로써 직업의 개념을 이해할 수 있을 것이다.

그런데 이와 같은 직업은 거의 모든 개인에게 있어서 매우 중요한 위치를

3) 시간제(part time)란 정규의 근로시간보다 짧은 시간을 한정해서 고용하는 제도로 시간제 근로자는 일반 근로자와는 달리 주부·학생 등을 주 대상으로 하며, 일정 시간을 정해서 일하는 것이 보통이다. 기간을 정하지 않고 고용한 시간제 근무자라 할지라도 해고하는 데는 일반 근로자와 마찬가지로 특별한 이유가 없는 한 30일 전에 해고를 통지해야 한다.

차지하는 활동인 것이다. 물론 예외적인 경우도 있겠지만 대부분의 사람들은 미성년기를 장래의 직업적 활동을 위한 준비활동으로 보내고, 성인이 되고 난 후에는 은퇴할 때까지 직업적 활동을 계속하는가 하면 은퇴한 후에도 자신의 직업과 관련해서 연금을 받고 살아간다면 사람들은 평생을 직업과 관련하여 살아가고 있다고 말할 수 있을 것이다.

직업을 인간의 정신적·육체적 노동의 대가로 경제적 급부를 받아 그것에 의하여 생활을 유지하는 지속적인 사회활동이라고 한다면, 직업은 불로소득(不勞所得)이나 취미활동과는 구별되는 것이라고 할 수 있다. 말하자면 직업은 생활에 필요한 물자를 획득하기 위한 계속적인 노동인 것이다. 인간도 하나의 생물인 이상 활동에 필요한 에너지를 확보하지 않으면 생존할 수 없고, 따라서 생존이 계속되는 한 에너지의 원천이 되는 물자를 계속해서 마련하지 않으면 안 된다. 이러한 의미에서 직업적 활동을 우리는 보통 '생업(生業)'[4]이라고 부르기도 한다.

그렇지만 인간은 자신의 생활에 필요한 물자를 혼자서는 모두 생산할 수가 없다. 이런 의미에서 인간은 다른 사람의 도움을 필요로 하는 사회적 존재이다. 특히 자급자족의 시대가 아닌 오늘날과 같은 화폐경제의 사회에서는 누구든지 자신이 필요로 하는 물자를 거의 직접 생산하지는 못한다. 모든 직업이 분화되어 누구든 사회적 기능의 일부분을 분담하며, 그 대가로서 재화를 획득하고 그것으로 생활에 필요한 물자를 구입한다. 누구든지 자신의 생계를 유지하기 위해서는 일정한 사회적 역할을 분담해야 하고, 이 분담된 역할이 충분히 수행될 때만 사회는 유지 발전되며, 사회가 유지되는 경우에만 개인의 생계가 보장되기 때문이다. 우리가 한편으로는 직업을 천직이라고 부르는 이유가 여기에 있다. 그러므로 직업은 사회적 역할의 분담이라는 정의가 가능해진다. 이렇게 볼 때 생업이 직업의 주관적 측면에 대한 강조라고 한다면 사회적 역할의 분담을 강조하는 천직은 직업의 객관적 측면에 대한 강조라고 해석된다.

그러나 직업의 의미가 이것으로써 완전히 해소되었다고 할 수는 없다. 왜냐하면 인간은 또한 개성적인 존재이기 때문이다. 인간은 생물학적·유전적 조

4) 생업(生業, occupation)이란 생활 수단이 되는 직업(창세기 47:3)으로 때로 신분을 나타내기도 한다(요나 1:8).

건과 환경이나 교육 같은 후천적 조건에 따라 서로 다른 개인적 차이를 지닌다. 우리는 이러한 차이를 보통 포괄적으로 개성(個性)이라 부르며 여기에서는 소질(素質)과 재능(才能) 및 취미(趣味)의 차이가 포함된다. 슈프랑거(E. Spranger)[5]는 이런 개성적 차이를 기초로 인간을 이론적 인간, 경제적 인간, 심리적 인간, 사회적 인간, 정치적 인간, 종교적 인간 등의 여러 유형으로 분류하기도 했다. 그러므로 인간이 이렇게 개성적인 차이를 극복하지 못하고, 직업에 있어 사회적 역할 분담만이 강조되고 개성의 발휘가 수반되지 않는다면 직업의 문제점은 여전한 숙제라고 할 수 있다.

인간은 누구든 사회생활을 영위하면서 사회적 역할을 분담해야 하지만 모든 사람이 똑같은 역할을 분담하는 것이 아니라, 자신의 재능과 소질 내지는 취미에 맞추어 사회적 역할을 분담하는 것이 바람직하다. 이렇게 볼 때 직업은 개성의 발휘 내지는 자의 실현이라는 측면에서 규정되는 것이며, 천직의 의미 속에는 이러한 측면까지도 포함되어 있다고 할 수 있다. 여기에서 비로소 직업이 갖는 완전한 의미가 드러난다. 이리하여 우리는 직업을 다음과 같이 포괄적으로 정의할 수 있다. 직업은 생계의 유지와 사회적 역할의 분담 및 자아의 실현을 목표로 하는 어느 정도 계속적인 노동이나 일이라 할 수 있다.

직업이 갖는 이러한 복합적인 의미는 직업이라는 말 자체의 의미 속에서도 찾아볼 수 있다. 미국에서는 직업을 통상 Occupation이라 하는 반면, 독일에서는 Beruf라 부른다. Occupation[6]은 원래 어떤 장소를 점유하고 있다는 것을 의미한다. 이 말은 실제적이고 경제적인 색채가 농후하다. 이에 대립되는 말이 Vocation[7]인데, 이 말은 신의 부름이라는 종교적 의미를 포함하고 있다. 그러므로 우리가 Occupation을 생업으로서의 직업이라 한다면, Vocation은 천직으로서의 직업이라 할 수 있다. Profession[8]은 적어도 영어 사용권에서는 특별한 의

---

5) 슈프랑거(Spranger, Eduard)는 독일의 철학자로 딜타이의 영향을 받아 정신과학의 방법을 문화철학 및 심리학 또는 교육학 등으로 전개하고, '유형'(類型)의 사상을 인간 유형으로 구체화하였다.

6) Please state your name, age and occupation below.

7) A vocation (from Latin vocātiō, meaning "a call, summons") is an occupation to which a person is specially drawn or for which she/he is suited, trained, or qualified. Though now often used in non-religious contexts, the meanings of the term originated in Christianity.

8) the medical/legal/teaching, etc. profession.

미를 갖는다. 이 말은 전문기술과 특별한 재능을 필요로 하면서도 비영리적인 봉사적 직업을 가리킨다. 이에 대립되는 말이 바로 Business[9]이다. 이 말은 단지 사업 내지 상업을 가리킨다. 따라서 이것은 영리적인 직업이며, 누구나가 할 수 있는 직업이다. 독일어 Beruf도 원래 신의 부름이라는 종교적 의미를 갖고 있다. 이에 대해 Geschäft[10]는 단순한 영리적 사업을 가리킨다. 우리가 사용하고 있는 한자의 직업 역시 분석해 보면 천직으로서의 직(職)의 의미와 생업으로서의 업(業)의 의미를 동시에 갖고 있다고 할 수 있다. 말하자면, 직(職)은 Vocation, Profession, Beruf에 해당하고, 업(業)은 Occupation, Business, Geschäft에 해당한다고 할 수 있다.

직업의 의미에 대해 우리는 다음과 같은 점들을 또한 유의해야 한다. 먼저 직업은 일시적인 노동이 아니라 지속적인 노동이나 일이라는 점이다. 물론 인간은 일생 동안 여러 가지 종류의 직업을 가질 수 있다. 심지어 전혀 성격이 상반된 직업을 가질 수도 있다. 그러나 만약 누군가가 매일같이 하는 일을 바꾼다면 우리는 차라리 그가 일정한 직업을 갖고 있지 않다고 봐야 한다. 왜냐하면 직업은 순수한 노동이 아니기 때문이다. 직업은 어느 정도 계속적으로 종사하는 일을 의미하며 이 계속성 때문에 직업은 일시적인 노동과 구별되는 것이다.

2. 생업 수단

대부분의 사람들은 자신의 직업적 활동을 통해서 얻는 소득으로 자신과 가족의 생계를 꾸려 나아간다. 그런 의미에서 직업은 생업(生業)이라고 할 수 있다. 그러나 옛날의 양반이나 귀족들은 일을 하지 않고도 잘 살 수 있는 계층이었기 때문에 오히려 생업을 갖는 것을 수치스럽게 생각하였다. 그들은 토지를 소유하고 지료(소작료)를 받아 넉넉하게 사치스러운 생활을 해 나아갈 수 있었으므로 생계를 위해 직업을 갖는다는 것은 신분에 맞지 않는 것으로 여겼다. 그들은 관리(官吏)가 되거나 기사(騎士)가 되기도 했지만 그것을 생계를 위한 것은 아니었고 부를 축적하거나 가문을 빛내기 위해서 또는 귀족으로서의 사회적 의무를 수행하기 위한 것이었으므로 생업이라고 말할 수는 없는 것이었다.

---

9) business contacts/affairs/interests

10) 영업, 직업, 생업; 상업, 장사, 거래, 무역, 사업, 기업; [법률] 행위 등

그러므로 봉건사회에 있어서의 직업, 즉 생업으로서의 직업은 상민(常民)[11] 이나 천민(賤民)[12]들에게만 해당되는 것이었다고 말할 수 있다. 귀족이 아닌 일반상민이나 노예 천민들은 그야말로 생계를 위해 힘든 노동을 도맡아서 하지 않으면 안 되는 것이었다. 따라서 경제적 소득을 목적으로 하는 생산적인 노동에 종사하는 것은 사회적으로 낮게 평가되었으며, 그러한 배경에서 노동천시의 사상이 생겨났던 것이다.

고대 희랍시대의 문헌들에서도 노동은 고통과 질곡(桎梏)[13]으로 묘사되고 있었다. 그것은 고대사회에 있어서의 생산적인 노동은 노예들의 일이었기 때문에 주인을 위해 '강제노동'을 하지 않을 수 없었던 그들에게 일과 노동이란 오직 고통과 질곡일 수밖에 없었던 것이다.

이와 같이 고대사회로부터 중세사회에 이르기까지 경제적 소득을 목적으로 하거나 생계를 위해 생산적인 일에 종사하는 활동은 천시되었고 낮은 신분의 사람들에게만 한정된 활동이었다고 말할 수 있다. 그러나 이러한 노동관과 생업관 그리고 직업관의 변화가 일어나기 시작한 것을 종교개혁[14]과 산업혁명[15]이 일

---

11) 상민은 강렬한 사회의식 위에서 변혁을 위해 투쟁하는 민중을 주로 노래했으며, 강한 선동성과 서사성을 지닌 시를 주로 창작했다.

12) 천민(賤民)은 양천제에서 양인과 구별하여 쓰이는 하위 개념으로써 대체로 노비가 해당되나 그 외에도 백정이나 기생, 광대, 무당 등이 포함되는 일반적인 백성보다 낮은 신분으로 여겨진 계층을 말한다.

13) 질곡(桎梏)이라 함은 몹시 속박하여 자유를 가질 수 없는 고통의 상태를 비유적으로 이르는 말이다.

14) 종교개혁(宗敎改革, Reformation)은 로마 가톨릭 교회의 쇄신을 요구했던 개혁 운동으로, 개신교를 세우는 기초가 되었다. 여러 세기 동안 교황청은 서유럽의 정치에 깊이 관여했다. 권력 및 부와 결탁한 음모와 정치 공작, 면죄부와 성물 판매, 성직자의 타락은 교회의 영적인 권위를 와해시켰다. 본격적인 개혁운동을 이끈 루터 이전에도 개혁자들이 있었다. 이전의 개혁자들이 교회의 타락을 비판한 반면, 루터는 구원과 은총에 관한 교회의 교리, 즉 면죄부 체계를 공격했다. 칼뱅은 의인론에 관해서는 루터와 의견이 같았지만, 그리스도교 공동체 안에서 율법의 긍정적인 역할을 찾고자 했다. 잉글랜드의 종교개혁은 정치적 이유로 일어났는데, 헨리 8세는 1534년 왕을 수장으로 하는 영국성공회를 수립했다.

15) 산업혁명(産業革命, Industrial Revolution)은 농업과 수공업 위주의 경제에서 공업과 기계를 사용하는 제조업 위주의 경제로 변화하는 과정인 산업화로, 산업혁명의 주요 특징으로는 기술적·사회경제적·문화적 측면을 들 수 있다. 기술적 변화로는 ① 철·강철과 같은 새로운 기본소재의 사용, ② 석탄·증기기관·전기·석유 및 내연기관과 같은 새로운 에너지원(연료와 동력)의 이용, ③ 제니 방적기, 동력직조기와 같이 인력을 더 적게 들이면서 생산을 증가시킬 수 있는 새로운 기계의 발명, ④ 공장제로 알려진 새로운 작업조직체의

어나면서 부터였다.

종교개혁 이후 프로테스탄트(개신교)의 윤리는 모든 직업적 활동을 하나님의 소명(calling)이라고 하는 새로운 해석을 하게 되었다. 모든 사람의 직업은 하나님이 그로 하여금 그 일을 하도록 부르신 것이기 때문에 사람들은 자신의 직업적 활동에 최선을 다해야 하고 직업을 통해 하나님의 영광을 드러내야 할 것이라고 배우게 되었다. 더 나아가서 직업적 성공은 하나님의 구원을 받았다는 증거가 된다고 규정함으로써 모든 사람들은 자신의 생업에 대해 긍지를 갖게 되었을 뿐만 아니라 직업적 활동에 온갖 정성을 기울이게 되었다.

프로테스탄트(Protestant)

16세기에 일어난 종교개혁으로 로마가톨릭에서 분리되어 나온 교파의 총칭으로 기존 가톨릭과 대비해 '신교(新敎)'라고 부른다. 종교개혁은 부패한 가톨릭에 대항하여 마틴 루터를 시작으로 츠빙글리, 칼뱅 등이 일으킨 혁신운동이다. 로마 가톨릭교회 및 동방정교회와 더불어 크리스트교의 3대 교파를 이룬다. '프로테스탄트'란 종교 개혁의 주역인 루터가 1529년 열린 독일 스파이어 회의의 판결에서 로마 가톨릭 세력에 저항(protest)한 데서 유래한 말이다.

프로테스탄트는 독일, 스칸디나비아 제국 등 전 유럽으로 확산됐고, 이민자들을 통해 북아메리카까지 확산되었다. 가톨릭에 비해서 성서를 중심으로 하는 개인의 신앙에 더 많은 중점을 두며 의례를 간소화했다는 특징이 있다. 또한 로마 가톨릭과 같이 성직자와 신도의 신분상의 차이를 인정하지 않는다. 루터주의, 칼뱅주의, 성공회(聖公會) 등의 프로테스탄트 사상이 있다.

그러므로 종교개혁 이후에 개신교도들은 경제적 소득을 위한 생산적 활동이나 생계를 위해 일하는 생업으로서의 직업활동에 대해 더 이상 죄의식이나 열등의식을 갖지 않았으며, 오히려 노동과 직업을 신성한 의무로써 받아들이게 된 것이다.

뿐만 아니라 산업혁명은 더 이상 귀족이나 지주들로 하여금 소작료를 받아 일하지 않고도 호화스럽게 살아갈 수 없도록 경제구조를 바꾸어 놓았다. 산업사회에 있어서는 더 이상 신분제도가 존속하지 않게 되었을 뿐만 아니라 누구

발달(이에 따라 분업과 직능의 전문화가 신장되었음), ⑤ 증기기관차·증기선·자동차·비행기·전신·라디오 등을 포함한 교통과 통신의 중요한 발전, ⑥ 산업에 있어서 증대되는 과학의 응용 등이 있다.

나 일을 해야 하고 일을 통해서 얻은 소득으로 살아야만 떳떳하게 살아가는 것이라고 하는 새로운 가치관을 세우게 한 것이다.

봉건사회에 있어서의 지주(地主)는 엄격한 의미에서 직업이라기보다는 신분(身分)에 더 가까운 것이었다. 왜냐하면 지주는 생산수단인 토지를 소유하는 것만으로 가만히 앉아서 지대를 받아 호화롭게 살아갈 수 있었으며 그들의 일상적인 활동은 생산과 관계없는 유한계급으로서의 활동이었기 때문이다. 그러나 현대 산업사회에 있어서의 자본가들은 생산수단을 소유할 뿐 아니라 자본을 생산에 투자하고 관리하는 등의 활동을 통해 소득을 얻어 살아가고 있기 때문에 그것은 직업이라고 부를 수 있다. 다시 말해서 기업인이나 경영인과 같은 직업적 일상활동에 종사하는 사람들이 자본가들의 대부분을 차지하는 것이다.

그러나 물론 자본가 중에는 생산활동에 참여하지 않고 재산소득[16]이나 이자소득[17]만 가지고 살아가는 재산가들도 있다. 그렇지만 특별히 생산적인 활동에 직접 참여하는 일 없이 건물이나 토지의 임대료 또는 이자만 가지고 살아가는 사람들은 자본주의 사회의 자본가라기보다는 단순한 재산 소득자에 불과하며 사회적으로도 크게 존경받지 못하는 돈 많은 부자일 뿐이다.

부동산(不動産)

토지와 그것에 정착된 건물이나 수목(樹木: 살아 있는 나무) 등의 재산을 말한다(민법 제99조1항). 민법과 그 부속법령과 관습법에서 다루는 부동산은 다음과 같다.

① 토지: 일정한 범위의 지표면으로, 토지의 소유권은 정당한 이익이 있는 범위 내에서 그 지면의 상하에 미친다(민법 제212조). 가령 암석, 토사, 지하수 등은 토지의 구성부분으로 토지의 소유권이 미친다. 그러나 지하에 매장된 광물(鑛物)은 광업권이나 조광권의 객체이므로 토지소유권이 미치지 않는다(광업법 제5조). 토지는 연속되어 있으나 인위적으로 그 지표에 선을 그어 구별하며, 각 구역은 지적공부인 토지대장이나 임야대장에 등록하여 지번(地番)을 부여받으면 독립성이 인정된다(측량·수로조사 및 지적에 관한 법률 제2조). 토지의 개수는 필(筆)로 따지고, 분필이나 합필도 가능하다(부동산등기법 제37조·제38조).

② 건물: 토지의 정착물 중 가장 중요한 건물은 토지와는 별개의 독립한 부동산으로 건물등기부를 통해 공시한다(부동산등기법 제14조~제15조).

16) 재산소득(財産所得)은 재산을 이용하여 생기는 소득을 말한다.

17) 이자소득(利子所得, income from interests)은 국채, 공채, 사채, 예금의 이자, 합동운용신탁의 이익 등을 말한다.

③ 「입목에 관한 법률」에 따라 등기된 입목: 수목은 토지에서 분리하면 동산이지만 그렇지 않으면 토지의 일부분으로 본다. 그러나 「입목에 관한 법률」에 따라 입목등기를 한 수목은 토지와 별개의 독립한 부동산으로 본다. 입목은 토지에 부착된 수목의 집단으로 입목등기를 받은 것이다(입목에 관한 법률 제2조).

④ 명인방법을 갖춘 수목이나 미분리과실: 명인방법(明認方法)은 수목이나 미분리과실의 소유자가 누구인지를 잘 알아볼 수 있도록 표찰을 붙이는 관습법상의 공시방법이다. 미분리과실(未分離果實)은 나무에 달려 있는 열매와 같이 원물에서 분리하기 전의 천연과실이다. 수목에 입목등기 등의 별도의 공시절차를 거치지 않더라도 관습법상의 명인방법을 갖추면 토지와 별개의 부동산으로 인정된다(미분리과실을 부동산으로 인정할 수 있는지에 대해서는 학설의 대립이 있다).

⑤ 농작물: 토지에서 경작·재배하는 농작물은 토지의 일부이지만, 토지임차권과 같이 정당한 권원(權原)에 따라 타인의 토지에서 경작·재배한 농작물은 토지와 별개의 물건으로 다루어진다. 또 벼와 같이 수확기간이 짧은 농작물은 아무 권원 없이 심지어 위법하게 타인의 토지에서 농작물을 경작·재배하였더라도 농작물이 성숙하여 독립한 물건의 모습을 하고 있으면 경작자에게 소유권이 있다.

우리나라에서도 최근에는 부동산(不動産)의 임대료(賃貸料)나 사채이자 또는 은행이자만으로 부자처럼 살아가는 사람들이 생겨났지만 그들은 일상적인 활동으로서의 생업을 갖고 있지 못하기 때문에 사치와 낭비 같은 과시적 소비를 일삼거나 또는 골프나 치고 사우나나 하면서 소일하고 밤에는 유흥가에서 돈을 뿌리는 생활을 하고 있어 사회의 지탄을 받는 존재가 되고 있다. 그들은 부자(富者)이기 때문에 남들의 부러움을 사는 일은 있어도 사회적으로는 암적인 존재로서 존경받지 못하고 있는 것이다.

그와 같은 단순한 재산 소득자에 비해 자신의 기업에 투자하고 기업의 경영에 온갖 정성을 기울이는 기업인으로서의 자본가들은 사회에 기여하는 생산적인 활동을 하는 사람들이라고 말할 수 있다.

자본주의가 발달함에 따라 자본가와 경영인이 분리됨으로써 자본가는 주주가 되고 기업경영은 전문적인 경영인이 맡게 되었지만 그에 따라 기업경영에 직접 참여하지 않게 된 자본가들도 단순한 재산 소득자들과는 달리 생산부분에 투자함으로써 경제를 발전시키고 고용기회를 확대시켜 국민경제에 능동적으로 참여하는 사람들이다. 때문에 자본가들이 그들의 소득을 낭비하지 않고 생산에 재투자하거나 사회사업과 문화활동의 지원 등을 통해 사회에 환원한다면 존경받는 자본가가 될 수 있다.

그러므로 현대의 산업사회에 있어서는 예외적인 경우가 아니고서는 모든 사람들이 생업으로서의 직업을 갖게 되었으며, 그와 같은 직업활동을 통해 얻는 소득으로 살아가는 것을 오히려 떳떳하게 생각하게 되었다. 옛날과 같은 노동천시사상은 이제 사라지게 되었을 뿐만 아니라 노동이 신성시되는 새로운 노동관이 세워지게 되었으며 모든 사람은 생업으로서의 직업을 가져야 한다는 새로운 직업관이 확립된 것이다.

그러나 모든 사람이 자신의 정당한 노동의 대가로 얻게 되는 깨끗하고 정당한 소득으로 살아가야 한다는 직업관이 확립되는 것이 바람직한 것은 사실이지만, 그렇다고 해서 직업을 단순히 '생계의 수단'이라고만 여기는 경제적 직업관은 바람직한 일이라고 말할 수 없다. 직업이란 단순히 생계를 위해 경제적 소득을 얻는 것만을 목적으로 하는 것은 아니기 때문이다.

사람들이 그야말로 호구지책(糊口之策)[18]으로 단순히 그날그날 굶지 않고 먹고 살기 위해서 무슨 일이든지 닥치는 대로 하지 않으면 안 되는 절박한 상황에 처해 있을 때에는 물론, 직업이란 생계유지의 수단으로서의 의미가 클 수밖에 없을 것이다.

그러나 어느 정도 국민의 생활수준이 향상되어 누구나 직업을 갖게 되면 기본적인 생계가 해결될 수 있고 어느 정도 저축을 해 나아갈 수 있는 수준으로 국민경제가 향상되면 직업은 단순히 생계유지의 수단이라는 의미를 벗어나서 여러 가지의 보람을 함께 추구할 수 있는 활동이 될 수 있는 것이다.

직업을 통해 사람들은 경제적 소득을 올리고 자신의 창의성을 발휘해서 무엇인가를 성취해 나아가는 자아실현의 기회가 될 수 있을 뿐만 아니라, 직업적 활동을 통해 사회에 참여하고 봉사하는 기회가 되며, 또 직장에서 접촉하는 많은 사람들과의 협동적인 사회관계에서도 우리는 많은 보람을 얻을 수 있는 것이다. 그러므로 현대사회에 있어서의 직업은 생업으로서의 성격을 갖게 되었지만, 직업의 보람은 단순한 경제적 소득을 얻는 것을 넘어서는 것이라는 점을 이

18) 호구지책(糊口之策)이란 입에 풀칠하는 방책이란 뜻으로, 가난한 살림에 겨우겨우 먹고 살아가는 방책을 일컫는 말이다. 호구지책과 비슷한 뜻을 가진 한자어로는 호구지계(糊口之計), 구식지계(口食之計), 호구지방(糊口之方) 등이 있다.

해해야 할 것이다.

3. 사회적 참여와 봉사

전통적인 봉건사회에서는 직업이 곧 그 개인의 신분을 말해 주는 것이었다. 서양 봉건사회에서의 귀족은 봉건영주나 기사로서 활동하였으며 농업이나 상업, 수공업에 종사하는 사람들은 상민의 신분을 갖는 사람들이었다.

우리나라에서도 전통적인 사회에서는 신분에 따라 사농공상(士農工商)[19]의 직업이 서열을 가지고 평가되고 있었다. 양반의 신분을 가진 사람들은 공부를 해서 과거에 급제하고 벼슬길에 오르는 것을 목표로 하면서 살았기 때문에 선비 또는 관료가 가장 높은 직업으로 평가되었었다. 관료 가운데에서도 무관(武官)[20]보다는 문관(文官)[21]을 더 높게 평가하였으며 이러한 관직에 오를 수 있는 신분을 양반[22](동반과 서반)이라고 불렀던 것이다.

농업을 비롯해서 공업과 상업은 상민들의 직업이었다. 이러한 상민들의 직업 가운데에서는 농업을 가장 높이 평가했는데, 그것은 농업이 가장 중요한 생산직이었기 때문이었다. 농경사회에서 농업은 부의 원천이었으나 부는 토지를 소유한 양반들의 차지였고 농민들은 농사를 지어 소출(所出)[23]의 대부분을 수조권(收租權)을 가진 양반들에게 바쳐야 했다.

---

19) 사농공상(士農工商)은 고려 후기에 중국에서 유교(儒敎)가 전래되면서부터 명확해졌는데, 귀천은 선비·농민·공장(工匠)·상인 등의 순으로 되었다. 이러한 신분차별은 수백 년 동안 계속되다가, 1894년(고종 31)의 갑오개혁 이후 점차 그 질서가 무너졌다.

20) 무관(武官)이란 무반직(武班職: 西班)을 가진 관리로, 고려시대 이래 최고 지휘관급에 해당하는 무관직에는 문관을 임명했으므로 무관은 실제 군사업무를 전문으로 하는 관원만을 지칭한다.

21) 문관(文官)은 유학경전에 대한 지식과 논술을 시험하는 문과시험 출신의 관리를 말한다. 조선시대에는 학문과 유학을 숭상하여 무관보다는 문관을 우대하였다. 문관은 최고 정1품 영의정(領議政)까지 올라 조정의 인사권뿐만 아니라, 군사지휘권까지도 장악하였다. 그래서 문과시험을 거쳐 문관직에 나아가는 것을 최고의 출세이자 영광으로 여겼다.

22) 양반(兩班)은 조선 시대 최상급의 사회계급으로 사(士)·농(農)·공(工)·상(商) 중 사족(士族)에 해당한다. 이는 또한 조선에서 정치에 참여할 수 있는 관료와 관료가 될 수 있는 잠재적 자격을 가진 가문, 그리고 사림(士林)이라 불렸던 학자 계층까지 포함하는 조선 왕조 특유의 사회계급이다.

23) 소출(所出)이란 논밭에서 생산되는 곡식, 또는 그 곡식의 양을 말한다.

수조권(收租權)

우리나라 중세의 토지제도는 토지의 사적 소유권을 바탕으로 소토지를 소유한 농민층의 자영농제와 대토지를 소유한 지배층의 지주전호제(地主佃戶制)가 전개되고, 그 위에 수조권 분급을 중심으로 수조권자와 농민 사이에 성립된 전주전객제(田主佃客制)가 성립되어 있었던 것이 중요한 특징이다. 전시과나 과전법에서의 과전분급 등은 관료에게 그 토지의 소유권을 지급한 것이 아니라 수조권을 준 것으로 이해되고 있는데, 이때 과전주(科田主)는 그 토지의 수조권자로서 전주(田主)가 되고 그 토지의 소유자인 농민은 전객(佃客)으로 표현되었다. 이와 같은 국가에 의한 수조권 분급에 대해 초기 연구자들은 토지국유론의 중요한 근거로 삼았다. 즉 우리나라 중세사회에서 모든 토지의 소유권은 궁극적으로는 국가에 귀속되며 다만 관료에게는 수조권이 부여되었으며 농민에게는 사용수익권으로서의 경작권이 주어졌다고 하는 것이다. 모든 토지는 왕의 토지라는 왕토사상(王土思想)은 현실적인 토지 소유관계가 관념에 투영된 결과로 이해했다. 그러나 우리나라에서는 상당히 이른 시기에 사적 토지소유가 성립되어 있었다는 점에서 토지사유론은 이를 비판했다.

그러나 전근대사회에서의 소유권은 그 권리에 많은 제약을 받고 있었다. 일반농민의 민전이 과전으로 설정되었을 때 그 소유주(전객)인 농민뿐 아니라 수조권자(전주)에게도 그 토지에 대한 상당한 권리가 부여된 것으로 여겨지기 때문이다. 이러한 문제가 해결되기 위해서는 과전에서의 수조율과 전주와 전객과의 관계가 구체적으로 해명될 것이 요구된다. 한편 이러한 수조권 분급은 실제로는 면조권(免租權) 지급, 즉 관료들의 개인소유지 가운데 규정된 액수만큼의 조세를 면제해준 것을 의미한다는 견해도 있다.

조선조 중기까지만 해도 공업은 관청에 고용되는 상민들의 직업이었다. 공장들은 관청이 필요로 하는 물품을 만들고 일정한 보수를 받아 생계를 유지해야 했다. 한편 상인들은 관청의 허가를 받아 상업에 종사하여 그 중에는 부자가 되는 사람도 있었지만 신분으로 보아서는 아주 낮은 평가를 받고 있다.

양반과 상민(常民)[24]의 사이에 중인[25]계급이 있었는데 이들은 하급관직이나 기술직에 종사하도록 되어 있었다. 의관(醫官), 역관(譯官)[26] 그리고 기상을

24) 상민(常民)이란 예전의 신분제 사회에서 양반과 중인의 아래이며 천인보다는 위였던 일반 백성들을 이르던 말이다.

25) 중인(中人)은 조선 시대, 양반과 평민의 중간에 있던 신분 계급. 세습적인 기술직이나 사무직에 종사하던 사람들로, 15세기부터 형성되어 조선 말기에는 하나의 독립된 신분층을 이루었다. 기술관, 향리, 서리, 토관, 군교(軍校), 역리(驛吏) 등 경외(京外) 아전과 양반에서 격하된 서얼 등이 해당한다.

26) 역관(譯官)이란 예전에, 통역을 맡아보는 벼슬아치를 이르던 말이다.

보는 관리들과 같이 특별한 전문적인 기술을 필요로 하는 직업이나 지방관아의 육방관속[27]과 같은 향리(鄕吏)[28]의 직업은 중인신분을 가진 사람들이 세습하는 직업이었던 것이다. 그리고 관노(官奴)·사노(私奴)와 같은 노비직과 가장 천한 직업으로 여겨졌던 백정(白丁)과 같은 직업은 천민들의 직업으로서 상민들도 종사하지 않는 직업이었다.

그러므로 그와 같은 신분사회에 있어서는 그 귀천에 따른 서열이 있었던 것이다. 그러나 신분제도가 철폐되고 봉건적인 경제제도가 산업사회의 시장경제로 바뀌면서부터 직업과 신분 또는 직업과 계층의 관계는 크게 악화되고 그에 따라 직업의 귀천의식도 이제는 거의 사라지게 되었다.

현대의 산업사회에서도 직업이 사회적 지위와 아무런 관계가 없게 된 것은 물론 아니다. 직업에 따라 소득이나 권력이나 위세(威勢)[29] 등에 어느 정도 차이가 있기 때문에 일반적으로 높은 소득을 올릴 수 있거나, 사회적으로 존경도가 높은 직업을 가진 사람들이 사회적 지위도 높고 반대로 소득이 낮거나 사회적 위세가 낮은 직업에 종사하는 사람들의 지위가 낮은 것은 사실이기 때문이다.

그러나 현대사회에 있어서의 사회적 지위는 전통사회에 있어서처럼 신분으로서 세습되는 귀속적 지위가 아니고 개인의 노력과 능력으로 획득될 수 있는 획득적 지위이기 때문에 그러한 지위의 계층화를 반드시 부당한 것이라고만 볼 수는 없다.

어떠한 사회든지 모든 사람이 똑같은 소득과 권위와 위세를 누릴 수 있는 완전히 평등한 사회가 될 수는 없다. 오히려 개인의 능력과 관계없이 모든 사람이 똑같은 보상을 받는 사회가 있다면 그러한 사회가 정의롭지 못한 사회라고도 말할 수 있을 것이다.

정의로운 사회가 개인의 노력이 정당(正當)하고 공평(公平)하게 보상받는 사회라고 한다면, 그러한 사회는 누구나 자신의 능력과 노력에 의해서 사회적 지위를 획득할 수 있는 사회일 것이다. 즉 신분제도와 같은 계층 간의 장벽이

27) 육방관속(六房官屬)이란 예전에, 지방 관아의 육방에 딸려 일을 맡아보는 사람을 통틀어 이르던 말이다.

28) 향리(鄕吏)는 고려시대 군현에서 지방관의 지휘와 통제를 받으면서 민에 대한 조세수취와 역역징발에 관한 행정실무를 실질적으로 수행했다. 이들은 소속된 군현의 관격에 따라 부리·군리·현리·부곡리 등으로 호칭되었고, 장리·외리로 총칭되었다.

29) 위세란 맹렬하거나 위엄이 있는 기세 혹은 지위와 권세를 아울러 이르는 말이다.

없는 개방적인 계층구조를 갖는 사회에서 모든 사람이 자신의 능력과 노력에 상응하는 보상을 받는 사회라고 말할 수 있는 것이다.

현대의 산업사회는 완전하게 개방적인 사회라고 말할 수 없다 하더라도 기본적으로는 누구나 자신의 노력과 능력에 의해서 높은 사회적 지위를 획득할 수 있는 개방성을 가지고 있는 사회인 것은 사실이다. 그러므로 이와 같은 개방적인 사회구조에 있어서는 직업에 따라 소득과 위세 등에 차이가 있다 하더라도 그 자체가 곧 사회적 불평등을 의미하는 것은 아닌 것이다.

일반적으로 직업과 사회적 지위와의 관계는 직업의 종류보다는 각 직업 내에서의 종사자의 지위에 의해서 결정 된다고 말할 수 있다. 예를 들어 회사원과 공무원이라고 하는 직업의 종류 사이에는 아무런 지위의 차이가 없지만 회사원 중에서 간부직에 있는 사람이 하위직 공무원보다는 사회경제적 지위가 높다고 말할 수 있다. 마찬가지로 농업에 종사하는 사람이 회사원보다 낮은 지위를 가지고 있다고 말할 수 없으며, 규모가 큰 농장을 경영하는 농민은 하급직의 회사원보다 사회경제적 지위가 높다고 말할 수 있는 것이다.

그러므로 현대 산업사회에 있어서는 직업의 종류에 따른 사회적 지위의 차이는 거의 없어지는 대신 각 직업 내에 있어서의 종사자의 지위에 따라 각 개인의 얼마나 많은 소득을 올리고 있고 또 그와 같은 직책이 사회적으로 얼마나 높게 평가되느냐에 의해서 개인의 사회경제적 지위가 정해지는 것이라고 볼 수 있다.

개인의 사회경제적 지위가 높든 낮든 일반적으로 모든 개인은 자신의 직업을 통해서 사회 속의 어떤 위치를 차지하게 되고 다른 사람들과 관계를 맺게 된다. 사람들은 처음 만나는 사람과 인사를 나누게 되면 거의 대부분의 경우 서로 직업을 묻게 되고 상대방의 직업적 지위에 의해 그를 대접하는 것이 보통이다. 예를 들어 우리는 상대방의 직함에 따라 '박사장' 또는 '박부장'이라고 부르기도 하고 '박선생'이나 '박경사'라고 부르기도 하는 것이다.

특히 공식적인 관계에 있어서는 개인의 직업이나 직책이 중요해지는데 그것은 그 사람이 자신의 사회적 참여와 봉사로서의 직업적 역할에 의해 공식적인 임무를 수행하게 되기 때문이다. 현대사회에서는 특히 그와 같은 공식적인 역할관계가 중요성을 띠게 되기 때문에 공과 사를 구별하지 않으면 안 되는 것이다.

예를 들어 의사와 환자의 관계에 있어서는 그 개인이 누구이든 관계없이 의사는 의사로서의 역할을 수행해야 하고 환자는 의사 앞에서는 어디까지나 환자인 것이다. 버스 운전사는 기사로서의 역할을 충실히 수행해야 하며 학생은 학생다운 행동을 해야 하는 것으로 사람들은 기대하는 것이다.

그러므로 현대사회에서 우리가 사회생활을 한다는 것은 대부분의 경우에 우리가 자신의 사회적 참여와 봉사로서의 직업적 역할에 의해 다른 사람들과 상호작용한다는 것을 의미하며, 다른 사람들도 우리의 사적인 개인으로서 보다는 직업적 역할에 의해 우리를 대하고 있다는 것을 의미하는 것이다.

우리가 직업적 역할과 지위를 떠나 어디까지나 사사로운 개인으로 돌아갈 수 있는 것은 직장의 일과 관계없이 백화점에 간다거나 음식점에 갔을 때 또는 친구들과 어울리거나 가정으로 돌아와 있을 때인 것이다. 그런 경우에 우리는 직업적 역할과 관계없는 백화점의 고객·음식점의 손님·친구에 대한 친구·가정에서의 아버지의 역할을 갖게 되는 것이기 때문이다.

그러나 우리는 우리의 일상생활에서 가장 많은 시간을 직업적 역할을 수행하면서 살아가고 있기 때문에 나의 사회적 지위와 역할은 다른 무엇보다도 나의 직업적 지위와 역할에 의해 결정된다고 말할 수 있는 것이다. 그러므로 우리의 직업은 우리에게 사회 속에서의 위치를 정해주는 것이며 직업을 통해 가장 많은 사회참여와 사회관계를 가지면서 살아가고 있는 것이다.

그러므로 직업활동으로부터 은퇴한 사람들이 가장 적응하기 힘든 일 중의 하나는 자신의 사회 속에서의 위치가 불확실하다는 점이다. 직업이 없는 사람은 사회생활을 함에 있어 자신의 정체감을 가질 수 있는 중요한 기준의 하나를 갖지 못하기 때문에 경우에 따라서는 사회적으로 고립감과 소외감까지도 느끼게 되는 것이다. 특히 여성들보다는 남성들, 그리고 노인보다는 장년층의 개인들은 비록 경제적으로 아무런 수입을 얻지 못하는 일이라 하더라도 자신의 사회적 참여와 정체성을 위해 직업적 활동에 참여하는 것을 대단히 중요한 가치로 여기는 것이다.

4. 자아실현

개인에게 있어서 직업은 살아가는데 필요한 물질적 자원을 정당하게 획득하는 수단이기도 하고, 그 개인의 사회적 지위를 결정함과 동시에 개인의 자아를 실현하는 기회를 마련해 주는 것이기도 하다. 사실상 일이란 그 자체가 목적이 되고 보람이 될 경우도 많다. 어떤 사람들은 아무런 경제적 소득도 바라지 않으며 남이 알아주기를 바라지도 않으면서 일하는 것 자체를 즐기거나 그것을 보람으로 생각하면서 일하기를 원하기도 한다.

미국의 어느 대학 교수는 정년퇴임을 한 후에 자기가 봉직했던 학교의 뜰을 청소하는 대가로 약간의 보수를 받으면서 학생들과 토론도 하고 책도 읽으면서 여생(餘生)을 보내고 있다고 한다. 서양에서는 대통령이나 수상을 지낸 사람도 그 자리에서 물러난 뒤에는 회사의 중역이 되거나 대학의 평교수가 되어 다른 사람들과 똑같이 열심히 일하면서 사는 것을 흔히 볼 수 있다.

이처럼 일을 한다는 것 그리고 직업을 갖는다는 것은 우리들에게 매우 소중한 경험이며 일 자체에서 얻는 보람이 매우 귀중한 것이다. 일하는 것 자체가 큰 보람으로 느껴지는 것은 우리가 일을 통해서 자아를 실현할 수 있기 때문이다.

흔히 인간의 잠재적인 능력은 무한한 것이라고 한다. 그러나 그러한 잠재적인 능력은 사용하지 않으면 계발(啓發)되지 않는다. 계발되지 않는 능력은 마치 땅속에 잠자고 있는 지하자원과 같은 것이다.

사람들은 일을 통해서 자신 속에 잠재(潛在)해 있는 다양한 능력을 발전시킬 수 있고 또 그것을 발휘할 수 있다. 똑같은 잠재적 능력을 가진 두 사람이 있다고 가정하고 한 사람은 열심히 공부하고 일하는데, 반해 다른 한 사람은 일하지 않고 아까운 시간을 낭비하고 있으면 그 결과는 불을 보듯이 뻔한 것이다. 열심히 일하는 사람은 무엇이든 큰 성과를 거둘 것이고 게으른 사람은 아무것도 얻는 것이 없을 것이다. 그러므로 사람들은 끊임없이 새로운 경험을 통해 스스로의 힘으로 어떤 일을 해 나아갈 때 그만큼 자신의 잠재적인 능력이 계발되고 더 발전해 나아가는 것을 보람으로 얻을 수 있게 된다. 인간의 자아개발은 젊을 때에 그치는 것이 아니고 평생 동안 계속될 수 있는 것이기 때문에 일의 보람은 젊은 사람들만의 것은 물론 아니다. 모든 사람은 자신의 나이나 형편에 맞게 무엇이든 적당한 일거리를 찾아 열심히 일함으로써 자신을 계속 발전시킬 수 있는 것이다.

Maslow의 욕구 5단계(Maslow's hierarchy of needs)

미국의 산업심리학자 아브라함 H. 매슬로우 Abraham Harold Maslow(1908~1970)는 사람의 다양한 욕구를 아래와 같이 5단계로 분석하였다.

1) 생존 생리적 욕구(Physiological needs), 2) 안전에 대한 욕구(Safety needs), 3) 사회적 욕구(Belonging and love needs), 4) 존경받고 싶은 욕구(Self-esteem needs), 5) 자아실현 욕구(Needs for self-actualization)로 구분했다.

매슬로우는 인간의 다양한 욕구 중에서 낮은 차원의 욕구가 채워지면 더 높은 욕구로 단계적으로 나아간다고 했다. 욕구 5단계 중에서 최상위의 자아실현 욕구에 대해서는 만족시키기 위해서 끊임없이 노력하게 하는 '성장욕구(Growth need)'로 나타난다. 반면, 그 하위단계는 충족되도록 동기유발시키는 '결핍욕구(Deficiency need)'로 표출된다.

사람들은 일을 통해서 성취감을 느낄 수 있고 성취감은 우리에게 큰 보람을 느끼게 해 준다. 작은 일이든 큰일이든 우리가 하는 일의 결과는 반드시 하나의 성과로서 나타나는 것이기 때문에 우리는 일을 통해서 성취감을 느낀다. 거리를 청소하는 청소부를 직업으로 삼고 있는 사람은 자신이 청소한 거리가 깨끗해지고 시민들이 깨끗한 거리를 명랑하게 걷고 있는 것을 볼 때 그것을 보람 있게 느낄 것이다. 어린이들을 가르치는 선생님들은 무엇보다도 어린이들이 씩씩하고 훌륭하게 자라 사회에 나아가 나라의 일꾼이 되는 것을 바라보면서 가장 큰 보람을 느낄 것이다. 우리가 그와 같은 성취의 보람을 갖지 않고 일을 한다면 우리들의 직업은 그야말로 힘든 노동 이외에 아무것도 아닐 것이다. 또한 우리가 돈을 번다는 것만을 유일한 목적으로 하고 일을 한다면 우리는 그야말로 돈의 노예와 다를 바가 없게 될 것이다.

미국의 어느 마라톤대회에서는 걷지도 못하는 불구자가 참가해서 사흘 만에 골인해서 많은 사람들의 갈채를 받았다고 한다. 그가 만일 일등을 목표로 했다거나 상금을 목적으로 했다면 그는 처음부터 그 경기에 참여하지 않았을 것이다. 그러나 그는 꼴찌를 하더라도 그 경기에서 완주할 것을 목표로 하였고 불구자도 해낼 수 있다는 것을 모든 사람들에게 보여 주기 위해서 그 경기에 참여했던 것이다. 그리하여 그는 그 목표(目標)[30]를 성취하였고, 그러한 그의 노력과

30) 목표(目標, goal)란 조직이 달성하고자 하는 바람직한 장래의 상태로 목표(目標)라는 용어 대신 '목적'(目的)이라는 말을 쓰는 학자도 있고, 심지어는 목적을 목표보다 장기적이고

성취에 대해서 전 세계의 모든 사람들이 찬사(讚辭)를 아끼지 않았던 것이다. 그는 꼴찌를 했지만 성취의 금메달을 목에 걸 수 있었던 것이다.

우리는 우리의 직업을 통해서 돈과 지위가 아닌 보다 소중한 다른 보람을 찾고 그것을 차지할 줄 알아야 한다. 그것은 스스로 어떤 목표를 세우고 그 목표를 향해 성실한 노력을 다하여 그 목표에 도달하는 과정을 통해 자아를 실현하는 것이다. 그것은 바로 성취의 보람이며 그와 같은 성취가 하나하나 쌓여질 때 우리는 큰일도 성취하게 되는 것이다.

처음부터 터무니없는 목표를 세우는 사람은 실패의 쓴 잔을 더 많이 마셔야 할지도 모른다. 운동선수가 먼저 지방대회에서 좋은 성적을 올리고 다음에 전국대회에서 성공을 하게 되면 그때에 세계의 정상에 도전할 수 있는 것과 같은 이치(理致)이다. 물론 꿈을 크게 갖는 것은 좋지만 실력(實力)도 쌓아 놓지 않고 무모(無謀)하게 큰 목표만을 추구한다면 그는 아무것도 성취하지 못할 것이다. 그러므로 우리는 언제나 결과(結果)보다는 과정(過程)에서 더 많은 것을 얻을 수 있다는 마음으로 성실하게 목표를 추구하는 노력이 필요한 것이다.

자아실현(自我實現)의 과정은 또한 창조(創造)의 과정이기도 하다. 우리는 과업을 수행함에 있어 항상 전부터 해 오던 방식이나 남들이 모두 하고 있는 방법으로만 일을 해 나아갈 수는 없다. 때로는 나 자신이 새로운 방식을 고안해 내어 독창적으로 일을 해야 하고 그러한 방식으로 성공했을 때에는 그것은 창조의 기쁨과 보람을 우리에게 안겨 주기도 한다. 창의적인 문제해결은 개혁(reformation) 또는 혁신(Innovation)을 가능하게 하는 것이고, 그러한 혁신을 통해 조직이나 사회가 발전하는 것이다. 그러므로 우리가 일을 한다는 것은 창의성을 요구하는 것이며, 또한 창의적인 문제해결은 혁신을 낳고 혁신은 발전을 낳는다. 따라서 이와 같은 창조적인 자아실현이야말로 우리에게 커다란 보람을 주는 것이며, 직업적 활동은 우리에게 그러한 창의성을 발휘할 기회가 되는 것이다.

화가(畵家)가 돈과 지위만을 목적으로 그림을 그린다면 그러한 화가가 그린 그림은 대중의 기회에 영합(迎合)하는 상품에 불과할 것이다. 창조적인 예술가는 작품의 상업적 가치보다는 예술적 가치의 창조에 더 큰 비중을 두고 작품

상위적(上位的)인 개념으로 이해하는 사람도 있다. 영어로는 목표가 'goal'이라는 말로 가장 많이 쓰이나 때로는 purpose, end, object, target 등으로 쓰이고 있다.

을 만들 때 일하는 진정한 보람을 느낄 수 있을 것이다. 정도의 차이는 있겠지만 우리들의 모든 직업 활동도 그 성과를 금전적 가치의 기준만으로 수행한다면 우리는 매우 불행한 직업인이 될 수밖에 없다.

우리는 어떤 직업에 종사하든지 자신의 잠재적 능력을 발전시킬 수 있고 스스로의 성실한 노력으로 성취의 보람을 누리며 창의성을 발휘하여 창조의 보람을 추구하는 방식으로 자신의 일을 수행해 나아간다면 우리는 행복하고 현명한 직업인으로서 인생을 살아갈 수 있을 것이다.

우리의 마음가짐에 따라서 직업은 우리에게 고역(苦役)이 될 수도 있고 보람의 원천(源泉)이 될 수도 있다. 따라서 우리가 어떠한 직업적 가치관(價値觀)을 가지고 살아가느냐 하는 것은 우리의 일생에 커다란 영향을 미치게 될 것이다.

제 2 절 직업윤리의 이론적 근거

1. 직업윤리의 성격

직업윤리란 직업인으로서 지켜야 할 윤리(倫理)를 말한다. 우리는 자기의 직업에 대하여 애정(愛情)을 가져야 하고 긍지(矜持)를 가져야 하며 최선을 다해야 한다. 자의(恣意)건 타의(他意)건 자기가 선택하여 종사하고 있는 직업에 대하여 정성과 애정을 가져야 할 것이며, 또한 긍지를 가지고 열과 성을 기울여야 한다. 게으른 자에게는 긍지가 있을 수 없다. 또한 천직의식(天職意識)을 가지고 충성을 다해야 한다.

중용(中庸)[31]은 불성무물(不誠無物)[32]이라고 했다. 성실성이 없으면 아무

---

31) 중용(中庸)은 유교의 기본 경전인 사서(四書)의 하나로 불편불의(不偏不倚) 무과불급(無過不及)한 중용의 도를 드러내고 이를 실현하는 힘으로 성(誠)을 들고 있다. 곧 '중'은 도덕적이며 형이상학적 개념으로 일체 정감의 뿌리이며 일체 현상의 근원이다. ≪중용≫에서 '중은 천하의 대본(大本)'이라고 한다. 용(庸)의 의미에 대해 정현(鄭玄)은 '용(庸)은 용(用)이다'고 한다. 그는 또 '용(庸)은 상(常)이다. 중(中)을 쓰는 것이 떳떳한 도리다'고 했다. 주자는 평상(平常)이라고 했다. 곧 용(庸)에는 용(用)과 상(常)의 뜻이 있음을 알 수 있다. 떳떳한 이치는 항상 쓸 수 있으며(常用) 상용할 수 있는 것은 평범해 보이는 중도(中道)이다.

32) 불성무물(不誠無物)이란 정성은 모든 사물의 근본이므로 정성이 없는 곳에는 아무것도 없

사물도 제대로 되는 것이 없다는 것이다. 당나라의 백대선사(百大禪師)는 "일일부작(一日不作), 일일불식(一日不食)"이라고 했다. 즉 하루 일하지 않으면 하루 먹지 않겠다는 것이다. "네가 죽도록 충성하라 그리하면 내가 생명의 면류관을 네게 주리라(요한계시록 2장 10절)"고 요한 묵시록(黙示錄)은 언급하고 있다.

직업윤리란 일정한 사회적 규범이 내면화된 것으로 직업에 종사하는 사람들의 의식의 밑바닥에 내재하는 윤리를 말한다. 직업윤리는 두 가지 측면을 고려하여 논의할 수 있다. 하나는 모든 직업에 공통되는 윤리, 즉 직업인 일반에게 요구되는 윤리이고, 다른 하나는 여러 다양한 직업들에 있어서 각각 요구되는 특수한 윤리가 그것이다. 우리는 이를 편의상 '직업일반의 윤리'[33]와 '특수직업의 윤리'[34]라 불러 구별하고자 한다.

우리가 이미 살펴본 대로 사회의 변천에 따라 직업구조에 변화가 일어났고, 이에 따라 직업의 분화가 진행되어 왔다. 그리고 아무리 많은 직업의 분화가 일어난다고 할지라도 그것이 사회의 요구에 의해서 분화되는 한 모든 직업은 일정한 사회적 역할을 담당하고 있다고 할 수 있다. 여기서 우리가 윤리를 포괄적인 의미로 어느 사회에서 공인된 행동준칙으로 해석하고 그 사회 구성원 모두가 준수해야 될 사회적 규범으로 이해한다면, 모든 직업은 그 나름대로의 '특수한 직업윤리'를 갖는 셈이 된다. 각각의 직업이 분담하고 있는 일정한 사회적 역할은 그 직업의 종사자들이 일정한 행동준칙을 준수할 때만 수행될 수 있기 때문이다.

이와는 달리 직업일반의 윤리는 어떠한 직업에 있어서든 요구되는 행동준칙인 바, 바꾸어 말하면 직업 활동 일반의 자세나 태도라고도 부를 수 있는 것이다. 물론 어떠한 시대 어떠한 사회든 하나의 가치체계만이 존재했던 것은 아니지만 대체로 한 사회를 풍미한 지배적인 가치체계가 있었다고 할 수 있고, 이

음을 이르는 말이다. 출전은 中庸(중용)이다.

33) 일반직업의 윤리란 어떠한 직업에서도 요구되는 행동규범 즉 모든 사람들이 그 직업 활동에 있어서 그것을 지키는 것이 사회적으로 기대되고 있는 마음가짐이라고 하겠다. 이러한 마음가짐은 직업상의 정신, 기질 등으로 표현되기도 한다. 직업일반의 윤리가 직업별의 윤리와 다른 점은 직업의 구별에 구애되지 않는 것이므로 결국은 보다 근본적인 생활태의 문자라는 것이다.

34) 특수직업의 윤리란 각 직업별 윤리로 직업별로 사회 구성원에게 따르도록 요구되는 구속적, 타율적인 행동 규범을 말한다.

러한 지배적인 가치체계에 근거하여 직업일반의 활동에 적용되는 가치체계가 도출될 때 이는 바로 '직업일반의 윤리'가 된다.

이러한 직업일반의 윤리는 다음의 두 가지 점에서 특수직업의 윤리와 구별된다. 첫째로, 직업일반의 윤리는 특수직업의 윤리보다는 근본적인 인간의 생활태도를 다룬다. 말하자면 특수직업의 윤리가 어떤 특정한 직업에서만 요구되는 규범을 문제 삼는 데 반해, 직업일반의 윤리는 직업에 대한 사람들의 보다 기본적인 태도와 마음가짐을 다룬다고 할 수 있다. 둘째로, 특수직업의 윤리가 직업생활에서 보통 외적인 규제력으로 나타나는데 반해서, 직업일반의 윤리는 주로 내면적인 가치체계로서 존재한다. 물론 이 구별은 절대적인 것이 아니며 현실속에 두 윤리는 함께 섞여 있지만 이러한 구별이 편리할 때가 많다.

여기서 우리는 다음과 같은 질문을 던질 수 있다. 우리는 왜 직업생활에서 직업윤리를 준수해야 하는가? 그리고 왜 직업의 윤리가 논의되어야 하는가? 라는 질문에 답할 수 있어야 한다.

직업의 윤리가 논의되어야 하는 이유로서는 직업생활에서 제기된 문제를 해결하기 위해서라고 간단히 대답할 수 있다. 그리고 직업의 윤리를 준수해야 되는 이유에 대해서는 다음의 두 측면에서 이야기할 수 있을 것이다. 하나는 직업윤리란 일반윤리의 한 특수한 적용이기 때문에 우리가 윤리 일반을 포기하지 않는 한 그것에서 파생된 직업윤리를 준수하지 않을 수 없다는 것이며, 둘째는 우리가 직업을 통해서 충돌한 문제를 해결하고 우리가 바라는 일정한 목적을 실현하고자 하기 때문이라는 것이다.

이미 앞에서 고찰한 바와 같이 직업은 생업으로서의 측면과 사회적 역할의 분담 및 자아의 실현이라는 측면을 동시에 갖고 있다고 보고 직업의 본래적 기능인이 세 요소를 균형 있게 충족시켜야 된다고 규정할 때, 어떤 직업에서 이 세 요소가 일부분밖에 실현되지 못하거나 불균형적으로 실현되고 있다면, 이 직업에는 문제가 존재한다고 할 수 있으며 이 문제를 해결하기 위해서는 어떤 행동의 규칙들이 요구된다고 볼 수 있다.

이리하여 직업이 갖는 본래적 기능이나 목적을 충분히 달성하도록 조장하는 직업행위는 긍정적인 가치를 갖는 것이 되고, 본래적 기능이나 목적달성을 방해하는 직업행위는 부정적인 가치를 갖는 것이 된다. 이를 기초로 직업 활동에 대한 일정한 칭찬이나 비난이 가해지며, 이 칭찬이나 비난이 사회적 공인을 얻었을 때 사회의 모든 직업인이 지킬 의무가 있는 사회적 요청으로서 직업의 윤리가 형성되게 된다.

물론 직업현상에 대한 해석이나 평가는 직업관의 차이에 따라 달라질 수 있다. 따라서 같은 현상에 대해서도 서로 다른 평가를 내릴 수 있고 그에 따라 같은 문제를 해결함에 있어서도 다른 처방을 내릴 수 있다. 뿐만 아니라 직업이 당면한 문제 상황이 달라짐에 따라 그에 대한 처방 역시 당연히 달라질 수 있다. 그러므로 직업윤리는 시대의 변천에 따른 직업관의 변화에 따라, 그리고 직업이 당면한 문제 상황에 따라 달라져 온 것이다. 그 결과 전체주의적 직업관이 지배하던 전통사회에서는 유기적 직업윤리가 승인되었고, 자아실현적 직업관이 우세하던 근대 자본주의 사회에서는 금욕적 직업윤리가 지배적이었던 것이다.

금욕적 직업윤리

막스베버의 사상은 굉장한 깊이와 더불어 다양한 관점에 대하여 열려 있음을 볼 수 있다. 그는 대부분 금욕과 자본주의 정신을 통한 자본주의에 긍정하면서도 인간의 탐욕에 근거한 천민자본주의에 대해서도 끊임없이 경계하는 태도를 가지고 있다.

막스베버는 그의 금욕과 자본주의 정신의 모델을 단순히 역사적 사실이 아닌 실제 어떤 사람들을 통해서 발견한 것은 아닐까? 자본주의 정신은 오늘날 긍정되기도 하고, 부정되기도 한다. 현대 자본주의 사회에서는 부정되는 흐름이 더 강하다고 생각된다. 그것은 그만큼 현대 자본주의가 타락했기 때문일 것이다.

그렇다면 오늘날이 자본주의 정신은 여전히 유효한 것으로 보아야 하는가? 그러나 막스베버가 지적했듯이 과거에 프로테스탄티즘적 금욕이 저임금과 노도착취에도 일조한 것을 다시 재평가하면서 새롭게 정립할 필요가 있다. 또한 사회분업적 구조에서 정신노동과 육체노동의 종속적 관계 등은 결국 자본주의 정신이 아무리 훌륭해도 성경의 희년정신이 도입되지 않는다면 자본주의 정신도 그리 유효하지는 않을 것이다. 무엇보다 이 자본주의 정신은 단순히 금욕적 청지기적 노동에 그치는 것이 아니라 노동의 생산에 대한 공유, 더 나아가서 생산의 수단의 공유라는 개념에서 그 정신이 발휘될 때 의미를 갖게 될 것이다.

앞에서 언급된 칼빈주의, 매디서즘, 경건주의 등의 노동정신은 하나님의 창조세계의 가장 핵심적인 부분을 놓쳤기 때문에 자본주의의 임금노예화를 막을 수 없었다. 그것은 생산수단의 공유와 노동전가에 대한 차단이라고 말할 수 있을 것이다.

이것은 궁극적으로 종교개혁이라는 개념을 뛰어넘는 새로운 성경의 해석의 틀이 필요하다.

> 많은 후대의 칼빈주의자들이 칼빈의 사회윤리 안에서만 해답을 발견하려고 했기 때문에 사회 개혁에 있어서 유물론자들의 뒤를 따라다니는 꼴이 되고 말았다.
>
> 다시 성경을 통해서 궁극적인 하나님 나라에 대한 비전과 사상을 새롭게 정립한 후 구체적인 실천의 과정을 걸어가야만 할 것이다. 이 작업은 미처 막스베버가 완성하지 못한 보다 포괄적이고 총체적인 작업이 될 것이다.

2. 전통사회의 직업윤리

동서(東西)를 막론하고 전통사회란 대체로 개인의 자각과 권리가 실현되기 전의 전체주의적 사회라 할 수 있다. 이런 사회에서는 종종 사회 전체가 하나의 유기체로서 간주되고, 개인은 이러 유기체를 구성하고 있는 각자의 세포에 비유된다. 이러한 사회관에 기초해서 나타난 직업윤리가 바로 신분의 윤리로서, 이것은 개인이란 자신에게 주어진 직업을 지키는 것이 사회 전체에 봉사하는 길이고 나아가 인간으로서도 바른 길이라고 주장한다. 그렇지만 전통사회의 신분이나 직업이란 세습적으로 주어진 것이기 때문에 개인에게는 직업선택의 자유가 극도로 제한되어 있었고, 개성의 발휘라는 측면은 거의 무시된 채 사회전체의 역할분담과 사회에 대한 봉사만이 강조되었다. Max Weber는 이러한 직업윤리를 근대 자본주의 사회의 금욕적 직업윤리와 구별하여 유기적 직업윤리라 불렀다.

> **베버(Max Weber)**
>
> 독일의 사회학자. 튀링겐주(州) 에르푸르트에서 출생. 하이델베르크 대학·베를린 대학 등 독일 각지의 4개 대학에서 법률·경제·철학·역사 등을 공부하였고, 졸업 후에는 한 때 사법관 시보(司法官試補)로 법원에서 근무하다가 곧 학계로 진출하여 1892년 베를린 대학을 개시로 하여 프라이부르크[1894]·하이델베르크[1897] 등의 대학에서 교수 생활을 하였다. 그는 1920년 뮌헨 대학에서 교수직을 끝으로 57세의 나이로 일생을 마치기까지 사회과학자로서 활동하여 법학·정치학·경제학·사회학·윤리학·역사학 등 여러 분야에서 빛나는 업적을 남겼다.

유기적 직업윤리는 직업을 생물체의 여러 기관이나 부분에 비추어 파악하고, 이 여러 기관이나 부분을 구성하는 세포로서의 기능을 다하는 것이 각 개인에게 주어진 직업의 임무라고 해석한다. 말하자면 유기체가 생존하고 성장하기 위해서는 그 유기체의 모든 부분들이 맡은 바 기능을 충분히 수행하지 않으면 안되는 것과 마찬가지로 인간 사회도 같은 관계가 성립한다는 것이다. 즉 사회는 유기체의 전체이고 직업은 유기체의 여러 부분이나 기관이며, 개인은 이 부분이나 기관들을 구성하는 세포로 간주된다. 이렇게 하여 유기적 직업윤리에 의하면 개인은 직접적으로 자신이 속한 집단의 존속에 공헌함으로써 간접적으로 사회 전체의 안녕과 질서에 기여하지 않으면 안 된다.

주희의 직업사상

주희가 직업적 활동에 대해 직접적으로 논의한 내용은 극히 드물다. 하지만 주희는 개인의 도덕적 수양만 중시한 것이 아니라 사회적 실천을 통해 현실을 개혁하려는 노력 또한 중시하였다. 사회적 실천의 중심은 직업활동이라고 말할 수 있기 때문에, 주희의 사상 속에서 직업과 관련된 내용을 읽어 내는 것이 어려운 것은 아니다. 본 논문은 일과 직업이라는 관점을 가지고 주희의 사상내용을 재구성하고 재해석해 봄으로써 주희가 가지고 있는 직업사상의 대강과 특징을 찾아본 것이다. 주희는 개인의 도덕적 덕성을 완성하는 것을 누구보다 강조하고, 이에 기초한 사회적 실천만이 현실적인 문제들을 올바르게 처리하여 사회전체의 질서와 조화를 이루어낼 수 있다고 주장한다. 주희는 현실의 이익이나 결과의 실용성만을 추구함으로써 야기될 수 있는 개인의 도덕적 타락 및 사회적 갈등과 무질서를 경계하였다. 이상에 의해 지도되고 이상적으로 질서 잡히지 않는 현실은 불안정하고 무의미하다는 것이 주희의 생각이다.

주희는 자신이 처한 사회적인 위치와 역할에 대한 자각의 필요성을 역설한다. 자신에게 요구되는 구체적인 역할을 수행함에 있어서는 그 일을 왜 해야 하는 것이고 또한 어떻게 해야 하는 것인지에 대한 바른 이해가 반드시 필요하다고 생각한다. 주희는 구체적인 사물이나 일에 대해서 전심전력으로 다가감으로써 그것을 대하는 올바른 도리를 깨우칠 수 있다고 생각한다. 실제의 일에 대해서 공경을 다하는 것은 도덕적 수양과 인격의 완성으로부터 비롯하는 기본적인 태도이기도 하고 인격완성에 이르는 핵심이기도 하다.

주희는 개인의 인격수양이나 현실적인 일을 처리함에 있어서 가장 유의해야 할 점은 부당하게 자신의 이익을 도모하는 사심이라고 생각한다. 그래서 이기적인 사심을 제거하고 공적인 이익과 질서에 합치하려는 마음을 회복하는 것을 무엇보다 강조한다. 주희는 개인적 삶이나 사회적 실천에 있어서 올바름을 추구하는 것이 가치가 있는 삶이라고 보고 있고, 그 올바름을 판단하는 핵심에 공정성이 자리하고 있다고 생각한다.

Max Weber는 공정성을 중시하는 유교의 직업에 대한 생각을 **유기적 직업윤리**라고 규정하고 개인의 자아실현이 저해될 수 있다고 비판한다. 그러나 항상 공적 질서와의 관계 속에서 일을 생각하고 공적 질서와의 조화를 모색하면서 자신의 역할을 수행하는 것은 개인의 성숙

> 한 인격 및 행복한 삶을 위해서도 이상적인 사회의 건설을 위해서도 긍정적인 의미를 갖는다고 할 수 있다.[35)]

우리는 이러한 유기적 직업윤리를 다음과 같이 요약해 볼 수 있다.

첫째, 직업을 통해 개인은 자아의 실현이나 개성의 발휘와는 관계없이 거의 맹목적으로 사회 전체를 위해 헌신하고 봉사하지 않으면 안 된다. 왜냐하면 개인은 사회라는 유기체를 구성하는 세포 이상이 아니기 때문이다.

둘째, 직업은 신분에 따라 거의 세습적이고 숙명적으로 개인에게 부과되며, 직업의 변동은 바람직하지 않으며, 직업의 변동이 있다 해도 그것은 집단이나 사회 전체의 변화에 따라 이루어지는 것만이 허용된다.

셋째, 직업은 전통적으로 정해진 방식에 따라 수행되는 것이 좋다. 따라서 개인의 창의성과 능력의 발휘보다는 윗사람에 대한 복종이 더욱 중요하다. 개인에게 부과된 업무가 그 일을 담당하는 개인의 적성에 맞는지의 여부보다는 개인이 주어진 업무를 잘 견디어 내어 그가 속한 집단 전체에 충성을 다하는 것만이 문제된다.

이와 같이 철저하게 전체주의적 직업관에 의해서 뒷받침되던 유기적 직업윤리는 전통사회의 붕괴와 더불어 대체로 폐기되었다. 그러나 오늘날에도 전체주의의 이데올로기가 지배하는 전체주의사회에서는 이러한 직업윤리가 어느 정도 계속해서 옹호되고 있다.

3. 자본주의사회의 직업윤리

금욕적 직업윤리와 유기적 직업윤리라는 두 개의 상호 대립되는 이론에 의해 근대 자본주의의 전개과정이 설명되어 왔다. 하나는 K.Marx가 제시한 유물사관에 입각한 설명 이론으로 근대 자본주의 사회는 중세 봉건사회의 경제적 모순에 의해 새로이 출현되었다는 이론이고, 다른 하나는 M.Weber가 「프로테스탄티즘의 윤리와 자본주의의 정신」에서 주장한 이론으로 근대자본주의는 칼빈주의라는 종교적 윤리의 부산물로서 나타났다고 하는 이론이다. Weber는 하

35) 정영근, “주희의 직업사상”, 「韓國思想과 文化」 第80輯, 393면 이하.

나의 발견적 장치로서 유물론적 방법이 크게 유용하다는 것은 인정하였지만, 그것을 사회과학의 유일한 방법론으로 절대화시키려는 데 대해서는 반대했다. 이리하여 사회변화에 대한 경제적 결정론이라는 Marx의 원리에 대항해서 Weber는 다원적인 상호작용의 이론36)을 제시한 것이다.

칼빈주의(Calvinism)

칼빈이 가톨릭 교리에 반하여 주장한 '인간 예정'에 대한 종교적 사상이다. 그는 아담이 타락한 결과 인간에게는 이미 의지적, 내적 자유가 없어졌기에, 하느님의 노예가 되었다고 주장하였다. 따라서 개인의 노력과는 관계없이 미리 천국이나 지옥으로 가도록 예정되었다는 것이다.

특히 그는 피조물은 하느님의 단순한 도구에 불과하다고 하였다. 그러나 이 주장은 인간의 윤리적 의지의 자유를 철저히 부정하는 결과를 가져왔다. 그리고 그는 오직 그리스도의 신성함을 외적으로 결부시켰으며, 이것이 유일한 구원의 전제가 된다고 하였다.

따라서 전례나 성사도 구원에 필요 불가결한 것이 아닐 수밖에 없다. 그리고 교회는 선택받은 자들만의 단체이고 내부에는 사제직이나 교계 제도도 필요하지 않다고 주장하였다.

자본주의는 합리적인 사업의 경영에 의해서 끊임없이 재생되는 이윤을 추구하는 것이다. 그러므로 자본주의적인 사회체제 속에서는 이윤을 창출하지 못하는 기업은 필연적으로 소멸할 수밖에 없다. 그리고 자본주의적인 부(富)의 획득이 합리적으로 추구될 경우 자본에 관한 계산에 있어서도 그에 대응하는 행동원칙이 그대로 적용되게 된다. 즉 일정한 사업기간의 마지막 단계에 이르면 사업의 현재 자산이 투여된 자본을 초과할 수 있도록 상품이나 노동을 체계적으로 활용하는 그러한 행동원칙이 적용되는 것이다. 모든 것은 수지균형의 원칙37)에 입각해서 행해지며, 사업을 시작할 때는 수지균형을 따지게 되고 개별

36) 상호작용이론(相互作用理論, Interactional Theory)이란 인간은 다른 사람들의 기대에 적응한 결과로 변화한다는 이론이다. 이 이론은 사회적 상호작용이론을 기반으로 하는데 한 인간이 어떤 행동을 자연스럽게 하는 것은 그와 똑같은 행동을 하고 있는 주변 사람들과 교제하거나 생활하다 보면 그러한 행동이 정당하고 합리적인 것으로 여겨지기 때문이다. 따라서 어떤 사람이 일탈 행동을 할 가능성은 그가 살고 있는 지역 사회나 가까이 지내는 사람이 어떠한 행동을 하느냐에 따라 달라질 수 있으며 접촉의 빈도와 강도 및 개인의 주체성 정도에 따라 일탈 가능성은 상이하다.

37) 수지균형(Balance of Payments)란 특정 기간 내에(일반적으로 1년) 국내·외 소비자 사이에 일어나는 모든 경제거래에 대한 체계적인 요약. 수지균형은 거래와 용역, 자본이동의 균형, 통화이동의 균형 등과 같은 범주로 분류된다.

적인 결정을 내릴 때마다 이윤획득의 가능성을 위해 계산이 시도되며 마지막으로 얼마만한 이윤이 획득되었는가를 밝히기 위해 수지균형이 결산된다.

우리가 자본주의를 이렇게 규정할 경우 자본주의 및 자본주의적 기업이라는 것은 지구상의 모든 문명화된 국가들, 즉 중국, 인도, 이집트, 고대 지중해 지역, 서양 중세사회 등에 모두 존재했다고 볼 수 있다. 그러나 서양 근대사회에서 발전한 자본주의는 양적인 측면에서 유례가 없는 것이었을 뿐만 아니라, 이 양적인 발전을 수행하는 과정에서 보여 준 유형, 형태, 방향 등에 있어서도 다른 지역에서는 찾아볼 수 없는 특징을 띠고 있다고 Weber는 주장한다. 그것은 바로 노동력(勞動力)의 합리적 조직에 기초한 자본주의라는 것이다. Weber는 이 새로운 근대자본주의의 기원을 근대자본주의의 정신이라는 데서 찾아내고 있다.

그렇다면 이 근대자본주의의 정신이란 도대체 무엇이며 그것은 어디서 연유하는 것인가? 이 물음에 대답하는 예비적 단계로서 Weber는 근대시민계급이 주로 프로테스탄트 속에서 발견된다는 사실을 지적한다. 말하자면 지도적인 산업 경영자, 상인, 금융가, 기술전문가들은 가톨릭보다는 프로테스탄트 가운데에 훨씬 더 많으며, 칼빈주의적 프로테스탄트나 칼빈주의적으로 결합된 교회들, 즉 프랑스의 위그노라든가 네덜란드의 대상인들과 영국의 청교도 사이에서 시민계급이 주로 형성되었다는 것이다. 이리하여 근대적 자본주의의 성장은 상당한 정도로 '금욕적' 형태의 프로테스탄티즘이 성장하는 것과 일치하고 있다는 것이다.

그러므로 Weber는 근대자본주의와 과거에 존재해 온 여러 가지 자본주의의 형태 사이에 가로놓인 가장 의미 깊은 차이점으로서 재화의 획득을 하나의 의무로 받아들이는 감정의 존재를 지적한다. 양자의 차이는 재화의 획득을 의무로 생각하는 태도, 즉 근대자본주의의 특수한 기풍과 정신에 놓여 있다는 것이다. 돈을 모으려는 끊임없는 충동과 계속해서 더 많은 돈을 모으려는 충동은 인간의 선천적 본능이라기보다는 오히려 선천적 본능의 억제를 필요로 한다. 근대적 형태의 자본주의가 해결해야 했던 가장 큰 난관 중의 하나는 이런 의무의 감정이 노동자들 사이에 종종 결핍되곤 했다는 데 있다. 즉, 노동자의 노력을 증대시키기 위해 고액의 임금을 지불할 경우 노동자들은 실제로 이전보다 절반의 시간밖에 일을 하지 않으려는 경향이 있다. 그 반대의 방법인 임금을 감소시킴으로써 궁핍해진 노동자로 하여금 열심히 일을 하지 않을 수 없게 만드는 방법은 생산성을 향상시키는 데 있어서 더욱 실효성이 떨어진다. 가능한 한 많은 돈을 획득해야 한다는 의무에 대한 노동자들의 이러한 무관심을 Weber는 근대자본주의의 정신과 대립시켜 전통주의라고 명명하고 있다.

또한, 이윤의 창출을 의무로 생각하는 이러한 태도 이외에 근대의 기업세계에서 가장 지속적으로 성공을 거둔 사람들은 흔히 자기훈련 또는 '금욕주의'라는 자질을 특징으로 하고 있다고 Weber는 주장한다. 이들은 결코 낭비자가 아니다. 그들은 온건하고 절제 있는 생활을 영위한다. 그들은 과시욕을 갖고 있지 않으며 스스로에 대해서 부정적인 규율을 부과한다. 일상적인 쾌락이나 유희에 탐닉하는 것은 그들과는 전혀 상관이 없다. Weber는 근대자본주의 정신을 분석하면서 부의 창출에 대한 의무감에다 다시 이러한 엄격한 자기통제라는 금욕주의의 색조를 가한다.

성공적인 상인의 가장 탁월한 대표자들인 칼빈주의적 프로테스탄트들은 자신의 직업에 충실함으로써 신에 봉사한다고 생각했다. 이리하여 가톨릭의 수도원에 고유한 것이었던 규율의 이념, 즉 금욕주의가 이제는 세속생활로 전이되어 적용되었다. 이제 직업은 도덕적 훈련의 수단이 된 것이다.

세상으로부터 떠난 수도승(修道僧)이 가장 엄격한 규율에 자기 삶의 전부를 충족시켜야 하는 것과 마찬가지로 이제 이 세상 안에 있는 칼빈주의자들 역시 엄격하게 자신을 다스려야만 하게 된 것이다. 말하자면 이들은 신을 영광스럽게 하는 것을 유일한 목적으로 생각하고 그 보상으로서 선택받았다는 확신을 가지면서 세속의 영역에서 엄격한 규율의 삶을 영위한 것이다.

이러하여 Weber에 의하면 청교도적 생활양식이 미친 직접적인 경제적 효과는 다음과 같이 나타나게 되었다.

첫째로, 금욕적 생활은 소비를 강력하게 억제했다. 예컨대 청교도는 좋은 옷을 경멸하며 모든 감각적 향락을 거부한다. 중세 귀족의 낭비적 생활에 대한 반항으로서 청교도는 심부름꾼의 직분이라는 관념을 강조한다. 향락은 비용이 들지 않는 것이어야 하며 자기 자신을 위해 돈을 소비하는 것은 엄격히 한정되어야만 한다. 따라서 근검절약이 중요한 미덕으로 등장한다.

둘째로, 계속해서 노동해야 한다는 가르침은 소비 및 사치의 제한과 결합하여 자본의 축적이라는 경향을 낳았다. 즉 노동의 의무는 사치의 금지와 결합하여 경제적으로 저축을 촉진시켰고 저축의 촉진은 자본의 축적이라는 효과를 가져왔다.

셋째로, 청교도주의가 직업에 있어서 열성적인 활동을 북돋아준 결과 생산이 크게 증가하게 되었다. 재화의 획득은 이제 전통적인 오명(汚名)으로부터 해방되었고 이윤도 이제는 정당한 것이 되었다. 이리하여 한편에서는 소비를 엄격히 제한하고, 또 다른 한편에서는 생산을 조직적으로 강화한 결과 필연적으로 자본의 축적이 뒤따랐고, 청교도적인 생활의 이론이 실천된 곳에서는 어디서나 합리적이고 경제적인 생활양식이 강화되었다.

넷째로, 이윤(利潤)은 소명(召命)의 충실한 실천에 대해서 신(神)이 부여하는 은총의 표시이자 직업에서의 성공의 징표에 해당하는 것으로 간주되었지만, 그것은 순전히 개인적인 이익을 위해서 사용될 수는 없는 것이었다. 말하자면 자본가는 언제나 신의 은총에 의한 심부름꾼이며, 자본을 증가시키고 사회 전체의 이익을 위해 자본을 활용하는 것이 바로 그의 의무였다. 그는 자신을 위해서는 오직 그 자신의 생활에 필수적인 것만을 위해서만 사용하고 모든 잉여적인 이익은 공공의 복리를 위해 특히 교회의 박애활동에 사용되어야 했다.

이와 같은 금욕적 프로테스탄티즘의 이념, 즉 신의 은총을 위해 끊임없이 노동하면서, 또한 노동을 신에 대한 봉사로 생각하며, 게으름과 태만을 모든 악의 원천으로 파악하여 산만하고 게으른 충동을 억압하기 위해 항상 근면하고, 쾌락의 추구나 자기탐닉을 철저히 배격하여 박애주의적 목적으로 이윤을 기꺼이 사용하는 태도를 Weber는 '금욕적 직업윤리'라고 불렀다. 이러한 금욕적 직업윤리는 전통사회의 유기적 직업윤리와는 다음과 같은 점에서 분명히 구별된다.

첫째로, 이 윤리는 직업을 통해 집단이나 사회와 같은 인간적 질서의 유지가 아닌 신에의 봉사를 목표로 한다. 물론 여기서도 직업에의 헌신이 요구되지만, 이때의 헌신은 직업에서 최선의 성과를 얻도록 노력함을 의미할 뿐이다.

둘째로, 일에의 헌신을 위해서 금욕이 요구되지만 이것은 어디까지나 자의적이고 자발적인 태도이다. 금욕이란 욕망의 억압이며 자기통제이지만 금욕적 직업윤리에서의 금욕은 유기적 직업윤리의 경우와는 전혀 다른 것이다. 유기적 직업윤리에서의 자기통제나 헌신은 전체를 위한 자기부정이었다. 말하자면 이때의 금욕은 사리사욕(私利私慾)의 통제일 뿐만 아니라 자신의 개성까지도 억제하는 것이었다. 그것은 전체라는 사회적 유기체 속에서 하나의 작은 세포처럼 매몰하는 것이었기에 당연히 숙명을 동반했고, 이러한 숙명의 결과로서 정해진 직업 안에서 자신의 안식처를 찾는 것이 존중되었다. 이에 반해서 금욕적 직업윤리에서의 금욕은 겉으로 보기에는 비슷한 것 같지만 실제로는 이러한 소극적이고 퇴영적인 태도와는 다른 것이다. 금욕적 직업윤리에서 억제되는 것은 일에의 전념을 방해하는 인간적인 약점들, 예컨대 나태심이나 향락욕·소비욕·비규율·공명심 등이다. 이러한 인간적인 약점이나 부정에의 일탈을 이겨내고 일에의 헌신과 전념을 방해하는 여러 가지 욕망을 스스로 억제하는 것이 여기서 말하는 금욕이다. 이렇게 하여 금욕적 직업윤리는 일에 대한 엄격한 태도로 보다 완벽한 일, 보다 창조적인 일로 향하는 것을 기대하며 업무수행의 방식에 있어서도 보다 합리적이며 끊임없이 창조적이고 개척자 정신으로 시대에 앞서 나아갈 것을 요구한다.

셋째로, 이 윤리는 사회와 개인 간의 관계를 전체와 부분이라는 고정적인 관계로 파악하지 않는다. 그러므로 개인은 자유롭게 자신의 적성에 따라 직업을 선택할 수 있으며 한번 선택한 직업이라 할지라도 또한 자유롭게 바꿀 수 있다. 여기서는 유기적 직업윤리에서처럼 사람들이 조직인이나 집단인이기를 기대하지 않는다. 따라서 사람들은 전체사회를 위해 봉사한다고 할지라도 자유로운 개인으로서 집단으로부터 해방되어 있다.

넷째로, 이 윤리는 전체에 대한 개인의 맹목적인 희생이 아니라 개성의 발휘를 우선적인 목적으로 삼는다. 금욕적 직업윤리에서의 자기억제는 유기적 직업윤리에서처럼 강요된 것이 아니라 자발적이고 적극적이며 건설적인 의미를 가진 자기억제였다. 그것은 '금욕적'이란 부정적인 이름에도 불구하고 실제로는 긍정적인 윤리이다. 그러므로 금욕적 직업윤리는 사람들로 하여금 여러 가지 인간적인 감정들을 억제하고 일에 몰두할 것을 요청하지만, 일 자체 속에서 자신을 확충하게 하고 자신의 개성을 최대한 발휘할 수 있는 것은 직업이 명하는 일에 전념하고 헌신함으로서만 가능한 것이기 때문이다.

이상과 같은 비교에서도 잘 나타났듯이 금욕적 직업윤리는 근대적 시민사회의 윤리이며 합리적이고 자주적인 윤리이다. 이것은 지금껏 존재해 온 직업윤리 중에서 가장 건전하고 합리적인 직업윤리라고도 할 수 있다. 특히 우리나라와 같이 부와 기술의 축적을 통해 자본주의를 급속하게 발전시켜야만 되는 현실에서는 가장 절실하게 요구되는 직업윤리라고도 할 수 있다. 이러한 금욕적 직업윤리는 원래 칼빈적 프로테스탄티즘을 기초로 한 윤리이므로 기독교적 전통이 없거나 약한 나라에서는 그대로 적용되기란 어려운 실정이다. 여기에는 직업을 통해서 봉사해야 하는 신이라는 초월적 대상이 존재하지 않기 때문이다.

그렇지만 어느 곳에서든 금욕적 직업윤리의 정신은 본받을 수 있을 것으로 판단된다. 예컨대 동양사회에서도 일본의 산업화 과정에서 나타난 기업윤리는 서구와 같은 종교적 배경이 없었음에도 금욕적 직업윤리의 정신을 그대로 본받은 것이었다. 기업 내의 전체 사원이 평등하다는 생각과 신용과 정직에 높은 가치를 부여하여 이를 기업이 실천함으로써 대중들은 기업을 본질적으로 사회에 유익한 제도로서 인식하게 되었고, 이러한 인식과 지지를 통해 기업의 발전은 촉진되었던 것이다. 이렇게 볼 때 금욕적 직업윤리를 우리의 전통과 현실에 맞게 변형시켜 적용하는 것이 직업윤리를 확립하는 가장 빠른 지름길로 판단된다.

4. 직업윤리의 이론적 근거

우리가 현재 논의하고 있는 직업윤리는 직업활동에 적용되어야 할 규범적 윤리이다. 그러므로 그것은 관련된 사람들의 행위를 규제하는 기준이 된다. 우리가 왜 직업윤리를 필요로 하는가에 대해서는 이미 설명한 바 있지만 우리가 필요로 하는 직업윤리가 어떠한 근거에서 도출되었는가에 대해서는 질문을 계속할 수 있다. 왜냐하면 모든 윤리적 규범체계는 그것을 정당화하는 합리적 근거를 가져야만 하기 때문이다.

전통적으로 규범윤리에 관한 이론은 크게 두 종류로 나누어진다. 이른바 목적론적 윤리설(Teleological Ethics)과 법칙론적 윤리설(Deontological Ethics)이 그것이다.

목적론적 윤리설(Teleological Ethics)

인생이나 우주 전체에서 우리 인간이 그것을 실현하기 위하여 노력해야 할 객관적인 목적이 있다는 신념을 그 출발점으로 삼고 있다. 따라서 어떤 행위(Behavior)가 옳으냐(right) 그르냐(Wrong) 하는 가치판단은 그 행위가 인생의 궁극적인 목적 달성에 어느 정도 이바지하느냐 또는 방해가 되느냐 하는 결과에 따라야 한다는 윤리학설이다.

따라서 목적론적 윤리설이 대답해야 하는 최초의 근본 문제는 '인생의 궁극 목적이 무엇인가?'라는 것이며, 목적론적 윤리설에서는 만약 한 사람 또는 모든 사람이 어떤 행위를 함으로써 좋은 결과를 가져온다면 즉 인생의 궁극 목적(궁극적 선 = 본래적 선이며 그 자체로서 좋은 것, the ultimate good or intrinsic good)을 달성하는 데 유효한 수단(도구적 선, instrumental good)으로서 작용한다면, 그 행위는 도덕적으로 옳다고 주장한다. 즉, 목적론적 윤리설은 행위의 옳고(是) 그름(非)을 판단하는 가치 판단의 기준을 그 행위가 초래하는 결과의 좋고 나쁨에 두는 학설이다. 따라서 우선 '좋음(good)'을 '옳음(right)'과는 상관없이 규정하고, 옳은 행위나 제도는 가능한 대안들 중에서 최대의 善을 창출하는 것이든가 아니면 적어도 현실적으로 가능한 최선의 행위나 제도들 가운데 하나이어야 한다는 것이다.

이 윤리설에 해당하는 유형으로는 행복설, 쾌락설, 자아실현설, 진화설 등이 있으며 대표적인 철학자로는 아리스토텔레스, 에피쿠로스학파, 공리주의자 (벤담, 밀), 니체, 스펜서 등을 들 수 있다.

공리주의는 목적론적 윤리 체계의 대표적 견해이다. 그것은 유용성의 원리에 기반하고 있다. 어떤 행위가 유용하면 도덕적으로 옳지만, 유용하지 않으면 도덕적으로 그르다. 달리 표현하면, 어떤 행위가 최대 다수에게 최대의 좋음(쾌락이나 행복 또는 본래적 선)을 가져다 주면 옳지만, 나쁨(고통이나 불행 또는 악)을 가져다주면 그르다. 여기서 유용성 여부를 가리는 기준은 좋은 목적이다. 목적으로서 좋음에 대해, 벤담과 밀과 무어는 각각 '쾌락', '행복', 이상적인 '본래적 선'이라고 한다. 따라서 쾌락 공리주의는 어떤 행위가 쾌락을 증진시킬 때 옳다고 보는 반면, 고통을 가져다 줄 때 그르다고 한다. 행복 공리주의는 어떤 행위가 행복을 증진시킬 때 옳다고 보는 반면, 불행을 가져다 줄 때 그르다고 한다. 이상적 공리주의는 어떤 행위가 본래적 선을 증진시킬 때 옳다고 보는 반면, 본래적 악을 가져다 줄 때 그르다고 한다.

공리주의는 크게 행위 공리주의와 규칙 공리주의로 나눌 수 있다. 벤담의 견해는 전자에 가깝고, 밀의 견해는 후자에 가깝다. 행위 공리주의는 유용성의 원리를 각 상황에 직접 적용함으로써 유용성의 원리 이외에 다른 도덕 규칙을 필요로 하지 않는다. 반면 규칙 공리주의는 유용성의 원리를 도덕 규칙에 적용하고, 그 도덕규칙에 맞추어 각 상황에서 개별행위를 하도록 요구한다. 따라서 유용성의 원리가 행위에 간접적으로 적용된다.

목적론적 윤리설은 우리가 그것의 실현을 위해서 노력해야 할 객관적인 목적이 존재하고 우리의 행위들이 그 목적을 지향하고 있다는 신념을 그 출발점으로 삼는다. 여기에서 우리가 실현하고자 하는 목적이 바로 선(善)이다. 이런 목적론적 윤리설의 입장을 Aristoteles는 그의 니코마코스 윤리학(Ethica Nicomachos)

의 첫 구절에서 '모든 기능과 모든 탐구 그리고 모든 종류의 의도적 활동은 어떤 좋은 것, 즉 선의 달성을 목표로 하고 있다. 그러므로 우리는 선이란 모든 것을 목표로 삼는 것으로 모두가 바라는 견해에 동의해도 좋을 것이다'라고 밝히고 있다. 이 이론에 따르면 어떤 행위가 옳으냐 그르냐 하는 문제는 그 행위가 주어져 있는 궁극목적, 즉 선을 달성함에 어느 정도 이바지하느냐 또는 어느 정도 방해가 되느냐에 따라서 결정된다. 그러므로 이 이론은 선과 악의 개념을 옳음과 그름의 개념보다 더욱 기본적인 것으로 취급한다. 즉 옳은 것이 좋은 것에 의존하고 있다. 그리고 의무의 개념 역시 선의 개념하에 종속된다. 이런 목적론적 윤리설을 가장 잘 대표하는 것이 최대다수의 최대행복을 선으로 간주하는 공리주의(Utilitarianism)이다.

공리주의(功利主義, utilitarianism)

최대 다수의 사람들에게 최대의 행복을 가져오는 일을 도덕의 기초로 삼아 그것에 적합한 행위일수록 바른 것이라고 보는 사고방식으로, 영국의 철학자 제러미 벤담(Jeremy Bentham, 1748~1832)이 제창했다.

벤담은 사회와 개인의 모든 행위의 원리를 '고통의 최소화'와 '쾌락의 극대화'로 보았다. 행복의 증진이란 고통이 줄고 쾌락이 느는 것을 말하지만, 이때의 행복은 행위자 개인만의 행복이 아니라 행위에 영향을 받는 모든 사람의 행복이다. 따라서 어떤 개인에게 행복을 주는 것이 다른 많은 사람들의 행복을 줄인다면 그 행위는 유용한 행위가 아니다.

공리주의의 일반적 정의는 "행위의 정당성 여부는 행위의 결과가 좋고 나쁨에 의거하여 평가되어야 한다는 윤리론"이다. 공리주의는 공동체 전체의 행복을 목표로 하므로 그 전제에서 개인주의적 요소는 약하다. 인간이 인간이라는 사실만으로 존엄성을 갖는다는 명제는 자유주의에서는 본질적이라고 주장될 수 있지만, 공리주의에서는 부정될 수 있는 것이다.

벤담이 생각한 이상적 사회모델은 "공공의 부담을 최소화하면서 최대 다수의 죄수를 감시할 수 있다"는 원형감옥(panopticon)이었다. 그는 원형감옥이라는 이상을 공장에서 실현하고자 했으며, 그가 꿈꾼 이상적인 국가는 '감시가능성'이라는 원칙에 입각해 정점에 선 수상이 모든 지방행정을 효율적으로 관리할 수 있는 공리주의적 국가였다.

타인의 더 큰 행복을 위해 소수의 자유를 박탈하고, 다수가 향유하는 더 큰 이익을 위해 소수에게 희생을 강요할 수 있다는 공리주의의 '최대다수의 최대행복' 원리는 정의를 파괴한다는 비판을 받는다. 공리주의 전통을 계승하면서 이른바 '선호공리주의(preference utilitarianism)'를 내세우는 미국 철학자 피터 싱어는 "전통적 공리주의는 '최대 다수의 최대

행복'이라는 말이 있듯이 인간의 쾌락의 정도의 기준에 의하여 윤리적 가치를 결정한다. 그러나 나는 쾌불쾌의 문제에 집착하지 않는다. 내가 주장하는 것은 모든 지각의식 있는 존재(sentient being)의 선호(preference)에 관한 것이다. 그 선호의 만족을 최대화시키거나, 선호를 방해하는 불만을 최소화시키는 것에 관한 것이다"라고 말했다. 그는 그런 원리에 따라 안락사 허용을 주장한다.

이에 반해 법칙론적 윤리설(=의무론적 윤리설)은 우리가 추구해야 될 목적이 따로 주어져 있다는 것을 믿지 않는 대신, 옳은 행위와 그른 행위를 구분함에 있어 기준의 구실을 할 수 있는 도덕의 법칙이 주어져 있다고 믿으며, 적어도 어떤 행위들은 그들의 결과와는 무관하게 옳거나 그르다고 주장한다. 법칙론적 윤리설에 따르면 어느 행위의 옳고 그름은 도덕률을 적용함으로써 간단히 판별된다. 말하자면 도덕률에 맞는 행위는 옳은 행위이고 그렇지 못한 것은 그른 행위이다. 또한 이 이론은 목적론적 윤리설과는 반대로 옳음과 그름의 개념을 선과 악의 개념보다는 더욱 근본적인 개념으로 파악하며, 의무의 개념 역시 선의 개념과는 논리적으로 독립된 것으로 간주한다.

의무론적 윤리설(=법칙론적 윤리설, Deontological ethics)

이 윤리설은 사람이 추구해야 하는 행위의 목적이 따로 있다는 것을 믿지 않는 대신에, 행위의 옳고 그름을 구별하는 기준의 구실을 할 수 있는 도덕법칙이 있으며, 그 도덕 법칙은 시대와 장소를 초월해서 보편 타당한 절대적 권위를 갖고 있다고 믿는다. 따라서 의무론적 윤리설에서는 어떤 행위의 옳고 그름은 그 도덕 법칙을 적용함으로써 간단히 구별되며(예를 들면 칸트가 제시한 두 가지 도덕 법칙), 의무론적 윤리설이 대답해야 하는 최초의 근본 문제는 '시대와 장소를 초월하여 언제 어디서나 타당한 행위의 법칙인 도덕 법칙이 무엇이냐?'라는 것이다.

의무론적 윤리설은 '옳음'과 상관없이 '좋음'은 규정하지 않으며, '좋음'의 극대화가 '옳음'이라고 생각하지 않는다. 행위의 목적이나 善보다 의무나 법칙을 우선으로 보고 있으며,'옳음'에 위배되는 것은 무가치한 것으로 판단한다. 따라서 의무론적 윤리설에서는 '옳음'의 원칙이나 법칙의 체계가 우선적이며 그에 따라 가치 있는 善의 한계가 선정된다.

이 설은 행위를 하는 데 있어서 결과보다 동기를 중요시한다. 행위의 결과가 바람직하지 않더라도 행위의 동기가 도덕적이라면 그 행위는 도덕적인 것으로 본다. 동기는 결국 이성과 사유의 영향을 받으므로 이성과 사유를 중시하는 흐름에서는 이 윤리설을 주장한다. 대표적으로 칸트가 이 윤리설의 완성자인데 그가 주장한 도덕적 행위의 핵심 요소인 선의지는 행위의 동기를 의미한다. 의무론적 윤리라는 이름이 붙은 이유는 이 윤리설에서 인간이 선의지에 따르고, 도덕 법칙에 따른 행위를 하는 것이 인간의 의무라고 생각했기 때문이다.

규범윤리에 대한 이러한 이론적 구분과는 별도로, 윤리판단의 표준의 문제를 중심으로 우리는 다시 여러 종류의 윤리이론들을 정리해 볼 수 있다. 예컨대 G.E.Moore는 우리가 추구하는 목적이나 도덕법칙의 발견에 관한 방법론을 중심으로 하여 종래의 윤리학설을 크게 세 종류로 나누었다. 형이상학적 윤리설(Metaphysical Ethics)과 자연주의적 윤리설(Naturalistic Ethics) 및 직각론적 윤리설(Intuitional Ethics)[38]이 그것이다.

형이상학적 윤리설은 실재에 관한 형이상학적 이론이 선(善)에 관한 윤리학적 문제해결의 참된 기초라고 믿는 이 윤리설은 기본적으로 윤리학의 근본원리를 이끌어 내는 바탕으로서 형이상학적 원리를 사용하고, 형이상학적 진리로부터 윤리학적 진리가 논리적으로 추리된다고 믿으며, 최고의 선을 형이상학적 언어로 기술하는 입장을 취한다. 말하자면 윤리학이 탐구코자 하는 인생의 목적이나 행위의 법칙을 초자연적이고 초경험적인 실재에 관한 형이상학적 이론을 근거로 하여 추리해 낼 수 있다고 하는 것이 이 이론의 기본특징이다. 그러므로 여기서는 어떠한 형이상학적 이론을 갖느냐에 따라 전혀 상이한 윤리이론

38) 직관주의(intuitionism, 直觀主義)이란 윤리학적 직관주의는 옳고 그른 것을 직각적으로 파악할 수 있다는 이론이며, 인간의 감각기능과 비교될 수 있는 독특한 도덕감(moral sense) 혹은 도덕적 능력을 통하여 도덕원리를 선험적으로 인식할 수 있다는 이론이다. 옳음, 善, 正義 등은 직접적으로 파악된다. 그리고 도덕적인 진리는 도덕적 직관의 방법을 통하여 자명한 진리로 파악되는 것이다. 직관주의의 기본적인 가정은 우리들이 그 자체로서 옳고 합리적인 행동이란 어떤 것인지 명확하게 알 수 있는 힘을 갖고 있다는 것이다. 비록 여러 가지 행동이 특정한 동기에 따라 보다 더 훌륭하다든지 혹은 나쁘다고 판단된다 하더라도, 엄격하게 말해서 옳고 그런 것에 대한 우리들의 공통된 판단은 의도(intention)와 관계되는 것이다. 추구되는 선 혹은 바람직한 선으로서의 최고선에 비추어 옳은 행동을 설명하는 신학적인 윤리이론과는 달리, 직관주의사들은 목적에 관련시킴이 없이, 즉 행동이 궁극적인 결과를 고려함이 없이 옳은 것을 파악할 수 있다고 주장한다. 고전적 직관주의자들은 도덕적인 의무와 도덕적인 행동이 선을 위한 수단에 불과한 것이 아니라 그 자체로서 선이라고 주장한다. 도덕적인 '옳음'과 '그름'은 행동결과나 성과에 의하지 않고서도 확인된다.

들이 도출될 수 있다. 예컨대 Platon은 이데아(Idea)만이 영속불변하는 실재라는 그의 형이상학 때문에 인간적인 선은 가능한 한 선의 이데아에로 접근하는 것이라고 규정했고, Aristoteles는 우주 전체를 가능태에서 현상태로 발전해 가는 피라미드 체계로 본 그의 형이상학에 입각해서 인간에게 잠재한 이성의 기능을 유감없이 발휘하는 것이 인간의 최고의 선이라는 결론을 내렸다.

자연주의적 윤리설은 경험할 수 있는 자연적 사실을 근거로 하여 윤리규범을 도출해 낼 수가 있다고 하는 이론이다. 이 이론 역시 형이상학적 윤리설과 마찬가지로 존재가 당위의 근거가 된다고 하는 입장을 취하지만 이 이론이 당위의 근거로서 제시하는 존재는 경험적인 사실로서의 존재에 국한된다. 그러나 경험적 사실의 어떠한 측면을 가치의 근거로서 간주하느냐에 따라 자연주의 윤리설에도 쾌락주의적 자연주의(Hedonistic Naturalism), 진화론적 자연주의(Evolutionary Naturalism) 등으로 나누어진다. **쾌락주의적 자연주의**는 '인간은 누구나 쾌락을 원하고 고통을 싫어한다'는 인간의 심리학적 사실을 기초로 '선한 행위란 쾌락을 최대한으로 늘리고 고통을 최소로 줄이는 행위다'라는 결론을 이끌어 내고, **진화론적 자연주의**는 우리가 관찰하는 자연의 세계가 진화를 목적으로 삼고 있다고 보고 선한 행위란 이 진화를 촉진시키는 행위라는 규범을 도출해 낸다.

이와는 대조적으로 **직각론적 윤리설**은 사실을 근거로 당위를 도출해 내는 방법에는 반대하고, 도덕의 원리를 우리가 갖고 있는 선천적 능력을 통해 직접적으로 파악할 수 있다고 주장한다. 말하자면 객관적으로 존재하는 시비·선악 같은 가치들을 이성이나 도덕감 같은 능력에 의해 직접적으로 판별할 수 있다는 것이다. 여기서도 세부적인 이론의 차이에 따라 몇 종류의 직각론으로 나누어지는데, 철학적 직관주의(Philosophical Intuitionism)는 도덕에 관한 최고의 원리 하나 만을 직각적으로 파악하고 구체적인 행위들의 시비를 판별해 줄 수 있는 몇 개의 독립된 기본 원리들을 우리가 직관적으로 파악할 수 있다고 주장한다. 이외에 우리들의 무수한 행위 하나하나가 모두 도덕적 직각의 대상이라고 주장하는 직각적 직관설(Perceptual Intuitionism)도 있다.

한편, 방법론을 중심으로 한 구분과는 별도로 존재론을 기준으로 해서도 윤리학설에 대한 구분이 가능하다. 이러한 기준에 근거해서 우리는 윤리적 절대론과 윤리적 상대론을 구분해 볼 수 있다. **윤리적 절대론**(Ethical Absolutism)은 규범을 포함함 온갖 가치가 인간이나 그 밖의 어떤 감정을 가진 존재의 욕구나 태도와는 관계없이 독자적으로 실재한다는 이론이고, **윤리적 상대론**(Ethical Relativism)은 사물에 대해서 인간이 느끼는 욕구나 정서와의 관계를 통해서 선과 악의 구별이 비로소 생긴다는 이론이다. 말하자면 윤리적 절대론은 가치를 관계적인 개념으로 보고, 대상의 가치는 인간의 마음가짐에 의해서 결정된다고 하는 이론이다. 우리는 전자를 실재론적 가치론(Realistic Value Theory)이라고 하기도 하며, 후자를 심리주의적 가치론(Psychological Value Theory)이라고 부르기도 한다. 그러므로 실재론적 가치론을 주장한 G.E.Moore는 선악을 시공(時空)의 제약을 받지 않는 초경험적인 성질로서 파악하고, 감정이나 의지 등 어떠한 주관적 태도로도 주어진 대상 속에 깃들인 선악의 가치를 좌우하거나 변경시킬 수 없다고 주장했고, 심리주의적 가치론에 근거하여 R.B.Perry는 '가치는 모든 관심의 모든 대상'이라는 정의를 내렸다.

앞서 알아본 윤리이론들은 모두 장단점을 가지고 있다고 할 수 있다. 또한 그 성질상 어느 것도 결정적으로 증명되거나 부정될 수도 없다. 진리의 기준에 대해 매우 극단적인 기준을 제시한 논리실증주의에 의하면 윤리학 자체가 학문으로 성립할 수 없기 때문에 여러 윤리설의 장단점이나 우열을 따지는 일은 처음부터 무의미한 작업이 된다. 그러나 이러한 극단적인 주장은 우리의 욕구를 충족시켜 주지 못한다. 왜냐하면 우리는 행위의 세계에서 불가피하게 어떤 종류의 규범을 필요로 하며, 또한 그 규범을 이론적으로 정당화하지 않을 수 없기 때문이다.

지금까지 설명한 여러 이론 중에서 우리가 추구하는 직업윤리의 정립과 그 정당화를 위해서는 목적론적 윤리설 내지 자연주의적 윤리설이 가장 적합한 것으로 판단된다. 이 이론들은 형이상학적 사변을 피할 수 있을 뿐만 아니라 대다수가 가장 쉽게 동의할 수 있는 윤리기준을 제공해 주기 때문이다.

목적론적 윤리설의 입장에서 보았을 때 직업활동이 추구해야 할 목적, 즉 선은 무엇으로 규정되는 것일까? 우리는 직업의 의미를 다루면서 직업을 통해 우리가 해결하고 추구해야 되는 목적이 '생계의 유지와 사회적 역할의 분담 및 자아의 실현'에 있다고 할 수 있다. 그렇다면 이러한 목적들의 달성에 이바지하는 직업행위는 좋고 선한 행위이며, 이와 반대되는 행위, 즉 목적들의 실현을 방해하는 행위는 악하고 좋지 못한 행위라는 이론적 설명이 가능해진다.

또한 우리가 설정한 직업의 목적이 형이상학적 사변이나 직관을 통해서 도달한 것이 아니라 경험적으로 확인할 수 있는 한도 내에서, 그리고 이 목적이 영구불변적으로 고정된 것이 아니라 상황에 따라 변화될 수 있다는 것을 승인하는 점에서, 이러한 설명의 배경에는 자연주의적 윤리설 내지 윤리적 상대론의 입장이 전제되어 있다.

여기서 우리는 다음과 같은 질문을 제기할 수 있다. 그렇다면 직업윤리와 국민윤리(國民倫理) 사이에는 어떠한 관계가 있는 것인가? 이러한 물음에 대해 우리는 간단히 국민윤리는 직업윤리를 포괄하는 보다 넓은 가치체계라고 대답할 수 있다. 말하자면 국민윤리의 내용 속에는 직업윤리 이외에 다른 윤리도 포함된다고 할 수 있다. 그러나 모든 국민이 자기의 직업을 통해서만 사회에 봉사하고 국가의 실질적인 국민이 되는 한도 내에서 국민윤리의 가장 핵심적인 내용이 바로 직업윤리라고 주장할 수 있다.

제 3 절 경제윤리

1. 봉건사회의 경제윤리

시민사회(市民社會)의 경제질서인 자본주의(資本主義)와 그의 경제적 윤리는 그 전 단계인 봉건사회의 붕괴와 그를 뒷받침했던 윤리관의 변화에서 비롯된 것이므로 우리는 자본주의와 그의 경제적 윤리문제를 이해함에 있어서는 먼저 봉건제도와 그의 경제적 윤리를 간단히 살펴보는 것이 좋을 것이다.

봉건군주나 영주, 승려 등 사회의 지배계층은 자신의 능력과 노동에 의해 그들의 막대한 자산을 형성하고 일용소비재를 획득한 것이 아니라 권력적 지배와 인신적 주종관계를 기반으로 한 제도적 수탈시스템에 의해 획득한 것이다. 봉건사회의 지배적 산업은 농업이었고 농업생산은 특이한 생산조직인 부락공동체를 중심으로 전개되었으며, 이에 부수하여 수공업생산은 도시공동체를 중심으로 행해졌다.

중세의 촌락공동체는 영주관을 중심으로 농민들의 취락을 이루고 이를 중심으로 경작지·목초지·방목지·삼림 등이 전개되어 촌락을 형성한다. 경지는 3포제도에 따라 동경(冬耕), 하경(夏耕), 휴한지(休閑地)로 3분되고 각 농민은 일정의 경작지와 목초지를 배당받는다. 방목지와 삼림은 공동으로 이용하는 공동지가 된다. 농민은 농노로서 토지에 속박되어 있고 토지소유는 원칙적으로 영주·귀족에게만 한정되어 영주는 토지소유권·인신지배권·재판권을 통할하고 봉건적 공납을 경제적 토대로 하여 연회·수렵·연무회·전쟁 등에 종사했다. 영주들 사이에는 토지소유의 대소에 의해 상급영주와 하급영주라는 주종관계가 존재하고 있었으나 같은 계급 간에는 연합체가 있었고 계급별로 선출된 대표자가 신분제 의회를 구성했다.

봉건적 지배권력은 지방분권적이고 강력한 중앙집권적 권력체제는 존재하지 않았으나 피라미드형의 신분별·계급적 권력조직에 의한 영주지배가 농조의 반항을 억압했다.

이와 같이 부락공동체를 통제하는 봉건영주는 그의 영민에게 다음과 같은 공조를 부과·징수할 권한을 보유하고 행사했다.

① 부역: 농노에게 부과하는 것으로서 본부역(영주직할지의 경작노동)과 잡부역(제초·토목공업·운반 등의 노동).

② 현물공납: 농노에게 부과되는 정기적인 인두세와 임시적 공납(결혼허가료, 상속료 등) 및 토지생산물의 물납과 금납.

③ 사용료징수권 : 독점적 시설의 사용료의 징수권(제빵기, 수차, 제분장 등)

④ 특권수입: 통행료징수특권(도로세, 교량세, 부두세 등), 시장개설권, 조폐특권, 광산특권 등.

⑤ 재판권: 재판영주는 재판수수료를 징수할 뿐만 아니라 장원영주와 같이 부역이나 공납을 부과.

이상에서 알 수 있는 바와 같이 봉건체제의 지배계급은 권력적 지배와 생산수단(주로 토지)의 지배적 소유를 통해 무상의 노동부역에서부터 생산물에 대한 공조 그리고 갖가지 수입 조달에 이르기까지 가능한 모든 방법과 수단을 통해 필요한 수입과 그 이상의 것을 강제 수탈했다. 따라서 지배계급을 제외하면 일반 양민은 사실상 토지에 대한 소유권은 없고 자신의 노동에 의한 생산물인 경우에도 공조의 형태로 상납되는 부분이 크기 때문에 그 소유권은 극히 제한되어 있는 것이다. 이처럼 일부 지배층에게만 허용되었던 재산소유권이 일반대중에게까지 전면적으로 확립되는 것은 후술하는 바와 같이 시민혁명에 의해 봉건적·절대주의적 낡은 질서가 붕괴된 이후의 단계에서 비로소 가능해졌다.

그런데 여기서 한 가지 인식해야 될 점은 상술한 바와 같은 봉건적 공조(=수탈)는 단순히 일방적인 권력적 지배나 그 외 제도적 시스템에 의해서 가능했던 것이 아니라는 점이다. 어느 시대를 막론하고 권력이나 제도에 의한 일방적 강제에는 한계가 있고 비록 무력한 대중일지라도 그 같은 강제에 무조건 승복하는 것이 아니다. 전술한 바와 같은 영민의 부역을 비롯한 각종의 공납제가 하나의 제도로서 정착될 수 있게 된 배후에는 중세특유의 영주와 영민 간의 지배·종속관계의 형성과정이 존재했고 이 같은 관계에서 봉건적 윤리·질서가 형성되었기 때문이다.

봉건제도의 인적 종속관계는 공법적 보호 내지 혈족적 보호가 쇠퇴되거나 해체되어 개개인은 자력구제(自力救濟)가 불가결해진 상황에서 발생하는 인간의 사회적 생존방식이고 권력과 재산도 이 같은 종속관계에 대응해서 일정의 형태를 취하게 된다. 이를 토대로 하여 균형적인 발전을 한 것이 이른바 장원(Manor)이다. 서구의 경우 로마제국의 말기에 공법적 보호관계가 해체과정에 있을 때 씨족제에서 종족제적 단계에 있던 게르만인의 대거침입으로 곳곳에 새로운 지배형태로서 장원제도의 발달을 가져오게 되었는데 이 장원을 지배하는 영주와 그 장원 내에 거주하는 양민과의 사이에는 하나의 봉건적 계약관계, 곧 종속관계를 맺게 된다.

장원(莊園, manor)

봉건적 토지소유형태의 의미이다. 봉건제하에서는 농업생산이 생산력의 기축이기 때문에 토지의 의의는 결정적이며 부는 주로 토지의 소유라는 형태를 취한다. 토지소유는 귀족적 영주의 독점적 특권이며 농노인 직접생산자농민은 원칙적으로 여기서 배제되고 있었다. 농민은 영주에 대해 봉건적 지대를 부담하지만 경제발전에 대응해서 지대형태는 노동지대 → 생산물지대 → 화폐지대로 전화한다. 봉건적 토지소유하에서는 모든 산업은 농업을 기축으로 해서 이것과 불가결하게 결합하는 수공업과 함께 공동체적으로 구성되어 있다.

봉건적 종속관계는 존경(Homage)과 성실선서(Oath Of Fealty)로 이루어지는 봉건적 계약이다. 이 계약에 따라 주인은 종자(從子)에 대해 보호를, 종자는 주인(主人)에 대해 의무적으로 봉사할 것을 다짐한다. 봉사의무는 부역, 병역, 관청출입(주인의 정치에의 참여, 봉건법정에서의 근무) 및 금전제공의 의무까지 포함된다. 그리고 보호의무는 종자의 일신 및 그 가족에 대한 재판상·생활상의 일체의 보호를 책임진다.

이 같은 관계를 볼 때 봉건사회의의 통치조직과 경제운영시스템에 있어서도 일정의 계약관계, 곧 성실보호와 성실봉사의 계약관계에 기초를 둔 것이고 그 나름대로 주종방식에 주인으로서의 윤리와 종자로서의 윤리가 강조되었던 사실을 알 수 있다.

그러나 당초에 이 같은 쌍무적 계약관계에서 출발했던 봉건적 주종관계가 그 후 피지배층의 일방적인 봉사의무만이 강화됨으로써 빈번한 농민반란이 발생되었고 한편 수공업자, 상인 등이 중심이 되어 형성·발전된 도시와 도시의 신흥세력이 강대해짐으로 해서 중세 봉건사회는 절대주의 단계를 거쳐 근대 시민사회로 이행되었다.

2. 자본주의적 경제윤리의 성립

근대시민사회는 그 제도적 특색을 기초로 하여 경쟁시장에서 형성되는 가격의 자율적 조절기능에 의존하고 있다. 따라서 그것에 의하여 운영되는 자유주의 경제체제를 크게 성립과정, 개화단계, 그리고 혼합경제적 단계로 나누어 볼 때 현실경제의 변화에 따라 경제적 윤리관에도 커다란 변화를 볼 수 있으며 또 변화를 요구하고 있음을 알 수 있다.

자본주의가 성립되려면 크게 두 가지 요건이 충족되지 않으면 안 된다. 그 하나는 산업혁명 후에 나타난 것으로 근대적 대규모의 공장이나 기업을 운영하는데 필요한 자본축적이고, 또 하나는 이들 공장이나 기업에 종사하게 될 자유노동자군의 대량배출이다. 그런데 이 두 가지의 기본적 조건은 중세봉건사회이 상공업을 중심으로 자본주의적 요소가 성장하기 시작한 16세기부터 산업혁명에 이르기까지의 이른바 초기의 상업자본주의(Commercial Capitalism)시대에 마련되었다.

봉건시대의 생산력의 발전은 일방에서 농산물공급의 증대가 이루어지고 다른 일방에서는 도시를 중심으로 한 수공업이 발전되어 생산물의 상품화율을 높이면서 시장 확대와 다수의 상인군을 배출했다. 이들 상인은 상품의 유통과정에서 등가교환을 통해 막대한 이윤을 획득할 수 있게 되어 거대자본의 토대가 되었다.

특히 15세기말 지리상의 발견 이래 신항로의 개척, 신개발지로부터의 원료획득, 금·은의 유입, 판로확대 등으로 교량활동은 국내시장에만 국한되지 않고 국제적 규모로 확대되어 16세기 이후 서구사회에서는 새로운 상업주의 풍조가 형성되었다. 그 때 당시 절대왕정 정치의 등장과 절대군주에 의한 부국강병책을 추구하는 중상주의정책에 상인층이 편재하고 또한 왕실의 비호 아래 상업자본의 축적은 가속적으로 촉진되었다. 한편 상업자본은 원료의 독점과 생산자들에게 대한 자금대부를 통해 국내생산업자를 지배하게 되었다. 상업자본은 객주제도[39] 내지 전대제도[40]에 의한 생산자금의 공급을 통해 다수의 수공업자를 예속화시키는 한편 그 후 매뉴팩처제도[41](Manufacture, 공장제수공업)를 발전시킴으로써 자본가 대 임금노동자라는 자본주의적 생산관계를 형성시키는 역할을 수행했다.

이 제도는 개별수공업자에 의한 가내생산방식과는 달리 각자의 가내작업장에서 분별적으로 생산에 종사하고 있던 수공업자를 보다 규모가 큰 작업장에 집합시켜 분업에 의한 협업을 하게 하는 것이다. 이와 같은 경영방식은 생산기술은 비록 수공업적이나 생산시설의 소유자로서의 자본가와 임금노동자가 분리된다는 점에서 자본주의적 생산관계를 형성하는 것이고, 또 신분적으로는 누구에게도 귀속되지 않으면서 자기의 노동력 이외에는 아무것도 가진 것이 없는 자유노동자를 배출해 낸다는 점에서 중요한 역사적 의의를 갖는 것이다. 그런데 이 같은 자유노동자는 매뉴팩처에 의해서뿐만 아니라 장원경제의 와해과정

39) 객주제도(客主制度)란 유럽에서 상인 자본가가 가내 수공업자에게 미리 원료와 기구 등을 빌려주고 물건을 만들게 한 후 일정한 대가를 치르고 그 물건을 거두어 도맡아서 파는 제도를 이르던 말이다.

40) 선대제도란 상인 자본가가 가내 수공업자에게 미리 원료와 설비를 대어 주어 물건을 만들게 하고 거기에서 생산된 물건을 도맡아서 파는 제도를 말한다.

41) 가내공업에서 공장제공업으로 발전해 가는 과정에서 나타나는 과도적 공장경영형태를 말한다.

과 농업혁명에 의해 농지에서 배출된 많은 농민이 오갈 데 없는 품팔이 노동자가 됨으로써 양산(量産)되었다.

상술한 바와 같은 과정을 통해 자본주의성립을 위한 두 가지 기본적 조건이 성숙되어 나왔는데 그 후 산업혁명을 계기로 노력과 기계의 발명에 의해 대규모 공장제생산이 가능하게 되자 자본주의는 본격적인 발전단계로 옮아가게 되었던 것이다.

그런데 이 같은 자본주의의 성립과정에서 앞으로 새 시대(자본주의 시대)의 주인공으로 등장하게 될 신흥부르주아 계층은 그들의 자유로운 활동과 권익증대에 가장 편리한 시장제도의 창설을 꾀하게 되고, 이 같은 욕구는 시민혁명에 의해 달성 구체화되었다. 그들은 절대주의적 통제와 억압에서 정치적·종교적 자유, 곧 민주주의를 쟁취하는 한편 경제적으로는 무엇보다도 재산취득의 자유와 취득한 재산의 사적 소유권의 제도적 보충, 이것과 관계해서 생산과 영리활동의 자유와 이에 의해 생산·획득된 생산물과 이윤을 활동의 당사자에게 귀속되어야 한다는 것을 주장하고 제도적으로 실현시켜 나왔다.

이렇게 신흥부르주아에 의해 봉건적 절대주의적 낡은 질서와 제도가 붕괴되는 과정에서 이상적 변화가 수반되지 않을 수 없게 되고 후술하는 바와 같은 철학적·윤리적 사조의 변화는 자본주의사회의 형성·발전을 촉진하게 된다.

17세기 말엽 영국의 John Locke는 이 같은 시대적 배경에서 자유방임주의와 그것에 대응하는 새로운 가족관, 재산소유권의 제도적 보장과 그의 윤리적 정당성을 주장한 사상 최초의 철학자라는 점이 극히 주목된다.

J.Locke는 개인의 소유권과 이익을 보호하는 것이 국가의 의무이고 또 이와 같은 목적으로 조직된 것이 국가라고 하여 봉건적·절대주의적 국가관과는 전혀 판이한 국가관을 제시하는 동시에 국가권력에 의한 개인재산이나 이익의 침해는 용납할 수 없는 것이라고 역설했다. 이른바 자유방임주의는 Adams Smith에 의해 그 다음 세대들에 의해 열렬히 주장되기에 이르렀으나, 이 사상은 17세기의 Locke에 의해 미약한 형태로나마 한 시대 앞질러 선창되었음을 알 수 있다.

그러나 각 개인의 자유로운 이익추구가 동시에 사회전체의 공공의 이익증진에 이바지하게 된다는 자본주의의 기본적 사상 곧 개인의 이기주의에 윤리적 정당성을 기여하고 이기주의가 공익에 직결된다는 사상을 보다 강력하고 명백하게 전개한 것은 그 후의 Bernard de Mandeville(1670~1733)과 David Hume (1711~1776)이다.

만데빌(Mandeville)은 유명한 그의 저서 「꿀벌 이야기(*Fable of the Bees*)」에서 "인간으로 하여금 하나의 사회적 동물이 되게 한 것은 다른 사람과 친구가 되고자 하는 욕구나 선량한 성품, 측은한 마음, 붙임성, 그 밖에 겉보기에 아름다운 갖가지 덕성에 있는 것이 아니라 오히려 인간의 가장 비열하고 또 가장 미워해야 할 품성에 있다는 것, 그리고 그것들은 세속적인 견해에 따르면 가장 행복하고 가장 번영된 사회에 적응시키는 데 있어 가장 필요한 조건이 된다는 것을 인간의 성질에 관해 연구한 사람이라면 누구나 간파할 수 있는 것"이라고 하고 있다. 이 한마디는 그의 인생·사회에 대한 사상의 핵심을 표현하고 있는데, 이 같은 관점에서 그는 '개인의 죄악은 공공의 이익(Public Benefits)'이라고 했다. 그가 여기서 '개인의 죄악'이라고 함은 사회를 조직하는 개개인이 자기의 이익 또는 쾌락만을 위해 이기적 경제활동을 하는 것은 죄악이지만, 사회의 상공업의 발전을 촉진시켜 그의 물질적 번영을 증진시키는 결과를 가져온다면 이는 분명히 '공공의 이익'이 되는 것이다.

그런데 그 때 당시 개인의 탐욕적 활동이 공공의 이익이 된다고 하는 그의 사상은 분명히 하나의 역설(Paradox)이고 이 때문에 많은 비난을 받기도 했으나 이 역설 속에 시대의 대세가 잘 표현되어 있는 것이다. Mandeville은 선구자적인 표현으로 시대의 대세를 일찍 간파하기는 하였으나 이 패러독스의 윤리적 정당성을 체계적으로 전개하지는 못했다.

앞서 본바와 같이 자본주의는 개인의 이기주의적 영리활동에 의한 상공업의 다양한 발전을 통해 일방에는 부의 증진과 소비향락의 증진을, 다른 일방에는 많은 사람들에게 취업의 기회를 제공하게 된다. 따라서 개인의 이기적 활동의 자유는 자본주의 성립과 그 발전을 위한 불가결의 조건이자 현 경제를 이끌어 나아가는 원동력의 구실을 하게 된다.

이렇게 개인의 자기본위의 탐욕적인 이윤추구, 곧 개인의 죄악이 결과적으로 생산력의 발전, 고용기회의 확대를 통해 공익의 증진에 이바지하게 된다면 이 사악(私惡)을 일방적으로 비난·질책되어야 할 성질의 것으로만 볼 것이 아니라 오히려 현실적 의의를 평가하여 그것이 윤리적으로 시인되어야 한다는 방향으로 새로운 윤리관의 정립을 요청하게 된다.

이리하여 Mandeville의 패러독스의 해결, 이 사악에 윤리적 정당성을 기여하고자 하는 일련의 새로운 철학적 윤리사상의 전개는 그 후 David Hume(1711~1776)과 Jeremy Bentham(1748~1832) 등에 의한 이른바 '공리주의(Utiliarianism)'철학에 의해 수행되었고 Adams Smith(1723~1790)는 이 같은 사상을 경제학적으로 전개했다.

David Hume(1711~1776)

철학을 인간 본성에 대한 귀납적 실험과학으로 보고, 뉴턴의 과학방법과 존 로크의 인식론을 기초로 해서 인식이 생겨날 때 정신이 어떻게 작용하는지를 설명하려 했다. 그는 경험을 떠나서는 어떤 인식도 불가능하다고 주장했다.

스코틀랜드 국경 나인웰스의 소지주 조지프 흄의 아들로 태어났다. 처음에는 양가 전통에 따라 법학을 공부했지만 이내 싫증을 느끼고 다양한 학문의 서적을 탐독했고, 〈세 편의 도덕·정치학 논고〉·〈인간 이해력에 관한 철학 논고〉와 같은 저술활동을 시작했다. 애덤 스미스는 〈흄 자서전〉에 추도문을 실으면서 그를 '인간이 도달할 수 있는 완벽한 지혜와 덕의 이상에 가장 가까이 다가갔던 인물'이라고 평했다.

기술한 바와 같이 영국에서의 공리주의사상의 형태는 이미 Locke에 의해 전개되었으나 이를 더욱 명확하게 체계화하려고 노력한 것이 Hume의 도덕론이다. Hume은 도덕현상을 연구함에 있어 경험적·귀납적으로 도덕의 본질을 규명하려고 했다. 그의 구체적인 방법은 일상생활에 있어 통상 선이라고 불리어지는 것들을 한 쪽에 모으고 다른 한 쪽에는 악이라고 불리어지는 것들을 모아 그들 사이의 공통성을 추출, 그것에 의하여 도덕의 일반원리를 발견하려고 한 것이다.

이 같은 방법에 의해 Hume은 인간의 성질 가운데서 덕성이라고 볼 수 있는 것을 모두 골라내어 왜 덕성으로 간과되는가의 이유를 고려한 결과 그것은 사람들에게 기쁨(쾌락)을 주는 점이라고 결론지었다. 그리하여 사람에게 고통을 주는 것은 악이고, 쾌락을 주는 것은 선이라고 보고 이 같은 기준에 의해 인간의 성질이나 모든 행위의 도덕적 가치를 판정하려고 했다. Hume은 개인의 덕성 가운데서 가장 중용한 것으로서 인정(Benevolence)과 정의(Justice)를 들었는데 이런 행위가 사회적 덕성(Social Virtues)으로서 칭찬과 존경을 받는 것은 그 행위의 당사자뿐만 아니라 사회일반에게 행복과 만족을 주고 사회의 안녕질서를 유지하는 데 기여함으로 '공공의 이익(Public Utility)'을 증진시키기 때문이다.

이렇게 Hume은 도덕의 표준을 행위의 결과인 공리 또는 효용(Utility)에 구하고 이 효용은 다시 쾌락에 의존한다고 했다. 이런 점에서 Hume의 도덕론은 공리주의적 관점에서 입안한 것이라고 볼 수 있을 것이다.

그런데 이 같은 Hume의 공리주의적 사상은 Mandeville의 패러독스를 손쉽게 해결할 수 있는 논리적 기초를 제공해 주는 결과를 가져왔다. 왜냐하면 어떤 행위가 사회전체에 대해 이익을 주는 것이면 덕행이 되고 그렇지 못하면 악이 되기 때문이다. 개인이 자기의 이익 또는 쾌락을 위해서 여러 가지 경제활동을 하는 것은 죄악이 되는 것이지만 그것이 사회의 산업발전을 촉진하여 여러 사람에게 행복과 만족을 증진시키는 결과를 초래한다면 그것은 공공의 이익이 되기 때문이다. 곧 사악(私惡, Private Vice)이 공익(Public Benefit)이 된다.

그러나 Hume의 거의 도덕론에만 국한된 공리주의사상을 일체의 예외로 인정하지 않고 정치, 법률, 경제, 사회상의 모든 실제적인 문제에 확대·적용하여 일관된 체계를 이루면서 민주주의·개인주의·자유주의·방임주의 사상으로 발전시킨 것은 Jeremy Bentham(1748~1832)이다. 한편 이 같은 사상에 입각한 자본주의경제학을 처음으로 체계화한 것은 Adams Smith이다.

공리주의(功利主義, Utilitarianism)

행복의 최대화가 모든 인간행위의 궁극적인 목표라고 주장하는 윤리학설을 말한다. 즉 행위의 도덕적 가치가 공리(功利, utility)의 증진에 의해서만 결정된다는 것이다. 공리주의를 체계화한 벤담(Jeremy Bentham)은 행복을 쾌락으로, 불행을 고통 혹은 쾌락의 결핍으로 규정하였다. 쾌락과 고통은 강도, 지속성, 확실성, 신속성, 범위 같은 지표로서 측정[행복계산법(felicific calculus)]되는데, 이 계산에서 어떤 행위의 영향을 받는 사람들의 수효는 중요한 요소였고, 그 결과 고통보다 쾌락을 더 많이 산출하는 행위는 정당한 것으로 판정되었다. 따라서 벤담에게 공리주의의 목표는 '최대다수의 최대행복'이 되었다.

벤담의 공리주의는 밀(John Stuart Mill)에 의해 수정되었다. 밀은 행위가 쾌락과 고통에 의해 유발되며, 행복의 증진 여부가 행위의 정당성을 판별하는 기준이라는 벤담의 입장을 수용하였지만, 쾌락의 양뿐 아니라 질적 차이를 고려하여 고차원의 (정신적) 쾌락과 저급한 (물질적) 쾌락을 구분하고, 나아가 전자가 후자보다 더 가치가 있다고 주장하였다. 밀의 이러한 주장은 쾌락의 질적 구분이 가능한지, 만약 가능하다면 그 차이를 계산할 수 있는지에 관한 논란을 유발하였다. 한편, 행위의 결과를 중요시하는 공리주의의 결과주의(consequentialism)에 대해서도 공리주의가 공리를 위해 잘못을 저지르는 것을 정당화한다는 비난이 종종 제기되었다. 이에 밀은 특정한 경우 불의한 행위 자체가 나쁜 결과보다는 좋은 결과를 초래할 수 있을지라도, 장기적으로 전체적인 공리는 정의 같은 이차적 규칙을 준수함으로써 가장 잘 달성된다고 반박하였다.

Bentham은 1789년에 이행한 그의 저서「도덕 및 입법의 제 원리에 관한 서론(*Introduction to the Pronciples of Morals and Legislation*)」에서 "공리라고 함은 그것의 이해가 문제가 되는 사람들에게 이익, 편익, 쾌락, 복리 또는 행복 — 이 모든 것은 이 경우 동일한 것이 되고 마는 것이지만 — 을 낳게 하고 또는 — 이것도 역시 동일한 것이 되지마는 — 그 사람들에게 손해, 고통, 재해 또는 불행의 발생을 방치해 주는 경향이 있는 모든 사물의 특성을 뜻하는 것"이라는 '공리'에 대한 정의를 내려놓고 그가 주장한 소위 '공리의 원리(The Principle of Utility)'가 무엇인가에 대해 계속 다음과 같이 표명했다.

공리의 원리란 무릇 모든 행위에 있어 그 행위가 문제가 되고 사람들의 행복을 증가시키는가 감소시키는가 다시 환언하면 그 행복을 촉진하는가 억압하는가 어느 경향을 갖고 있느냐에 따라 이를 시인 또는 부인하는 원리를 뜻한다. 나는 어떤 행위를 막론하고 이렇게 말하는 것이고 따라서 어떤 한 개인이 모든 행위에 대해서만이 아니고 정부의 모든 시책에 대해서도 이렇게 말한다.

그런데 Bentham은 이 같은 '공리의 원리'를 사회의 모든 사상에 적용했다. 이 경우 사회란 어떤 것인가를 생각하지 않을 수 없는데 그는 사회라는 것을 "그 성원을 형성하고 있다고 생각되는 개개의 개인으로 구성된 하나의 의제적 단체(Fictious Body)"라고 보기 때문에 사회의 이익은 곧 이를 구성하고 있는 개개인의 이익의 총화에 불과한 것이다. 그런데 사회를 조직하고 있는 각 개인은 누구를 막론하고 한 사람으로 계산되어야 하고 한 사람 이상으로 계산되어서는 안 된다. 따라서 사회의 이익이란 필경 '최대다수의 최대행복(The Greatest

Happiness of The Greatest Number)'을 꾀하는 데 있게 된다. 그리고 개인의 행위나 정부의 시책을 막론하고 그것들이 사회의 이익 곧 최대다수의 최대행복을 증가시키는 경향이 있으면 공리의 원리에 부합되는 것이고, 감소시키는 경향이 있으면 이 원리에 부합되지 않는 것이라고 보는 것이 Bentham의 기본적 사상을 이루고 있는 것이다.

Bentham의 공리의 원리란 이와 같은 것인데 그는 이 원리를 윤리학에 적용, 이것을 가지고 인간행위의 정사(正邪)를 판정하는 기준으로 삼았고 나아가서 이 원리를 법률학, 정치학, 경제학에도 적용하여 모든 법률상, 정치상, 경제상의 모든 제도와 정책의 여부를 결정하는 기준으로 삼았던 것이다. Bentham은 이 공리의 원리 이외에 또 하나의 중요한 제2의 전제로서 '자기선택의 원리(The Self-Preference Principle)'라는 것을 제시했다.

그에 의하면 각 개인은 원칙적으로 자기 자신의 행복의 최상 판정자(The Best Judge)이고 동시에 각 개인은 부단히 자기의 최대행복을 추구하는 존재이다. 사람이 자신의 생활을 영위함에 있어서 자애심은 다른 모든 이해를 총괄한 것보다도 강하고 모든 경우에 있어 자제의 선택이 우선한다. Bentham은 이와 같은 인간을 전제로 해서 "모든 인간으로 하여금 그가 하는 모든 행위에 있어서 그 순간에 그가 처한 상황에 때한 자신의 견해에 따라 최대한으로 자신의 최대행복에 도움이 될 행동방식을—그런 행동이 다른 같은 사람들에게, 또는 자기 이외의 모든 사람 전체의 행복에 어떤 영향을 끼치게 될 것인가에 대해서는 개의치 않고—추구하도록 유도하는 인간성에 존재하는 성향을 가리켜 자기선택의 원리라고 본다.

Bentham의 두 가지 원리, 곧 공리의 원리(최대행복의 원리)와 자기선택의 원리는 상술한 바와 같은데 이 같은 두 원리에 입각하여 최대다수의 최대행복을 추구하는 것이 정치·경제의 목적이라고 하며, 한편 사회를 조직하고 있는 각 개인은 각자의 행복을 위한 최상의 판정자이자 부단히 자신의 최대행복을 추구하고 있는 존재이며 또 사회 전체의 행복은 각 개인의 행복을 모두 합한 것이라고 본다면 이 같은 사상이 법률, 정치, 경제의 각 분야에서 스스로 방임주의·자유주의·개인주의·민주주의 등의 주장으로 나타나게 되는 것은 당연한 윤리적 귀결이다. 상술한 바와 같은 Bentham의 기본적 사상은 법률론에 있어 공법분야에서는 민주주의 헌법론으로, 사법분야에서는 자유계약의 주장으로 전개되었고, 이 같은 주장은 19세기 초엽부터 대중적 지지를 얻어 실제에 영국의 법제개혁에 압도적 영향을 미쳤던 것이다.

(1) 민주주의(Democracy)

Bentham에 의하면 '정부라는 것은 원래 그 자체가 하나의 큰 해악(Taken by itself, government is in itself one vast evil)'으로서 권력으로 사람의 자유를 속박하는 것은 속박당하는 자에게는 고통을 주는 것이고 이 같이 타인에게 고통을 주는 것은 공리의 원리에서 위배된다는 것이다. 이 때문에 공리의 원리에서 보아 정부의 권력행사가 시인되는 것은 다만 그것에 의하여 보다 큰 해악이 제거될 수 있는 경우에 국한된다. 따라서 권력의 행사는 최소한으로 억제하는 것이 이상이라고 했다. 즉, 최소의 통치가 최상의 통치라고 했다.

그러면 정치의 형태로 어떤 것이 최상의 것인가? 그것은 민주주의 정부체제라고 했다. 상술한 바와 같은 자기선택의 원리에 의해 인간은 무엇보다도 자기의 이익을 으뜸으로 생각하고 그것을 추구하는 존재이다. 그러므로 일국의 정권도 언제나 그 권력을 담당하고 있는 사람들의 이익을 위해 행사되는 것을 막을 수 없다. 이 때문에 만약 권력이 소수 사람들의 수중에 장악되고 있으면 그들 일부 사람들의 이익을 위해 사용되기 쉽다.

그러나 정치의 정당하고 본래적인 목적은 균등의 원리에 입각하여 최대다수의 최대행복이 아니면 안 된다. 그러므로 Bentham의 의견에 따르면 정치상의 권력은 반드시 사회를 구성하는 전체 사람들 사이에 넓게 고루고루 배분되어야 하고 이 같은 관점에서 균등의 원리에서 시인될 수 있는 유일한 정체는 민주주의라고 했다(The only species of government which has or can have for its object and effect the greatest happiness of the greatest number is, … a democracy).

(2) 계약의 자유

전술한 바와 같이 Bentham에 의하면 각 개인은 각기 자신의 행복에 관해서 최상의 제성자이다. 그렇다면 사기 또는 강제에 의하지 않는 한 갑과 을이라는 두 사람이 서로가 자진해서 일정의 계약을 체결하고 이에 따라 스스로 자신을 구속한다는 것은 그 계약의 자유가 법률상의 근본원칙이 되는 것이라고 했다. 각 개인의 자유를 확장하고 보증하기 위해 법률상 계약의 자유를 시정하고 그 내용 여하에 관계없이 모든 계약은 법률상 유효하고 보호되어야 한다고 역설한 것이다.

법률상 Bentham의 이 계약자유설은 경제상에 있어 Adams Smith의 자유방임설과 일체적인 관계에 있는 것이고, Smith 이후 경제학의 또 하나의 이상적 지주가 된 것이다.

이상에서 자본주의 성립단계에서 개화과정에 이르는 시기의 자본주의적 발전을 뒷받침하고 그의 발전을 촉진해 나온 여러 사상과 윤리관의 변모를 기술했다.

그런데 상술한 바와 같은 사상과 윤리관은 개인주의, 이기주의, 자유방임주의 등에 윤리적 정당성을 기여하고 자본주의 발전에 결정적인 계도적 역할을 다했으나, 그 후의 자본주의 발전과 변화는 종래의 사상과 윤리관에만 안주해 있을 수 없게 하면서 제도적인 개혁과 새로운 윤리관의 정립을 촉구하고 있다.

(3) 자본주의 경제체제

자유주의와 개인주의에 입각한 경쟁적 영리활동의 자유와 대규모 기계설비에 의한 공장제 생산은 인간과 그들의 생산력을 봉건적 속박과 수탈로부터 해방시켜 생산력과 소비력의 비약적인 발전을 가능하게 하였으나 자본주의제도 자체가 가지고 있는 제도적인 특성이나 특이한 생산관계는 자본주의의 발전과정에서 크게 변질되는 결과를 가져왔다. 그러나 일체의 경제활동을 자유로이 행사하는 원칙에는 변함이 없다.

첫째, 토지에서부터 건물, 기계·설비에 이르기까지의 일체의 재산과 생산수단의 사적 소유와 처분의 자유가 원칙적으로 보장되어 있다.

둘째, 영리활동의 자유를 전제로 일체의 생산물은 상품으로 생산되고 상품매매과정에서 발생하는 차익은 교환 당사자의 이익으로 취득된다.

셋째, 공장제 생산방식에서 자본가 대 임금노동자라는 새로운 주·종관계가 사회적 생산관계의 지배적 형태가 된다.

넷째, 사회의 모든 성원의 필요를 충족시켜 주어야 할 일체의 생산이 생산수단의 배타적 소유자인 자본가 또는 기업가의 이윤추구를 위한 방편이다.

이 같은 자본주의의 제도적 특성은 그것이 잘못 사용될 경우 크게 변질될 우려를 처음부터 가지는 것이다. 자본주의 제도는 그 발전과정에서 실제로 이 같은 문제점을 노정해 가고 있으며 따라서 자본주의의 발달사는 그 폐해를 줄이고 제거하기 위한 경제윤리의 발전사라고 할 수 있다.

제 4 절 기업윤리

1. 기업윤리의 성격과 문제점

(1) 기업윤리의 성격

기업이 자본주의사회에서 차지하는 비중은 막중하다. 자본주의체제는 자유주의 사상을 기본으로 하고 있기 때문에 자본 등 물적 수단의 개인적 소유와 그 운용이 자유롭다. 따라서 주체자로서 개인이나 기업은 자유로운 경쟁으로 얼마든지 이윤추구를 도모할 수 있다. 자본주의 경제체제는 이윤추구를 목적으로 하는 각각의 경제주체들이 경제활동에 적극 참여함으로써 유지되고 발전되는 것이다. 그러기에 기업의 입장에서는 이윤추구가 최대의 목표가 되는 것은 두말할 나위가 없는 것이다. 그러나 사회경제적 입장에서 큰 안목으로 본다면 경제활동은 비단 기업가뿐만 아니라 그를 포함한 생산에 참여한 모든 사람과 그 가족의 물질적·정신적 행복을 더하는 데 궁극적인 목적이 있다 해야 할 것이다.

이러한 기업가적 입장과 사회적 입장 사이는 상호 대립되는 모순이 있게 된다. 기업윤리는 여기서 야기되는 갈등을 조화롭게 해결하기 위해 기업의 사회성을 음미하는 가운데 본질적인 문제에 접근될 수 있도록 논의가 되어야 할 것이다. 기업윤리문제가 제기된 배경은, 자본주의체제하에서 경제적 주장이 윤리와 본질적인 면에서 서로 다르기 때문이다. 즉 경제문제는 경제 자체 내에서 윤리적으로 해결해야 한다는 입장이다. 왜냐하면 기업의 이윤추구는 자본주의체제하에서는 본질적인 것이기에 여기서 야기되는 문제는 역시 경제적인 면에서 그 해결방법을 찾아야 한다고 한다. 그 대표적인 주장은 미국의 Milton Friedaman을 중심으로 한 시카고학파이다.

시카고학파(Chicago school)

신자유주의 학파라고도 한다. 미국 시카고 대학의 프리드먼 교수를 중심으로 하는 경제학파. 이 학파의 주장은 합리적인 경제운영을 기하고 물가상승을 억제하기 위해서는 자유스러운 가격기능을 부활시키지 않으면 안된다는 것으로 정부활동보다는 민간의 자유로운 행동을 중시한다. 케인스 경제학을 따르는 뉴 이코노믹스와 대립되는 것으로 생산, 고용, 가격 등의 수준을 결정하는 요인으로서 통화공급량을 중시한다.

시카고학파는 이러한 문제에 있어서 기업이 이윤추구를 목적으로 한 경쟁적 경제활동에 철저해야 하는 것이 바로 기업의 사회적 책임이라는 것이다. 이들이 바로 신자유주의론자들로서 이들의 주장은 경쟁적 경제활동에서 생긴 이윤은 사회사업이나 장학금 등의 경제 외적인 것에 사용하는 것보다는 가격인하나 확대재생산에 다시 투자되어야 한다는 것이다. 즉 이윤추구를 목적으로 하는 경쟁적 활동이 사회적 이윤을 결과한다는 고전적 윤리관을 신봉하는 것이라 하겠다. 또한 이들은 기업이 생산활동으로 인해 야기된 사회문제(환경공해, 산업재해, 생활불능자)에 대해서는 이를 최대한 방지하고 규제하는 법적 제도의 설정과 최저생활보호를 사회적으로 실시함으로써 해결할 수 있다고 한다.

다음으로 마르크스주의자들에 의하면, 그들은 자본주의를 완전히 부정하는 입장에 있기 때문에 기업을 반사회적으로 취급하고 있는 점에 대해서는 의심할 여지가 없다. 그들은 기업의 반사회적 행위가 자본주의 경제체제의 내재적 모순에 기인하는 것이기 때문에 자본주의체제 자체를 바꾸어야 한다고 주장한다. 따라서 기업의 사회적 책임을 묻는 것 자체를 자연적으로 부정하는 것이다.

그런데 이상과 같은 극단적인 좌우파의 기업의 사회적 책임불필요론에 대하여 이 문제는 경제적·사회적 관계에 의해 발단되는 것이니 만큼 이 두 가지 관계를 합리적으로 조정·운영하는 방안을 마련해야 한다는 입장이 보다 더 설득력을 갖게 된다. 이러한 입장을 취하는 절충주의자들은 근본적으로 경제체제에서 자유기업의 경쟁을 인정하면서 그 장점을 최대한 살리고 해악적 측면을 기업윤리나 사회적 책임의식을 제고시킴으로써 수정해야 한다는 기업의 사회적 책임필요론을 내세우고 있다.

자본주의사회에서 기업이 경제주체로서 그 가치를 높이 평가받고 있는 이유는 그것이 영리활동을 통해 경제의 성장 발전에 크게 기여함으로써 국민복지를 향상시키며 개인에게는 사회활동을 할 수 있는 계기를 마련해주기 때문이다.

그런데 이러한 사회적 활동을 보장하는 자유경쟁체제는, 인간의 능력에 차이가 있는 이상 자유경쟁사회는 적자생존의 원칙에 따라 경쟁에서 이긴 기업이 그 세력을 확대하여 기업규모의 급속한 확대를 가져왔고, 자유경쟁시장이 아니라 대규모기업 간의 경쟁을 중심으로 한 독과점시장이 형성되었다. 다른 한편으로는 현대기업은 끊임없이 경쟁 속에서 이기고자 공장규모의 확대, 경영규모의 대형화가 불가피하게 되었다.

이렇게 하여 형성된 독과점기업은 점차 그들의 사적 이윤추구를 위하여 소비자의 이익을 외면하는 등 각종 폐해를 일으켰다. 이에 대해 소비자는 물론 정부도 소비자의 보호에 관심을 게을리할 수는 없었다. 그러나 문제의 핵심은 기업가에 있었으니, 정부가 아무리 신경을 곤두세워도 기업 스스로가 사회적 책임을 절실히 느끼지 않으면 아무 효과도 거둘 수 없는 것이었다. 즉 기업의 참다운 사회적 기능은 기업윤리를 통해서 사회적 책임을 절실히 느끼지 않으면 아무 효과도 거둘 수 없는 것이었다. 즉 기업의 참다운 사회적 기능은 기업윤리를 통해서 사회적 책임을 다하는 데 있다. 기업이 합리적인 경영으로 비용을 절감하여 양질·염가의 제품을 시장에 공급하는 것이 사회에 기여하는 길임은 두말할 것도 없다. 더욱이 영리집단인 대규모 기업은 국가·국민경제에 막대한 영향을 행사하고 있음을 자각하고, 기업은 단순한 영리집단으로서만이 아니라 그 이상의 것, 즉 사회의 환경변화에 적절히 대응할 능력과 행동력을 갖추어야 한다. 따라서 자본주의 자유경제체제하에서 기업의 본질은 영리추구와 사회적 봉사라는 양면적 성격을 띠고 있다.

이러한 영리와 봉사의 양면성은 현대산업사회의 구조적 성격을 전제로 할 때 공존하기가 그리 쉬운 일은 아니다. 그러할 경우 기업이 본래 가지고 있는 영리추구라는 목표의 달성이 쉽게 이루어지지 않기 때문이다.

그런데 기업의 사적 이윤은 국가사회의 안정적 존속 위에서 얻어질 수 있는 것이므로, 사회의 안정적 발전과 절대적으로 그 운명을 같이 한다고 볼 수 있다. 즉 기업의 안정적 발전은 일시적인 극대이윤의 창출에 있는 것이 아니라 지극히 장기적인 것이므로, 기업이 이윤을 끊임없이 추구할 수 있는 건전한 사회의 육성도 기업의 사회적 이익으로 보아져야 한다. 말하자면 후기산업사회의 불확실한 현실에서는 극대이윤을 누리기 어려우므로 기업경영에 필요한 최소한의 이윤획득만을 목표로 하고, 기업인 자신들은 산업발전 및 국민경제정책의 담당자이며 기업은 국가부강의 원천임을 깊이 인식하여, 그 사회적 사명을 다하기 위한 안정적 발전을 도모해야 한다는 것이다. 이것이 기업윤리 내지 기업의 사회적 책임의 구체적인 내용의 하나다.

다음으로는 기업이 적정이윤을 유지하면서 분배의 공정을 기하여 근로자 및 기업에 관계되는 모든 사람의 복지를 향상시킬 책임을 져야 한다. 그러므로 기업은 노동자에게는 적정임금을 지불해야 하고 출자자에게는 적정이윤을 배분해야 한다. 또한 국가에 대해서는 납세의 의무에 충실해야 하며, 관계기업 간에는 공정한 거래질서를 확립·유지해야 한다.

그 다음으로 기업은 소비자를 의식해서 그들을 보호하는 입장에서 경영의 합리화를 기하여야 한다. 기업의 정신은 영리를 목적으로 하여야 하지만, 그에 못지않게 소비자를 보호하고 육성하는 데 선도적 역할을 다해야 한다. 기업이윤이 소비자에게서 나오는 것이므로 이들이 국민경제에서 차지하는 비중이 큰 것임을 깊이 인식해야 할 것이며, 이렇게 하기 위해서는 기업은 사회가 필요로 하는 상품의 질을 높이고 양과 서비스에 있어서도 적정가격으로 안정적 공급을 해야 한다. 즉 불량 상품을 독점가격으로 공급·판매하는 불공정거래 행위를 해서는 기업정신에 어긋나는 것이다.

그리고 기업의 책임 중에서 소홀히 할 수 없는 또 하나의 문제는 공해문제이다. 기업은 그의 활동에 수반되는 유해한 공해를 예방하든가, 그렇지 않으면 발생 후에 사후조치를 강구하여 일반대중에게 피해를 주는 일이 없도록 각별히 주의해야 한다. 공해는 심하면 인명을 해치는 사태로까지 몰고 갈 수 있는 위험소지를 안고 있으므로 사전에 적절한 조치를 취하는 것이 무엇보다 바람직스러운 일이다. 그리고 부실한 기업운영을 한다든지 국민경제를 좀먹는 밀수행위를 한다든지 하는 공익에 위배되는 운영을 자행해서는 안 된다. 더욱이 현대기업은 국제사회에 대한 각종 책임도 묻게 됨으로 신중을 기해 조금도 소홀함이 없도록 각별히 노력해야 한다. 특히 우리나라에서는 상도의를 앙양시키지 않고서는 조국의 선진화를 기할 수 없다는 점을 명심해야 한다.

어떻든 기업은 사회적 산물임에는 틀림없다. 그러므로 사회를 배신해서는 안 된다. 개인에게 이성이 부여됨으로 해서 인간이 사회성을 지니는 것과 마찬가지로, 개인의 집합체인 기업도 사회에서 활동하고 있는 이상 사회적 존재임에는 틀림없다. 그러므로 기업도 사회생활의 주체로서 사회에 봉사하는 가운데 그들의 목표를 원만히 달성할 수 있을 것이라고 믿는다.

특히 우리나라에서는 기업이 주주보다는 종업원을 더 소중히 여기고, 종업원에 대하여 더 많은 윤리의식을 갖도록 노력해야 하며, 개인중심의 책임의식에서 집단중심의 책임의식에로 전환되어야 한다. 기업은 경영인 한 두 사람의 노력에 의하여 이루어지는 것은 아니다. 또한 경영인은 덕으로써 종업원을 다스려야 하며, 구성원의 인격을 존중하고 상호 협조함으로써 집단의 효율을 극대화하는 것이다. 경영인은 기업구성원으로부터 존경을 받고 종업원에게는 마음으로부터 헌신적 노력을 유도해내야 한다. 그렇게 하기 위해서는 기업경영인은 종업원을 내 가족처럼 아끼고 사랑하며, 종업원은 경영자를 내 부모와 같이 존경하고 받들어야 한다. 즉 참다운 인간관계가 형성되어야 한다는 것이다. 그리고 기업경영인은 연공서열과 능력주의를 다 같이 존중하는 윤리의식을 가져야 한다. 민주적 경영방식은 연공서열과 능력주의의 조화를 이룰 줄 아는 슬기가 있어야 한다. 기본급에는 연공서열을 존중한고 가급은 능력주의에 따라 조정함으로써 양자의 조화를 이루어 나가는 것이 바람직한 방법이다. 이러한 조화로운 경영방식을 외면하고 지나친 정실주의로 흐르거나 또는 지나치게 편파적으로 일 처리를 하거나, 그리하여 양반적 자세로 권위주의적 사고방식을 불식하지 못하고 관료적인 경영방식으로 일관한다면 그 기업은 몹시 어려워진다.

기업경영인과 노동자가 생사고락의 동반자적 입장에서 기업윤리를 생각해보아야 한다. 즉 기업경영인은 근로자의 인간계발을 어떻게 도울 수 있으며 근로자들이 사회인으로서의 성취감을 어떻게 느낄 수 있도록 할 것인가를 알아야 한다는 것이다. 따라서 노동자에게 군림하는 사용자가 되어서는 안 된다. 기업경영인은 근로자를 위해서 봉사하는 사람이 되어야 하며 그러한 봉사를 통해서 기입인으로서의 성취감을 느껴야 한다.

우리나라에서도 노사분규가 점점 많아지고, 그것이 과격한 양태로 전개되고 있는 근본원인은 올바른 직업윤리가 정착되지 못했기 때문이 아닌가 여겨진다. 올바른 직업윤리를 가지고 노사관계를 본다면 근로자에 대한 인격적 이해와 인간적 존중이 대전제가 되어야 하는 것인데, 이에 대한 기업인들의 인식은 현저히 미흡한 상황에 있는 것 같다. 어떤 사람은 아직도 우리나라 근로자들만큼 인간적이고 순수성이 있는 근로자는 없다고 말한다. 평소에 이들 근로자들과 먹으면 같이 먹고 굶으면 같이 굶는 자세로 회사를 경영하고 또한 그들의 신상문제와 가정문제까지 같이 할 만큼 노사 간에 인격적인 대화가 있으면, 회사가 어려움에 당면할 때 월급을 올려달라고 극한투쟁을 하는 사태는 절대로 일어날 수 없는 것이 한국의 현실이라는 것이다. 그런 점에서 노사분규가 일어나는 대개의 경우 경영자의 직업윤리에 문제가 있다는 것이다.

경제가 성장하면 노사 간의 사회적 관계는 변화한다. 노동은 점점 귀중해지고 자본은 점점 흔해지게 된다. 이른바 사람값이 오르는 것이다. 다시 말하면 직업이 지니는 인간적 측면이 점점 중요해지는 것이다. 기업경영인은 이와 같은 변화를 수용하지 않으면 안 된다. 지난날의 절대빈곤시대에서는 세 끼니의 밥을 먹여주는 일자리를 얻는다는 것 자체가 한없이 고마운 일이었고, 그러한 일자리를 마련해 준다는 것이 더 없이 위세 당당한 일이었다. 그러한 사회 환경에서 현금을 중심으로 하는 직업윤리와 기업경영인의 군림을 기본질서로 하는 노사관계가 형성되었던 것이다. 이제 현금을 중심으로 하는 직업윤리에서 인간을 중심으로 하는 직업윤리로, 그리고 기업경영인의 군림을 기본질서로 하는 노사관계에서 기업경영인의 봉사를 기본질서로 하는 노사관계로 이행되어야 할 것이다.

어떻든 기업경영인은 근로자를 외면할 수 없고, 사회적인 관계를 외면할 수 없는 것이다. 근로자의 인격을 존중하고 적정 대우를 해줄 때 그 기업은 생동감이 넘치게 될 것이다. 그렇게 됨으로써 사회는 건전해지는 것이고, 사회가 건전해질 때 우리 모두의 생활은 풍요로워지는 것이며 행복을 찾게 되는 것이다.

(2) 기업윤리의 문제점

우리나라의 경제발전을 위하여 기업의 생산적 활동이 얼마나 중요한 것인가에 대하여는 재론할 필요도 없을 것이다. 이와 마찬가지로 기업에 대한 국민들의 우호적인 평가가 당사자인 기업에게는 물론 경제적으로나 정치적으로도 매우 중요한 것이다. 왜냐하면 현대사회에서 기업이 정당성을 국민으로부터 인정받는다는 것이 정치적·경제적 안정을 위해서 중요한 근거를 제시해 줄 수 있을 것이기 때문이다. 다시 말해서 우리 국민이 우리 기업들에 대해서 호감을 갖느냐 반감을 갖느냐 하는 것이 기업의 정당성 인정에 영향을 미칠 것이며 이것이 특정기업은 물론 산업계 전체의 활동에 직·간접적으로 영향을 주게 될 것이다. 그리하여 마침내는 정치적 안정에까지 영향을 미치게 될 것이다.

이런 관점에서 기업들 스스로가 자기행동의 성격을 평가해 보고 국민의 지지를 받도록 하기 위해서 윤리문제를 제기함은 결코 경시될 일이라 생각되지 않는다. 이는 우리 기업들이 성장해 온 과정을 오늘의 위치에서 냉정히 살펴볼 때 더욱 그러하다.

사실 우리 기업들은 그간 정부의 적극적인 산업육성 정책에 힘입어 사세를 넓힐 수 있었고 재벌이라 부르는 기업집단도 많이 등장하였다. 그러나 이러한 기업들의 세력 확장 경쟁은 불가피하게 많은 부작용을 낳게 하였고, 이것이 기업들에 대한 비판의 소리로 바뀌었음은 부인할 수 없다.

물론 기업에 대한 국민의 비판의 소리가 전적으로 타당한 것은 못 된다. 기업가들을 어떻게 이해하느냐 또는 기업의 역할에 대한 견해차에 따라 평가가 달라질 것은 물론이기 때문이다. 더욱이 기업에 대한 몰이해가 오해를 낳고 있음도 시인하여야 할 것이다. 그러나 그런 오해가 있으면 있을수록 기업 측에서 보다 적극적으로 오해를 풀 수 있는 방안을 강구하는 한편, 기업과 기업가들이 기업의 행위에 대하여 사회적으로 책임을 진다는 윤리의식을 정립함이 필요하다고 생각된다. 여기서 말하는 윤리는 통상 인간이 지켜야 할 것으로 말하여지는 남을 속이지 말 것, 도둑질하지 말 것, 거짓말하지 않을 것 등과는 다른 성격의 것이다. 즉 기업윤리는 법인격을 지닌 기업이 사회적·경제적 그리고 정치적으로 우리 사회 속에 내포된 현실에 비추어 책임을 인식할 것이 무엇인가이며 이에 대하여 신중한 논의가 있어야 할 것이다.

2. 선진국의 기업윤리와 그 배경

구미 선진국의 산업발전과정에서 찾아볼 수 있는 도덕체계 또는 윤리관은 결코 단일적으로 표현될 수 있는 것은 못 된다. 다만 이들 지역이 유태·기독교 문화의 전통 속에서 2,000년을 지내오는 동안 특정시대에 통용된 도덕체계의 유산을 복합적으로 이어받아 가면서 현대에 이르고 있다는 것은 분명하다.

그러나 18~19세기에 이 지역에서 이룩된 산업혁명은 Max Weber의 주장에 따르면 특유한 윤리적 분위기(Ethos)가 서구산업사회에 형성됨으로써 자본주의의 꽃이 피게 되었다 한다. 그에 따르면 'Protestant'[42]의 윤리, 즉 인간적 욕구를 억제해 가면서 모든 것을 희생하여 신께 바치려는 금욕적인 윤리적 태도가 한 사회에 넓게 또 깊이 파급되어 한 사회의 분위기를 형성하고 있어 이것이 산업화의 정신적 원동력이 되었다는 것이다.

이 분위기 조성의 주역이 다름 아닌 기업가였으며 이들의 윤리적 덕행—근면성, 절약하는 태도, 용의주도성, 성실성, 결단성 등과 더불어 순결, 겸손, 침묵에 이르기까지의 일반적 금욕적 성격—이 현저하게 나타남으로써 생산력의 확충에 결정적 요인인 노동의지의 강화를 불러일으켰고, 또 개인의 소비를 억제케 하여 잉여분의 재생산화를 도모하는 데 기여하였던 것이다. 더욱이 용의주도하다는 덕행은 확충되어가는 생산력을 합리적인 방향으로 이끌어가게 하는 데 이바지한 것이다.

여기서 특히 주목되어야 할 것은 기업가들이 신용할 수 있고 정직하여야 한다는 종교적 교리에서 한 걸을 더 나아가 자기자본을 증식시키는 것을 자기목적으로 생산하는 것이 각자의 의무라 생각하는 분위기가 조성되고 있었다는 사실이다. 이 때문에 여리도 기업가의 윤리적 의무가 되고 있었다는 것이다. 즉 B.Franklin의 자서전의 가르침에서 보는 바와 같이 "쉬지 않는 근로와 검약, 그리고 향락의 단념으로 자기자본을 증식하는 것을 의무로 보고 이렇게 이룩된 부를 그 개인이 사회에서 이룩한 유능성의 표시"로 평가하는 분위가가 조성되고 있었던 것이다.

이와 같이 구미의 초기 산업화과정에서 보는 기업윤리는 개신교의 교리에 바탕을 두었으며, 이것이 교리로써 또는 규범으로써 내세워진 것이 아니라 오히려 그러한 윤리가 주로 기업가들 마음속에 간직되어지고 체질화됨으로써 한 사회의 부위기를 이루었고, 따라서 기업인들을 그 윤리에 따른 방향으로 행동

42) 프로테스탄트(Protestant, 改新教)는 시마르틴 루터, 츠빙글리, 칼뱅 등은 부패한 가톨릭에 대항하여 종교개혁을 일으켰다. '프로테스탄트'라는 단어는 1529년 독일 스파이어 회의의 판결에서 마르틴 루터가 로마 가톨릭 세력에 저항(Protestatio)한 데서 생겨났다. 주요 교파로는 장로교, 침례교, 감리교, 성결교, 순복음교회 등이 있다.

하도록 이끌어 가는 힘을 지니고 있었던 점이 주목되어야 할 것이다. 따라서 기업윤리는 기업가 개개인이 천직을 감당해 나감에 있어 지켜야 할 윤리적 덕행을 행하는 것으로 해석할 수 있으며, 이를 실천해 나감으로써 고대나 중세에서 천시되어 온 생산직에 종사함이 신성시되었다. 다시 말하면 기업가의 사회적 지위를 높이는 결과가 되었으며 이것이 계기가 되어 생산력의 비약적 증대가 이룩되게 되었던 것이다.

그러나 이러한 '프로테스탄트'의 윤리적 덕행이 기반이 된 구미선진국의 거업윤리도 점차 기업의 규모가 커지고 산업의 복잡성이 더해짐에 따라 그 내용에 변화가 일어났음을 본다. 즉 기업의 주역들의 윤리적 덕행만으로 오늘의 산업사회가 이룩될 수 없었음은 물론이다. J.A.Schumpeter가 지적했듯이 기업가들의 창조적 파괴를 통해서 새로운 것을 창조하여 항상 내부로부터 혁신을 추진해가는 기능의 수행정도가 기업의 발전을 본질적으로 결정하는 요인임을 새로이 인식하게 된 것이다. 그리하여 이 새로운 산업환경에서 기업가가 채택해야 할 윤리와 기업이 실천해야 할 윤리가 새로이 논의되기 시작한 것이다.

사실 현대기업들의 복잡한 이해관계자들과의 관계나 종업원들과의 관계에서 특정의 윤리체계를 택하지 않을 수 없는바, 그 선택은 구미기업들 사이에서조차 쉽지 않은 것으로 나타났다. 이제는 근검절약과 성실, 순결 등의 윤리적 덕행만으로 윤리문제를 해결 할 수 없으며 구미에서도 '그리스도'윤리가 개인적 행동규범의 바탕을 이루고 있음에도 불구하고 이것이 오늘날에 와서는 오히려 고민을 안겨다 주고 있다 해도 과언이 아니다. 즉 구미에서도 '그리스도'윤리는 비이기주의 또는 이타주의로 표현될 수 있는바 이것이 기업활동을 규제하고 책임지는 데 별로 도움을 주지 못하며 현실적인 것이 못 된다는 논의가 오히려 일반적이다. 따라서 심지어는 기업윤리가 종교윤리와는 다르며 '놀이'의 윤리가 기업활동에 작용된다고까지 말하여지고 있다.

이런 상황에서 구미의 여러 업자 단체나 유관기관들은 사회적 신의를 높이기 위하여 윤리강령을 준비해 놓고 있음을 본다. 이는 한편으로는 동업자간에 지켜보사는 약속의 뜻을 지닌 것이며 또 판단하기가 애매한 경우 그 기준으로 유용한다는 뜻으로 이것이 제정되었다. 그러나 미국에서 조차 윤리강령이 업계의 사기를 높이는 데 이바지될지언정 실천에는 별 의미가 없는 것이 되고 있음이 지적되고 있다. 사실 오늘의 고도산업사회의 격심한 경쟁과 기술혁신은 기업에서 모순이 되는 윤리체계를 병존시키는 결과가 되고 있으며 더욱이 기업들의 가치나 윤리가 사회의 타 부분, 즉 가정, 교회, 정치단체 등의 윤리와 다른 점이 많으며 이 때문에 일상 활동에서 기업들은 모순을 불가피하게 경험하게 됨을 보는 것이다.

그러나 이러한 어려움이 개재되는 속에서도 구미의 기업들은 그들 스스로가 대규모화하고 기술혁신이 계속 도입되는 가운데 보다 나은 기업에의 길을 향해서 일반적으로 지켜야 할 바는 지켜나가고 있음을 볼 수 있다 할 것이다. 즉 기업의 본분인 ① 생산의 능률화 — 유용한 상품을 값싸게 만드는 일, ② 효율적인 배급 — 만들어진 제품을 필요한 사람들에게 적절히 배분하는 일, ③ 제품의 신뢰성 — 만들어진 제품의 질이 우수하고 소비자가 믿고 살 수 있을 것, ④ 기업 내의 인력개발 — 인력활용을 적절하게 하면서 인력이 가장 잘 계발되기 위한 방안의 모색, ⑤ 인간의 자유와 인권을 보장하도록 하는 것 등이 쉽게 찾아 볼 수 있는 윤리인 것이다.

그리고 실정법적 사상의 영향으로 이해관계자들과의 관계에서 상대방을 보다 존중하려는 경향이 짙어지고 있으며 소비자 집단, 고급자 집단, 기타 공동단체와의 관계를 형성하는 과정에서 이를 엿볼 수 있다. 이것이 현재 구미의 도덕체계 하에서 논의되는 집약된 윤리이며 이 이상의 것은 별로 실천적 의미가 없다고 여겨진다. 이는 오늘의 구미기업가의 가치관이 경제가치 즉, 물질적 부나 이를 가능케 하는 근로나 근면을 중시하는 생각보다는 문화가치 즉 경제 외의 교양, 취미, 여가 등 인간의 사적 생활과 정신적·정서적인 풍부성을 중시하는 생각을 더 앞세우기 때문에 나타나는 현상으로 보여진다. 그리하여 이타주의까지는 못 되어도 타인을 존중한다는 윤리의식이 오늘의 구미의 기업윤리에 깊이 자리 잡고 있음을 보는 것이다.

한편 일본의 산업화 과정에 나타난 기업윤리에는 구미와 같은 종교적 배경이 없었는데도 비교적 구미의 초기 산업화 과정에서 나타난 금욕적 윤리가 그대로 이식되었음을 본다. 더욱이 기업 내의 전원이 평등하다는 생각과 신용과 정직에 높은 윤리가치를 부여하여 이를 기업에서 실천케 함으로써 기업은 본질적으로 사회에 유익한 제도이고 주체란 인식을 대중에게 심어주는 데 매우 유효했음을 본다. 사실 일본기업들로서는 봉건체제에서 흔히 볼 수 있는 미덕인 근검절약 또는 정직과 신용이란 윤리의식을 그대로 기업사회에 이식시키는 과정이 필요하였고 이를 통하여 일본기업들의 발전을 촉진시키는 계기가 되었던 것이다.

이러한 일본기업의 윤리의식은 개인의 생활윤리와 결부되어 근대화과정에서 비교적 그대로 이어져 내려왔으며, 이것이 2차 대전 이후 일본패전에 따른 어려운 환경을 이겨내고 경제를 비약적으로 성장시키는 데 크게 기여했다 해도 과언이 아니다. 그리고 이런 윤리의식은 오늘에 와서도 물체에 인간이 정성을 들여야 한다는 직업윤리의 전통을 확립시키는 데 이바지하였다 할 것이다. 이에 반해서 일본기업가들은 문화가치보다도 경제가치를 보다 중요시함으로써 물질적 부를 추구한 나머지 무절제한 경쟁, 위험부담을 고려치 않은 설비투자나 다각화를 도모하여 경쟁회사가 망할 때까지 격렬한 가격경쟁을 전개해 나간다. 그리고 이를 위하여 경영규모를 확산해 나가는 일견 무모하고 비윤리적인 행동을 거침없이 수행한 것이다.

이런 관점에서 볼 때 일본기업의 경우 두 가지의 차원을 달리하는 기업윤리 수준이 한 기업에 내재하고 있으며 이것들이 어느 의미에서는 편의에 따라 적당히 적용되고 있음을 볼 수 있다.

3. 산업화과정에서 기업윤리와 그 배경

이상에서 본 바와 같이 선진국들에서의 기업윤리는 이것이 그 나라의 문화적 전통에 기초를 두고 현실적 필요에 따라 형성된 분위기에서 유도된 것임과 동시에 초기 산업화과정에서 이를 촉진시키는 요인으로서의 미덕을 많이 내포한 것이었음을 보았다. 따라서 기업윤리의 실천은 기업의 생산력을 증강시키는 데 크게 기여하였다 해도 과언이 아니다.

이에 대해서 우리의 사정은 어떠한가? 우리의 근대사를 돌이켜 볼 때 법인격을 갖춘 기업제도의 도입은 일제의 침략과 더불어 수입된 것으로 그나마도 8·15 해방 때까지 우리 손으로 크게 발전시키지 못한 채 20세기의 전반세기를 흘려보냈던 것이다. 이 때문에 산업발전의 원동력으로 지칭되는 기업가군의 등장을 볼 수 없었거니와 하물며 혁신적 기능을 담당하는 기업가는 더욱이나 찾아보기 어려웠다 할 것이다. 이와 같이 기업다운 기업과 기업가다운 기업가의 등장을 촉진하는 분위기를 조성하지 못한 채 해방을 맞이했고 그 후 계속된 혼란 속에서 경제활동이 정체상태를 벗어나지 못한 채 다시 10여 년이 흘렀던 것이다. 60년대 들어와서 겨우 정치적 안정을 되찾아 새로운 정부주도의 산업발전정책에 힘입어 여러 산업의 육성은 보았으나, 동시에 많은 비판의 대상이 된 문제의 기업가군을 아울러 탄생시키는 결과가 되었음은 부인할 수 없다.

이는 급속한 고속성장정책이 빚어낸 불가피한 결과라 보며 정부가 의욕적인 경제개발정책을 시행하는 과정에서 자연히 정부와 특정기업가가 특별한 관계를 맺는 경우가 생길 수 있었고 이 대문에 재계의 세력판도에 영향을 미치는 경우가 있었음도 부인할 수 없을 것이다. 따라서 우리의 기업사회는 그 출발 시점부터 구미나 일본의 것과 다르며 또 기업사회가 형성되는 과정에서 상업자본의 활약이 컸으며 생산에 따른 소득보다 전매와 인플레 소득이 컸다는 사실 때문에 우리 기업의 자본축적과정에 대한 비판과 오해가 적지 않을 것임을 각오하여야 할 것으로 본다.

우리 기업가들에 대하여 일방적이며 전체를 한데 묶어 비판하는 것은 타당한 것이 못 된다. 기업가 중 일부는 윤리적으로 결코 부끄러움이 없다고 보기 때문이다. 그러나 그렇지 못한 기업들의 수가 적지 않았다는 사실이 결국 우리 기업들에게 비난의 화살을 던짐과 동시에 윤리면에서 깊게 평가될 것을 요구하고 있는 것이다. 불행하게도 우리 기업들이 등장해서 산업발전을 도모하는 출발점에서 내세울 윤리적 분위기가 조성되지 못했었다. 따라서 혼란과 정책의 일관성이 결핍된 상태에서 우리 기업들은 스스로의 힘으로 그리고 흔히는 비윤리적이라 할 만큼 비정상적인 수법으로 부가 축적되었음을 부인할 수 없으며, 따라서 기업윤리를 확립하려는 분위기가 마련되지 못한 채 산업화가 추진되었다 할 것이다.

우리의 문화적 유산 속에 기업에서 윤리로서 받아들여질 것들 결코 없는 것은 아니다. 오히려 우리의 전통문화 속에서도 근로와 절도 있는 생활 정직 및 신용이 존중되어 왔고 이것이 교육과정에서 강조되어 온 것을 알 수 있다. 그리고 유교의 가르침 속에서도 "생재유도(生財有道)"[43]란 말이 있어도 어긋남이 없

43) 생재유도(生財有道)란 기업이 재품을 생산할 경우에는 상도에 따라야 함을 의미한다.

이 축재가 이루어져야 함을 강조하고 있음을 알 수 있다. 다만 이러한 유교의 가르침이나 전통이 기업에서 윤리적 가치로서 흡수되고 기업사회에서 이들 가치가 기업가의 윤리적 신조로서 받아들여져 기업활동이 이에 비추어 이끌어 가는 분위기가 형성되기에는 첫째로 너무도 일제가 제약을 가하고 있었다 할 것이고, 둘째로 해방 이후에는 북으로부터의 인구대이동, 도시로의 인구집중, 그리고 정치사회의 혼란 등이 겹쳐 그런 상황 하에서 우리 고유의 전통적 윤리 가운데 역기능적인 것의 일부만이 기업에 흡수되고 오히려 기업의 사회화에 따라 이바지하게 될 발전적 윤리는 기업에 침투되지 못한 채 70년대 산업화가 시작되었던 것이다.

여기서 우리의 전통윤리가 기업에 흡수된 것으로는 가족 및 혈연관계의 중시, 친지관계의 중시, 서열의 중시 등 가족제도의 오륜의 윤리가 비교적 강하게 작용해 왔음을 알 수 있다. 또한 윤리는 대내적 관계에 초점을 맞춘 것으로 공개되어야 할 것도 기업 내의 비밀로서 간직하는 폐쇄성의 윤리가 지배해 왔음을 지적할 수 있다. 이러한 사실들이 기업의 부정 또는 비정상적인 영업행위와 결부됨으로써 대중들의 비난의 원인이 되기도 하였던 것이다. 그리고 상황과 환경에 적응시켜 행동함을 존중한다는 전통적 행동기준이 흔히는 대내적 신용을 저버리는 행위로서 나타나기도 하고 이것이 마침내는 이기적인 행위를 야기하는 경우가 흔히 지적됨을 볼 수 있었던 것이다. 그 한 예가 계약을 쉽게 개정하거나 파기하는 경우가 이것이다.

이런 점에 비추어 우리 기업들은 우리의 산업화 과정에서 기대되는 윤리의식이 박약하고 바람직한 윤리수준에 훨씬 미달하는 현실을 보이는 바이다. 특히 현대산업사회의 복잡한 관계가 전개되고 있는 현실에서 복잡해지고 있는 이해관계집단과의 관계를 개선하여야 한다는 의식이 매우 박약한 상태로 지난 수십 년간 지나 왔다 해도 과언이 아니다. 한 예로 종업원과의 관계 개선, 근로조건의 개선, 나아가서는 인간적 대우를 한다는 등등의 일과 또 다른 예로서 고객에게 동일 또는 더 나은 품질의 것을 계속 공급한다는 것은 기업의 성장을 도모하기 위해서도 필수적인 요건인 바 이를 지키지 않아 이에 대한 시비가 계속 문제되는 경우를 우리 기업사회에서 흔히 본다. 이는 아직도 우리 사회가 이런 문제가 발생하였을 때 이를 엄격히 다스리기보다는 일시적 흥분으로 끝내고 관용을 베풀고 있기 때문이라 해도 과언이 아니다.

이와 같이 우리 기업의 윤리의식의 박약함을 지적하는 가운데 우리가 반드시 고려해야 할 것은 기업가들의 기본 동기 및 배경을 분석해 보는 것, 그리고 기업을 둘러싼 분위기라 해도 좋을 일련의 여건의 분석이 필요할 것이다. 이러한 분식이 우리 기업의 윤리수준의 위치에 대한 해답을 제시하는 데 본질적으로 중요한 의의를 지닌다고 생각되기 때문이다.

4. 기업에서 고려되어야 할 윤리

이상과 같이 우리나라의 기업윤리가 선진국들의 것과 차이가 있으며 그 차의 근본이 어디 있는가를 간단히 살펴보았다. 이러한 방향이 잘못 잡힌 윤리문제가 바로 잡힐 것을 기대하나 이런 문제가 교리나 규범의 제시로 이루어질 성질이 아님은 주지의 사실이다. 따라서 지난 80년대 초에 경제단체가 주최한 기업인대회에서 기업윤리강령으로서 채택·제정한 6개 항목의 강령도 앞서 구미에서의 강령제정에 따른 평가 즉, 이를 기업인이 지켜보자는 약속의 뜻 또는 실천에는 별 도움을 못주나 구호로서의 가치를 지닌 것으로 풀이할 수 있다. 우리 기업의 윤리문제가 우리의 문화적, 사회적 그리고 경제적 현실 속에서 형성되는 것이라 할 때 윤리문제에 대해서 기업인 이외의 사람들이 왈가왈부할 성질이 아님을 이해하면 이 문제에 대한 세속적인 평가는 큰 의미가 없을 것이기 때문이다. 다만 외부인이로서 할 수 있는 일이고 또한 하고자 하는 바는 우리 기업의 현재 윤리 수준을 놓고 현실적으로 이것이 지닌 특성을 밝혀내면 그것만으로도 의미가 있는 것이다. 우리 기업윤리가 가족제도에서 유도된 윤리를 그대로 답습하고 있으며 대외적으로 책임을 의심치 않는 수준의 것이라 할 때 우리는 앞으로의 기업방향을 점치기 어렵지 않다고 생각된다. 따라서 굳이 이 자리를 빌어 우리 기업들의 윤리의식을 높이는데 참고가 될 만하다고 생각되는 몇 가지를 지적해 본다면 다음과 같다.

첫째는, 기업가들이 기업의 사회성을 인식해서 가족본위의 인적 구성에서 탈피하여야 할 것이다. 이 현상은 현대 대규모 기업에서 여러 가지 부작용을 낳고 있으며 기업의 성장에 있어서 대체적으로 일정단계에 가면 부정적 요인이 되고 있는 것임을 인식하여야 할 것이다. 이는 현대기업이 능력 있는 인재를 모으는 것을 저버리고서는 격심한 경쟁에서 이겨낼 수 없기 때문이기도 하다.

둘째는, 기업 내의 부패일소이다. 부패가 관(官)과의 관계에서만 논의되어 왔으나 기업 내에서도 구매, 판매, 검사 나아가서는 경리부문에서도 문제가 제기되는 바 이를 해결하는 것이 기업가의 책임으로서 으뜸가는 일이 아닌가 생각한다. 자기 기업 내에서 부패를 근절시키지 못하고 대외적 책임을 질 수 있다는 말을 하기가 어려울 것이다.

셋째는, 기업 내의 인재개발과 적재의 활용에 관한 것이다. 원자재도 각각 용도가 있는 법인데 하물며 사람의 경우 그의 특성을 찾아 개발하는 한편 적소에 배치한다는 것은 인간이 단지 이용될 수만은 없는 것이기 때문에 문제가 되는 것이다. 예를 들어 사람에 따라 자유를 속박하는 바에 대한 의식정도, 또 창조적 능력 등을 감안해서 반복적 단순조립라인에의 배치 여부를 신중히 할 것이 요구되기 때문이다.

넷째로, 자기 제품에 대한 책임을 지는 문제이다. 자기제품이나 서비스에 대하여 최선을 다하고 혼신의 힘을 다하여 만들어 낸다는 의지가 기대된다. 이는 기업가 나름대로의 직업윤리 그리고 일에 종사하는 사람들의 직업윤리가 다 같이 확립될 것을 전제로 하는바 먼저 기업가의 의지의 표현이 되어야 하겠고 이것이 앞으로 우리 기업의 국제 경쟁력 강화와 품질향상의 근간이 될 것이다.

다섯째로, 타인의 것을 모방하고 추종함을 부도덕시하는 분위기가 조성되어야 한다. 그리고 타 회사 종업원을 그 회사의 승인 없이 소위 '스카우트'하는 것을 아무렇지도 않게 생각하는 분위기를 바꿔 나가지 않고는 건전한 기업사회로의 길은 요원하다는 것이다.

여섯째는, 대외의 책임을 지는 문제이다. 현재에 가장 문제가 되는 공해를 철저히 방지하는 책임을 비롯해서 기업의 사회적 책임을 다하고자 하는 의지가 표시됨이 기대되며 이것이 윤리와 결부되기 위하여는 표면으로 내세우는 바와 행동과의 일치가 이루어져야 함은 물론이다. 오늘날의 대중들의 기업에 대한 인식을 말로써가 아니라 행동으로 보여주어 시정할 수 있을 것이 기대되는 것이다.

일곱째로, 이러한 기업 내외의 근본문제에 대해서 새로운 인식과 관점을 갖기 위하여는 무엇보다도 기업가 자신이 깨끗해야 한다는 것이 강조된다. 사심 없다는 말로써는 불충분하여 오히려 자기희생이 내포된 의식이 요구되며 이로써 사실상의 언행일치를 보게 된다 할 것이다.

기본적으로 우리 기업가들이 '생재유도(生財有道)'란 우리의 전통적 윤리관을 간직해 나가는 노력이 요구된다. 그리고 이러한 윤리의식을 갖는 것이 기업의 성장과 수익증대를 저해하는 것이 아니라 장기적으로는 이를 조장하는 것임을 인식함이 필요하며 이런 윤리의식을 갖고 경영에 임할 때 기업의 수익성을 높이는 방안이 자연히 모색될 것으로 본다. 주의를 상기시키고자 함은 기업윤리의 수준이 보잘 것 없거나 바람직한 수준에서 정립됨이 없이는 산업사회가 이룩된 예를 보지 못한다는 사실이다. 그리고 한 산업사회는 기업가의 혁신능력과 더불어 그 외 윤리의식의 수준에 의존한다는 역사적 사실을 생각할 때 우리 기업가에게 부과된 보다 나은 기업을 만들어 나가라는 책임의 중요성이 깊이 인식되어야 할 것이다.

현 시점에서 우리 사회의 지도층 중에서도 특히 기업가들에게 지워지고 있는 책임이 막중하며 이들의 사고와 행위가 사회의 분위기를 바꿔나가는 데 결정적인 역할을 할 수 있기 때문에 이들에 대한 기대도 큰 것이다.

이제 우리 기업사회가 선진국으로서의 경제발전을 위한 민간주도형의 존재임을 인식할 때 기업을 책임진 기업가들에게 내일을 위해서 또 기업가 본연의 혁신을 통한 발전을 도모해 나가기 위해서라도 윤리적 사고를 해 줄 것을 기대하는 것이다. 그리고 사회는 윤리수준을 높이고 분위기를 개선하는데 앞장서서 노력해야 할 것이다.

제 5 절 노동윤리

1. 노동윤리의 의미

(1) 근로자 윤리의식

근대 산업화는 인간생활의 물질적 기초가 되는 각종 재화를 대량으로 공급함으로써 인간의 행복을 위한 하나의 조건을 마련하였다. 이러한 과업을 수행하는 산업인은 오늘날 두말할 것도 없이 경영자[44]와 근로자[45]이다. 이 경우에 경영자는 단순한 기업경영이 아니라 좀 더 보람 있고 값어치 있는 것인가 하는 것이 문제가 되고 이 경우에 그것을 가름하는 저울이 될 기준이나 원리가 필요한데 우리 모두 따라야 할 기준이 바로 윤리인 것이다. 따라서 근로자의 윤리의식이란 노동자가 보람 있고 값어치 있게 일할 수 있게 하는데 있어서 지켜야 할 기준이나 원리에 대한 자각이라 할 수 있다. 바꾸어 말하면 왜 노동을 하는가, 노동은 어떤 의미를 갖는가 등의 노동의 목적이나 의미를 따지고 그것을 충실하게 하기 위한 기준이나 원리를 알아내어 그것을 마음속으로 다짐하는 것이라 할 수 있다.

현대 산업사회의 분업체제 중에서 노동의 내용은 세분화되어 다양한 직업이나 직종을 형성하고 노동자들은 각기의 다양한 직업이나 직종을 통해 노동을 한다. 인간은 이러한 노동을 통해 자기에 대한 보람으로서의 자기 충족을 하는 데서 개인적 가치를 느끼고 그것이 동시에 타인에 대한 보람으로서 사회에 대한 공헌이 된다는 데서 사회적 가치를 느낀다. 우리가 직업을 통해 일한다는 것은 어떤 의미가 있고 어떤 목적이 있는가?

첫째, 직업은 생활을 유지하기 위해 수입을 얻는 생활유지수단 또는 소득획득수단이 된다는 의미에서 우리에게 보람을 안겨다 준다. 이것을 기준으로 할 때 노동의 값어치나 보람은 수입의 다과로 판정된다. 월급이 많은 직업이 좋은 직업이고 그렇지 못한 것이 나쁜 직업이 된다. 그러나 오늘날 돈만으로 살고, 일하는 것이 아니라 사회적 지위나 자기적성에 맞느냐 하는 것이 문제가 된다고 하여 논의의 대상이 되고 있다. 돈만이 노동의 목적이라고 할 때 수입에 대해서는 값어치를 느끼지만 노동 그 자체는 고통스러운 것이 될 것이다. 노동은 인간에게 고통을 주고 시간을 허비케 하며 자유를 속박하는 필요악이 될 수 밖에 없을 것이다.

---

44) 경영자(經營者, CEO, executive, manager, businessman, business owners)란 기업의 목적 달성을 위해서 경영활동을 계획·지휘·조정하는 기업의 관리주체를 말한다.

45) 근로자란 ①「근로기준법」과「근로자참여 및 협력증신에 관한 법률」에서는 직업의 종류와 관계없이 임금을 목적으로 사업이나 사업장에 근로를 제공하는 자를 말하며(근로기준법 제2조1항1호, 근로자참여 및 협력증진에 관한 법률 제3조2호), ②「노동조합 및 노동관계조정법」에서는 직업의 종류를 불문하고 임금·급료 기타 이에 준하는 수입에 의하여 생활하는 자를 말한다(노동조합 및 노동관계조정법 제2조1호).

종교적으로는 노동이라는 고행을 하는 것이 불안을 제거하는 수단이 되므로 직업 활동을 열심히 하는 것이 신의 소명이라고 하였다. 이것이 근대화의 정신적 지주로서 일정한 역할을 하였음은 주지의 사실이다. 한편 사람들은 고통스러운 노동으로부터 해방되기 위하여 여러 가지 기술개발이나 합리적인 방법을 강구해 왔다. 노동의 목적이 생활자료 획득수단이라는 것은 그 일면이고 인간이 생활시간의 중요한 대부분을 주로 직장에서 보내고 또한 직장을 통해 사회와 관련을 맺는 만큼 또한 다른 면의 목적이 있어야 한다. 즉 인간은 직업을 통해 자기의 개성을 실현하고자 하고 직업을 통해 사회운영에 참여하여 사회진보에 공헌하고자 한다. 소득획득수단이라는 수단적 가치에 못지않게 노동 자체에서 얻으려는 주체적 가치가 더 중요할지도 모른다.

둘째, 인간은 직업을 갖고 일함으로써 일정한 사회적 가치를 인정받아 가치 있는 존재가 된다. 직업의 종류나 직업상의 일정한 지위에 따라 사람들의 인간형성이 달라지는 것을 보더라도 노동이 인격도야의 기반이 됨을 알 수 있다. 직업을 통해 인격적 존재가 되므로 인간은 사회활동을 하게 되는 것이다. 따라서 직업선택은 인간의 운명을 좌우하는 것이므로 신중히 이루어지는 것이다.

셋째, 인간은 직업에 종사하여 노동하는 과정에서 만족감, 완성감, 일하는 보람, 사는 보람을 느껴 행복해질 수 있다. 이런 의미에서 본다면 노동은 행복감의 원천이 되는 것이다. 노동자들이 사는 보람을 여가선용에서도 찾을 수 있지만 보다 중요한 것은 자기의 적성과 능력에 알맞은 그리고 하고 싶은 직업에 종사함으로써 노동하는 가운데서 자기실현을 통해 행복해질 수 있는 것이다. 다시 말해서 직업에 대한 만족감은 자기의 개성을 충분히 발휘하고 그것이 동시에 사회 진보에 공헌한다고 느낄 때 우러 나오는 것이다.

(2) 노동소외와 그 극복

인간이 무엇인가로부터 따돌림을 당한 상태를 소외(疎外)라고 한다. K.Marx에 의하면 임금노동자에 있어서의 소외는 노동생산물로부터의 소외, 노동으로부터의 소외, 자기자신으로부터의 소외라고 하였다. 노동생산물로부터의 소외는 노동자가 만들어낸 생산물이 그의 소유물이 되지 않고 생산수단 소유자에게 귀속된다는 것이다. 노동으로부터의 소외는 노동과정으로부터의 소외로써 노동하는 방식의 결정을 자기의사대로 할 수 없다는 것과 노동의 전 과정이 분할되어 개별 노동자는 그 일부밖에 담당하지 못한다는 상황을 말한다. 자기 자신으로부터의 소외란 노동이 인간으로서는 전 존재를 걸 만한 값어치가 있는 목적이 되어야 하는데 그렇지 못하고 노동 이외의 목적을 위한 수단이 되고 있다는 것을 의미한다. 이상과 같은 'Marx'에 있어서의 소외는 생산수단의 소유·비소유의 구별에 따라 정의된 것이다.

Karl Marx의 소외(疎外)론

고도로 발달된 현대의 산업사회 속에서, 인간성 상실로서의 疎外의 문제는 점점 더 커다란 비중을 차지해 가고 있다. 이와 같은 인간성 상실로서의 소외의 문제를 사회과학적 측면에서 처음으로 접근하였던 것이 Karl Marx(1818~1883, 독)이다.

G.W.F. Hegel은 소외개념을 역사철학의 입장에서 인식하였으나, Marx는 자본주의사회에서 존재하는 인간의 개염을 중심으로, 소외된 노동을 통한 인간소외의 현상을 예리하게 비판하면서 궁극적으로 그 자신의 입장에서 본 인간해방을 주장한다. 이러한 Marx의 소외개념은 그의 전 저작을 통하여서 근간을 이루고 있다고 할 수 있으나, 그중에서도 특히 「경제학·철학 초고」(Ökonomisch - Philosophisehe Manuskripte, 1844)에서 핵심테마로 나타나고 있다.

이에 대해 고도산업사회에 있어서의 일반적 소외는 대규모화되고 합리화된 조직에 편입된 개인이 인간성을 상실하는 상황을 말한다. 거대화되고 관료화된 조직은 형식합리성에 따른 원칙에 의해 구성되고 관리되므로 거기에서는 조직으로서의 능률의 논리가 우선하게 되고 일반 구성원의 노동형태는 필연적으로 분업의 원칙에 따라 단순화되고 능률의 논리에 따라 정형화·획일화된다. 그 결과로 직장에 있어서의 인간관계는 전인격적인 결합이 아니고 직무관계만을 중심으로 한 단편적 부분적인 인간관계가 되지 않을 수 없다.

또 하나의 소외는 대중사회에 있어서의 소외이다. 현대사회에서 경제생활의 특징의 하나는 대량생산과 대량소비에 있다. 생산에 있어서의 대량화는 생산양식의 기계화와 분업에 의한 능률 증대의 결과로서 비교적 소수 인간에 의해 대량의 생산물을 만들어 낸다. 소비면의 대량화는 극히 다수의 사람들이 동질의 생산물 및 서비스를 소비함으로써 성립된다. 즉 대량소비는 대량의 사람들을 획일적인 소비자로 편성함으로써 성립된다.

대중을 대상으로 한 광고로 다수의 사람들의 욕구 구조를 관리·통제하는 동시에 유통기구의 대량화를 추진함으로써 다량판매방식을 취한다. 대량소비에 있어서 대중 또는 노동자들은 일정한 목적에 따라 동원되고 암묵 중에 통제당하며 개인으로서의 자주성이나 독자성을 상실당하여 일종의 소외현상을 빚어낸다. 이상과 같은 여러 가지 소외현상으로 해서 노동의 목적이나 의미가 상실되므로 노동의 목적이 충실해지도록 노동의 소외를 극복할 필요가 있다.

현대사회에서의 소외는 자본주의 경제체제에서 연유한다고 생각한다. 이에 대해 소외가 거대조직에서 온다고 보는 입장은 고도화된 조직 내부에 있어서의 인간 소외를 경감하기 위해 관리방식의 민주화가 필요하다고 생각한다. 그 밖에 산업 조직 내부에 있어서 지위·서열의 상승·이동으로 소외감을 해소하려는 방식이나 작업에서 자아실현을 기하려는 방식 등을 생각할 수 있다. 더욱이 직장활동 참가나 직장 외에서의 가치추구(종교, 예술, 스포츠, 사회봉사)도 소외극복의 한 방법이 될 수 있다.

생활자료 획득수단, 인격도야의 기반 행복감의 원천이 되는 노동이 현대사회에 있어서 분배의 불공정이나 노동소외로 해서 그 의미나 목적을 상실하는 경우에 이상과 같은 소외극복의 방법은 기업이나 정부에 의해서도 추진되지만, 노동조합에 의한 노동운동을 통해서도 본격화되었음을 역사는 보여주고 있다. 이러한 소외 극복의 노동운동은 합리적 노사관계를 형성하는데 이러한 소외극복을 통한 노사관계의 안정이 노동자의 생활안정, 기업경영의 발전 그리고 사회 번영을 가져오게 한다.

(3) 노동윤리와 노사관계

노동윤리의 입장과 기업윤리의 입장이 서로 합치되기 어려우므로 건전한 노사관계 형성을 위해서는 두 입장의 조화가 필요하다. 따라서 바람직한 노사관계 형성을 위한 노동대화의 공통기반을 마련하는 데 있어서는 첫째, 가치관에 있어서 최소한 공통적인 것이 있어야 하고, 둘째, 자기의 이해나 이데올로기만을 고집하지 않고 신축성 있는 태도로 양보할 용의를 보여주어 공통적인 것으로 접근할 수 있어야 한다. 셋째, 정보·교섭·조정·참가 등의 절차에 관한 규칙이나 제도화가 이루어져야 한다. 특히 첫째와 둘째가 노사 간에 의견일치를 보는 데 있어서 중요한 과제가 된다.

노사가 신뢰관계를 확립할 수 있는 공동의 입장은 서로가 공감할 수 있는 사회정의의 실현에서 찾아야 한다. 즉 노동자의 건전한 윤리의식으로 능률이 발휘되고 기업의 올바른 윤리의식으로 공정을 기할 때 노사가 공존·공영할 수 있고 국민경제가 발달하여 개인의 행복과 사회의 번영이 합치되는 고도산업사회의 건설과 행복한 사회건설에의 길이 열릴 것이다. 이 두 윤리는 서로 상호의존관계 또는 보완관계에 있다는 점에서 공통점을 찾을 수 있다.

기업의 공정이 뒷받침될 때 노동자의 윤리가 앙양될 수 있고, 노동자의 능률이 뒷받침될 때 기업의윤리가 또한 앙양될 수 있다. 만일 서로가 자기의 입장과 이해관계만 내세워 상대방의 윤리와 책임만 강요한다면 타협의 의지가 없어져 노사대화의 공동기반이 형성될 수 없다. 따라서 서로가 다소 양보하면서라도 공존공영을 위하여 타협하겠다는 의사와 태도를 취하는 것이 노사관계를 정상화시키고 안정화시키는 길이다. 노동윤리의 앙양에서 노동자는 사회적 책임을 느껴야 하고 그것이 행동화되어 노동운동을 올바르게 하여야 한다. 올바른 노동운동은 또한 올바른 노사관계 형성의 계기가 되기 때문이다.

2. 노동윤리의 과제

경제학에서는 직장이란 개념을 놓고, '노동을 사고파는 곳'이라고 설명하고 있다. 노동자는 노동에 따르는 고통에 상응하는 대가를 받아야 하고, 사용자는 노동의 생산성만큼 대가를 지불해야 하며, 그 대가가 바로 임금(賃金)이라는 것이다. 그런 뜻으로 본다면 직장에서 근로자는 월급만큼 일해 주고, 사용자는 일한 만큼 월급을 주면 그것으로 끝난다.

임금(賃金)

근로자가 제공한 근로의 대상으로 사용자가 지급하는 일체의 금품(근로기준법 제18조)을 말한다. 근로의 대상이라 함은 근로자가 사용자의 지휘·명령을 받으며, 근로를 제공한데 대한 보수로서 근로관계와 관련하여 근로자가 노무의 대가로서 사용자에게 지급청구권을 가지는 것만을 임금으로 본다. 따라서 노사 간의 근로계약과 관계없이 고객으로부터 받는 팁이라든가 사용자가 근로계약상의 지급의무와는 관계없이 임의로 지급하는 금품은 임금이 아니라고 본다. 이와 관련하여 임금의 범위와 임금채권의 발생시기 등을 중심으로 임금의 법적 성질이 무엇인지 논란이 되는데, 여기에는 세 가지의 학설이 대립하고 있다. (i) 근로대가설로서 이는 근로자의 구체적 노동에 대해서만 지급되는 대가를 임금으로 본다. 즉 실제로 근로자가 노동한 부분에 대해서만 임금으로 인정한다. (ii) 노동관계설로서 이는 근로자가 사용자에게 노동력을 맡김으로써 자신의 생존을 걸고 있다는 점을 강조하여 임금은 구체적 노동의 대가가 아니라 근로관계에서 발생되는 모든 대가를 의미한다고 본다. (iii) 노동력대가설로서 이는 임금은 근로자가 그의 노동력을 일정시간 사용자의 지휘·처분에 맡기는 데 대한 대가로서 사용자가 이 노동력을 구체적으로 사용했는지 여부는 문제되지 않는다. 노동력대가설이 오늘날 지배설을 이루고 있다. 우리나라 근로기준법은 임금에 관해 남녀동일임금원칙, 임금지급의 원칙, 임금과 전차금 상계의 금지, 근로자의 사망 또는 퇴직시의 임금지급, 비상시 임금지급, 성과급제 및 도급제, 근로에 있어서의 보장급설정, 시간외 휴일·야간근로시의 할증임금지급 등을 사용자의 의무로 하고 있다.

경제학에서 이렇게 가르치는 것은 직장이라는 것을 경제적인 측면에서 보면 그렇다는 것이지, 그것이 직장이 지니는 의미의 전부라는 뜻은 아닌 것이다. 그런데 모든 것을 돈이 지배하는 세상이 되고 보니 근로자나 사용자나 모두 직장은 노동을 사고파는 곳으로만 착각하는 세상이 되어 버렸다. 그래서 현금적 이해에만 집착하는 것이다. 근로자는 한 푼이라도 더 준다면 미련 없이 그 직장을 떠나버린다. 사용자는 제값을 못하는 근로자가 있으면 주저 없이 해고시켜 버린다. 자기의 직장에 감사하는 근로자가 줄어들고, 근로자에게 감사하는 사용자가 줄어든다. 그래서 사회가 옮어지고 세상이 불안해지는 것이다.

직장은 단순히 노동을 팔고 사는 곳이 아니다. 직장은 자기를 계발하고 자기를 구현하며 인간으로서 사회적인 보람을 창조하는 곳이다. 직장이 단순한 노동의 거래시장이 아니라는 사실은 먹고 사는 것만 충분하면 직장이 없어도 되는가를 생각해 보면 바로 알 수 있는 일이다. 그럼에도 불구하고 젊어서 일터가 있을 때에는 직장의 참뜻을 모르고 사는 수가 많다. 직장을 잃거나 정년이 된 다음에야 비로소 그 뜻을 터득하지만, 때는 이미 늦은 것이다. 사람에게는 먹고 살아야 한다는 개인적 욕구뿐만 아니라 사회에 공헌하여 쓸모 있는 사람이 되고 싶어 하는 사회적 욕구가 있는 것이다. 전자를 소득욕구라 한다면 후자는 참여욕구라 할 수 있다. 그리고 사회가 발전하고 다원화할수록 소득욕구 보다는 참여욕구가 더 바람직한 것이다. 올바른 직업윤리에서 본다면 우리의 일터는 매우 신성한 곳이며 인간적인 성실과 책임을 쏟아 넣어야 할 곳이다. 먹고 살기 위해서 일시적으로 이용하는 곳이 되어서는 안 된다. 나를 계발할 수 있도록 내가 가꾸어 나가야 한다.

노동의 목적은 생각하는 사람에 따라 각각 다양해질 수 있겠으나, 경제적 가치를 구하는 데에는 일치될 수 있을 것이다. 노동의 경제적 목적은 인간이 경제활동을 하는 가치 개념 설정에서 찾아야 한다. 즉 경제활동의 목적적 가치와 수단적 가치에서 그것을 개념화할 수 있다. 결국 노동의 경제적 목적은 개인이나 사회가 필요로 하는 재화와 서비스를 얻기 위한 수단으로서 생활자료 획득수단 또는 소득획득수단을 마련하는 것이다. 이러한 인간의 노동은 개인적·경제적 목적 외에 사회적 목적을 갖기도 한다. 사회에 참여하고 공헌한다는 목적이 바로 그것이다. 이로 인해 인간은 사회적 평가를 받기도 한다.

이 사회적 평가는 개인의 사회적 지위를 나타내는 척도가 된다. 이렇게 노동은 인간의 생활 속에서 중요한 부분을 점하고 있다. 현대 자본주의사회가 성숙됨에 따라 인간적 의미가 더욱 중요시되면서 노동하는 과정에서 자기 능력을 발휘하고 보람을 느끼는 자아실현이 중시되고 있다. 그것은 인간의 노동이 단순히 수단적 가치만을 갖는 것이 아니라, 인격도야와 자아실현이라는 목적적 가치도 함께 가지기 때문이다. 동물과는 다른 이성과 인간의 존엄성, 그리고 각 개인의 독특한 인격과 창조적 능력이 노동을 통하여 표현될 수 있다는 점에서 노동은 하나의 목적적 가치라 할 수 있다.

인간이 노동을 단지 생계의 수단으로만 파악한다면 그것은 개인의 자아실현에 적극적으로 기여하지 못하게 되며, 개인의 발전에 큰 도움이 되지 못한다. 실제적으로 인류의 문화는 노동을 삶의 보람으로 생각하고 노동에 헌신하는 사람들에 의해 발달되어 왔다고 해도 과언이 아니다. 이와 같이 인간은 노동하는 가운데서 노동의 경제적 의미, 사회적 의미, 나아가서는 인간적 의미까지 찾을 수 있다. 또 이와 같은 의미를 찾으면서 성숙된 인간의 삶을 체험할 수 있게 된다. 그러나 이러한 노동을 통한 개개인의 성숙도는 낙관적인 것만은 아니다. 부정적인 측면에서 볼 때, 선진자본주의 국가의 경우 일반적으로 노동에 대한 물질적 조건이나 금전적 보수가 향상되었음에도 불구하고 생산성이 저하되고 있으며, 태업에 의한 노동손실일수가 늘고 있다. 뿐만 아니라 이직율도 증가 추세에 있다는 것이 큰 문제로 대두되고 있다. 이것은 노동의 경제적 의미가 십분 이해되고 실현되었다 하더라도, 그 밖의 다른 의미를 실현시키지 못했기 때문이다. 또한 다른 사회적 의미가 살아난다 하더라도 그것을 충족시켜 줄 수 있는 사회·경제적 체제의 미숙이 또 다른 원인일 수가 있다. 말하자면 노동자의 욕구·희망·가치관 등의 변화에 충분한 대응이 없었기 때문이다. 즉 기계화에 따른 단조로운 노동과 비과학적 관리, 노동환경의 악화, 경제조직의 관료화와 정실화 등에 의한 노동의 의미 저하가 노동의 비인간화를 야기했기 때문이다.

노동에 있어서 인간적 의미를 회복시켜 주는 가장 효과적인 방법은, 근면·성실의 고전적 노동정신을 함양하면서 생산성 향상을 모모하고 여가를 선용하도록 하는 것이다. 여가는 엄격한 의미에서 모든 것을 잊고 단순하게 즐기는 것으로, 인간은 여가를 선용함으로써 인간적일 수 있고 자신의 존재 의미를 찾으며 생산의욕을 불러일으킬 수 있는 것이다. 이렇게 노동의 인간적 의미를 살리는 것이 노동윤리의 중요한 요체가 되는 것이다.

실제적으로 노동윤리를 고려함에 있어서는 직장의 조직 환경이 중요한 역할을 한다. 물론 경영조직의 민주화를 위한 경영참가나 직업환경의 인간화도 중요하다. 그러나 진정한 노동윤리는 사회정의를 무시한 조직에 대한 충성심만을 노동자에게 강요하지 않는 것이다. 고전적 자본주의시대의 구체적인 재화생산이 이루어질 때에는 근면만이 지상의 노동윤리였다. 그러나 대량생산과 유통혁명이 이루어진 현대 자본주의사회에서는 실물적 생산에 대응한 유통이 보다 중요시되기에 이르렀다. 이로써 관리자, 전문직 종사자, 영업직 종사원 및 일반사무직원 등이 현대사회의 주역으로 등장하게 되었고, 이들에게는 직업윤리로서 근면 보다는 조직에 대한 충성을 요구하고 있다.

경제활동이라는 측면에서 볼 때는 조직에 대한 충성은 직업윤리로 바람직할지도 모르나 반사회적인 기업경영을 돕는 것은 결코 기업의 장기적 발전이나 기업의 사회적 책임완수에 도움이 되는 것은 아니다. 따라서 기업가 측에서는 건전한 기업경영으로 근로자에게 부정행위를 강요해서는 안 되며, 근로자는 사회발전과 인류복제에 기여하는 사회적 책무를 수행하는 신념이 정립되어지는 방향에서 노동윤리가 설정되어야 한다.

결국 노동윤리의 원만한 설정 기반은 사용자와 노동자 사이에서 제도화 된 사회관계를 의미하는 노사관계에 의해서 형성되어진다. 노사관계가 원만하다면 노사협조에 의한 생산성 향상으로 노사의 공존공영, 기업발전, 산업발전 등을 추구할 수 있고, 노사관계의 부조화는 서로가 불이익을 감수해야 하는 결과를 초래하고 만다. 그러므로 노사관계의 윤리의식 함양에 의한 노사관계 안정으로 경제발전, 복지증진 그리고 산업평화를 추구할 수가 있다.

노동의 의미가 상실될 때 이것을 노동자의 입장에서 회복시키기 위해 집단적 행동으로 권리를 주장하는 운동이 있다. 이것이 노동운동이다. 노동운동은 진정하게 이루어질 때, 노사합심에 의한 능률향상이나 공정분배에 의한 복지증진이 이루어진다는 의미에서 그 나름대로의 의의가 있다. 그러나 그 운동이 지나쳐 이해가 양립된 채 격심한 대립으로 치닫게 될 때, 기업의 비능률을 초래함은 물론 사회적 물의를 일으킬 염려가 있기 때문에 그만한 대가의 윤리적 행위나 사회적 책임을 노동자에게 묻게 된다. 노동자들은 노동조합을 통하여 강력한 단체교섭을 할 수 있고 경영참가를 할 수도 있으나, 이런 경우에는 기업의 사회적 책임이 노동자들의 사회적 책임이 될 수도 있기 때문에, 노동자들은 기업의 사회적 책임을 촉진하고 감시 규제하는 형태로 기업의 사회적 책임을 분담해야 한다.

또한 노동자들은 자신들의 조직을 이용하여 복지향상을 기하도록 책임을 다하여야 한다. 노동자의 복지향상은 노동조건을 비롯하여 작업의 조건이나 조직, 나아가서는 작업환경의 개선 등을 통해 달성될 수 있을 것이다. 그리고 노동자들은 그들의 지위향상을 위하여 정부의 각종 정책결정과정에 그들의 의사가 반영되도록 조직체를 통하여 영향력을 행사해야 하고 소비자 보호를 위하여 주민들과도 제휴하고 상호협력해야 한다.

그러면 기업 측에서 노동종사원에게 요구하는 노동윤리는 무엇인가를 생각해 보자.

첫째, 성실(誠實)한 태도이다. '성실'은 우리 민족이 전통적으로 지켜 온 가장 중요한 덕목으로 우리의 생활이념이기도 하다. 인간이 성실하다는 것은 인간으로서 기본적인 자격과 가치를 갖추고 있다는 것으로 평가되기 때문에, 불성실한 인간은 인간으로서의 가치를 상실한 존재로 여겨왔던 것이다. 성실은 인간이 갖추어야 할 가장 중요한 기본적인 덕행인 동시에, 특히 오늘날 한국 산업사회에서 기업이 그 목적을 달성함에 있어서 빼놓을 수 없는 최선의 덕목임을 명심해야 한다. 사실 "성(誠)"은 유교에서 밝힌 '중용'의 근본사상으로, 참되고 정성되고 거짓 없는 것임을 뜻한다. 그러기에 그 내면에는 정직과 근면과 신의 등의 뜻이 함께 하는 것으로서, 성실은 비단 노동자에게만 요구되는 사항이 아니고 모든 사람에게 일반적으로 통용되는 가장 보편적인 덕목이다. 성실은 바로 기업의 성패를 좌우한다. 이것은 일이 '사람이 하는 것'이라는 것을 잘 시사해 주는 교훈이기도 하다. 그러기에 모든 기업에서 성실을 취업조건으로 제일 먼저 꼽는 것은 이 때문이며, 추천내용을 중요시하는 이유도 바로 여기에 있는 것이다.

둘째, 인격(人格)이다. 인격 역시 우리나라 기업에서 중요한 덕목으로서 근로자나 기술인에게 요구되는 것이라 한다면 우리는 다음과 같은 사실을 명백히 인식해야 한다. 그것은 일상생활에서 원만한 인간관계가 이루어졌을 때에야 비로소 기업이 목표로 하는 소기의 성과를 달성할 수 있는 것이며, 따라서 기업에서의 성공적인 목표달성은 사람과 사람과의 관계가 얼마나 중요한 것인가를 잘 보여주고 있는 것이다.

셋째, 창의(創意)성이다. 창의성이란 독창적인 것을 생각해 내는 작용이다. 이를 창조적 사고력이라 할 수도 있다. 창의성이 없는 곳에서는 적극성을 기대할 수 없고, 적극적인 태도가 결여되었을 때에 일의 효과를 기대할 수 없음은 너무나 당연하다. 무엇인가 연구하고 적극적으로 참여하는 자세가 바람직하다.

그 밖에도 지나친 욕심을 가져서는 안 되며, 일을 처리함에 있어서 공정을 기해야 한다. 그러므로 동료와 상하 간에 인간관계가 원만히 형성되어야 하고, 일상생활에서 성실해야 하겠으며, 진실하고 의리 있고 검소하고 창의적이며 과욕과 편파적인 사고방식을 불식하는 일이 기업에서 요구하는 노동윤리의 핵심인 것이다.

3. 노동조합의 사회적 책임

어떤 기준에 따라 노동을 값어치 있고 보람 있게 하기 위해서는 노동자들의 단결된 힘에 의한 책임 있는 노력이 필요하다. 산업사회에 있어서 노사의 공통과제는 산업인으로서 사회의 존속과 발전의 물적 기반을 마련하고 발전시킨다는 사회봉사에 있다. 이러한 봉사가 인정되기 때문에 봉사에 대한 대가로서 기업의 이윤추구가 정당화된다. 만약 노동자가 봉사에 대한 공헌도만큼 인정을 받지 못할 때 노동운동이 허용되는 것이다. 그리고 노사가 사회봉사에 소홀함이 있어 물의를 빚을 때 자각에 의하든 외부압력에 의하든 기업이나 노동의 윤리의식이 강조되고 그 사회적 책임이 논의의 대상이 된다.

(1) 기업의 사회적 책임과 노조의 사회적 책임

노동조합이 강력한 단체교섭[46]과 경영참가를 하는 경우에는 기업의 사회적 책임의 일부는 노동자의 사회적 책임이 되기도 하다. 따라서 노동조합의 사회적 책임은 우선 산업사회에 있어서 동반자이고 협력자인 기업이 그 소임을 다하는지 못하는지를 살피면서 협력하고 충고하는 일로부터 출발하지 않을 수 없다. 즉 기업의 사회적 책임을 촉진하고 감시 규제하는 형태로 기업의 사회적 책임을 분담해야 한다.

노동자는 기업의 생산적 성과를 크게 하면서 첫째로, 기업이 분배의 공정을 기하도록 감시하고 촉구해야 한다. 기업은 출자자에게 적정배당을, 노동자에게 적정임금을, 국가에게 마땅히 세금을 내고 하청업이나 거래처에 대해 확실한 지불을 해야 한다.

둘째, 기업은 교환의 공정을 기해야 한다. 기업은 사회가 필요로 하는 양과 질의 제품과 서비스를 적정가격으로 안정공급을 해야 한다. 이러한 교환의 공정이 이루어지지 않을 때 국민의 소비복지는 향상될 수 없을 것이다.

셋째, 기업은 사회에 대해 공정을 기해야 한다. 기업이 기업활동에 수반되는 유해한 각종 공해를 사전에 방지하든가 발생 후에 적절한 사후조치를 강구하고 안전하고 건강하도록 노동환경의 인간화를 기하며 인간능력 발휘를 위한 교육훈련을 비롯한 인간성을 존중할 때 그만큼 국민복지는 향상될 것이다. 더욱이 오늘날에는 기업의 국제사회에 대한 책임도 간과할 수 없다.

46) 단체교섭(collective bargaining, 團體交涉)은 노동조합 대표자가 그 노동조합 또는 조합원을 위하여 사용자나 사용자단체와 단체협약체결 기타 사항에 관하여 교섭하는 과정이며, 이때 사용자단체와의 교섭에 있어서 단위노조 대표자 중에서 그 대표자를 선정하거나 연명으로 교섭할 수 있으며, 또한 단위노조는 총회·대의원회 의결을 거쳐 당해 노조가 가입한 연합단체인 노동조합에 교섭을 위임할 수 있다.

(2) 노동조합의 노동복지 향상에 대한 책임

노동조합은 조직 노동자에 대해서뿐만 아니라 비조직노동자까지도 대상으로 하여 그들의 복지향상을 기하도록 책임을 다해야 한다. 노동자의 복지향상은 노동조건의 유지·향상을 비롯하여 노동자 사이에 상호부조활동인 노동자 복지활동, 노동 그 자체에서 자기실현을 기할 수 있도록 하는 작업의 조건이나 제도, 나아가서는 작업환경의 개선 등을 통해 달성될 것이다.

(3) 노동조합의 사회에 대한 책임

노동조합은 그들의 지위향상을 위하여 정부의 각종 정책결정기구에 그들의 의사가 반영되도록 영향력을 행사해야 하고 소비자 보호를 위하여 소비자와 제휴하여야 하며 공해, 기타 환경오염 등과 관련된 주민보호를 위하여 주민과 제휴하여야 한다. 더욱이 국제화시대에 있어서는 거대기업의 대외활동에서 오는 횡포에 대항해야 하고 나아가 민주주의 옹호와 국제평화에 기여하여야 한다.

4. 노동운동의 과제

(1) 노동의 사회적 책임과 노동운동

노동조합은 우리나라가 고도산업사회·복지사회를 지향하는 데 대응하여 윤리의식에 입각하여 사회적으로 책임 있는 행동을 취해야 한다. 노동조합이 사회적 책임을 다하여 노동의 진정한 의미를 살려 노동의 인간화를 기할 수 있는 길은 노동자들이 자각하여 단결된 힘으로 노동운동을 전개하는 것이다. 노사분규의 원인을 해소하여 노동문제를 해결함으로써 노동자의 인권을 보장하는 것은 정부와 기업에 의해서도 모색되고 있으나 거기에는 한계가 있기 때문이다.

노동운동은 근대적 공업화에 의해 야기된 노동자의 각종 문제에 대한 노동자 자신에 의한 해결책이므로 공업화의 역사와 더불어 형성되고 발전된 것이다. 우리나라에 있어서도 노동운동이 일제하로부터 1950년대에 걸친 공업화준비기에 싹터서 1960년대 이후의 공업화기에 있어서 본격화될 기세에 있었다.

우리나라 노동운동은 일제에 항거하여 국권을 회복하려는 3·1운동을 계기로 앙양되었다가 일제의 대륙침략기에는 지하로 잠복하여 힘을 기르면서 계속 유지되었다. 해방을 맞이하여 전평과 대한노총이 싸우던 과정과 그 이후에 대한노총이 공도 많이 세웠으나 부조리를 움트게 하여 일제하 노동운동의 정통성이 퇴색되기에 이르렀다. 반독재 민주혁명인 4·19혁명은 노동운동의 정통성을 되찾는 계기가 될 수 있었으나, 혁명이 성공을 거두지 못함에 따라 노동운동의 정상화를 기하지는 못하였지만 한 가닥의 정신적인 맥을 형성하였다. 노동조합 조직이 노동자의 이익을 대변하지 못한다고 생각할 때 4·19혁명으로 심어진 맥이 또 하나의 밑으로부터 올라오는 노동운동을 일으켜 노동운동의 이중구조를 형성케 하였다.

(2) 노동운동의 과제

따라서 앞으로의 노동운동의 과제는 노동세력을 강화하여 과거 노동운동의 정통성을 살림으로써 노동운동의 이중구조를 해소하는 일이다. 그럼으로써 노동조합은 사회적으로 책임 있는 행동을 취하여 산업사회 건설에 기여할 수 있는 것이다. 그러기 위해서 노동운동은 어떠한 과제를 풀어 나가야 할 것인가?

첫째, 산업민주주의의 구현이다. 산업민주주의는 노동의 인간화에 목적을 두고 이 목적달성을 위한 노동기본권을 확보하도록 하는 것이다. 즉 보람 있는 일을 할 권리(고용보장, 노동소외 극복), 일하기 위해 배울 권리(교육훈련), 일한 만큼 받을 권리(임금·노동시간·노동환경 개선)등 이상의 권리를 주장할 권리(노동3권)[47]를 확보해야 하는 것이다. 노동조합은 이러한 노동권의 확보 위에서 주체역량의 강화로 자주성을 확보해야 한다. 주체역량을 강화하기 위해서는 명실상부한 산업별 노동조합 조직의 확립, 조직 확대, 노동자의 의식개혁이 필요하다. 노동조합이 강해져 사용자와 힘의 균형을 이루지 않고는 바람직한 노사관계를 형성할 수 없다. 그리고 노동지도자가 전제권력을 행사하지 못하도록 하고 조합 조직이 민주적으로 조직되게 하는 조합 내의 민주주의가 확립되어야 한다. 더욱이 노사가 민주적으로 관계를 맺을 수 있도록 하기 위한 교섭과 참가의 규칙과 제도가 마련되고 그것으로 노동문제의 자주적 해결이 이루어지지 못하는 경우에 제3자가 조정할 수 있게 하는 공정한 쟁의조정제도가 마련되어야 한다.

둘째, 노동운동에 있어서 이상주의와 현실주의의 조화 문제이다. 해방 후

---

47) 노동3권이란 근로자는 근로조건의 향상을 위하여 자주적인 단결권·단체교섭권 및 단체행동권을 가진다(헌법 제33조1항). 즉 헌법상 노동자가 기본적으로 갖는 단결권·단체교섭권·단체행동권의 권리를 말한다.

한국노동운동의 방향은 미국식의 경제주의를 주로 한 실제적 조합주의에 입각한 것으로써 실리주의에 치우쳐 이상과 정치성이 희박하다고 할 수 있다. 그런데 노동운동은 현실적이면서 이상을 잃지 않고 이상적이면서 현실에서 괴리되어서는 안 된다. 특히, 민주주의 사회에 있어서 특정 세력에 의해 독주될 위험성이 있을 때에는 노동조합이 제동을 걸어 사회의 건전화에 기여하여야 한다. 따라서 노동운동은 노동자가 사회세력화해야 한다는 사회적 조합주의나 대륙의 노동운동에서 배워 노동자에 유리하도록 정책을 비판하고 정책결정에 참여할 수 있어야 할 것이다.

셋째, 조합원의 의식의 다양화와 가치관의 변화, 객관적인 정치·경제의 변화 등을 고려하여 노동운동의 다양화를 촉진해야 한다. 즉 파업 등을 일으키는 실력행사의 노동운동과 더불어 정책에 참여하고 비판하는 두뇌의 노동운동, 교섭을 중심으로 하는 노동운동과 더불어 참가하는 노동운동, 사용자에게 더 정당하게 요구하는 노동조합운동과 더불어 노동자끼리 서로 돕는 노동자 복지활동으로서의 협동조합운동 등이 필요하다.

넷째, 노동조합과 노동운동이 세력화되어 사회에 정착화 됨에 따라 소비자 세력, 주민 세력 등과 더불어 대항력이 되어 민주주의 사회체제를 유지 보강하는 안정화요인으로서 작용하고 산업화에 수반되는 부작용, 국제화에 따른 마찰 등에도 대처해야 하므로 그 사회적 책임이 매우 커진다. 따라서 노동운동은 이 점을 충분히 인식하고 고려하여 먼 앞날을 바라보면서 운동방향을 정립해야 할 것이다.

제 6 절 전문직 윤리

1. 전문직의 개념

오늘날과 같은 사회복지에로의 지향에는 모든 직업의 사회적 책임이 강조되고 그 책임을 다하기 위한 직업 속의 내부적 규제가 절실하게 되므로 이른바 직업윤리문제가 크게 야기되게 마련이다. 특히 사회적 사명의식이 높게 요구되는 직업에 있어서는 어느 시대를 막론하고 그 윤리문제는 더욱 심각하다. 따라서 전통적 의미에서의 직업윤리란 사회적 봉사를 그 주된 사명으로 하는 전문직에 대한 용어로만 풀이되어 왔었다.

주제가 전문직의 윤리에 관한 것이라지만 전문직의 개념은 고도산업사회의 구조 속에서 수없이 분화되고 확대되어 가고 있으며, 그럴수록 더욱 그 전문직대로의 직업윤리의 정립이 필연적이라 하겠다. 영·미에서 발달된 표현으로서 전문직을 Profession이라고 한다. 전문직의 특성이나 개념에 관해서도 사회의 변천과 더불어 많은 수정이 가해졌다고 하겠지만 고전적 뜻에서의 전문직은 의사·변호사·성직자의 3자에 근한 것으로 되어 있다.

전문직의 특성에 관해 학자들은 ① 조직, ② 학식을 배경으로 한 기술의 연찬, ③ 공공에 대한 봉사정신이라고 하고 그 경제적 수입은 다른 직업이 이를 제1목표로 함에 반하여 전문직에 있어서는 그 우연한 결과에 불과하다고 한다.

또 말하기를 전문직의 특색은 ① 고도의 지적 훈련을 미리 필요로 하는 직업, ② 타인에 대한 봉사를 주된 목표로 하는 직업, ③ 금전적 보수는 그 성공인정에 무관계한 직업이라고 하고 있다.

또는 ① 일정한 학식 아래 일정한 자격이 요구되며, ② 그 기능과 지식을 사회적으로 유익하게 이용하는 책임을 지며, ③ 직업상 당연히 자유가 중시되는 직업이고, 원칙적으로 자주적으로 그 책임이 이행되며 이를 위하여 직업단체가 자율적으로 규제하는 직업이라고 말한다.

그 어느 것이 되건 전문직의 최대의 특성은 이타주의, 즉 타인 내지 사회에 봉사함에 있는 것이고, 일정한 학식이나 기술 직업단체조직 등도 모두 이 목표를 위한 방법이라 할 것이며, 또한 그 정의로운 봉사를 위해서 정신적으로나 경제적으로 국가권력으로부터 자유가 보장되어야 하고 타인의 간섭이 배제되어야 한다는 것이다.

그러므로 전문직은 그 속성으로서 자주성·비영리성·신뢰성을 들 수 있는데 이러한 속성 때문에 그 직업을 가진 자의 자기규제가 필연적인 것으로 된다. 여기서 직업 내부에서의 자기규제는 윤리규범에 의하여 통제된다.

독립적이기 때문에 자율이 강조되고 비영리적이기 때문에 이익추구에 자기억제가 요망되며 국민에 대한 신뢰의 유지·획득이 사회봉사의 기본이 되는 까닭에 그 신뢰를 잃지 않게 하는 내부적 통제가 필요하게 되는 것이다. 여기서 자기규제를 하는 자치적 기능단체가 자율적 윤리규범을 가지고 사회의 신뢰를 얻는 방향으로 운영되어야 할 까닭을 찾을 수 있다.

영국 격언에 "Hide nothing from the minister, physician and lawyer"라는 말은 전문직에 대한 사회적 기대와 사회적 존경 그리고 무한한 신뢰를 뜻한다고 할 것인데 이러한 기대·존경·신뢰는 전문직 스스로의 행동기준이 확정되어야 하고 그 자질의 보장이 있어야 한다.

또 앞에서 본 전문직의 3개요건 전부에 완전히 합치되는 것은 아니라고 하더라도 사회적 봉사를 주된 임무로 한 이익의 추구가 목적이 아닌 현대사회에서의 전문직은 얼마든지 있다. 의사로서 대표되는 의료인이나, 변호사와 유사한 직업인 공인회계사, 세무사, 변리사 등과 과학자, 언론인, 건축가 등이 그것이다. 이러한 직업에 있어서도 보다 높은 직업윤리가 강조되며 앞에 말한 제 요건을 거의 충족시킨다.

2. 전문직 특성과 윤리갈등

전문직은 고도의 전문적 교육을 거쳐 일정한 자격 또는 면허를 획득함으로써 독점적으로 전문적 지식과 기술을 사용할 수 있는 직업이라고 정의할 수 있다. 전문직이 전문교육과 일정한 자격기준을 엄격히 적용하여 전문직 활동의 독점성을 유지하려 하는 것은 전문직 종사자의 질과 수준을 철저히 관리하여 그 공신력과 위세를 지키기 위한 것이라고도 볼 수 있다.

그러나 전문직이 가지는 그와 같은 전문성과 독점성, 그리고 높은 사회적 위세로 인해서 전문직은 다른 어떤 직업보다도 높은 수준의 윤리기준이 적용되어야 한다고 사회적으로 기대되고 있는 것도 사실이다.

전문적 지식과 기술은 그것이 비윤리적으로 사용되어질 때 그 사회적 결과도 중대할 뿐 아니라 비전문가에 의해서는 쉽게 발견되고 규제될 수 없는 성질의 것이기도 하다. 그러므로 전문직 종사자들은 스스로 높은 윤리의식의 소유자로서 스스로의 전문직 활동을 자율적으로 규제하여야 한다고 기대되는 것이다.

그러나 전문직 종사자들이 모두가 훌륭한 인격자로서, 또는 높은 윤리의식으로 언제나 윤리적으로 직업활동을 하리라고는 어떤 사회에서도 보장될 수 없는 것이기 때문에 일반적으로 전문직의 자율적 조직(예컨대 의사협회, 변호사협회)들을 일정한 윤리강령을 설정하고 엄격한 윤리규정에 의해 조직 내에서 자율적으로 규제하는 방식을 취한다.

그런데 전문직 종사자 개인이나 자율적 조직에 의한 자율적 윤리규제가 효과적으로 이루어지지 못하고 전문직의 비행이나 비윤리적 행위가 빈번히 발생하게 되는 경우에는 전문직의 공신력과 위세가 크게 손상되는 것은 물론이고, 스스로 법적 규제를 초래함으로써 자율성을 상실하는 결과를 가져 오게 된다. 따라서 전문직 종사자 개인과 전문조직에 의한 자율규제는 스스로 신용·위세뿐 아니라 자율성을 보호하는 최선의 방식이며 이것은 결국 전문직 종사자가 스스로 높은 수준의 윤리의식을 갖지 않으면 안 된다는 것을 의미한다.

다시 말해서 전문직은 그 성격상 개인으로나 조직적으로나 높은 윤리수준을 유지할 수 있어야 한다는 것을 뜻하는 것이며, 이 점에 있어서 다른 직업과 구별되는 하나의 중요한 특성을 갖는다고도 말할 수 있는 것이다.

그러나 현실적으로 전문직 종사자들은 그들의 직업활동에 있어 여러 가지 윤리적 수준에서의 갈등을 경험할 수 있을 것이다. 전문직 종사자들이 경험할 수 있는 윤리적 갈등의 문제를 몇 가지 유형별로 나누어 보면 다음과 같다.

첫째로, 전문직 종사자들은 그들 자신들 간의 경쟁에서 이기기 위한 윤리적 갈등을 경험하는 경우가 있다. 예를 들어 변호사들이 사전브로커를 이용하다든지, 의사가 교통사고환자를 끌어들이기 위해 뇌물을 준다든지, 교수가 비슷비슷한 내용의 연구논문을 여러 편으로 나누어 출판한다든지의 비윤리적 수단을 동원하는 경우 등이 이 범주에 속할 것이다.

둘째로, 전문직 종사자들이 자신의 고객과의 관계에서 취할 수 있는 비윤리적 행위가 있을 수 있다. 의사가 불필요한 투약과 치료로 매상을 올린다든지, 변호사가 불필요한 소송으로 수입을 얻는다든지, 교수가 불성실한 강의를 한다든지 여러 가지 예를 들 수 있을 것이다.

셋째로, 전문직 종사자들은 자기가 속해 있는 조직(회사, 정부, 병원 등)의 이익과 소비자 또는 국민의 이익과의 사이에서 윤리적 갈등을 경험할 수 있을 것이다. 이와 같은 윤리적 갈등은 간단히 해결될 성질의 것은 아니지만 전문직 종사자들은 높은 윤리의식에 기초해서 궁극적으로 국민의 이익을 보호하는 입장에 서 줄 것으로 기대된다고 말할 수밖에 없다.

끝으로 전문직 종사자들은 자신이 속한 전문직의 이익과 전체국민의 이익이 상충할 때 윤리적 갈등을 경험할 경우가 있을 것이다. 예를 들어 전문직의 충원제도나 전문직 서비스의 공급체계를 국민의 이익을 위해 개혁하느냐 전문직의 위세와 기득권의 유지를 위해 개혁을 반대하는 입장에 서느냐 등의 갈등이 있을 수 있을 것이다.

이와 같이 다른 직업과 마찬가지로 또는 그 이상으로 다양한 윤리적 갈등을 경험할 수 있는 전문직은 법적 규제보다는 자율적 규제의 능력을 가질 수 있을 것이라는 사회적 기대를 받고 있는 것이 일반적이며, 전문직 종사자들이 향유하는 높은 사회적 지위와 위세, 그리고 독점성과 자율성의 혜택을 지니고 있는 만큼의 높은 윤리적 기준이 적용되어지는 것도 당연하다고 할 것이다.

3. 전문직의 사회구조적 지위와 기능

지금까지는 전문직이 직업으로서 지니는 특성을 중심으로 전문직의 윤리문제를 다루었다. 그러나 전문직은 전체사회구조 속에서 차지하는 지위와 사회적 역할 및 기능에 있어서도 다른 직업과 구별되는 특별한 특성을 가지고 있으므로 이곳에서는 사회구조적 맥락에서 전문직의 윤리문제를 논의해 보기로 한다.

첫째, 전문직은 사회계층구조 속에서 일반적으로 중산층 또는 상층의 사회적 지위를 점유한다. 교육수준을 계층의 지표로 해서 본다면 전문직은 두말할 필요 없이 최상층의 지위에 속하는 직업이라고 보아야 할 것이다. 전문직은 그 성격상 사회구성원 가운데 가장 높은 수준의 교육을 받아야 하며 교육에 대해 가장 많은 투자를 해야 하는 직업이기도 하다. 장학제도가 불충분한 한국의 고등교육의 현실을 전제로 해서 본다면, 전문직 종사들은 일반적으로 높은 교육투자를 할 수 있는 계층을 출신 배경으로 한다고 볼 수도 있다.

수입을 지표로 하는 전문직 종사자들이 사회적 지위도 극소수의 예외를 제외하고서는 중산층 이상이며 일부는 수입의 차원에서도 상층계급이라 할 수 있을 것이다.

위세를 지표로 하는 계층지위에 있어서도 전문직은 최상층의 지위를 향유하고 있다고 보아야 한다. 직업의 위세에 관한 지금까지의 조사 결과에서도 전문직은 언제나 높은 점수를 받고 있다.

그러나 교육수준·부·권력·위세 등의 여러 계층지표를 종합해서 전문직 종사자들의 계층지위를 평가한다면 그 대부분은 중산층이라고 보아야 할 것이다. 뿐만 아니라 전문직 종사자들 자신이 평가하는 주관적 계층지위도 역시 중산층이라고 보아야 할 것이다. 그리고 전문직의 직업적 기능이나 사회적 기능으로 보아도 전문직 종사자들은 중산층의 범주에 속한다고 보는 것이 타당할 것이다.

전문직 종사자들은 정치적인 영역에서의 통치 엘리트(Governing Elite)도 아니며 경제적인 영역에서의 자본가도 아닌 것이다. 그들은 전문적 지식의 소유자들로서 정치, 기업 및 일반 고객을 대상으로 전문적 서비스를 제공하는 직업인들이거나 정치, 기업, 기타의 사회조직에 고용되는 봉급생활자들인 것이다.

이와 같이 종사자들은 정치적 보수주의와 정치적 급진주의의 상반되는 지향을 조정함으로써 사회의 안정과 사회개혁을 동시에 추구하는 사회적 기능을 수행해야 한다. 일반적인 계층이론에 의하면 지배계층은 현상유지적인 보수적 정치지향을 갖는 한편 하층계급은 때로는 급진적 사회변동을 요구하는 정치지향을 갖기도 한다. 이와 같은 상반된 정치지향을 조정하여 점진적인 사회개혁을 실현해 나아가도록 온건한 진보적 정치지향의 기반을 이루는 것이 바로 중산층이며, 그 가운데에서도 교육수준이 높은 전문직 종사자들이라고 말할 수 있다.

그러나 전문직의 충원기회구조가 지나치게 폐쇄적인 사회에서는 전문직이 일방적으로 보수적 정치지향에 편향되기도 하며 반대로 전문직이 현상에 대한 불만이 고조되었을 때에는 급진적 정치지향을 갖게 되는 경우도 물론 없지 않다. 특히 지식 엘리트로서의 일부 전문직 종사자들의 정치적 이념 지향이 급진적인 경우는 흔히 발견되는 현상이기도 하다.

둘째, 현대산업사회에서는 고도의 전문화(Professionalization)가 진행됨으로써 전문직이 확장되며 그 결과 중산층이 확대되고 하층계급의 성원들이 중산층에 흡수됨으로써 계층구소의 양극화를 둔화시키는 기능을 한다고 볼 수 있다. 소위 피라미드형의 계층구조가 다이아몬드형의 계층구조로 전환되는 것은 전문직·관리직·기술직 등의 신 중간계층이 확대되기 때문이며 그 결과 계층의식

형성과 이데올로기적 갈등을 약화시키게 되는 것이다.

셋째, 그러므로 계층구조의 맥락에서 볼 때에는 전문직은 정치적으로 보수적 기능에 더욱 편중되는 느낌을 주는 것이 사실이며, 특히 전문직의 충원배경이 넓은 의미의 지배계층에 의해 독점되어지는 사회에서는 더욱 그러하다. 그러나 적어도 일부 전문직 종사자들은 그들이 지식 엘리트로서의 사회적 기능을 수행해야 한다는 사명감을 지니고 있는 일면도 무시할 수 없을 것이다.

지식 엘리트의 사회적 기능은 사회구조의 모순을 발견하고 그것을 극복할 수 있는 새로운 상징적 가치와 이념을 창출하고 그에 의해 사회개혁을 추구하는 활동을 포함하는 것이기 때문에 지식 엘리트의 기능이 반드시 기존질서 속에서의 전문적 지식의 서비스에 한정되는 것은 아니다. 따라서 전문직의 사회적 기능이 지식 엘리트의 기능을 포괄하는 것이라면 전문직을 반드시 보수적인 직업집단으로 규정해야만 하는 것은 아닐 것이다.

넷째, 전문직 종사자들은 가장 높은 교육수준의 소유자이고 지적 활동에 종사하는 직업인들이며, 또한 새로운 지적(심미적, 도덕적)가치의 창조활동을 그 직업으로 하기도 하기 때문에, 그들은 한 사회 속에서 중요한 문화적 기능을 수행하기도 한다. 전문직 종사자 가운데에서 학자나 예술가들은 끊임없이 새로운 문화적 가치를 창조하는 기능을 수행하고 있으며 많은 경우 이들은 문화변동을 선도하는 기능을 수행한다. 이처럼 직접 문화적 가치의 창조활동에 종사하지 않고 전문적 지식을 응용하고 서비스하는 지적 활동에 종사하는 전문직 종사자들도 결국 그 사회의 문화를 선도하는 기능을 수행하는 것이 사실이다.

어느 사회에서든지 현대사회에서는 중산층의 문화가 그 사회의 핵심적인 문화(Core Culture) 또는 지배적인 문화(Dominant Culture)를 이룬다. 중산층의 문화가 핵심적인 문화가 된다 할 때, 중산층 가운데에서도 가장 교육수준이 높고 문화적으로 세련된 전문직 종사자들의 생활양식과 취향은 그 사회의 전체문화의 성격과 수준에 큰 영향을 미친다고 말할 수 있을 것이다.

다섯째, 끝으로 전문직의 직업적 기능은 일반적으로 말한다면 개인이나 집합체, 그리고 국가의 중요한 의사결정(Decision－Making)에 전문적 지식을 통해 도움을 주는 것이라고 말할 수 있다.

집단의사결정(Group Decision Making)

의사결정의 주체가 각 개인이 아닌 집단에 있다. 오늘날의 대부분 조직에서는 경영활동을 수행하는데 있어서 개인의 결정보다는 집단의 힘을 모아서 의사결정을 한다. 집단에 의해 도출된 의사결정은 주로 각 개인이 도출해낸 개별결정들과는 다르다. 집단에 의해 문제가 정의되고, 대안이 제시되며, 각 개인이 가지고 있는 정보의 공유 및 교환의 과정을 통하여 최종해결책이 도출된다. 즉, 집단구성원들이 다수결, 설득, 참여 등을 통하여 상호합의에 이루어지는 의사결정이다. 공동목표, 연대감, 상호작용 등과 같은 집단의 특성을 중시하며 이것은 집단의사결정에 영향을 미친다. 집단의사결정의 가장 큰 특징은 문제해결에 이르는 시간은 길지만 정확도가 높으며, 더 창의성이 높은 정보를 얻을 수 있다.

이와 같은 전문가의 직업적 활동은 그 사회의 모든 의사결정이 합리적으로 이루어질 수 있도록 함으로써 사회발전에 매우 중요한 공헌을 하는 것이다. 사회발전의 정도를 측정하는 가장 좋은 척도의 하나가 그 사회의 전문화의 정도와 전문직의 발달 정도라는 것도 바로 이 때문인 것이다.

현대산업사회에서는 보다 많은 직업이 전문직화하고 있으며 전문직은 현대사회의 두뇌적 기능을 수행하고 있는 것이다. 사회학자 Daniel Bell은 한걸음 더 나아가 후기산업사회(Post-Industrial Society)[48]를 '지식사회(Knowledge-Society)'라고 부르면서 의사결정에 필요한 전문적·과학적 지식이야말로 가장 중요한 가치창출의 근원이라고 말하고 있다. 그는 전 산업사회에 있어서의 토지·재산·그리고 산업사회에 있어서의 자본과 기술에 버금하는 중요성을 후기산업사회에 있어서의 전문적 지식에 부여하고 있는 것이다. 후기산업사회는 그와 같은 두뇌를 대량으로 수요로 하기 때문에 후진사회의 두뇌가 유출되는 현상이 있는 것도 그 때문인 것이다.

이상에서 살펴본 바와 같이 전문직은 전문직 종사자의 생계수단으로서의 직업에 그치는 것이라기보다는 전체사회에 대해서 매우 중요한 사회적·문화적 기능을 담당하는 직업인 것이며, 따라서 전문직의 윤리에 대한 논의는 그와 같

48) 후기산업사회는-대체로 1956년을 기준으로 하여 산업 사회 이후 (post-industrial)에 나타난 정보화 사회를 가리키는 말로서, 다니엘 벨(Bell, D.)이 이 문제에 관한 최초의 사상가였으며, 앨빈 토플러(Tofler, A.)의 정보 혁명에 관한 ≪제3의 물결≫이 출간된 이후 후기 산업 사회, 정보화 사회란 용어가 보편화되었다.

은 사회적·문화적 기능과의 관련 하에서 논의되어져야 할 것이라고 믿는다. 다시 말해서 전문직의 직업윤리는 단순히 직업적 차원에서 뿐만 아니라 전문지식이 사회의식·문화의식을 포함하는 보다 넓은 사회윤리의 차원에서 논의되어져야 한다고 보는 것이다.

4. 전문직의 윤리규범과 현실

전문직에 있어 그 직업단체가 그 윤리 수호를 위한 자기억제 작용을 하고 있다면 거기에는 일정한 명문 또는 불문의 규율을 필요로 하며, 그 규율에 따라 남의 간섭 없이 자기 통제를 하는 것이 그 특징이다.

원래 직업윤리는 일반적 공통점이 있는 것이지만 또 그 직업의 성격에 따라 특별히 요구되는 윤리가 있어야 하는 것이므로 여기서 앞에 말한 Profession 공통의 특성을 놓고 현존하는 그 직업별 윤리규범과 그 직업인의 윤리의식의 실태를 알아본다.

(1) 의료인의 윤리

가. 의 의

전문직의 직업윤리를 어느 정도 강하게 상징하는 것이 의사의 윤리이다. 오늘날의 의료는 그것이 예방이건 치료이건 간에 의사의 힘만으로 그 실무를 다 할 수는 없다. 인간의 정신과 육체, 인간의 생명의 보전과 건강의 유지·회복을 다루는 직업인으로서, 전 의료종사자는 바로 의사의 사명과 같은 사명의식을 가져야 하는 것으로 의사 주변의 의료인 역시 전무가적 직업윤리에 투철하여야 마땅하다.

의료윤리의 기본은 그 수혜자로부터의 신뢰의 획득에 있다. 의료인에 대한 면허제도는 그들의 이익을 위해서가 아니며 또 전문적 의료지식을 독점하고 있기 때문도 아니다. 결국 그 면허로 인하여 국민의 신뢰를 뒷받침해 주는 것이다.

또 현행 의료법에 근거하여 각 의료인 별로 전국적 규모의 의료인 단체를 설립하고 있다.

그 중 중앙회의 하나인 대한의학협회는 "사회복지의 증진과 국민보건의 향상에 기여하기 위하여 의도(醫道)의 앙양, 의학·의술의 발전보급 및 의사의 권리 옹호에 관한 사업"을 목적으로 하고 있다. 그 중 의사의 권리 옹호가 목적으로 되어 있는 점은 동업자의 이익 단체적 성격이 없지 않지만 그 밖의 목적은 모두 의료의 사회적 책임을 다하고 의료윤리를 확립하기 위한 직업단체성을 명시하고 있는 것이다.

전국의 의사들이 망라된 이 협회는 의사윤리에 위배되는 행위를 하는 자에 대하여 자율적 징계제도를 가지고 있으며 의사와 환자, 의사 상호간의 분쟁조정 등의 기구를 가지고 있다. 이러한 점에서 의사인 경우 전문직의 특성인 자주·자율적 조직을 가지고 있다고는 하겠으나, 작금의 사회문제로 등장될 기미마저 보이고 있는 의료과오, 진료거부, 과다치료비 문제 등 의료윤리에 관한 사항에 관해서 효율적으로 대처하고 있지는 않다. 의료과오 문제가 의료인 내부에서 윤리적으로 해결되지 못하고 법적 투쟁으로 전개될 때 의사의 사회적 신뢰는 손상을 가져오게 되는 것이고, 응급환자나 의료보험 환자에 대한 진료거부 내지 냉대의 인상은 사회적 윤리적 비난의 대상으로 될 수 있고, 진료비의 과다로 야기되는 의혹은 의사의 전문성을 의심케 만드는 것이다.

의사윤리의 일부를 의료법에 규정한 것은 그 윤리문제가 국가의 큰 관심사이기 때문이기도 하겠지만 한편으로 자율적 규범에 의하여 자율적으로 자기억제가 가능하도록 함으로써 비로소 의사의 사회적 신뢰성을 뒷받침하는 길이 될 것이다.

나. 의료윤리의 문제

의료윤리에 관한 고전은 두말할 것도 없이 약 2000년 전의 '히포크라테스'의 선서이다. 이 선서는 지금도 그대로 의료윤리에 크게 인용되고 있지만 의료기술과 의학의 발전에 따라 그 선서의 뜻도 많이 달라지게 되었다.

먼저 인체실험에 관한 문제를 들 수 있다. 의료를 보다 정확하고 발달된 과학적 기초 위에 세워 놓기 위해서는 과학적이고 정확한 실험에 따라 안정성을 보장받게 하는 것이 오히려 윤리적 요청일지도 모른다. 그러나 그 실험자에 대한 윤리적 배려를 하지 않으면 안 된다. 1964년의 '헬싱키선언'과 1975년의 그 수정선언이 바로 그 기준을 말해 주는 것이지만, 임상적 연구에 관한 윤리문제는 그렇게 간결하게 결론지을 일이 못 된다.

또 구급의료에 관해서 흔히 그 진료거부를 들어 윤리적 비난의 대상으로 삼는 경우가 많지만 의술의 발달은 세밀한 전문화·분업화를 가져왔다. 그리하여 전문분야의 차이 등으로 오히려 위험한 상태에서 손을 대지 않는 것이 환자를 위하는 길이 되는 경우가 많다. 응급환자에 대한 진료거부문제 역시 일률적으로 윤리문제와 결부시킬 수만은 없다.

또한 환자의 인격, 즉 자신의 생명, 신체에 대한 처리는 자신의 결정에 의한다는 사상을 근거로 의사에게는 환자에 대한 제반설명의 의무가 있고 환자는 자기의 건강에 대한 자기 결정권을 갖는다. 환언하면 그 결정권을 부여하는 것이 항상 윤리적인 것인가에는 의문이 없지 않다.

한편 의사에게는 “허용된 위험의 원칙”이 적용된다. 약해가 없는 약이 없고 부작용이 없는 치료가 없으며 위험이 뒤따르지 않는 치료가 거의 없다면 의약의 거부만이 윤리적인 것이 되고 만다. 따라서 치료는 항상 위험이 뒤따르게 마련이므로 일정한 선에서 그 위험은 윤리와 법적인 측면에서 배우자간의 인공수정, 수년 전 세계를 놀라게 한 시험관아기의 탄생은 친권으로 인한 법적 문제뿐만 아니라 보다 많은 윤리적 난제를 던지고 있다. 또 신선한 심장의 이식, 식물인간과 안락사 등, 의사는 환자의 치료의 범주를 넘어 인간의 생명을 관리하는 경지에까지 다다르게 되었으니, 어느 한계에서 윤리적으로 정당시되어야 하는 것인지 그 가치의 판단은 용이하지 않게 되었다.

허용된 위험의 원리

형법상 업무상과실, 과실치사상 등 과실범이 성립하기 위해서는 그 성립요건 중 객관적 주의의무위반(신뢰의 원칙)이 필요하다. 즉 행위에 대한 결과발생을 예견할 의무와 결과발생을 회피할 의무가 필요한 것이다. 이러한 의무를 이행하지 않은 경우에는 주의의무위반이 인정된다. 그러나 이러한 객관적 주의의무를 다했다면 비록 결과의 발생이 이루어 졌더라도 과실범의 처벌을 지울 수 없다는 것이 ‘허용된 위험의 원리’이다.

즉, 객관적 주의의무를 한정하는 원리로 현대 산업사회에서 위험을 수반하는 여러 가지의 경우, 예를 들어 교통사고, 원자력발전소사고 등 행위자가 결과를 회피하기 위한 조치를 충분히 하였지만 법익의 침해가 발생하였다 하더라도 행위자에게 과실범의 책임을 지울 수 없는 것이다. 이러한 원리는 현대 사회생활의 필요성과 유용성을 그 근거로 하고 있는 것이다. 허용된 위험은 사회적으로 상당하며 객관적 주의의무를 준수한 경우이기 때문에 형벌의 적용조건인 구성요건 해당성을 배제하여 과실범으로 처벌되지 않는다(대법원 1985. 1. 22. 선고 84도1493 판결; 대법원 1992. 8. 18. 선고 92도934 판결).

(2) 변호사의 윤리

가. 의 의

변호사는 의뢰자와의 신뢰관계의 유지, 그리고 그 의뢰자의 정당한 이익추구의무라는 측면과 한편으로 사법기능에 대한 협력의무, 즉 사회 전체를 위하여 진력하는 의무라고 하는 윤리적 양면성을 가지고 있으며, 경우에 따라 그 양면의 상호 충돌되는 경우를 상정할 수 있다. 변호사 역시 전문직의 3개 특성을 모두 갖추고 있어 일정한 학식을 토대로 하는 자격, 직업단체조직 등을 가지며 이것들은 모두 변호사의 본연의 사명인 법을 통한 "국민기본권의 옹호와 사회정의의 실현"을 위해 그 방법으로 존재해 있다. 그리하여 변호사는 변호사법에서 직업윤리와 관련된 제법규정을 두고 있으나 스스로 윤리강령과 윤리규정을 제정하여 그 행동양식을 구체적으로 성문화하는 동시에 그 위배행위를 바로 징계사유로까지(일본의 경우와는 달리) 하고 있다.

변호사 윤리강령

1. 변호사는 기본적 인권의 옹호와 사회 정의의 실현을 사명으로 한다.
2. 변호사는 성실 공정하게 직무를 수행하며 명예와 품위를 보전한다.
3. 변호사는 법의 생활화 운동에 헌신함으로써 국가와 사회에 봉사한다.
4. 변호사는 용기와 예지와 창의를 바탕으로 법률문화 향상에 공헌한다.
5. 변호사는 민주적 기본질서의 확립에 힘쓰며 부정과 불의를 배격한다.
6. 변호사는 우애와 신의를 존중하며 상부상조 협동정신을 발휘한다.
7. 변호사는 국제법조간의 친선을 도모함으로써 세계평화에 기여한다.

그러나 그 윤리 위반을 이유로 하는 징계절차에 있어서는 변호사의 자율성이 보장되지 못하고 징계위원회의 구성 역시 변호사는 크게 관여하지 못하고 있다. 변호사가 사회적 봉사를 그 사명으로 여기고, 그 봉사를 받는 측이 이에 개재하여 직업윤리의 객관화를 의도하는 것이라면, 그 나름대로 의의 있는 일이 된다고 하겠다. 그러나 그 징계가 피봉사자가 아닌 관련된 관료의 손에 의하여 정리된다면 변호사의 자율성을 저해하는 것이 된다. 변호사는 전문가로서 고도의 학식을 토대로 하므로 그 구성원 하나하나의 사명의식을 밑받침이 되어 각자의 윤리적 자기규제를 하는 것이어야 하는데 그렇지 못한 경우 적어도 자율적 직업단체로서 그 전체의 국민적 신뢰를 위하여 그 자치능력을 발휘할 줄 알아야 할 것이다. 그러나 우리의 현실은 이러한 엄숙한 사명감보다는 동료의식이 앞서는데 관료에 의한, 타율에 대한 저항감의 잠재도 그 이유의 하나라고 하겠다. 그러나 이러한 일들은 모두 변호사의 전문성을 방해하는 일이라 하겠다.

변호사의 직무는 산업사회의 변천과 더불어 다양화되어 가고 있으므로 그 직업윤리 역시 일률적으로 이를 지적할 수는 없다 하겠으나, 변호사의 전통적 업무인 소송대리인 내지 형사변호인의 지역에 한정하여 보더라도 국민의 인권의식과 그 개념의 변화, 국가와 국민의 관계에 대한 이론의 발전 등에 따라 소송당사자나 피고인, 피해자의 지위에도 많은 변천이 있었으므로 변호사는 과연 법원의 진실 발견에 절대적 협력의무가 있는 것인가 하는 점에도 이론이 있어야 하고, 피고인의 이익과 국가형벌권의 행사(공공의 이익)가 충돌할 때 후자만에 봉사하는 것이 의뢰자와의 관계에 있어 부도덕적인 것이 되기도 하는 것이다.

그러나 오늘날의 실상은 변호사란 직업에 대한 충분한 사명의식은 자와 타에 의하여 붕괴되어 가고, 정의의 실현과는 무관하게 오로지 하나의 사무의 처리로 전락되어 가는 경향마저 없지 않다.

나. 변호사 윤리의 문제

종래의 변호사 윤리를 규율함에 있어서 변호사 윤리규정에 의하여 보더라도 변호사에게 가장 중요한 것은 의뢰자 내지 잠재적 의뢰자인 국민 사이와의 규율이 중시되어야 할 터인데 오히려 국가기관과의 규율에만 힘을 주어 온 경향이 없지 않았고 깊숙이 국민 속에 파고 들어가 그들과 고락을 같이하는 변호사상을 국민에게 부각시켜야 할 터인데 오히려 고답적 자세로서 군림하는 것이 윤리적인 것으로 착각되어 왔다.

변호사는 영리를 탐욕하는 직업이 아니므로 선전에 의하여 그 업무의뢰를 시키게 한다면 전문직인 변호사의 품위를 손상시킬 것이라는 근거 아래, 각 국민이 모두 변호사의 선전광고를 극도로 제한하고 그 제한을 넘은 선전 광고행위는 금지하는 것으로 되어 있다. 우리의 경우 역시 사무소의 개설·이전 이외의 광고는 금지하고 있는 터이다.

그러나 국민의 법률 수요를 편의하게 공급하여 주어야 하는 것이 변호사의 사명이라고 한다면 오히려 전문을 표시한 광고를 통하여 그 이용자의 편익을 도모하는 것이 국민에 대한 정당하고도 겸허한 자세의 방향이 아닌가 보여 진다. 그 밖에 형사피의자, 피고인에 대한 진술 거부권의 행사지도, 증인과의 사전 접견, 증거 불충분한 형사사건에 있어서의 피고인에 대한 조력 등 변호사의 직업윤리는 시민(의뢰자)을 위한 방향에서 많은 재평가를 받아야 한다.

(3) 언론인과 과학자의 윤리

언론인이나 과학자와 같은 직업은 엄밀한 뜻에서 국가로부터 일정한 자격을 요구하는 것은 아니지만 고도의 전문적 학식을 기초로 하여야 한다는 점에서 유사하고 그 밖에 특성은 모두 전문직의 경우와 다를 바 없다.

언론인의 경우 편집인협회·기자협회 등 각자 그 직업단체를 가지고 윤리강령·윤리실천요강·고윤리강령·고윤리실천요강·보도기준·윤리위원회회칙 등을 가지며, 특히 그 위원회는 관권의 간섭이 아닌 그 전문직 이외의 사회의 참여를 위하여 전문인 7인과 비전문인 6인으로 구성되어 있다. 그리하여 자유, 책임, 독립성, 타인의 명예와 자유의 수호가 언론인의 권리이며 사명임을 내걸었다. 언론인 역시 정확한 진실을 보도하여야 한다는 윤리적 책임과 한쪽으로는 타인의 인권, 명예권을 존중하여야 한다는 양립의 윤리가 있으며 또 의사, 변호사의 수비의무(守秘義務)와도 같이 정보원비닉의무(情報源秘匿義務)와 같은 전통적 윤리를 갖는다. 그러나 이러한 제도의 존재가 바로 언론 내지 언론인의 윤리적 수준을 향상시키고 있다고만 볼 수 없다.

신문은 부수확장경쟁으로 인한 판매의 비정상화, TV는 시청률의 경쟁 등으로, '저널리스트'들은 그 경영적 측면에 억압되어 그 사회적 책임을 외면하다시피 하고 있다. 또 언론인은 오늘의 특수한 사회환경 속에서 자주성, 자율성을 견제 당함으로써 윤리적 자기규제가 소외당하고 있는 것도 어쩔 수 없는 일일지도 모른다.

과학자의 경우, 전문성은 비단 자연과학뿐만이 아니라 사회과학의 경우도 다를 바 없지만, 오늘날의 과학의 발달은 이미 부수된 환경오염문제에 그치지 않고 인간사회의 건전한 발전에 대한 공헌이라는 사회적 책임을 지니고 있다. 의료윤리의 경우에서 본 유전자 교체에 의한 새로운 생물의 탄생이라든지 1978년 8월의 체외 수정아의 성공과 같은 일이 도덕적·윤리적 비판의 대상이 될 수도 있다. 그러므로 학문의 자유와 책임의 문제는 과학자 스스로의 자기규제적 윤리관의 확립문제로서 출발되어야 한다.

5. 전문직 윤리의 전망과 중요성

오늘날 산업사회가 단순한 자본과 근로의 두 요소로 성장 발달할 수 없고 여기에 문명의 힘이 합쳐질 때 비로소 그 실을 거둘 수 있는 것이라면 위와 같은 이른바 제4차 산업의 주역인 전문직인 윤리문제는 바로 그 사회의 운명과도 직결되는 일이라고 해도 과언이 아니다.

그러나 우리의 현실은 목적의 경제의 고도성장이라는 수치적·물량적 측면이 중시되어 오고 있어서 사회의 정신적 측면이 어느 정도 뒷전으로 물러앉게 되고 눈에 보이는 외형적 능률향상에 초조하여 전문직에 대하여도 힘을 배경으로 하는 타율화가 눈에 띄게 되어 왔다.

첫째, 자기직업에 대한 긍지와 사명감 결여의 문제이다. 의료는 인술이며(자기희생의 강요의 뜻이 아니고), 변호사는 인권옹호의 기수이고, 언론은 사회의 목탁이며, 과학자는 문명의 창조자라는 사명의식 없이 그 직업의 비영리성을 시인할 수 없다.

그러나 사회의 발전과 더불어 직업의 대규모화 현상은 그 종사자들을 급료에 매달리는 사무원으로 만들고 있다. 병원도 대형화되고, 변호사는 대기업에 고용되거나 법률회사의 구성원 내지 고용자가 되고, 기자는 신문사라는 조직의 일원에 불과하게 되며, 과학자는 방대한 국가기관이나 대기업의 사업목표에 추종만 하게 되어 그들이 모두 그 조직논리 속에서만 움직이게 됨으로써 그 직업윤리의식이 희박하게 된다.

여기에 보태어 전문직의 전문세분화 경향은 더욱 그 윤리적 감각을 둔화시키는 작용을 하게 마련이다. 새 헌법이 국민의 기본권의 규정 속에 평생교육의 진흥규정을 신설한 것은 전문직에 대하여도 이른바 계속 교육을 통하여 이러한 직업관과 자기의식을 고춰, 재활시키는 데 의미 있는 일이라 하겠다.

둘째, 직업윤리의 개념은 원래 일정 직업 종사자 간에 그 직업에 대하여 어떤 윤리적·도덕적 가치를 부여하는가에 있는 것이고 그 직업종사가 각자가 그 자작에 의하여 자율적으로 이를 형성하고 실천하여야 하는 것이며 법에 의한 규제 등과 같은 타율적 규제는 자주성·자발성을 억압하고 나아가서는 그 직업에 대한 사회적 책임에 대한 자각을 잃게 하여 버린다. 전문직의 특성에 독립성·자주성이 강조되는 전문직에게 그 어느 직업보다도 사회적 책임이 크게 요구되기 때문인 것이다.

또 한편 고도의 전문적 학식·경험과 기술이 전제가 되는 전문직에 있어 타율적 규제가 강화된다면 그 전문분야의 발전양상을 미리 예기치 못하는 마당에서 그 규제는 창조의 길을 막아 버리는 결과가 된다. 그러므로 전문직에 대하여는 그 직업단체를 통한 자치와 자율기능의 강화에 노력하는 것이 바로 전문직으로서의 사명을 다하게 하는 길이기도 하다.

셋째, 첫째 문제와 관련된 일이기는 하지만 다시 돌아가 전문직의 특성에서 볼 수 있는 바대로 그 직업과 경제적 이익과의 관련성에 관한 의식문제가 있다. 전문직에도 기본적 인권으로서의 휴식권이 있고 인간다운 생활을 보장받을 권리를 점유하고 있음은 물론이다. 그러나 자기 직업에 대한 깊은 의식 속에 상정한 자기규제는 결코 자신에 대한 권리침해라고 할 수 없다.

현대사회에는 점점 더 많은 직업들이 전문화하고 있다. 즉 전문적인 지식이나 기술을 가지고 일을 하는 직업의 종류와 전문 직업인의 비중이 더 커지고 있는 것이다.

과거에는 전문직은 전문화된 교육을 통해 일정한 자격 또는 면허를 획득함으로써 독점적으로 전문적 지식과 기술을 사용할 수 있는 직업이라고 정의함으로써 전문직은 의사·변호사·교수·목사 등과 같은 직업을 주로 일컬어 왔으나, 오늘날에는 공인회계사·세무사·약사·엔지니어·전문 경영인 등과 같이 특정한 전문적 지식과 기술을 독점적으로 사용하는 다른 많은 직업들로 확대되고 있다.

그러한 전문직 종사자들의 직업윤리가 특별히 중요하게 강조되는 이유는 그 직업인이 가지는 전문성과 독점성 때문이다.

첫째로, 전문직은 전문화된 지식과 기술을 가지고 고객에게 서비스하는 직업이기 때문에 일반 고객과 소비자들은 그들의 전문적 활동의 내용을 쉽게 알 수 없는 입장에 있디. 예를 들어 의사와 환자와의 관계에 있어 환자나 그 가족은 의사의 전문적 지식과 기술이 어떻게 사용되는지를 잘 알지 못한다. 따라서 혹시 비윤리적인 의사가 있어 환자를 속이더라도 환자는 그것을 알아내기 어려운 입장에 있는 것이다.

또한 전문직은 공인된 자격을 가진 사람들만 종사할 수 있는 독점적인 직업이기 때문에 같은 전문직에 속하는 사람들이 직업적인 유대를 가지고 고객들에게 높은 대가를 요구하더라도 고객들은 거기에 대응하기 어려운 입장에 놓여 있는 것이다.

이와 같은 전문직의 특성은 다른 어떤 직업보다도 더 높은 수준의 윤리기준이 적용되어야 하는 것이다. 즉 전문적 지식과 기술이 비윤리적으로 사용되었을 때 일어날 수 있는 사회적 결과와 해독은 더욱 큰 것이기 때문에 전문직 종사자들은 더욱 높은 윤리의식을 가지고 자신의 직업활동에 임해야 한다는 것이 사회적 요청인 것이다.

그러나 전문직의 윤리는 일반적으로 그들의 자율적 조직(예를 들어 의사협회·변호사협회 등)에 의해 자율적으로 규제되는 방식을 취하고 있다. 그것은 전문직 종사자들이 그만큼 높은 수준의 교육을 받는 사람들이기 때문에 자율적으로 윤리기준을 준수할 수 있을 것으로 사회가 인정해 주기 때문인 것이다. 따라서 전문직의 자율적 조직들은 상당히 엄격한 윤리강령을 설정하고 그 준수를 스스로 요구하고 있으며, 그것을 위배했을 때에는 상당히 엄격한 규제를 가하고 있다. 예를 들어 의사들은 그들의 의사의 자격을 부여 받을 때 반드시 히포크라테스의 선서를 하고 의사협회의 윤리규정을 위배했을 때에는 의사협회의 징계위원회에 회부되어 징계를 받는 것은 물론이고 그 과오가 클 때에는 형사처벌의 대상이 될 수도 있다.

이처럼 전문직 종사자들은 스스로 높은 수준의 직업윤리를 실천해야 하며 그렇지 못할 때에는 전문직의 공신력이 떨어져서 사회적으로 존경받지 못하게 될 뿐만 아니라 직업활동에 있어서 많은 어려움을 스스로 자초할 수도 있다. 정부는 더욱 강력한 공식적 통제를 마련할 것이며 소비자들은 소비자 단체를 조직해서 그에 대항할 것이기 때문이다.

그럼에도 불구하고 우리나라에서는 아직 전문직의 역사와 전통이 짧고 또 사회변동에 따라 전문직 종사자가 급격히 증가하는 추세에 있기 때문에 이따금 전문직의 윤리문제가 사회문제로 등장하기도 한다. 의료인들이 응급환자의 진료를 거부한다든지 과잉진료와 과다한 의료수가를 징수하거나 환자를 유치하기 위해 뇌물을 준다든지 의료사고에 대한 정당한 책임을 회피하려 한다든지 하는 등의 윤리문제가 제기되기도 한다. 이러한 사정은 변호사나 다른 전문직의 경우도 물론 마찬가지다.

일반적으로 전문직 종사자의 비윤리적 직업행위는 다음과 같은 네 가지 경우에 일어날 수 있다.

첫째로는 고객과의 관계에서의 비윤리적 행위이다. 즉, 변호사가 불필요한 소송을 대리하여 수입을 올린다든지 의사가 과잉진료를 하는 경우이다.

둘째로는 전문직 종사자들이 지나친 경쟁을 벌이면서 비윤리적 행위를 하는 경우이다. 변호사들이 사건브로커를 고용한다든지 의사가 교통사고 환자를 끌어들이기 위해 교통경찰관에게 뇌물을 준다든지 하는 경우가 이에 속한다.

셋째로는 전문직 종사자가 자신의 고용주(회사, 병원)의 이익을 위해 국민과 소비자의 이익을 희생시키는 경우가 있을 수 있다.

넷째로는 전문직 종사자들이 자신의 이익을 위해 전체 국민의 이익을 희생시키는 경우이다. 예를 들어 의사협회가 의사의 총원을 제한함으로써 의료 전문직의 위세와 특권 그리고 소득을 보호하려고 하는 것과 같은 경우인 것이다.

전문적인 직업인의 윤리문제 가운데에서 현대사회에서 특히 강조되는 것의 하나는 신문·방송 등과 같은 언론직의 윤리문제이다. 언론매체는 동시에 많은 사람들에게 정보를 전달하는 기능을 수행하고 있기 때문에 언론의 영향력은 대단히 큰 것이다. 이처럼 큰 영향력을 행사하는 언론의 보도가 상업적 이익을 앞세워 과장되거나 왜곡되거나 허위로 이루어졌을 때 많은 시민들이 그릇된 정보로 인해 피해를 입는 것은 물론, 그러한 보도에 관련된 당사자들 가운데에는 회복하기 어려운 명예의 훼손을 당하게 되는 사람도 있다. 그러므로 이와 같은 언론의 보도윤리는 언론직 종사자들의 높은 윤리의식에 의해 자율적으로 규제되지 않으면 사회적으로 커다란 해독을 일으킬 수 있는 문제인 것이다.

언론의 보도뿐 아니라 광고 및 공연에 있어서도 일정한 자율적 윤리규제가 필요하다. 지나친 상업주의로 인해 성과 폭력을 너무 원색적으로 표현하는 텔레비전 드라마·영화·연극·광고 등은 국민의 정서를 해치는 나쁜 영향을 가져오기 때문이다. 따라서 그러한 문제에 대처하기 위해서 신문윤리위원회·방송윤리위원회·공연윤리위원회·광고심의위원회 등과 같은 자율적 윤리규제 조직이 운영되고 있는 것이다.

그러나 현대사회에서는 거의 모든 직업이 전문화되고 있어 직업의 전문성에 따르는 윤리문제는 점점 더 광범위하게 직업사회 전반으로 확산되고 있다. 공직자의 윤리·과학자의 윤리·정보산업 종사자의 윤리·전문 경영인의 윤리 등으로 전문직의 윤리문제는 그 중요성을 더해 가고 있는 것이다. 그런데 이와 같은 전문직의 윤리문제는 궁극적으로 규제의 방식보다는 전문직 종사자 자신의 높은 직업윤리 의식을 통해서 해결될 수밖에 없는 문제이기도 하다. 그런 의미에서 전문직 종사자를 양성하는 교육기관에서의 직업윤리 교육의 중요성도 크게 강조되고 있다. 전문직 종사자들은 전문적인 지식과 기술의 습득에 못지않게 전문직업인으로서의 윤리의식의 내면화가 중요하기 때문이다.

전문직 종사자들은 스스로 자영업자·자유직업인·고용 전문직 등과 같이 이익추구를 하는 경제적 주체로서만 인식할 것이 아니라 높은 사명감과 윤리의식을 가지고 사회에 봉사하는 전문직업인으로서의 긍지와 직업관을 확립하지 않으면 안 될 것이다.

제 3 장

공직윤리

CHAPTER 03 공직윤리

제 1 절 공직자 윤리의 개념과 그 의미

1. 공직의 의미

공직(public office, government officials)이란 국가나 지방공공단체 등의 공적인 직무를 의미한다. 공직은 때로는 공무원조직 또는 제도의 의미로 쓰이기도 하고 공공에 관한 공적 직무를 수행하는 인적 구성원의 지위·역할·책임 등의 총칭개념으로서 불리기도 한다. 즉 공공(公共)이란 일반사회 공중과 힘을 함께 하는 'public'개념 뜻을 지닌다. 이런 의미에서 헌법, 국가공무원 법 등의 법규상으로는 공직을 '공무원제도'로 규정하고 이를 하나의 '묶음'으로 보고 있다.

이렇게 규정된 공무원제도는 국가통치권 실현을 가능케 해 주는 국가활동의 '인적 수단이며 도구'로서 통치 질서차원에서 중요한 의미를 갖게 된다. 우리나라 헌법에 명시된(제7조) 공무원의 지위·임무·책임 정치적 중립 등 에 관한 규정은 이와 같은 인식을 기초적인 바탕으로 한 것이다.

국가통치권은 주권자인 국민의 동의로부터 연유한다.

사회구성원들이 '무언의 약속'과 같은 평화질서의 원칙을 지키며 살아가듯이, 국가의 주권자 또한 그 원칙에서 예외일 수 없다. 그 이유는 주권자도 사회구성원의 일원으로써, 그 사회의 혜택을 누리고 있기 때문이다. 오히려 주권자는 자국 내외의 평화질서를 관장하고, 국민의 최고복지를 꾀하는 그 사회적 지위의 정점이기 때문에, 그에 따른 사회구조적 힘과 책임이 막중한 만큼의 도덕성이 절실히 요구된다. 만약 그렇지 않는다면 그 주권자 한 사람 때문에 국민모두가 입어야하는 피해는 실로 어마어마하게 될 것이기 때문이다. 주권자는 평화질서에 입각한 아래, 타인을 억압하여 재산과 생명을 갈취하여선 아니 되며, 약속을 한 것은 꼭 지켜 남을 속이지 아니하며, 자신의 직무의 최선을 다하여야 하는 것 등과 같은 평화의 원칙들을 더할 나위 없이 지켜야 하는 것이다.

하지만 우리는 주권자 또한 하나의 보편적인 인간과 다르지 않음을 감안하여야 할 것이다. 그렇기 때문에 막중한 책임을 지닌 주권자 또한 다른 인간들과 마찬가지로 타인보다 자기 자신의 안일을 더 우선적으로 여기며, 그로인해 어느 정도의 부정을 저지를 가능성을 배제할 수 없다. 만약 그러한 주권자가 저지른 '불의'의 정도가 심각한 정도에 이르러 국가의 존립이 위태하게 되며, 또한 국민다수가 그에 따른 심각한 피해를 입고 있다고 판단케 된다면, 자국의 국민들은 현 주권자와 정부에 대해 크나 큰 불신과 반감을 가지게 되고, 그에 따라 그들의 말을 절대적으로 따르지 않으며 더 나아가 현 주권자와 정부의 전복을 꾀하고 싶게 만든다. 또한 국민들은 (평화의 원칙을 지키지 않는 반사회적 인간 또는 무리를 '정의'의 이름으로 처단하는 것과 같이) '불의'의 주권자를 공정한 판결에 의해 처벌시키고, 그의 사회적 지위를 끌어내려 믿을만한 새로운 정치 지도부를 추대시키고 싶어 한다. 자국의 국민들로부터 위태로운 상황에 놓인 심각한 '불의'를 저지른 주권자는 당연히 자기 자신이 처벌받는 것을 원치 않을 뿐더러, 자신이 가진 강력한 군통수권으로부터 그 국가를 지속적으로 지배하게 만들고 싶어하게 하는 반면에, 국민다수는 그의 정치적 정당성을 부정하여 그는 정치적 당위성과 생명력을 잃게 되었으므로, 그는 그 이래로 국민들로부터 자국의 영토를 불법점거하고 있는 괴뢰정부로 규명되는 것이다. 그러므로 주권자의 강력한 국가통치권은 그 국민들의 동의에서 연유되는 것이며, 논리의 확장으로써 또한 누군가가 가지고 있는 사회적 지위의 정당성은 그 사회구성원들의 '동의'로부터 연유된다고 할 수 있다. 어떠한 야심가는 이때의 국민의 심정을 잘 읽어내어 자신이 그 괴뢰정부에 맞서, 그 땅의 의로운 정치를 구현시키려 하게 된다. 이러한 야심가는 '의로운 정치구현'이란 약속 또는 그 모범으로써 자국의 국민들을 잘 설득시켜, 그러한 지지기반을 바탕으로 자국의 국민들이 가지고 있는 괴뢰정부에 대한 '비협조적인 태도'와 자신의 힘에 대해 가지는 국민들의 '호의적이고 협조적인 태도'를 바탕으로, 비교적 쉽게 그 괴뢰정부를 무너뜨리고 (국민다수의 동의에 의한 것이라 할 수 있는) 새로운 정치 지도부를 탄생시키게 되는 것이다. 사실 역사 속에서 되풀이되는 순환인 한 국가의 분열-통합은 위와 같은 원칙성을 바탕으로 전개된다.

그 실례로, 중국 근현대사의 주인공 장제스와 마오쩌둥의 이야기를 들 수 있다. 국민혁명

> 군의 우두머리인 장제스는 몇몇의 군부세력으로 갈라져있던 중국을 재통일하고, 중화민국을 설립하였다. 국민들은 처음엔 이러한 중국의 재통일과 그로인한 내부질서의 안정을 환영하였으나, 후에 장제스의 1인 군부독재가 점점 더 심화되어 갈수록 국민의 인권을 탄압하게 되고, 국민당의 부패가 깊이 찌들어가 이에 국민들은 국민당에 대해 환멸을 느낄 수밖에 없었다. 그러던 중 중국 전 대륙의 '공산화'를 꿈꾸던 야심가, 공산당의 우두머리인 마오쩌둥은 이러한 민심을 적극 활용한다. 그것은 공산당원들은 국민들로부터 항시 친절과 아량을 베풀어 공산당에 대한 국민들의 지지기반을 확실히 닦게 되는 것이다. 1946년 국민당의 장제스가 공산당을 섬멸하라는 명령을 내린 것을 시작으로 3년에 걸친 국공 내전이 시작되는데, 공산당의 군사력은 국민당의 군사력보다 훨씬 열악한 상황에 있었음에도 불구하고 국민들의 '협조'라는 큰 도움에 의해 결국 공산당의 승리로 끝마친다. 이에 1949년 천안문 광장에서 마오쩌둥은 30만 명의 관중들이 지켜보는 가운데, '중화인민공화국'을 선포하게 되는 것이다.

이다만 공직(public office)과 공무원(government officials)[1]은 적용대상과 범위면에서는 구별되는 특성이 있고 본서의 논의에서도 개별화하기로 한다. 그 이유는 현대국가의 특징적 현상으로 공적 질서에 의해 조정하고 지원하는 역할기능이 증대되어 순수 공무원제도만으로는 국가·사회의 수요에 대처하기 어렵게 되었다.

그리고 이와 같은 기본적인 변화와 더불어 '공무원조직'에 대한 비능률이 비판의 대상이 되었고 이것이 민간부문의 효율성 및 장점을 살릴 수 있는 '민간위탁 및 공법상의 근무계약제'에 의한 공직의 확대논리로 도입되었다.

따라서 공직의 이원화구조에서 개념적으로는 공직자의 범주에 '순수공무원제'와 준공무원제인 공공단체와 계약공직자'를 총칭하기로 하여 '공직자'의 개념을 '공무원' 개념보다 확대된 개념으로 보기도 한다. 결국 이렇게 볼 때 공직자의 개념 속에는 국가, 지방, 공공단체, 조합 등 모든 공법상 단체·영조물[2]·재단[3]·

---

1) 공직이란 국가 기관이나 공공 단체의 일을 맡아보는 직책이나 직무를 말한다. 공무원이란 국가 또는 지방 공공 단체의 사무를 맡아보는 사람으로 사무 범위에 따라 국가 공무원과 지방 공무원으로 나누며, 선임 및 근무 방법에 따라 일반직과 별정직으로 나눈다.
2) 영조물이란 국가나 공공 단체가 일반 대중이 이용하도록 제공하거나 공공의 목적에 쓰기 위하여 만든 시설을 말한다. 가령 학교, 병원, 도서관, 철도, 교도소 따위이다. 보통 '공공시설물'로 부르기도 한다.
3) 재단이란 어떤 사람의 사적 소유에 속하는 재산을, 채권자나 제삼자의 권리를 보호하기 위하여 법률적으로 그 사람의 다른 재산과 구별해서 다루는 것. 파산 재단, 재단 저당의

조합[4] 등에서 공무(공공직무)를 수행하는 자를 포함하는 넓은 의미의 공직을 의미하게 되며 이에는 임명직뿐 아니라 국회의원, 조합임원 등의 선출직공무원도 포함된다. 그리고 경력직으로 상시적으로 근무하는 공무원뿐 아니라 한시적으로 자문, 심의 의결에 참여하는 교수, 전문가 등 각종 위원회의 위원도 포함된다.

반면 '공무원'은 '순수공무원제'에 한정하고 국가공무원법 제2조[5] 및 지방공무원법 제2조[6]에 규정한 일반직, 특정직, 기능직에 한정하고 이외 특수경력

목적이 되는 재단, 상속인 없는 상속 재산 따위이다.

4) 조합이란 두 사람 이상이 출자하여 공동 사업을 경영하기 위하여 결합한 단체. 변호사들의 공동 사무소가 있다.

5) 국가공무원법 제2조(공무원의 구분) ① 국가공무원(이하 "공무원"이라 한다)은 경력직공무원과 특수경력직공무원으로 구분한다. ② "경력직공무원"이란 실적과 자격에 따라 임용되고 그 신분이 보장되며 평생 동안(근무기간을 정하여 임용하는 공무원의 경우에는 그 기간 동안을 말한다) 공무원으로 근무할 것이 예정되는 공무원을 말하며, 그 종류는 다음 각 호와 같다.
1. 일반직공무원: 기술·연구 또는 행정 일반에 대한 업무를 담당하는 공무원
2. 특정직공무원: 법관, 검사, 외무공무원, 경찰공무원, 소방공무원, 교육공무원, 군인, 군무원, 헌법재판소 헌법연구관, 국가정보원의 직원과 특수 분야의 업무를 담당하는 공무원으로서 다른 법률에서 특정직공무원으로 지정하는 공무원
③ "특수경력직공무원"이란 경력직공무원 외의 공무원을 말하며, 그 종류는 다음 각 호와 같다.
1. 정무직공무원 가. 선거로 취임하거나 임명할 때 국회의 동의가 필요한 공무원, 나. 고도의 정책결정 업무를 담당하거나 이러한 업무를 보조하는 공무원으로서 법률이나 대통령령(대통령비서실 및 국가안보실의 조직에 관한 대통령령만 해당한다)에서 정무직으로 지정하는 공무원
2. 별정직공무원: 비서관·비서 등 보좌업무 등을 수행하거나 특정한 업무 수행을 위하여 법령에서 별정직으로 지정하는 공무원
④ 제3항에 따른 별정직공무원의 채용조건·임용절차·근무상한연령, 그 밖에 필요한 사항은 국회규칙, 대법원규칙, 헌법재판소규칙, 중앙선거관리위원회규칙 또는 대통령령(이하 "대통령령등"이라 한다)으로 정한다.

6) 지방공무원법 제2조(공무원의 구분) ① 지방자치단체의 공무원(지방자치단체가 경비를 부담하는 지방공무원을 말하며, 이하 "공무원"이라 한다)은 경력직공무원과 특수경력직공무원으로 구분한다. ② "경력직공무원"이란 실적과 자격에 따라 임용되고 그 신분이 보장되며 평생 동안(근무기간을 정하여 임용하는 공무원의 경우에는 그 기간 동안을 말한다) 공무원으로 근무할 것이 예정되는 공무원을 말하며, 그 종류는 다음 각 호와 같다.
1. 일반직공무원: 기술·연구 또는 행정 일반에 대한 업무를 담당하는 공무원
2. 특정직공무원: 공립 대학 및 전문대학에 근무하는 교육공무원, 교육감 소속의 교육전문직원, 자치경찰공무원 및 지방소방공무원과 그 밖에 특수 분야의 업무를 담당하는 공무원으로서 다른 법률에서 특정직공무원으로 지정하는 공무원
③ "특수경력직공무원"이란 경력직공무원 외의 공무원을 말하며, 그 종류는 다음 각 호와 같다. 1. 정무직공무원 가. 선거로 취임하거나 임명할 때 지방의회의 동의가 필요한 공무

직 공무원으로서 선거에 의해 선출되는 대통령, 국회의원, 지방의회의원, 지방자치단체장, 정무직공무원, 별정직공무원, 전문직공무원, 고용직공무원으로 한다. 이 기준에서 볼 때 공무원은 입법부, 행정부, 사법부의 모든 공직자가 이에 해당된다. 우리 헌법은 '공직자'라는 총칭개념 대신에 '공무원'이라는 개념과 용어를 사용하고 있기 때문에 헌법 제7조 제1항[7]의 공무원은 최광의의 '공직자'를, 그리고 제7조 제2항의 공무원은 최협의[8]의 '순수공무원'(국가공무원법 제2조)을 뜻한다고 볼 수 있다.[9]

따라서 여기에서는 '공직'(public office)을 광의로는 '공직자'(public officer), 협의로는 '공무원'(government officials)의 용어로 사용하기로 한다. 왜냐하면 공공서비스 확장논리의 설명을 위해서는 넓은 의미의 '공직'이라는 개념과 용어가 유용한 도구이며 작은 정부의 순수 공직축소의 논리에서는 좁은 의미의 '공무원' 개념이 유용하기 때문이다.

따라서 '공직'은 관청이나 공공단체의 직무를 의미하므로 광의의 공직의미와 협의의 공직의미를 뜻한다. 다만 이하에서 '공공직무'라는 용어는 가장 넓은 의미의(광의)공인단체까지 포괄적으로 사용할 때 이를 공공직무라고 개념화하였다. 예컨대 금융기관의 형태를 띠면서 금융업무를 취급해 온 '파이낸스'[10]회사는 비록 정부가 인가하거나 감독을 받지 않았지만 이는 공공직무를 취급한

원, 나. 고도의 정책결정업무를 담당하거나 이러한 업무를 보조하는 공무원으로서 법령 또는 조례에서 정무직으로 지정하는 공무원

2. 별정직공무원: 비서관·비서 등 보좌업무 등을 수행하거나 특정한 업무 수행을 위하여 법령에서 별정직으로 지정하는 공무원

④ 제3항에 따른 별정직공무원의 임용조건, 임용절차, 근무 상한연령, 그 밖에 필요한 사항은 대통령령 또는 조례로 정한다.

7) 헌법 제7조 ①공무원은 국민전체에 대한 봉사자이며, 국민에 대하여 책임을 진다. ②공무원의 신분과 정치적 중립성은 법률이 정하는 바에 의하여 보장된다.

8) 협의 의미: 국가 공무원법상 (제7조)의 공무원의 직무

9) 광의 의미: 전부로부터 법률상 인가·신고 된 단체조합형 기관의 직무(공공단체·공공조합 등)

10) 파이낸스란 사채를 양성화하기 위해 허용된 여신 전문 금융사이다. 자본금 5천만원이면 누구나 설립할 수 있다. 파이낸스만이 업무는 대출에 제한되어 있다. 그러나 최근 일부 지역의 파이낸스사들이 수신업무까지 한 것으로 밝혀지면서 당국의 비중 있는 주목의 대상이 되고 있다. 우리나라도 현재 전국적으로 600여 개 이상이 영업 중인 것으로 파악되고 있다. 이처럼 우리나라에서 파이낸스회사들이 늘어난 것은 금융 실명제 이후 묶여버린 지하자금을 양성화하기 위해 정부에서 적극적으로 업무 승인을 내주고 있기 때문이다.

단체로 보아야 하고, 이에 따른 질서규범(법·윤리)의 적용이 공공차원에서 이루어져야 한다고 보았기 때문이다.

2. 공직자 윤리의 의미

공직윤리는 바른 것 중에서도 가장 좋은 것을 기준으로 하고 이 기준에 따라 반드시 행해야 하는 것을 말하며 이때 무엇이 바람직한 가치인가와 무엇이 행해야 하는가에 대한 접근방법이 결합됨으로써 공공직무, 즉 정책을 결정하고 집행하거나 법·제도를 만들고 서비스를 산출할 때 바로 필요한 질문이며 기준이 되는 것을 말한다.

가령 남한의 북한에 대한 햇볕정책[11]은 식량지원과 비료지원 등으로 대표되는데, 이 경우에 바른 일인가, 그중에서도 가장 좋은 일인가, 반드시 그렇게 해야 하는가의 기준(윤리)에서 보면, 이 정책 자체는 도덕적으로 비난할 수 없는 아주 윤리성 높은 직무로 보아지고 윤리적으로 큰 의미를 지닌다고 볼 수 있다. 이때 다만 평가적 접근방법에서 보면 무엇이 바람직한 가치인가에 대한 해답이 나오고 이에 대한 정당성이 인정되나 무엇이 행해져야 하는가에 대한 규범적 접근방법상으로는 비료지원·식량지원을 행하되 '서해교전',[12] '관광객억류'[13]라는 당초 목표·가치에 벗어나는 행동에 대하여는 무엇을 행하는 것이 바람직하지 않다는 평가적 정보를 더 높은 수준의 윤리기준으로 세울 필요가 있게 된다. 이의 필요성은 네 가지로 요약할 수 있다.

이런 의미의 공직윤리는 행정뿐 아니라 정책결정·법제정·서비스공급·법원의 판결 등과 밀접한 관계를 가짐으로 첫째, 대통령, 국회의원 등 공직 구성원인 개개인의 윤리관, 가치관, 태도 등이 윤리질서 구현에 결정적인 영향을 미치게 되므로 공직자개인의 윤리의식이 중요한 과제가 된다.

---

11) 햇볕 정책이란 남북한 간의 긴장 관계를 완화하고 북한을 개혁, 개방으로 유도하기 위해 김대중 전 대통령 정부가 추진하였던 북한에 대한 대외 정책을 말한다.

12) 서해 북방한계선 인근에서 남·북한 해군 간에 1999년, 2002년, 2009년에 걸쳐 총 3차례의 주요한 해상 교전이 일어나 남북 사이의 긴장을 고조시켰다.

13) 1999년 6월 20일 금강산관광 중 남측 여성관광객이 북측 안내원과 대화를 나누던 중 귀순공작을 이유로 북한에 의해 억류되면서 금강산관광이 일시 중단되었다. 동년 7월 30일 남측의 현대아산과 북측의 아시아태평양평화위원회가 베이징(北京)에서 관광세칙과 신변안전보장 합의서를 체결했고, 다음 달 8월 5일부터 금강산관광이 재개되었다.

둘째, 공직의 목표자체에 대한 윤리적 판단에 뿌리 깊은 성찰이 있어야 한다. 공직의 출발점은 21세기 프로젝트 같은 이상적 비전일 수도 있으나 대체로 공직의 목표설정은 현상 속의 사회문제의 심각성과 정도에서 출발하게 되므로 그 문제가 어떤 것인가에 대한 개념정의가 내려지면 이를 목표로 전환시키는 과정에서 가장 바르고, 좋고, 그렇게 해야 하는 세 가지 윤리개념 틀에서 이를 바라보아야 한다. 그래야 북한과의 햇볕정책에 대한 것이 국민간의 동의나 지지를 받게 될 것이다. 이때의 기준이 바로 법률상 해석이나 판단이 아니라 윤리적 가치기준에 의한 판단이다. 결국 공직윤리란 공직의 바람직한 목표를 달성하기 위하여 공직자가 지켜야 할 규범적 기준이 되며 또한 공직의 임무와 사명으로 지향해야 할 '가치와 당위의 덩어리'로서 공직자의 올바른 판단과 선택을 가능케 해 주는 능력의 토대를 말한다. 셋째, 법으로는 확보할 수 없는 부정부패에 대한 1차적 통제장치로서의 직무질서의 의미를 강하게 가진다. 이는 공직자로서의 윤리성보다는 개인적 윤리관과 깊은 관계를 가진다. 다시 말하면 개인의 욕구와 공직자가 된 동기 그리고 가치관, 신념체계에 토대를 둔 태도형성이 중요한 요인이 된다.

셋째, 공직윤리의 의미로 중요한 것은 법이나 정책집행상의 질서유지비용과 깊은 관계를 가진다. 법집행비용이 예산의 대부분을 차지하므로 이의 절약과 능률성 보장은 법의 집행이 아닌 공직윤리의 자율성이 토대된 '법질서의 경제적 논리'에 의한 집행방법 및 순응확보 장치의 새로운 패러다임 형성이 과제가 된다.

3. 공직윤리의 중요성

공직윤리의 문제는 행정이 정책결정의 기능까지 담당함으로써 확대되게 되었다. 특히 신행정학[14]의 대두와 함께 이에 대한 새로운 접근을 시도하게 되

14) 신행정학(新行政學, new public administration)이란 1960년대 말 일단의 미국의 젊은 행정학자들이 기존 행정학의 학문 방법과 개념, 연구의 적실성 등을 비판하면서 일으킨 새로운 학문 지향을 말한다. 신행정학은 행태론의 인식론적 근거를 이루는 논리실증주의 및 행태론적 학문 자세를 비판하고 당시의 사회문제를 해결하기 위해서는 현실적합성(relevance)과 실천성(action)을 갖는 처방적 학문이 필요하다는 점을 강조했다. 신행정학의 특징으로는 적실성 있는 행정학의 추구, 실증주의로부터의 이탈과 가치 및 규범의 중시, 사회적 형평의 추구, 능동적 행정인과 고객에 대한 관심 등을 들 수 있다.

었다. 우리나라는 해방 이후 행정에 발전과정에서 나타난 행정의 독재로 인하여 공무원의 부정부패가 크게 발생하였으며 그에 따른 공무원의 가치관이 크게 문제시되어 왔다.

부정부패를 비롯하여 국민을 불편하게 하는 공무원의 책임회피나 뇌물수수 행위 등의 행태가 발생할 때마다 학계나 언론계 등에서 제도를 탓하거나 아니면 공무원의 의식을 탓하는 등 원인규명을 해 왔으나 공무원의 의식을 통하여 설명하기 위한 모형을 아직까지 개발하고 있지 못한 실정이다. 이를 위해서 공무원들의 공직관련 가치관을 정확히 알아야 할 필요가 있다. 올 상반기에는 부패방지정책위원회가 설립돼 공직자 부패에 대한 체계적이고 효율적인 사정활동이 이루어질 것이라고 전망했었다.

부정부패에 관한 논쟁

1. 문제제기

공공문제를 다룰 때 대체로 보편성과 특수성의 문제로 논쟁이 되는 경우가 많다. 보편성과 특수성의 개념과 적용 방법, 공공문제와의 상관관계 등에 대한 이해를 통해 올바른 공공문제 해결을 위해 접근하는 것은 공공활동가의 본분일 것이다. 일부는 보편성과 특수성의 문제에 대해 개고기 식용 문제를 다루고 있으나, 공공문제에 있어서 개고기 식용문제 못지않게 사회적 관심과 논란이 되고 있는 것이 부정부패 문제에 대한 인식차이이다.

부정부패 문제와 관련한 보편성과 특수성과의 관계에서 인식차이는 두 가지 관점에서 접근 가능하다, 하나는 부패문제에 대한 당사자 개인의 관점이고, 또 하나는 기업부패방지법이나 공수처 도입처럼 우리사회 집단의 관점에서 인식차이가 드러난다.

먼저, 부패문제에 대한 당사자 개인의 관점의 시각은 부패사건이 발생했을 때 당사자인 개인은 이런저런 특수한 논리로 사건의 책임에서 벗어나려 할 것이다. 대부분의 사건에서 부패의 당사자는 사적이익을 위해 한 것이 아닌 조직을 위해 어쩔 수 없었으며, 대부분 공통경비로 집행 된 것이므로, 최대한 선처를 바란다는 입장을 밝힌다.

두 번째, 우리사회의 부패문제 해결을 위해 제시되고 있는 기업부패방지법 제정이나 공수처 설립과 관련 이해당사자인 검찰이나 일부 정치권 등에서는 나름의 특수한 논리로 반발한다.

2. 부정부패문제 인식차이 논쟁

① 한국의 부정부패 현실

정치, 행정, 경제, 사회 등 각 영영에서의 부정부패 문제는 심각한 수준에 이르고 있다.

지난 민선4기 전국의 230명의 기초지방자치단체장 가운데 각종 선거법 부패 문제로 검찰로부터 기소된 숫자만도 110명에 이르면 이들 가운데 37명이 중도에 퇴출되면서 보궐선거 비용만도 500억원에 이를 정도로 심각한 수준에 이르고 있다. 정치권 차원에서 이루어지는 조직적이고 치밀한 권력형 부패문제는 국가 청렴도를 떨어뜨리는 원인이자 정치불신의 단초가 되고 있다는 점에서도 조속히 척결되어야 할 과제 중에 하나이다.

아울러 공직부패 또한 끊이지 않고 발생하고 있어, 행정부에 대한 커나가는 불신의 원인이 되고 있으며, 지방자치 불신의 커다란 단초가 되고 있다. 특히 언론보도를 통해 확인된 조세회피처인 영국령 버진아일랜드에 숨겨놓은 한국인 명의의 자금이 857조에 이른다는 사실은 그동안 국부유출이 얼마나 심각했는지를 적나라하게 보여주고 있다.

국제투명성 기구에 따르면, 우리나라는 지난 2013년도 청렴도 평가에서 180여 개국 가운데 46위를 차지할 만큼 세계무역거래 6,7위에 해당하는 경제강국의 지위를 무색해 하고 있고, 특히 2013년도 부패인식지수 점수가 55점으로 전년도대비 1점이 하락한 것은 물론, OECD 평균 69점에도 턱없이 모자라고 있어, 부패문제 해결을 위한 범국가적인 차원의 노력이 선행되어야 할 것으로 보인다.

② 보편성과 특수성의 관점

보편성의 관점: 세계적인 추세나 공공가치의 관점에서는 당연히 부패문제는 척결되어야 할 대상이 되어야 한다. 특히 최근 그리스 국가부도사태 이후 정책실패도 부패다라는 인식이 전세계적으로 확산되고 있고, 부패가 국가경쟁력에 걸림돌이 되고 있다는 인식이 확산되면서, 부정부패 청산에 대한 보편적인 인식과 행동은 점차 확산되고 있는 추세다.

특수성의 관점: 모두가 그러는 것은 아니지만, 부정부패 청산을 위한 각종 입법(기업부패방지법, 고위공직자비리수사처 설립, 사학법 개정 등) 활동에 대해 기업문화니, 시기상조니 하는 등의 각자가 처한 상황과 특수한 상황에 대한 논리로 분명한 반대입장을 표출한다. 이들은 대체로 부정부패 문제를 해결해야 한다는 보편적인 주장에는 동의하지만 특수한 상황에 대한 논리를 펼치면서 관련법 재개정에 대해 미온적인 태도를 취하게 된다.

③ 보편성 특수성 개념의 공공활동에의 적용

부패척결을 위한 관련법 재정에 1차적 걸림돌은 한국사회의 혈연, 지연 등의 연고주의 문화와 재벌중심의 대기업 문화에 대한 기업행위의 존중을 특수하게 요구하는 보이지 않는 손의 역할이다. 즉, 부정부패 문제를 해결하기위한 각종 법안을 제정하거나 개정하는데 있어서 특정집단이 반발하는 것에 대해 나름의 특수성을 인정할 것이냐의 문제인데, 하나하나 집어볼 필요가 있다.

기업부패방지법 제정: 우리기업 문화에 대한 존중을 바라고 있지만, 청렴선신국들을 비롯 기업부패방지법 제정을 보편적으로 추진하고 있고, 국외에서 일어나고 있는 기업들의 부패문제에 대한 국내처벌이 이루어지지 않아 발생하는 정부를 비롯 우리기업들의 도덕성이 오히려

국제경쟁력에 걸림돌이 되고 있는 만큼, 경제강국의 지위에 걸맞는 제도적 장치를 마련해야 한다는 점을 기업부패방지법 제정을 찬성하는 측에서는 주장하고 있으나, 반대로 당사자인 기업에서는 한국의 특수한 상황과 기업활동을 위축할 수 있으며, 기업경쟁력에 역행하다는 특수한 이유를 내세워 기업부패방지법 제정을 반대하고 있는 상황이다.

고위공직자비리수사처 설립: 사법체계 붕괴 등을 주장하면서 공수처 설립을 강력히 반대하고 있는 반대여론자들과 달리, 공직부패의 80%는 고위공직자중심의 20%의 구성원들에 의해서 발생되고 있다는 파레토법칙이 적용되고 있고, 그동안 각종 고위공직자들의 부패문제에 대한 검찰 및 검찰의 수사에 대해 국민들의 신뢰가 낮은 만큼 고위공직자 수사를 전담으로 하는 고위공직자비리수사처를 설립해야 한다는 주장이 상충되고 있는 상황이다.

하지만, 한국의 부패문제를 바라보는 외국의 시각은 매우 우려스러운 시각이다. 하나같이 한국은 상당한 발전을 이룬 산업국가 중 하나지만 부패 우려로 국제사회에서 코리아 디스카운트를 겪고 있다고 지적하고 있다.

따라서, 부정부패문제를 해결해야 하는 공공활동가는 제한적, 상대적, 현실적, 불완적 의미에서의 보편성과 특수성을 전제로 부패문제 해결을 위한 대안을 제시하고 적용해야 할 것이다. 그렇다하더라도 부정부패 방지를 위한 대안과 관련 보편성과 특수성 어느 한쪽에 치우쳐도 되지 않을 것이며, 상호 합의 가능한 대안을 모색 추진할 수 있도록 지속적인 노력이 이루어져야 할 것이다.

3. 맺음말

첫째, 각 분야별 윤리기준의 수립과 관련해서는 공정한 사회는 법의 평등한 집행통한 국민의 신뢰회복과(엄정한 법집행과 국민 신뢰회복 중요, 검찰, 감사원 등 사정기관의 실추된 권위회복 급선무, 대통령 인사권이 부패한 고위공직자에 대한 면죄부가 되지 않도록 하고, 고위공직자, 대기업총수, 정치인에 대한 근본적인 윤리기준 수립, 법의 엄정한 심판과 적용 이뤄져야) 대기업의 잦은 부패 덮기 위한 홍보용 사회공헌활동 근절(대기업 등 투명성 확보로 기업의 국제경쟁력 갖춰야, 기업부패 방지법 제정 등)하고 유엔반부패협약을 이행하여 독립적 반부패기관을 복원하는 등의 노력이 지속적으로 이루어져야 한다.

둘째, 제도개선과 관련해서는 기업부패방지법 제정 통해 기업부패 통제, 기업부패 제보자 보호를 위해 공익신고자보호법 개정, 국외뇌물 제공범죄의 처벌 강화, 뇌물방지법 대폭 개정, 관련분야 정보공개 제도 대폭 강화, 독립적 부패방지 기구로 재정비 보완 등이 이루어져야 할 것이다.

이 부패방지정책위원회는 국가차원의 종합적인 부패방지정책을 수립, 심의하고 감사원, 검찰, 경찰 등 국가 사정기관간 업무를 총괄·조정하는 역할을 맡으며 대통령 직속으로 설치돼 국무총리와 민간인 대표와 공동위원장을 맡게 되며 중앙부처와 각 시·도에도 별도 위원회가 설치된다.

공직의 부패가 점점 심해지는 현상이 나타나 이러한 위원회가 만들어져 가능 것이고 해결을 위해 현재 공무원의 의식과 가치관의 일대 전환이 요구되는 것이다. 또 정부는 '공무원 표준행동강령'을 통해 공직자들이 직무 관련자로부터 일체의 접대와 선물수수를 금지하고, 직무와 무관한 자로부터는 1회당 5만원 이내, 한해 15만원 이상의 선물을 수수하지 못하도록 한다는 방침이나 공직자들의 배우자나 직계 존·비속에 대한 조항이 없어 이들이 대신 선물을 수수할 경우 처벌근거가 없다는 입법체계에 대한 비판을 하기도 했는데 이러한 직계 존·비속이 부정한 선물수수나 재산 증식을 방지하기 위해 공직자의 윤리는 국민에 대한 봉사자로서의 윤리로 확립하는 것이 중요하다.

현대행정은 행정기능의 양적 증대와 질적 변화, 공무원의 수 증가, 정부예산의 증대, 행정의 전문화 등 행정의 확대, 다양화에 따라 공무원들은 국민 전체에 대한 봉사자로서 인식되며 중요한 것은 현대 행정국가에 있어서 행정의 범위가 확대되고 행정원이 거대화됨에 따라 국민 생활의 거의 모든 분야에 대해 커다란 영향을 미치고 있는 상황에서 공직의 윤리는 확보되어야 한다.

구체적으로 공직윤리의 중요성을 살펴보면, 첫째, 행정의 기능이 양적·질적으로 대규모화·복잡화되면서 정부가 민간부문에 대해적극적인 개입을 하게 되었으며 특정 개인이나 집단의 이해관계에 큰 영향을 미친다.

둘째, 행정관료의 광범한 재량권의 증대는 공무집행 과정에서의 잠재적 갈등의 해결을 촉진하는 규범적 가치로서 중요하다.

셋째, 행정권력의 비대화로 권력이 남용되어 부패를 초래할 가능성이 높아지게 되었다.

넷째, 공직사회에서 금권만능관의 확대를 초래할 수 있다. 따라서 공직윤리는 바람직한 상태를 유지해 나가기 위해서 능동적 정진과 합리적인 적실행정을 추진해야 한다는 것으로서 단순한 부정행위와, 직권남용, 불법행위 등의 부패를 통제해야 할 중요한 의미가 있다.

4. 공직과 사회관계의 역사성

인류의 생성과 발전은 '역사시대[15]와 선사시대[16]' 또는 유사(有史)시대와 원시시대로 나눈다. 역사시대를 이해하기 위하여는 원시시대의 정확한 이해가 있어야 하고 인류문명의 인식과 평가도 이 시대의 구분에 의해 비로소 가능한 일이다.

인류가 원시시대의 미개상태를 벗어나 역사시대로 접어든 것은 지금으로부터 5천년을 전후한다. 이 역사시대의 출발은 가장 자연조건의 혜택을 많이 누리고 있던 몇 개 지역에 한정된 것이었다. 토지의 비옥도, 기상조건, 물과 나무 등 자연자원이 곧 세계최초의 문명[17]을 탄생시킨 동인(動因)이 되었다.

이 강(천)문명은 고대 동양사회의 특성을 지니므로 그리스·로마의 고대사회와는 구별된다. 즉 여기에서는 평등한 인격을 가진 '시민의 공동체'로서의 도시국가가 그 성립을 이루지 못하고, 전 국토는 국왕의 소유이었으며 주민은 왕이 신민으로서 지위와 신분을 유지하는 형편이었다. 이 결과 동양적 고대문화권에서는 '왕'이 있었을 뿐 '개인'은 존재하지 않았으므로 인간개성의 자유로운 발전은 기대할 수 없었다. 일종의 신정(新政)문화만이 성립되었을 뿐 과학과 예술의 자율성·창의성 등은 기대할 수 없었다. 즉 전제왕권과 신권의 지배가 사회생활의 모든 분야를 정체·폐쇄시켰으므로 동양사회가 서양세계보다 뒤떨어지게 된 원인이었다. 따라서 고대문명에서는 '공직과 시민사회'의 기본관계는 찾아보기 힘든 일로서 이들 관계의 흔적을 발견할 수가 없다.

이의 관계는 동양문화와 서양문화가 형성되고 발전의 토대를 이루게 된 중세 봉건제도가 붕괴되기까지 찾아볼 수 없었으며 십자군 실패 후 상업도시의 융성과 화폐 경제의 보급으로 장원체제의 붕괴, 기사와 봉건영주의 세력약화

---

15) 역사시대(歷史時代)란 문자 발생 이후 인류의 과거는 크게 나누어 선사·역사시대의 둘로 구분할 수 있다. 이것은 다만 연구방법에 의한 구별인데, 문자로 쓰여진 기록[文獻資料]에 의하여 알 수 있는 과거가 역사시대이다. 그러나 근래 고고학의 발달로 문헌자료뿐만 아니라, 구비(口碑)·회화(繪畵)·유물(遺物) 등도 그 연구대상이다.

16) 선사(先史)시대란 문자가 만들어지기 이전의 시대이며, 문자 기록이 아닌 남겨진 물건이나 건축물 등의 흔적을 통해서 알 수 있다. 반면에 문자로 쓰여진 글이나 책과 같은 기록물에 의하여 과거를 알 수 있는 시대는 '역사시대'라고 한다.

17) 나일강의 이집트문명, 메소포타니아 등 오리엔트문명, 인더스강의 인도문명, 황하유역의 중국문명 등 고대문명 등이다.

이로 인한 농노의 해방으로 이어지면서 시민·농민의 지위향상, 교회·교권의 지위추락현상은 중앙집권적인 국민국가의 성립을 가져오게 되었다.

중세 봉건체제가 붕괴되고 근대세계를 맞은 유럽에서는 왕권이 강화되어 중앙집권이 발전되고 국가 간에는 전쟁을 통하여 강대국이 생겨났다. 그러나 이때까지도 나라는 국왕의 재산으로 간주되어 국가를 구성한 국민의 의식은 싹트지 않았다. 17세기의 영국혁명, 18세기의 미국독립, 프랑스대혁명 등 이들 각국의 국민들이 전제적 지배를 벗어나 민주주의를 추구하는 운동을 전개, '개인의 자유정신'을 크게 신장시켰다.

이에서 비로소 시민사회의 성장과 자유주의 추구로 '공직과 시민사회의 관계'가 정립되기에 이른 것이다. '네덜란드의 독립'과 '영국의 시민혁명'[18]은 절대왕정에 대한 시민계급의 성장에 기여한 바는 컸지만 민주주의시대 돌입은 아니었다.

이에 18세기의 '미국독립운동'[19]과 '프랑스혁명'[20]의 정신은 자유주의·민주주의의 정치사상을 국민들에게 고취시키는 결과를 가져와 시민사회의 시민의 지위를 더욱 향상시켰으며 '인간화', '공동체와'의 정신적 가치를 공유물로 생각하게 되었다.

이후 19세기의 문예사상으로 등장한 낭만주의는 계몽주의나 고전주의에 대항하여 새로운 사유세계를 전개하였다. 계몽사상이 지성의 만능을 중시하여 개성·감정·민족성을 무시하고 자연과학적 사유의 방법에 중점을 두고 등장한 반면에 낭만주의는 인간의 주관, 특히 개인적인 감정은 중히 여기고 규범과 형

---

18) 영국의 시민혁명은 제임스 1세, 찰스 1세는 왕권신수설을 주장하며 전제 정치를 행하였다. 의회의 승인 없이 과세를 징수하였으며, 국교회를 강화하였다. 이에 청교도 혁명이 일어났으며, 왕정복고 뒤에는 찰스 2세, 제임스 2세의 가톨릭 강요 정책에 대하여 의회는 찰스 2세 때 심사령을 제정하고 제임스 2세를 폐위시키고 명예혁명을 일으켰다.

19) 미국독립혁명(American Revolution. 美國獨立革命)이란 영국 본국으로부터 분리 독립하는 것이 주요 목적이며, 사회개혁은 그에 따라 행하여진 것으로, 후의 프랑스혁명 등과는 여러 가지 점에서 차이가 있다. 그러나 보수적인 정치형태를 타도하고 보다 민주적인 정치형태를 수립하고자 한 점에서는 공통점을 가지고 있다. 이 혁명은 식민지의 본국에 대한 반란이며, 또한 같은 영국인 사이의 싸움으로서 내란으로 볼 수도 있다.

20) 프랑스 혁명(French Revolution)은 사상혁명으로서 시민혁명의 전형이다. 여기서 시민혁명은 부르주아혁명(계급으로서의 시민혁명)만을 의미하지는 않는다. 전국민이 자유로운 개인으로서 자기를 확립하고 평등한 권리를 보유하기 위하여 일어선 혁명이라는 보다 넓은 의미를 포함하고 있다.

식을 초월하여 자유로이 사색하는 세계를 창출하였다. 이는 민족적·국민적 정신을 존중하는 국민주의운동을 일으켰고 낭만주의와 밀접한 관계를 유지하게 되어 국민주의는 낭만주의를 태동케 했으며 또 낭만주의는 국민국가의 성립을 촉진했던 것이다.

한편 18세기 말부터 19세기 전반에 이르는 시기에는 독일의 관념철학이 형성되어 학문과 과학의 토대를 이루었다. 그리하여 헤겔(Hegel)을 중심으로 한 관념론자들은 세계를 '절대정신의 변증법적 발전'이라고 보고, '이성'의 활동을 중시하였다. 그리하여 고대로부터 현대까지의 세계사를 '인간정신의 자유에 대한 자각'으로서 설명하였다. 이 '자유에 대한 자각'이 공직과의 관계논의에 출발점이 된다.

5. 공직과 시민과의 관계

(1) 세계사적 의미

고대 16~18세기의 절대왕정은 군주와 시민과의 관계를 '경찰' 개념을 매개로 정립하였다. 따라서 경찰개념은 종래의 단순한 공동체의 질서유지가 아니라 절대군주의 경찰권을 의미하게 되었다. 군주는 국민의 모든 사회적 생활에 관하여 구속적인 명령으로 규율하였고, 군주의 명령은 강제권, 특히 형벌권에 의거 집행되는 국가행정 전체를 의미하였다. 이 절대왕정에서의 과도체제를 거쳐 19세기 이후 근대자유민주주의 시대의 공직과 시민사회의 관계는 민주주의의 제도적 이념을 토대로 이루어졌다. 이것이 바로 민주주의의 가장 중요요소인 '사회계약론'[21]이다.

이 사회계약론은 국가가 국민의 행복을 증진하고 안전보호 하는 것을 의무로 하는 국민에 대한 자발적 계약이다. 반면 국민은 국가의 법에 복종하는 것을 의무로 하고 국가의 의무를 표현한 이 법의 목적은 '최대다수 국민의 최대행복' 증진이었다. 이 개념하에서 개인은 동등한 것으로 합의하고 상호이익보장을 약속한 것으로 이때 사회계약의 본질은 평등, 참여, 동의, 합의이며 이와 같은 의

21) 사회계약론(社會契約論 , theories of social contract)은 사회 및 국가 성립의 역사적·논리적 근거를 평등하고 이성적인 개인들 간의 계약(契約)에서 구하려는 이론이다. 17~18세기 홉스(T. Hobbes)·로크(J. Locke)·루소(J.J. Rousseau) 등의 자연법론자들에 의하여 주창되었다.

미에서 사회계약론은 사회통제의 중요한 토대적 의미를 지니게 되었다.

그러나 19세기 국가와 시민과의 관계는 '최소의 행정이 최선의 정부'라고 규정함으로써 국가와 정부의 활동을 축소하고 국방과 치안을 통한 시민의 안전 보장에 그 기능을 제한하는 소국가 지향을 추구 하였다. 이 결과 자유방임이 가져온 사회경제적 문제, 산업혁명 이후의 급속한 과학기술의 발달, 도시화의 가속, 국제분쟁, 집단 간의 이해갈등 등 20세기 사회문제의 확대변화는 국가역할에 의존할 수밖에 없게 되었으며 이는 '최대의 행정이 최선의 정부'라는 적극국가 지향을 요청하게 되었다.

그렇다면 오늘날 공직과 시민과의 관계가 어떤 형태로 발전할 것인가. 다음 비교표에서 시대별로 보면서 전망해 보기로 한다. 즉 21세기 국가기능은 정보제공자로서, 국가는 지식산업국가로 발전하며 이때 공직과 시민과의 관계는 '대등 당사자' 관계를 유지할 것이며 봉사기능이 법집행기능보다 더 확대되는 추세를 보일 것이다.

<표 3-1>에서 보면 고대에서 18세기 절대왕정까지는 왕, 군주의 통치적 이념을 강조하던 공직과 시민과의 관계가 19세기 이후부터는 최소서비스에서

〈표 3-1〉 시대별 공직과 시민과의 관계 변화표

시대	고대 (BC 4세기)	중세 (4-15세기)	절대왕정 (16-18세기)	19세기	현대국가	
					20세기	21세기
국가 특성	• 시민공동체로서 도시국가 형성이전	• 장원제도 • 교회교권	• 절대왕정 • 경찰국가 지배	• 자유민주주의 • 사회계약	• 복지국가 • 국민의 공복	• 정보화 • 지식산업
공직과 시민의 관계	• 국토는 국왕 소유 주민은 왕의 신민으로서의 관계 유지	• 왕권지배 • 봉건영주 • 농노의 해방으로 국민국가 형성토대	• 군주와 국민은 명령강제 관계 • 공직(경찰)을 통한 국민 기본권 침해	• 국가와 국민은 계약관계 • 최소행정	• 공직은 시민의 봉사자 • 권위주의 • 최대행정 추구	• 정보제공자 • 갈등조정자 • 공직과 시민은 대등관계 • 시민봉사자
강조 이념	법집행	질서유지	통치강제	질서유지	서비스	정보 · 지식 · 서비스

최대서비스 지향 추세로 연장되어 갈 것으로 나타났다.

(2) 역사적 의미

우리나라 전통사회에서는 유학이 공직과 시민사회의 연결 매체로서 사상적 토대를 제공하였다. 이는 유학이 특히 조선조시대의 왕권통치이념을 제공함으로써 백성들의 현실문제 해결에 지주역할을 한 것이다. 이 국가통치이념의 사상적 토대로서의 유학사상[22]은 공자(孔子)의 덕치주의(德治主義)와 맹자(孟子)의 왕도사상(王道思想)을 중심한 민본주의 및 위민주의적 윤리성이었다. 이는 조선조사회의 공직과 시민사회의 관계가 개인의 자율성에 근거한 책임성과 이 책임성 보장장치를 덕목(德目)과 예치(禮治)로 이루어짐을 강조한 것이다.

이 덕치주의는 덕목에 의해 공직이 백성을 지도하는 방식으로서 당시의 사회적 문제나 혼란을 개인 도덕성에서 그 원인을 찾아 이의 대응을 위해 내면적 도덕규범으로서는 '인(仁)'을, 외면적 사회규범으로서는 '예(禮)'에 의존함으로써 근대적 의미의 법치에 의한 백성의 명령·강제방식과는 구별된다. 특히 덕치·예지는 왕의 수양과 인격감화를 전제한 것이므로 이의 통치이념실현은 바로 임금의 이익도모가 아닌 국민의 민본·위민사상이라는 점이다. 이는 맹자의 사상에서도 기저를 이루어 민본사상으로 발전하게 되었고, 이 사상에서는 '백성이 가장 귀하며 군주는 가벼운 것이다'라고 하여 공직과 시민의 관계가 오늘날 민주주의의 기본사상과 유사한 점이 있다.

조선조시대에 꽃피운 민본·위민·민권중심의, 전통사회 공직과 시민과의 관계는 근대화과정에 들어선 이후 첫 시련으로서의 일본제국주의 시대에는 제국주의에 의해 박탈된 대한민국의 국권회복을 위한 저항시대에 접어들면서 '공직의 억압과 시민의 저항' 형태를 띠게 되었다.

1910년대 이후 계속된 이 운동은 대내적으로는 근대화를 위한 사회운동인 반면 대외적으로는 외국의 침략에 대한 약소민족의 독립운동으로서 일종의 민족주의 이념에 의한 민족운동으로서의 성격을 지닌 점에서 자유·평등의 보전 및 회복을 위해 투쟁해 온 서구제국의 시민혁명과는 다르나 공직이라는 체제에

22) 유교(儒教)는 중국 춘추시대(기원전 770~403) 말기에 공자(孔子)가 체계화한 사상인 유학(儒學)을 종교적 관점에서 이르는 말이다. 시조 공자의 이름을 따서 공교(孔教)라고도 한다. 지켜야 할 인륜의 명분(名分)에 대한 가르침이라고 하여 명교(名教)라고도 한다.

대한 저항이라는 점에서 공통성을 지닌다. 이 민족운동은 1945년 일제로부터의 행방을 맞아 민족정부의 수립에 몰두하다가 1950년에 불의의 민족비극이라 불리는 한국정쟁으로 더욱 혼란 상태에 빠짐으로써 공직체제와 시민의 관계는 한동안 국민형성과 정체성을 찾지 못한 '정체성상실시기'였다.

이후 우리나라는 제3공화국 이후 군사정권에 대한 민주화의 요구로 제6공화국의 민주화선언 때까지는 '공직과 시민의 관계'는 한마디로 '공직의 시민억압구조'로 그 관계를 형성해 온 것이 특징이었으며, 1990년 이후 문민정부와 1997년 국민의 정부를 지나 2016년 현 정부에 이르기까지 시민의 주권의식·주인의식의 강화로 공직의 시민에 대한 관계는 권위체제를 벗어나 '봉사자'로서의 위상으로 크게 발전하였다.

6. 공직과 지역사회와의 관계

(1) 기본적 관점

민주주의의 기본요소는 자유(自由)와 평등(平等)이다. 자유와 평등은 극대화기준으로 신장되는 것이 바람직한 형태이다. 그러나 이는 개인의 힘으로는 그 실현이 어렵다. 진정한 의미의 자유와 평등은 자유방임(自由放任)과 보이지 않는 손에 의해 지배되는 시장원리에 의해서만 이루어지는 것이 아니라 정부의 원칙확립과 조정활동에 의해서 가능한 경우가 많기 때문이다. 다시 말하면 진정한 자유와 평등이 국가의 개입 금지만으로 이루어질 수 있는 소극적 활동으로 보장되는 것이 아니라 적극적으로 여건과 지위를 마련해 줌으로써 비로소 실현되기 때문이다. 예컨대 자연을 망치면 인간의 자유도 망친다는 생태철학의 사상이나 임신중절수술의 금지여부는 개인의 자유를 정부로부터 침해받지 않는 권리로서 소극적 권리문제인 반면 가난한 자의 중절수술 비용의 지원여부는 정부의 도움을 받음으로써 보장받을 수 있는 권리로서 적극적 권리에 속한다. 미국의 보수파는 이 적극적 권리가 시민의 도덕적 해이를 가져온다는 이유로 축소를 주장하는 반면 진보파는 적극적 권리가 국민의 도덕적 연대감을 뒷받침한다는 이유로 확장을 주장한다.

결국 이는 인간의 자유와 평등을 결정하는 요인은 국가활동의 제한뿐 아니라 자연, 사회경제적 지위 등이 실질적으로 권리의 범위를 결정짓는 요인이 된다고 본 것으로 공직과 시민사회의 생활관계에서도 이들에 대한 검토가 요청된다.

(2) 공직에 대한 시민의 태도

지역사회에 사는 시민들의 공직에 대한 지지는 공공직무수행에 핵심적 필수요인이 된다. 이 양자는 공직의 봉사기능을 넓히면서 상호협력적인 경우에는 지지도가 높아지나 공직과 정치지도자, 기업인과의 유착, 권리관여, 규제적 권리제한 등이 강해지면 지지도가 낮아지는 연구결과를 찾아볼 수 있다.

1970년대 후반 미국사회가 직면한 지역사회과제로는 도시문제, 환경문제, 공해문제, 폭력, 매춘, 에너지문제 등이 대두되면서 미국시민들은 이런 문제해결을 위해서는 공직(특히 경찰)이 시민들과 함께 임해야 한다는 주장을 펴기 시작했다. 시민의 범죄신고·정보제공·도로순찰의 실시에 의한 친근감 향상 등이 경찰의 검거율과 치안질서유지에 밀접한 관계가 있음이 연구되었다.

따라서 질서유지 및 사회갈등조정·사회봉사 등으로 공직(경찰)기능의 확대가 이루어지면서 지역사회를 중심으로 시민과 경찰공직의 동반자적 관계가 형성되었다. 이것이 바로 지역사회지향 경찰활동(community policing)이고 지역사회지향 공직활동이다.

(3) 공직의 지역사회 정책모델

우리나라도 공직과 시민사회관계는 1990년대 이후 지방자치의 실현, 국민주권의 강화, 인권의 보장, 대통령직선제의 실시를 계기로 지역사회지향적 공직활동이 확대되고 있음을 볼 수 있다. 다만, 이 공직지향은 정책과 지역사회기대의 결합에 의할 것을 주요전제로 한다. 이를 위해서는 어떠한 공직활동이 중요하고 어떠한 공직지향이 적절히 고려되어야 하며 지역사회는 공직에 협력할 때 무슨 역할을 해야 하는가 등의 구체적 이슈가 탐색되어야 한다.

이때 접근방법상으로 중요한 것은 첫째, 공직의 문제에 대한 전문성접근이다. 이는 공직자의 전문성, 광범한 훈련자, 공익봉사자, 윤리헌장준수자, 특별한 지식과 기술의 소유자로서 정치개입 없이 법집행이 이루어질 때 더 효과적이라는 점이다.

둘째, 지역사회 기반원칙의 공직접근법이다. 이는 전통지역사회 문화와 지역전통의식을 회복함을 전제로 하고 지역공직수행에 있어서 지역사회구성원의 참여를 포함한다. 따라서 조직적으로 공직철학을 이웃사람들에게 전하고 지역 규범과 가치에 토대를 둔 맞춤공직과 서비스를 존중해야 한다는 점이다. 이렇게 하기 위해 공직은 공직구조를 분권화시키고 지휘책임을 최하업무집행자에게 위임시켜 주어야 한다.

셋째, 문제지향적 공직접근이다. 공직은 공중이 처리해 주기를 바라는 문제를 다루어 줌으로써 주민들의 기대에 부응하는 공직수행을 의미하며 직무수행의 효과성이 커진다는 논리를 바탕으로 한다. 이를 위해서는 공직의 전문화된 훈련, 더 많은 재량권,[23] 자율성을 요한다.

끝으로, 지역사회에서의 공직의 정책 변동은 세 가지 척도인 형평성,[24] 능률성,[25] 효과성[26]을 중심으로 이루어져야 한다는 점이다. 이때 능률성은 전문성의 초점이며, 효과성은 문제 지향적 정책에 의해 평가되며, 공평성[27]은 지역

23) 재량권(裁量權, discretionary authority)은 자유재량으로 처분할 수 있는 권한을 말한다. 행정행위는 원칙적으로 일정한 범위 안에서 재량권을 가진다. 이는 법률이 행정의 모든 분야에 걸쳐 구체적인 경우를 모두 규정할 수는 없기 때문이다. 행정관청이 재량권에 따라 독자적으로 행위나 판단한 행위에 대해서는 일정한 한도 내에서는 부당함에 그칠 뿐 위법을 구성하지 않으며, 따라서 행정소송의 대상이 되지 않는다.

24) 형평성(衡平性, equit)은 동등한 자를 동등하게, 동등하지 않은 자를 동등하지 않게 취급하는 것을 의미한다. 행정이념으로서의 사회적 형평성(social equity)은 신행정론의 등장과 더불어 강조되기 시작했다. 신행정론자들은 미국 사회에 실업·빈곤·무지 등의 악순환이 계속되는 것은 기존의 관료제가 비민주적이고 공리주의적인 총체적 효용의 개념에 사로잡혀 정치적·경제적으로 소외되어 온 소수집단에 대한 무관심 때문이라고 주장하면서, 이를 극복하기 위해서는 행정가가 적극적으로 사회적 형평을 실현하기 위해 노력해야 한다고 주장한다.

25) 능률성(能率性 , efficiency)은 일반적으로 투입(input)에 대한 산출(output)의 비율을 말한다. 능률성의 개념은 기계적 능률성(mechanical efficiency)과 사회적 능률성(social efficiency)으로 나누어 볼 수 있다. 기계적 능률성은 행정과 경영의 유사성이 강조된 정치·행정이원론 시대에 중요시된 능률관으로, 능률성을 기계적·물리적·금전적 측면에서 파악한 개념이다. 한편 1930년대 중반 이후의 인간관계론의 등장과 더불어 강조된 사회적 능률성은 행정의 사회 목적 실현, 다원적인 이익들 간의 통합 조정 및 행정조직 내부에서의 구성원의 인간적 가치의 실현 등을 내용으로 하는 능률관을 말한다.

26) 효과성(效果性, effectiveness)은 조직의 목표의 달성도(達成度)를 말한다. 효과성이 행정의 이념으로서 강조되기 시작한 것은 1960년대에 들어와 발전도상국이나 후진국에서 발전행정(development administration)이 중요시 되면서부터이다. 이러한 국가들이 근대화를 추친하는데 있어서 가장 절박한 과제는 목표의 달성이었다.

27) 공평성은 수평적 공평성과 수직적 공평성으로 분류된다. 수평적 공평성(水平的 公平性, horizontal equity)은 동일한 것을 동일하게 취급하는 것(equal treatment for equals)을 말한다. 수평적 공평성은 모든 사람이 인간의 존엄과 인격면에서 동등하기 때문에 기계적으

기반정책과 일치한다고 볼 수 있다.

제 2 절 공직환경

1. 공직환경의 의미

공직체제와 조직은 자기모습을 드러내고 정체성(identity)을 분명히 하기 위하여 경계(boundaries)를 가지고 있으며, 경계 밖의 환경과 상호작용한다. 즉 이 경계점을 중심으로 투입·산출의 관계를 가진다. 이런 원리에 따라 모든 체제는 하위체제이든 구성요소이든 타 체제들과 상호의존적이면서 동시에 자기모습을 확인시켜 주는 경계점을 가진다. 이때 가장 일반적으로 환경은 '조직의 경계 밖에 있는 모든 것 또는 '대상조직을 제외한 모든 것', '유기체를 둘러싸고 있는 모든 외부조건의 총칭'이라고 정의할 수 있다.

2. 환경의 불확실성과 유형

조직환경은 조직을 둘러싸고 있는 자원들의 집합으로 정의할 수 있다. 이러한 자원에는 재화와 서비스를 생산하는데 필요한 장비와 예산의 물적 자원과 숙련된 고급 전문인력, 자원, 기술을 개선시키거나 전략을 수립하는데 필요한 정보, 외부 이해관계자들로부터의 지원, 재화와 서비스를 소비하는 수요자, 자금을 조달해 주는 은행 및 금융기관 등이 포함된다. 조직은 환경으로부터 필요한 자원을 획득하기 위해서 환경과 상호작용을 한다. 이때 환경을 구성하는 요인은 원인(遠因)인 일반환경과 근인(近因)인 과업환경 및 내부환경요인으로 나누어 볼 수 있다.

일반환경(general environment)은 사회 내의 모든 조직에 일반적으로 나타나

로 동일하게 취급되어야 한다고 주장하는 경우의 공평성을 말한다. 국민 모두가 한 표씩 투표를 하는 경우가 전형적인 수평적 공평성이다. 수직적 공평성(垂直的 公平性, vertical equity)은 상이한 사람들을 서로 다르게 취급하는 것(unequal treatment for unequals)을 말한다. 수직적 공평성은 사람들이 인간의 존엄과 인격면에서는 동등하지만, 능력 등 다른 측면에서 차이가 있는 경우 불평등하게 취급할 것을 처방한다.

는 환경으로서 그 범위가 넓고, 조직에 간접적으로 영향을 미친다. 여기에는 경제적 환경, 국제적 환경, 기술적 환경, 인구통계학적 환경 및 문화적 환경, 정치적 환경, 자원환경 등이 포함된다. 과업환경(task environment)은 조직의 전략 수립이나 목표 달성을 위한 의사결정에 직접적으로 영향을 미치는 환경으로, 조직효과성에 긍정적 혹은 부정적으로 영향을 미칠 수 있는 주요 이해관계자들로 구성된다. 이러한 과업환경은 조직의 활동영역에 따라 달라질 수 있다. 조직의 활동영역이란 조직이 생산해 내는 재화와 서비스의 범위, 수요자의 범위, 조직에서 고려해야 할 이해관계자의 범위를 나타내는 개념이다. 조직의 활동영역이 중요시되는 이유는 활동영역에 의해서 조직이 고려해야 할 과업환경이 결정되기 때문이다.

조직에서 환경이 중요시되는 이유는 조직마다 직면하는 환경이 다르기 때문이다. 어떤 조직은 비교적 안정적인 환경 속에서 활동을 한다. 즉 경쟁자도 없고, 새로운 기술의 비약적인 발전도 없고, 조직에 영향력을 행사하는 공공단체로부터의 압력도 거의 없는 환경하에서 활동을 한다. 반면에 어떤 조직은 사업에 영향을 미치는 정부의 법률이 빠르게 변화하고, 새로운 경쟁자가 출현하고, 원자재의 획득이 어렵고, 소비자들의 제품 기호가 계속적으로 변화하는 아주 동태적인 환경에 직면해 있기도 하다.

효과적인 조직이 되기 위해서는 환경의 불확실성을 잘 관리하고, 대처해 나가야 한다. 여기서 불확실성이란 의사결정자가 환경의 구성요소에 대해서 충분한 정보가 없고, 외부환경의 변화를 예측하기가 어려운 상황을 의미한다. 이러한 환경의 불확실성은 환경의 변화에 대한 조직의 대응이 실패할 수 있는 위험을 증가시키고, 의사결정 대안들의 확률이나 비용을 산출하기 어렵게 만든다. 즉 환경의 불확실성은 조직효과성의 위협 요인으로 작용하기 때문에 행정관리자 및 경영자들은 환경의 불확실성을 최소화하기 위해서 노력을 기울여야 한다. 환경의 불확실성은 복잡성, 동태성, 자원의 풍부성이라는 세 가지 요인에 의해 결정되는데 이를 구체적으로 보면 다음과 같다.

첫째, 환경의 복잡성(complexity)이란 조직이 의사결정을 할 때 고려해야할 환경요소의 수 또는 환경요소들 간의 이질성에 관련된 개념이다. '환경이 복잡하다'라는 것은 조직이 의사결정시 고려해야 할 환경요소의 수가 많으며, 환경요소들 간의 가치·선호도 등이 상이하다는 것을 의미한다. 둘째 환경의 동태성(dynamics)이란 조직이 의사결정을 할 때 고려해야 할 환경요소들이 얼마나 동태적인가에 관련된 개념이다. '환경이 동태적이다'라는 것은 소비자의 잦은 욕구변화, 경쟁자의 빈번한 전략 변화, 정부의 규제변화, 신제품의 잦은 출현 등과 같이 환경요소들이 자주 변화하는 것을 의미한다. 셋째, 환경의 풍부성(richness)이란 조직의 활동영역을 지원해 줄 수 있는 이용 가능한 자원의 양에 관련된 개념이다. 여기에서 자원이란 원자재는 물론 인적자원, 물적 자본, 정보 등을 모두 포함하는 개념이다. '환경이 풍부하다'라는 것은 자원 획득을 위해 경쟁할 필요가 없기 때문에 이용 가능한 자원이 풍부하다는 것을 의미한다.

이상의 환경 불확실성 요인을 중심으로 환경의 변화를 진화론적 차원에서 본 에머리와 트리스트(F. E. Emery와 E. L. Trist)의 '격동의 장(turbulent field)'의 개념을 사용하여 다음 네 가지로 유형화하고 환경의 복잡성과 변화율·변화속도를 설명하고 있다. 에머리와 트리스트는 조직이 직면할 수 있는 다음과 같은 네 가지의 환경 모델을 제시하여 환경에 대처하는 상당히 구체적인 여건을 제시하였다. 이들은 조직이 직면하는 네 가지 환경으로서 '안정적·임의적 환경, 안정적·집합적 환경, 혼란적·반응적 환경, 격동적 환경'을 들고, 각각의 단계가 전 단계보다 점점 더 복잡해져 가는 것으로 설명했다. 첫째, 안정적·임의적 환경(placid－randomized environment)은 환경에 관한 모든 요소들이 임의적으로 형성되어 있는 상태를 말한다. 이 환경은 상대적으로 변화가 적기 때문에, 조직에 거의 위협요인이 되지 않는다. 둘째, 안정적·집합적 환경(placid－clustered environment)은 환경의 변화 자체는 안정적이지만, 조직에 대한 위험은 분산되어 있지 않고 집합되어 있다. 셋째, 혼란적·반응적 환경(disturbed－reactive environment)은 앞의 두 가지 환경보다 더욱 복잡하다. 넷째, 격동적 환경(turbulent environment)은 환경 자체가 동태적이고 격동하는 상황이다. 이러한 환경은 개별 조직의 예측과 통제 능력을 훨씬 초과할 정도로 복잡하고 급속히 변화하는 환경이라는 것이다.

3. 공직환경의 요인

여기에서는 공직 중에서도 경찰행정의 환경요인을 보기로 한다. 경찰행정의 환경요인은 사회적·문화적 요인과 경찰기관의 성격에 영향을 미치는 물리적 조건들의 집합체로 이루어진다. 넓은 의미로는 이 환경요인은 경찰조직의 목표를 결정하는 데 영향요인이 되며 경찰조직이 존립하는 생태적·기술적·문화적 차원의 토양을 이룬다. 이들 환경요인과 경찰행정과의 관계를 보기 위해서는, 첫째 환경요인으로는 어떤 것이 있으며 이들이 주고받는 영향요인으로는 어떤 공적·사적 조직 및 기구가 있는가를 중점적으로 보고 둘째, 이들 환경요인의 관리전략으로는 어떤 것이 있는가를 본다.

경찰을 둘러싼 직무환경과 일반환경 요인은 복잡하게 형성되어 있다. 이에 대하여 경찰행정가는 이들 환경요인의 특성을 이해해야 되는데 특히 직무환경의 세 가지 요소에 대한 분석이 필요하다. 하나는 형사사법체계이고, 또 하나는 정치와 정부구성의 복잡성이며, 다른 하나는 지역사회이다. 형사사법체계는 하나의 시스템이기 때문에 상호의존적·상호작용관계를 이루는 기능체계로 보아야 하며 이에는 경찰·검찰·법원·교정·변호사의 다섯 가지 요소로 이루어지는 일련의 과정을 포함한다.

그러므로 경찰행정가는 경찰활동의 효과성이 여타 네 가지 형사사법시스템의 활동, 이 중에 특히 검찰과 법원의 활동과 긴밀하게 얽혀 있다는 점을 명심해야 하며 사건이 법정으로 가게 된 경우 유죄확정이 보장되지 않으면 경찰의 범죄수사는 효과성을 가져오지 못하게 된다. 그러므로 경찰행정가는 경찰관서와 법원간에 합리적 관계가 유지될 수 있도록 노력하는 것이 절대적이다. 다음은 정치체계와 정부체계의 복잡성이다.

이와 같이 형사사법체계요인이 경찰행정에서 주요역할을 하지만 이것 역시 정치－정부의 복잡성체계 속의 한 구성요소에 지나지 않는다. 즉 모든 경찰관서는 국가 또는 지방정부 영역 내에서 움직인다. 여기에는 행정부뿐 아니라 입법활동을 하는 의회와 지방의회가 포함되며 행정부체제가 경찰행정에 어떻게 영향을 주는가를 알기 위해서는 연방정부, 주정부, 지방정부 간의 권력분배원리인(연방주의)과 입법, 사법, 행정의 세 가지 통치행위로 이루어지는 권력분립이 헌법원리를 이해하는 것이 중요하다.[28] 끝으로 지역사회의 영향요인이다. 지역사회는 경찰관서에 여러 가지 영향을 미친다. 자치경찰로 되어 있는 미국·일본

28) 지방정부 영역개념은 자치경찰을 행하는 경우

의 경우는 말할 것도 없으며 우리나라와 같은 국가경찰체제하에서도 마찬가지이다.

대체로 자치경찰제하의 나라에서는 지역사회가 정치·정부의 권력과정을 통하여 경찰의 조직목표(goals)를 결정하기 때문에 경찰집행부는 지역사회가 요구하는 문제를 잘 알고 있어야 하며, 이에 효과적인 대응방안을 강구해 나가야 한다. 만약 이의 대응이 비효과적이고 지역사회의 요구에 적절치 못하다고 생각하면 관할 내의 시민들은 바람직한 방향으로의 목표변경을 가져오도록 압력을 행사하게 되며 경찰관서와 집행부서는 평행선상에서 대치하게 된다.

지역사회에서 영향력행사의 원천은 지역사회권력구조에서 찾아볼 수 있다. 이 권력구조는 하나의 정치과정으로 볼 수 있으며 여러 가지 변수(산업·연령·지역·크기·밀도·행정부구조 등)에 의존하며, 지역권력구조 내에서 변수간의 상호작용을 설명하기 위하여 길버트(Walter Gilbert)는 네 가지 개념을 사용하고 있다. 즉 정당조직, 기업·언론·교육·자치단체 등의 중간매개 정치조직, 비공식조직, 시의 인구 등이다. 그리고 끝으로 지역사회 내에서 중요한 환경요인으로 볼 수 있는 경찰에 대한 공중의 태도이다. 대부분의 경우 일반공중은 경찰과 이들이 하는 일에 대하여 긍정적 태도를 보이고 있다. 미국의 국립 범죄 정보 센터(National Crime Information Center)가 시민들에게 경찰에 대한인지·지각 반응을 물었더니 80%가 경찰의 업무성과를 우수 또는 평균 이상이라고 평가했다는 것이다.

이는 결국 공중에 의한 경찰의 긍정적 인지가 경찰의 업무성과에 지대한 중요요소가 될 뿐 아니라 직접영향을 미친다는 것으로 결과적으로 경찰행동과 업적에 대한 공중지지가 높고 긍정적 일수록 경찰과 공중 간에 관계도 더 긴밀해진다는 것이다.

제 3 절 공직윤리의 규범 체계 및 그 문제점

1. 공직윤리 규범 체계

공직윤리는 공직이라는 특수한 직업분야에 요구되는 도리(道理) 또는 직업적인 특수 윤리로 국민전체에 대한 봉사자인 공무원의 신분에서 지켜야 할 규범적 기준이며, 공직자들에 대한 사회적 기대 값의 구체적 현상이라고 할 수 있다. 따라서 공직윤리는 어느 사회에서나 공통적으로 적용될 수 있는 표준적 기준을 지닌 것이기도 하지만, 동시에 그 사회의 사회 경제적, 문화적 발전단계를 반영하는 것이기도 한다. 이를 위해서 통제수단들이 있는데 먼저 공무원의 행동규범·근무규율은 법적의무로서 그 준수를 강제하거나 혹은 공무원의 자율적으로 행동지침으로서 준수하게 되는 것이다.

우리의 경우 가장 기본적인 「공무원 윤리헌장」, 「공직자 윤리법」, 「국가공무원법」, 「국가공무원 복무규정」에서부터 각종 형법과 특별법으로서의 「공무원 범죄에 관한 몰수특례법」, 「부정청탁 및 금품등 수수의 금지에 관한 법률」(청탁금지법)에 이르기까지 개별 공직자들에게 적용되는 법체계는 매우 다양하고 복잡하게 구성되어 있다.

공직자윤리법의 목적을 보면, 선물신고·퇴직공직자의 취업제한 등을 규정함으로써 공직자의 부정한 재산증식을 방지하고, 공무집행의 공정성을 확보하여 국민에 대한 봉사자로서의 공직자의 윤리를 확립함을 목적으로 한다. 공직자 윤리의 목적이 이런 전차로 공직자는 공직윤리 확립에 노력해야 할 것이다. 정부는 행정에 적립한 공무원을 필요로 하고 있으며 부과된 업무를 수행하고 공무원으로서의 품위를 유지하기 위하여 높은 수준의 윤리적 행동을 기대한다. 이것은 공직의 특성으로 현대 민주국가에서는 공무원의 윤리적 기준을 법제화하는 현상을 보이고 있다. 공무원의 윤리적 행동을 확보하기 위한 통제수단을 법규제 수단과 자율제 수단으로 검토해 볼 수 있다.

(1) 법적 규제

우리나라 공무원이 법적 의무로서 준수하여야 할 행동규범을 국가공무원법에서는 성실의무·복종업무·직장이탈금지·친절공정의무·비밀엄수의무·청렴

의무·명예 등의 수령규제·품위유지의무·영리업무, 겸직의무·집단행위 금지, 정치활동 금지 등을 규정하고 있다. 공무원의 법적의무는 무한정의 의무는 아니며 시민적 권리를 제약하므로 최소한도에 그쳐야 한다. 또한 공직사회의 부정부패를 방지하기 위하여 1981년 제정된 공직윤리법에 의하여 재산등록과 선물신고를 하여야 하고 퇴직공직자는 취업제한을 받도록 되어 있다.

(2) 자율적 규제

자율적 규제란 공무원이 직업윤리로서의 행동규범·행동기준을 자발적으로 설정하여 이에 따라 행동하도록 규율하는 것을 의미한다. 공무원의 의무위반이나 비위·부정·오직(汚職)행위[29]는 공무원법이나 형법 등의 규정을 엄격히 적용함으로써 방지될 수 있는 것은 아니며 오히려 직업윤리에 의한 공무원의 자율적 규제가 바람직한 방법이다. 우리나라는 공무원의 윤리적 행동규범으로서 공무원 윤리헌장을 선포하였다. 이 헌장에서는 공무원의 신조로서 국가에는 헌신과 충성을, 국민에게는 정직과 봉사를, 직무에는 창의와 책임을, 직장에서는 경애와 신애를, 생활에는 청렴과 질서를 규정하고 있다. 또한 1981년 청백리상을 제정하여 청렴과 투철한 봉사정신으로 깨끗한 공직사회 구현에 있어서 다른 공무원의 귀감이 되는 자는 특별승진시킬 수 있게 하였다.

이런 점에서 볼 때, 역대 정무들의 공직부패 척결의지와 정책은 공직의 부패를 통제하기 위하여 여러 가지 정책들을 내세워 왔다. 하지만 아직까지 공직의 부패현상이 심각하다는 것은 정책에 대한 결함이 있을 것이라는 예감도 해본다. 어떻게 하면 공직사회 윤리규범을 마련하고, 그것을 준수하게 할 것인가에 대한 구체적인 차원에서 고민하고, 구체적인 대안들을 중심으로 나가야 할 것인지 생각해 보아야한다.

2. 공직부패 및 비윤리의 실태

우리 사회의 부정부패가 극심하다는 것은 모두가 인정하고 있을 것이다. 이 부패현상은 복합적이고 다면적 현상이며, 주관과 객관의 세계가 혼합된 행정현상이며, 행정제도, 행정관료 그리고 행정문화적 환경의 주요 변수의 부적응

29) 오직(汚職)행위란 직권(職權)을 남용(濫用)하여 이익(利益)을 꾀하는 등(等), 맡고 있는 직책(職責)을 더럽히는 행위를 말한다.

에서 발생되는 일탈행위이다. 따라서 행정부패는 공직자가 사회규범과 관계법규의 위반은 물론 공익을 추구하기를 바라는 국민들의 기대 가능성을 저버리고 사익을 추구하거나 특정이익을 도모하는 행정행태라고 할 수 있다. 외형적으로 정부의 반부패 운동이 전개되고 있지만 상당부분이 정치적으로 이용되고 일반 국민들은 부정부패를 심각한 사회문제로 인식하고 있다.

우리나라 공직부패는 그 발생요인 측면에서 체제적이고 구조적인 성격이 매우 강하다. 부패를 유발하는 '업무환경, 행정제도, 인적요소, 그리고 부패통제시스템' 등 요소 가운데 '업무환경과 행정제도 측면'이 가장 큰 영향을 미치고 있다. 업무 환경 측면 가운데는 구체적으로 '사회전반의 부조리 풍토와 떡값 등 업무수행을 둘러싼 관행'이 중요하게 작용하고 있다. 한편 행정제도 측면에서는 '행정규제와 기준의 비현실성' 등이 공직에서 부패를 발생하게 하는 데 가장 큰 영향을 미치고 있다.

3. 공직윤리 규범 체계의 문제점

(1) 국가 및 지방공무원관련 법체계 문제점

첫째, 분산된 법체계에 있다. 종합적이고 체계적인 법체계 및 사정체계가 구축되어 있지 않다. 둘째, 모호한 규정에 있다. 「국가공무원법」 제10장(제78조~제83조)에 공무원의 징계에 관한 사항들이 규정되어 있으나, 형법상의 공무원 부정부패관련법규와는 달리, 징계사유가 "국가공무원법, 지방공무원법 또는 이 법들에 의한 명령이나 조례를 위반한 때, 직무상 의무에 위반하거나 직무를 태만하였을 때, 공무원의 품위를 손상하는 행위를 한 때"(국가공무원법 제78조와 지방공무원법 제69조) 등으로 규정하고 있다. 셋째, 종합적인 부패 방지 정책기구의 부재 기능의 중첩, 중복감사와 영역충동 등의 행정적인 문제를 발생시키고 있어서 일관성 있는 사정체계의 제도가 수립을 전담하는 정책기구를 설치하는 것이 긴요하다. 넷째, 미약한 처벌에 있다. 현실적으로 부패공무원에 대한 처벌은 해임, 정직, 감봉, 견책 , 파면 등에 그치고 있는 실정이다.

(2) 공지자윤리법의 문제점

첫째, 목적의 한계에 있다. 주된 목적이 공직자의 재산등록과 공개, 선물신고, 및 퇴직 혹은 퇴임 후 취업 제한에 두고 있어 공직윤리의 극히 제한된 부분만을 포함하고 있다. 둘째, 적용범위의 한계가 있다. 전 공직자를 대상으로 하는 것이 아니라 일부만을 대상으로 하고 있다. 퇴직 후 취업제한 규정(제17조)도 산하기관이나 대기업 등에만 한정(공직자윤리법시행령 제33조)하고 있어 중소기업 수준에서 야기되는 중하위직 퇴직공무원들의 직접적, 미공개적인 로비를 규제할 수 없다. 셋째, 구체성의 한계가 있다. 공직자윤리법시행령 제28조의 외국으로부터 선물에 대한 규정에 100달러 이상 혹은 10만원 이상으로 규정하고 있을 뿐, 그 외에 직무수행과 관련하여 공직자들이 금품이나 부당이익 등을 수수할 수 있는 상황에서 어떻게 행동하는 것이 윤리적 기준에 적합한지에 대한 구체적이고 실효성있는 기준이 없다. 넷째, 실효성의 한계가 존재한다. 공직자 등록재산에 대한 실사가 인원과 예산의 한계로 현실적으로 이루어지지 못하고 있으며, 또한 퇴직공직자 취업제한의 경우에도 마찬가지의 한계에 봉착하고 있어 공직자윤리법의 실효성이 크게 제약받고 있다. 재산등록공직자들의 신고재산에 대한 실사가 거의 이루어지고 있지 않고 있다. 다섯째, 운용상의 한계가 있다. 공직자윤리위원회는 동법의 적용대상자가 운영자가 됨으로써(공직자윤리법 제9조 공직자 윤리위원회) 위원회의 공정성과 객관성 및 독립성의 확보에 한계를 지니고 있고, 구체적인 실사, 조사를 할 수 있는 인력 등을 보유하지 못한다고 한다.

(3) 공직윤리헌장 및 행동강령의 문제점

첫째, 성격의 모호성이다. 이는 전반적으로 선언적이고 당위적인 규범론적 내용을 담고 있어 구체성을 결여하고 있다. 둘째, 법적 근거의 미약이다. 대부분 훈령수준으로만 제시되고 있어서 문제가 발생하면, 「국가공무원법」 또는 「공무원 복무규정」에 근거하여 처벌하는 실정이다. 셋째, 실효성의 한계가 있다. 구체성이 결여되어 있기 때문에 헌정과 강령의 위반에 대한 판단과 이의 적용이 근본적으로 어려워 공직자들의 직무와 관련된 윤리적 행동을 제고시키기 위한 현실적 기준으로서는 그 실효성을 발휘할 수 없다. 넷째, 추진체계의 문제점이 있다. 공직자 윤리규범의 제고는 1회성의 선언식이나 결의대회만으로는 실현되기 어려운 만큼 지속적인 홍보와 교육, 정책적 지원과 점검 등이 필요한 데도 공무원 윤리헌장 및 실천강령에서는 이를 전담, 추진하는 기구에 대한 규정이 마련되어 있지 않다.

공직윤리법의 주요내용

공직자 및 공직후보자의 재산등록, 등록재산 공개 및 재산형성과정 소명과 공직을 이용한 재산취득의 규제, 공직자의 선물신고 및 주식백지신탁, 퇴직공직자의 취업제한 등을 규정함으로써 공직자의 부정한 재산 증식을 방지하고, 공무집행의 공정성을 확보하여 국민에 대한 봉사자로서 가져야 할 공직자의 윤리를 확립함을 목적으로 하는 법률이다(제정 1981. 12. 31. 법률 제3520호).

일정한 공직자는 재산을 등록할 의무가 있다. 본인·배우자·직계존비속의 재산을 포함하며, 범위와 표시 방법은 개별적으로 정하여진다. 공직자는 등록의무자가 된 날부터 1월 이내에 재산을 등록 기관에 등록하여야 하며, 변동 사항을 다음해 2월 말일까지 신고하여야 한다.

공직자 윤리위원회는 등록된 사항을 심사하여 허위·누락·오기가 인정되면 경고 및 시정조치, 과태료 부과, 일간신문을 통한 공표, 해임 또는 징계의 의결 요청 등의 조치를 취하여야 한다. 공직자 윤리위원회는 등록 사항과 신고 내용을 관보 또는 공보로써 공개하여야 한다.

공직자 윤리위원회는 국회·대법원·헌법재판소·중앙선거관리위원회·정부·지방자치단체 및 특별시·광역시·도·특별자치도교육청에 각각 둔다. 공직선거후보자 등은 등록대상 재산에 대한 신고서를 제출하여야 한다. 등록의무자는 그 직무상 알게 된 비밀을 이용하여 재물 또는 재산상 이익을 취득하여서는 안 된다. 누구든지 등록사항을 다른 목적으로 이용하여서는 안 된다.

공무원 등은 직무와 관련하여 외국인으로부터 선물을 받은 때에는 지체 없이 소속기관·단체의 장에게 신고하고 당해 선물을 인도하여야 한다. 신고된 선물은 국고에 귀속된다. 일정한 직급 또는 직무분야에 종사하였던 공무원 등은 유관 사기업체에의 취업이 제한된다.

행정안전부장관은 재산등록 및 공개·선물신고 및 퇴직공직자의 취업제한에 관한 기획·총괄업무를 관장한다. 공직자의 재산등록 거부, 허위자료제출, 취업제한 위반, 직무상 비밀을 이용한 재물취득 등은 처벌된다. 6장 30조와 부칙으로 되어 있다.

제 4 절 공직의 접근방법과 전략

1. 공직의 문제 해결 접근방법

20세기 중에서도 1910년대(1910~1919)는 인류역사의 함몰시기이면서 저수지의 발원지이다. 이 시기의 인류문명의 큰 전환기적 사건은 제1차 세계대전과 볼셰비키혁명 그리고 포드자동차의 assembly system[30]도입이다. '전쟁시대' '혁

30) assembly system: Automated Chip Assembly System Customer's imagination turns into

명시대' '대량생산시대'의 발원은 바로 1910년대이었다. 영국의 역사가인 에릭 홉스봄(Eric John Ernest Hobsbawm)은 '극단의 시대—20세기'의 본질을 파국과 호황의 양극단을 오가는 불확실성이라고 보았다. 이 양극단은 20세기를 인류역사상 가장 물질적 풍요를 누린 반면 한편으로는 가장 잔인한 폭력—살인의 세기라는 의미에서 본 것으로 20세기의 특징적 표현이다. 이때 전쟁과 대량생산 그리고 혁명은 양극단에서 별개로 발생한 것이 아니라 연관적으로 이루어졌다는 점에 주목할 필요가 있다. 대량생산은 전쟁의 파괴력을 높였으며 전쟁의 산물로 러시아에 볼셰비키혁명이 가능해진 것은 바로 이를 의미한다. 변화의 중심동인은 역시 '전쟁'이었다. 전쟁이 세기의 역사를 바꾼 것이다.

르네상스와 시민혁명—산업혁명을 거치면서 19세기까지 인류가 축적해 온 고상한 가치들이 연기처럼 사라지고 이 자리에 무자비한 민간인 살상, 전쟁의 장이 들어선 것이다.31) 전쟁이 이처럼 야만성을 더하게 된 데에는 과학기술의 발달에 따른 대량생산기술의 큰 기여가 있었다.

결국 전쟁과 혁명으로 점철된 20세기의 의미는 무엇인가. 이는 한마디로 '서구문명의 몰락'이었다. 이제는 세계사가 서구의 전유물이 아니라 '아시아, 아프리카의 재발견' '여성과 흑인의 인권주장' 등으로 나타나는 세계사적 의미도 있으나, 과학기술혁명, 교통통신혁명, 사회혁명, 전쟁 등은 인류 특히 공직의 작은 선택과 우연한 행동이 어떻게 인류사의 강줄기를 바꿨는지를 돌아보게 하고 21세기의 거울을 보게 하는 접근방법의 반성을 갖게 한다.

2. 공직의 새로운 접근방법과 전략

20세기에 공직이 당면한 국제 및 국내문제에의 대응방식은 경직적 사고에서 비롯되었다. 그래서 문제의 해결방식은 폭력, 범죄, 전쟁, 식민 등 제국주의·교조주의적 사고를 버리지 못한 채 21세기를 맞게 되었다. 이러한 사고의 경직성을 극복하기 위해서는 우리 사회를 이끌고 갈 공직에는 새로운 이념·가치가 요구된다. 이는 사상·감정·관습에 의해 좌우되는 바를 정책·제도·법의 생산을

reality through the development of customized automation systems. We are ready to partner with customers to help them transform their manual process into a reliable and efficient automated system.

31) 1~2차 대전, 중일전쟁, 한국전쟁시 각각 100만 명씩 사망.

위해 뿌리 깊은 생명력 있는 '윤리사상'에서 출발해야 한다. 이는 특히 '자유에 대한 새로운 인식'에서 비롯되어야 한다. 이는 빈곤·폭력·무지·비굴로부터의 자유뿐 아니라 지역·종교·계층·세대·이익집단의 벽을 넘어 편견과 이기심에서 벗어나는 자유이어야 하며, 또한 교조주의[32]로부터의 해방을 의미한다. 또한 이 자유는 개인의 자유를 넘어서 공동체 전체의 자유, 민중·시민사회 전체의 자유를 지향함으로써 '인간화' '공동체화'의 동시추구여야 한다.

따라서 21세기 공직이 가져야 할 '자유의 이념'은 우리 사회의 모든 부문에서 '경직성'을 파괴하고 '유연성'을 확보함으로써만 가능한 것이다. 이 유연성이 없이는 지식산업의 시대, 정보화시대, 감성의 시대에 세계경쟁에서 이길 수는 없다. 이런 의미에서 공직이 환경을 관리하는 방식은 크게 경쟁적 측면에서의 관리와 협력적 측면에서의 관리로 나누어 볼 수 있다.

(1) 경쟁적 측면

경쟁이란 대상조직을 포함한 2개 이상의 조직이 공통의 대상에 대하여 호소(呼訴)를 하거나 보다 좋은 조건을 제시하는 활동을 하게 된다. 이러한 예의 전형적인 것으로서는 자유경쟁시장하에서의 기업조직의 경제적 활동을 들 수 있으며, 예산확보를 위해 정부의 각급 행정조직들이 벌이는 정치활동, 그리고 회원 확보를 위한 종교 조직들의 활동들도 이러한 경우의 예로 들 수 있다.

이와 같이 조직이 다른 사회적 단위나 조직과 경쟁관계에 있으면 그 어느 하나가 일방적·자의적으로 선정된 목표를 시정하지 않을 수 없게 된다. 그러나 이러한 경쟁관계가 지나치면 오히려 그러한 관계에 있는 조직들은 제3의 환경에 대한 관리역량이 감소하게 되어 모두가 자멸하는 결과를 초래하는 수도 있다.

이러한 불행한 사태로 서로 방지하기 위해 발생하는 것이 바로 협력적 차원에서의 환경관리방식인 것이다. 이는 다시 네 가지의 하위유형(subtype)으로 이루어진다.

---

32) 교조주의(dogmatism, 敎條主義)란 과학적인 해명 없이 신앙 또는 신조(信條)에 입각하여 도그마(命題)를 고집하는 입장이다. 도그마에 의거하여 모든 사물을 설명하려는 것으로 중세 스콜라 철학이 대표적이다. 무비판적인 독단주의·독단론의 별칭으로도 쓰인다.

(2) 협력적 측면

가. 협 상

협상은 각자의 목표를 달성하기 위하여 한 조직이 다른 조직에 대하여 일부를 양보하고 일부를 획득하는 것을 의미한다. 이것이 경쟁과 다른 점은 관계조직들 사이에 반드시 직접적 접촉이 있다는 점이다. 이러한 협상의 전형적인 예로서는 정치조직과 기업조직 간의 제도화된 로비활동(lobbying)을 지적할 수 있다. 즉 기업은 정치조직에 대하여 정치자금을 제공하고 정치조직은 그러한 기업활동에 유리한 정치적 여건을 제공한다. 이러한 흥정도 어느 하나의 조직의 입장에서 보면 다른 조직을 포함한 환경으로부터 통제를 받게 되며 자의적인 목표설정의 가능성을 감소시키게 된다. 물론 이러한 흥정에서 반드시 공동의 선(common good)이 만족되는 것은 아니다. 다시 말해서 협상이 지나칠 경우 다른 조직에 불리한 결과를 초래한다든가 또는 국민의 이익과는 상반되는 특수이익의 옹호를 위해 국민적 자원이 자의적으로 이용당하는 경우도 있을 수 있는 것이다.

나. 적응적 흡수

적응적 흡수란 조직이 그 계속성을 유지하기 위하여 지도층이나 의사결정기구에 외부의 영향력 있는 구성원을 흡수함으로써 위협요소를 제거하는 것을 말한다. 이러한 것은 환경을 조직에 맞도록 변화시킨다는 점에서 적응적 변화와 구별된다. 이런 예는 개방형 공직조직의 유지나 정당의 구조개혁과정에서 자주 볼 수 있는 현상이다. 최근 우리나라의 정당들이 새로운 정당임을 부각시키기 위해 비정치권의 각 계층에서 전문가를 영입하는 예는 바로 이의 대표적 경우이다. '적응적 흡수', '젊은 층의 수혈', '특별선발', '개방형 공직'이라는 cooptation은 '정치권 밖', '공직 밖'의 엘리트들을 기존 공직 또는 정치권에 끌어들임으로써 구조적으로 분권화시키고 기능적으로 전문화시킬 뿐 아니라 행태적으로 정직하고 합리적 대안 주창을 기대하는 취지이다. 그러나 이 적응적 흡수전력은 글자 그대로 전문가로서 정직한 비판과 합리적인 대안탐색과 제시를 용기 있게 할 때 이 전략은 의미를 지닌다. 기존의 틀을 깨뜨리고 새로운 창조적 발상을 불어넣어 주어야 한다.

잘못된 기존체제와 관행에 자신을 적응시키는 것이 아니라 개혁적 목소리로 변화를 추구하는 역할이 있어야 한다. 그런데 이 변화와 개혁이 무시되거나 흡수된 참여자들 스스로의 능력과 의지 때문에 아무 일도 하지 못할 때 cooptation은 아무런 의미도 지니지 못하게 된다. 이런 의미에서 공직의 전문가영입이나 정당의 젊은 피 수혈이 환경관리 전략으로서 성공하려면 공직사회와 정당에서의 내부 '민주화'가 선결과제가 된다. 정책결정이나 정책집행 과정에서의 민주적 참여보장, 책임조장 등이 그 핵심이다.

다. 연 합

연합(coalition)은 공동의 목표를 위하여 조직이 그 주위의 다른 조직과 합작하는 것을 말한다. 이것은 조직이 처한 환경에 대해 양보하는 정도가 가장 큰 경우에 해당한다. 바꾸어 말하면 어느 한 조직이 단독적으로 자기의 목표나 정책을 결정·집행할 수는 없는 것이다. 이러한 연합의 전형적인 예로서는 기업조직에 있어서의 '콘체른'(konzern),[33] '카르텔'(kartel),[34] '신디케이트'(Syndicate)[35]와 같은 독점적 연합활동을 들 수 있으며, 표의 획득을 위한 2개 이상의 정당조직이 연합하는 경우도 이에 해당한다.[36]

라. 봉 사

공직이 환경을 관리하는 전략 중 협력적 차원에서 가장 대표적인 활동방식은 바로 이 공공봉사(public service)이다. '봉사'란 남을 도와 남을 편안하게 해줌으로써 남으로부터 협력의식과 활동을 자발적으로 불어넣는 의식과 활동을 의미한다. 협력은 강제적 방법에 의한 명령으로 달성할 수도 있지만 이는 진정한 의미의 협력이 아니고 강제노역에 해당된다. 그래서 봉사는 공직자가 국민에게 일방적으로만 행하던 행동양식만으로는 온전할 수가 없고 쌍방적이어야 한다. 즉 공직→주민지향형과 국민→국가(사회)지향형으로 이루어지도록 협

---

33) 콘체른(Konzern)이란 법률적으로 독립하고 있는 몇 개의 기업이 출자 등의 자본적 연휴를 기초로 하는 지배·종속 관계에 의해 형성되는 기업결합체를 말한다. 기업결합이라고도 한다.

34) 카르텔(cartel)이란 기업연합이라고도 하며, 시장통제를 목적으로 동일 산업부문의 독립기업을 독점적으로 결합시키는 기업연힙형태를 말한다.

35) 신디케이트(syndicate)란 일반적으로는 기업연합을 말하는 것이지만 증권용어로는 주식이나 공사채 등의 유가증권 발행 시 그 인수를 위하여 결성되는 인수단을 말한다.

36) 예를 들면 우리나라와 일본의 정당

력체계가 구축되어야 한다.

예컨대 고교생들의 대입과정에서의 봉사활동유발은 국민 → 국가(사회)지향형에 해당된다. 이것이 자발적 봉사의 대표적인 예에 해당된다. 법원 판결에 의한 강제 '사회봉사명령'과 대조적인 경우이지만 이 양자는 점차 유인적으로 확대되어 나갈 때 전략적 의미도 더욱 심화시키게 된다.

제 5 절 공직자로서의 성공과 실패

1. 공직의 질서

공직의 기본과제로서 가장 중요한 일은 공적인 직무(공공정책, 법, 제도, 서비스)를 성공적으로 수행하는 것이다. 이는 바로 바른 사회적 산출물을 좋은 서비스형태로 국민에게 공급하는 것을 말한다. 이를 가능하게 하기 위해서는 우선 공직이라는 체제(system)를 생명유기체 차원에서 각종 산출물을 잉태할 수 있는 배태능력을 갖게 하는 것에 1차 초점을 두는 주의집중 활동이 필요하다. 이 첫 단계의 1차 활동이 이루어진 다음에는 배태능력을 토대로 각종 '공적 직무'의 산출물을 잉태·성장·출산시킴에 필요한 전환과정의 회임질서를 대안 차원에서 설계(design)하며 끝으로 이 대안 중에서 선택(choice)함으로써 무엇을 공적인 직무로 보고 이 중에서 또 어떤 것을 정책화·법제화·제도화·서비스화 시킬 것인가(이를 정책 의제화 과제 설정이라고 함)를 결정하게 된다.

특히 이중에서 인간은 누구나 의사결정을 행할 때 최초의 단계인 주의집중 활동을 중요하게 생각하는데 이는 인간의 현상, 사물에 대한 판단·선택활동이 먼저 환경으로부터 감각기관을 통하여 지각·인식이라는 인지과정이 선행하기 때문이다. 여기에 사이먼은 인간의 사물을 인지하는 능력에 한계를 인정, 여러 문제를 동시에 주의집중하기 어렵다고 보고 이 중 일부만을 선택적으로 정책차원의 문제로 본다는 것이다. 이에 대한 논리는 공직자에게도 마찬가지이다. 공직체제도 인간유기생명체의 구조 동일성[37] 관계에서 볼 때 주의 집중 활동은

37) 어떤 사물과 모형 간에 유사성이 있다는 것을 전문적 용어로 '구조동일성'이라고 표현한

공직자에게 1차적으로 아주 중요하며, 또한 한계를 지닌다는 점에 명심하는 것이 공직의 성공적 수행에 관건이 된다.

D. Easton의 정치 체계론

정치를 사회적 가치의 권위적인 배분 현상으로 보는 이스턴은 이해관계를 둘러싼 대립과 갈등을 해결할 수 있는 정책 결정과정을 중시한다. 정책의 결정은 하나의 정치 체계 속에서 이루어진다. 정치 체계는 유기체가 생명을 유지하고 성장하는 데 필요한 양분을 섭취, 소화, 대사하는 것과 마찬가지로 사회 구성원의 요구를 파악하여 필요한 자원을 동원하고 요구를 실현해 가는 일련의 투입-산출 체계를 말한다. 정치 체계가 잘 갖추어져 있으면 이해관계의 대립을 해결하고 사회를 유지하는 가운데 발전을 이룰 수 있다.

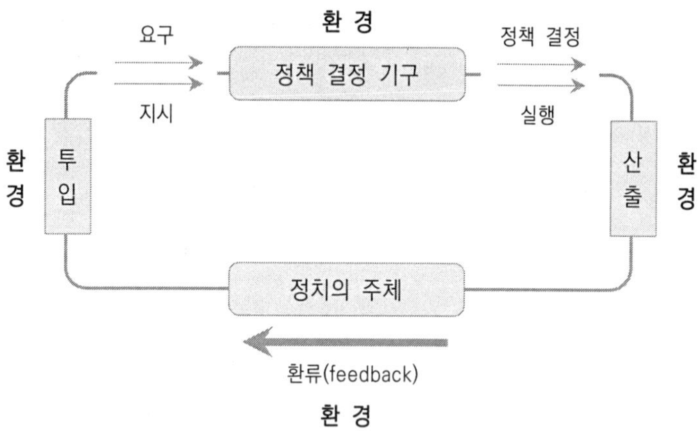

[이스턴의 정책 결정 모형]

그래서 체제는 채택되어질 정책문제를 줄이기를 바라고 이 역할을 체제를 지키는 '수문장'에게 맡김으로써 해결되어야 한다고 생각한다. 이때 그러면 체제의 수문장(守門將)은 구체적으로 어떤 공직자를 말하는가. 이는 공직자 중에서 대통령, 국회의원, 기타 고위 공직자가 이에 해당된다.

이상 두 가지 맥락으로 이어진 공직자의 1차 직무능력이 공직의 성공과 실

다. 이런 구조 동일성 관계가 성립하기 위해서는 두 가지 요건이 성립하여야 한다. 하나는 사물의 구성요소와 그 모형의 구성요소 간에 1:1의 대응관계가 있어야 하고 어떤 하나는 그 사물 특유의 특정기능이 있어야 한다.

패를 가늠하는 중요한 조건이 되며 이것을 우리는 질서차원에서 본 공직생명체의 배태능력의 구조적 파악이라고 할 수 있다. 이 배태능력의 구조파악이 있은 다음에는 공적직무(정책·법 등)의 내용에 영향을 미치거나 좌우요인이 되는 '핵심'을 알아야 '바른 제도·바른 정책·바른 법'의 잉태여부를 알게 된다.

2. 공직주체와 질서규범

공직의 성공과 실패를 공직이 환경으로부터 지지와 반대, 요구와 주장을 바탕으로 바른 정책·법·제도·서비스를 '전환'시키는 잉태과정에 둔 것이다. 인간생명체에서의 회임기간에 해당된다. 이는 우선 회임당사자인 공직자가 회임가능한 사람들인가에 대한 공직담당자의 능력상의 문제와 이들이 어떤 보건·건강질서를 지키고 살아 왔는지에 대한 분위기, 그리고 이들의 윤리규범[38]을 파악하는 것이 중요하다. 평소에 비 보건적으로 행동해 왔거나 인간생명에 대한 윤리의식이 왜곡·편파 되어 있을 때 이들로부터 좋고 바른 잉태의 산출물인 '사회적 제도'의 탄생을 기대하기 어렵게 되고 '실패'에 가까운 공직질서가 나타나게 된다.

(1) 공직자의 윤리관

공직의 구성요소로서 가장 중요한 요인은 공직의 주체이다. 공직의 주체로서 중요한 인적·물적·정보자원인 '수단'을 동원하고 이를 '운용'하는 능력과 기술도 있지만 더 중요한 것은 공직자의 공직에 대한 이념, 가치, 목표를 바라보는 성향과 윤리관이다. 이것이 공적산물의 첫째 회임조건이다.

첫째, 공직자의 능력은 '문제해결지향'에 관련된 '전문지식과 이의 응용능력'을 말한다. 예컨대, 남북한의 관계대안으로서의 '햇볕정책'의 분석적 정보창출, 이를 토대로 한 합리적 정책결정(비료제공, 금강산관광 등의 수단선택), 이의 효율적·일관적 집행, 집행과정이나 종결 후의 평가에 이르기까지의 문제해결능력을 말한다.

둘째, 집단간·개인 간의 이해대립과 극한 갈등을 조절하는 문제해결의 다른 접근방식으로서 '조정능력'이다. 이는 정책수단을 선택·동원할 때도 야기되

38) 예컨대, 자유관, 질서관, 공익관, 봉사관, 행복관 등.

는 문제이기도 하지만 주로 추구하는 목표와 달성하고자 하는 가치 그리고 이 정책으로 인한 미래상태의 유익·불이익에 대한 이익·희생·고통의 갈등을 중심으로 주로 발생하며 이에 대한 예측·예방 대체하는 능력을 말한다. 예컨대, '국민연금제도'의 사회보장책으로의 정책이념과 정책수단에 대한 국민계층(지역·소득·직업·연령 등)간의 이익균형 및 부담의 공평성을 둘러 싼 이해대립을 어떻게 합리적으로 조절·해소할 것인가가 바로 이에 대한 예이다. 이런 종류의 공직자능력은 개인차원의 타고난 속성도 있지만 공직체제의 구조상의 지위·역할과 관계되는 것이 대부분이다.

셋째, 공직담장자의 성향과 윤리관이다. 이때 성향은 공직자 자신의 신념체계, 신조, 가치관, 태도, 의식으로 불리는 행동 이전 단계의 행동구성변수에 해당된다. 이는 공직자의 동기·욕구를 포함하는 '성격' 변수와 더불어 정책의 내용결정, 정책의 판단기준설정, 정책을 평가하는 인식관에 큰 영향을 미치게 된다. 이에 대한 예시적 설명은 최근의 우리나라 사회상에서 잘 나타나고 있다. '고급옷로비사건' '서해교전과 햇볕정책' '노조파업유도' '장관의 격려금 수수사건' 등에 대한 공직자(대통령, 국회의원, 정당지도자 등)의 문제인식상의 성향이 잘못되고 있음을 대통령의 진솔한 고백과 사과에서 읽을 수 있다. 이와 같은 맥락에서 동시에 중요한 것으로는 전자의 성향과는 달리 좀더 철학적 체계를 갖춘 규범으로 '윤리관·윤리규범체계'를 들 수 있다.

이 윤리규범은 정책·법·제도를 결정하거나 집행할 때에 이 사회적 제도 또는 보이는 질서 이전에 이미 존재하고 있는 마음의 눈, 보이지 않는 원초적 질서를 말하는 것으로 이 제도적인 정책·법질서가 필연적으로 이 자연적 질서에 해당되는 '윤리규범'을 토대로 하기를 요청하는 공직창출의 질서개념이다. 이에는 가장 본질적으로 '자유관'이 있다. 즉 공직자가 정책결정이나 집행시에 '인간의 자유'를 어떻게 인식하고 있느냐 하는 것이다. 그리고 이의 실현을 위해서는 어떻게 하면 되는가에 대한 방법론상의 윤리의식이다. 이는 다음으로 제기되는 '질서관'에서 이 '자유와 질서'의 조화차원에서 그 크기와 정도가 다루어짐으로써 '질서관'이라는 윤리규범이 이 이유 때문에 또한 중요하게 등장한다. 이 논리에 따라 '공익관', '봉사관', '행복관', '경제관', '정의관' 등의 윤리규범들이 '대통령의 시국관', '공직자의 정책관', '국민의 국가관' 등의 표현으로 나타나는 것도 바로 이를 구체적으로 보여 주는 사례들이다.

(2) 공직체제의 풍토와 이념

정책산출을 위한 전환과정에서 공직자의 성향과 능력 못지않게 중요한 것이 '공직풍토와 이념'이다. 이는 공직생명체의 회임을 성공과 실패 차원에서 결정하는 중요한 요소로서 정치이념과 문화이념 그리고 이를 둘러싼 정치·행정의 풍토이다. 잘못된 이념과 잘못된 풍토에서 바른 정책·법·제도·서비스가 산출되는 공직체제를 갖기 힘들다. 우선 정치이념으로는 자유민주주의와 시장경제원리에 대한 바른 이해와 이들 간의 우선순위의 설정과 강조가 대표적인 것이며 풍토와 문화적 규범으로는 전술한 '공직과 시민'과의 관계에 대한 태도나 신념, 공직이 어떻게 운영되어야 하는가에 대한 신념 등이다. 이처럼 공직생명체의 좋은 정책산출을 전제한 회임(성공), 불임의 질서는 우선 공직자의 배태능력의 구조파악에서 시작하여 공직자 자신의 능력과 성향파악과 공직체제의 풍토와 이념에 대한 확고한 신념체계를 갖춤으로써 구축된다. 신조가 무너지면 모든 것이 무너진다.

생물의 유기체에 대한 구조적 특징과 심리적 특징 간에는 밀접한 유사성이 있다. 구조적 특징에는 불변성과 약간의 변화요소만 있을 뿐 그 변화에는 수천년이 걸리는 것을 알 수 있다. 물론 예외도 있다. 이와 같은 현상이 정신의 구조에도 존재한다. 민족의 불변적인 심리요소에 여론이라는 변화도 찾아볼 수 있게 된다. 과거의 봉건주의,[39] 기독교의 프로테스탄티즘,[40] 민족주의원리, 민주주의, 사회주의 사상들이 그것이다. 이는 수백년 이상 지속되는 거대한 항구적 신념으로 이것을 기반으로 전체운영의 토대가 이루어진다. 반면에 여론은 일시적이며 가변적으로 어느 시대에나 왔다가 사라지는 일반적 관념의 소산인 문학이나 예술의 사조 즉 자연주의, 낭만주의, 신비주의 등이 좋은 예라고 할 수 있

39) 봉건주의(feudalism)란 일반적으로 암흑시대에서부터 초기 근대시대에 이르기까지 지배적이었다고 여겨지는 귀족적, 군사주의적, 종교적인 사회질서를 의미하는 것으로 사용된다. 19세기 이래 이러한 개념의 사용에 대한 상당한 논쟁이 있어 왔는데, 봉건주의를 기본적으로 정치적 체제로 볼 것인가, 혹은 경제적 체제나 법률적 체제로 볼 것인가로 인해 야기된 문제였다.

40) 프로테스탄티즘(Protestantism)이란 프로테스탄티즘, 개신교(복음주의)는 루터와 칼뱅(Jean Calvin 1509~64) 등에 의한 종교개혁에 의해서 성립한 기독교 교파들의 총칭이다.

다. 이때 보편적인 신념은 바로 문명의 기둥이며 사상의 방향을 결정한다. 신조만이 신앙을 고취시키고 의무감을 배양한다.

국가는 언제나 신조의 성취가 유익하다는 것을 의식해 왔으며 신조가 상실되면 국가도 멸망한다는 것을 알고 있었다. 로마제국에 대한 숭배가 세계제패를 가능케 했으며 이에 대한 신조가 상실되면서 로마는 멸망의 위기를 맞게 된 것은 이의 좋은 예이다. 이와 같이 보편적 신조 때문에 어느 시대의 인간이나 비슷한 생활방식과 전통의 관습에 묶이게 되었고 이를 벗어나기 힘들었다. 따라서 인간은 이의 '신조'와 이 신조(信條)에서 파생된 '관습'에 의해 지배되어 왔으며 이러한 신조와 관습이 작은 행동과 인간생활에 영향을 미쳐 온 것이다. 마찬가지로 정치제도, 정책, 법, 서비스 등의 사회제도 사상, 감정, 관습의 산물로 보아야 하므로 법령을 바꾼다고 하여 사회제도나 정책이 바뀌지는 않는다고 볼 수 있다.

3. 공직질서의 성공과 실패

공직질서는 국가 등 공공단체의 공공직무수행에 대한 원칙·규범·법규를 총칭하는 말이다. 이때 공공직무수행은 공직이 주체가 되어 국가·사회문제 해결에 필요한 정책을 만들고 법과 제도를 만드는 일을 비롯하여 이를 현실적으로 집행하고 평가하는 모든 활동을 총칭하는 것으로 보았다. 바꾸어 말하면 공직이 그 직무수행에 필요한 '원칙과 규범'으로 삼는 것은 무엇인가. 이 원칙과 규범이 질서차원에서 잘 제시·적용되면 공직은 본래 목적을 달성하게 되는가. 그래서 공직은 기대되었던 목표나 가치를 실현함으로써 국가와 사회 그리고 개인이 공적 차원에서 문제가 되었던 것(소득배분, 교육문제, 남북문제, 한·일 어업갈등, 노사문제, 고위직의 호화사치 등)이 모두 해결되어 성공할 것인가. 아니면 질서가 붕괴되어 실패하게 될 것인가에 공직자의 관심이 모아진다. 여기에서는 왜 실패하는가에 초점을 둠으로써 '공직성공의 촉진 조건'보다 '공직실패의 예방조건'이 무엇인지를 검토할 필요가 있다.

성공조건은 성공의 최대기준이 무한대이지만 실패조건은 실패의 최저기준을 유한대로 설정할 수 있기 때문이다. 따라서 성공조건은 공직자의 노력공간으로 남겨 유인·보상체계에 맡기기로 하고(극대화 전략) 실패조건은 공직자의 의무 공간으로 설정, 책임·강제체계로 이의 예방적 효과를 확보하게 된다는 점이 논의의 이익성이 더 크다(극소화 전략). 이 실패의 극소화 전략은 공직의 ① 인간적 측면, ② 구조·과정적 측면, ③ 환경적 측면의 세 국면을 중심으로 보기로 한다.

(1) 공직자의 인간적 측면

공직은 그 주체가 인간이며 인간유기체와 같은 동일구조로 형성되어 있다. 그러므로 인간이 지닌 한계는 공직의 직무 창조행위에 '제약요인'으로 작용할 수 있을 뿐 아니라 유기체에 장애요인이 발생한 경우 인체의 생명 건강체에서와 같은 '실패장애 요인'이 공직에서도 야기된다. 이 제약요인과 장애요인 중 가장 중요한 것을 보면 다음과 같다.

가. 공직자 개인의 성격과 태도

개인은 각자 다른 크기와 색깔의 성격·태도·윤리요인을 가지고 있다. 그래서 이 부분이 공직생활, 공직체제의 직무활동에서 문제의 이슈가 된다. 그러나 이 보이지 않는 공직질서의 기초형성요인이 보이는 공직질서인 공무원관계 법령의 규제나 감독 그리고 제도에 의해 균질화되거나 차이가 없어진다는 인식상의 오류를 가짐으로써 우리의 관심이나 통제에서 벗어나 있다는 점이다. 이런 점에 비추어 볼 때 공직자가 인간으로서 갖는 성격·태도·윤리관이 잘못 형성되거나 설정될 때 공직의 환경에 대한 인식방식이나 정도 그리고 공직의 직무창조활동(만들고 집행하고 평가하는 활동)도 오류를 일으키게 되고 이는 '정책실패' '공직실패'의 구체적 형태로 나타나게 된다. 이에 교육적 배경이나 지연, 혈연, 학연, 정치 지향성 등이 다름으로 인해서 공직에 대한 몰이해와 특정 공직 활동이 개인의 이해 동기나 득실의 차이를 가져올 경우 이를 둘러싼 대립과 갈등은 더 커지게 되는 결과를 가져온다.

나. 인지의 불완전성

인간은 사물의 본질이나 현상을 지각·인지하여 정확히 문제를 인지하는 데에서 결코 완전하지는 못한다. 인지는 외부의 자극을 분별하여 수용하는 사실에 대한 파악과정을 의미한다. 인간은 자기 특유의 성격·가치관·태도방식으로 인해 공직과정의 핵심가치와 절차 그리고 결과에 대한 이해관계 등을 파악하려는 노력보다는 자기중심의 이해관계를 인지하려는 경향이 강하다. 따라서 인간은 공직을 둘러싼 상황적 요소를 완전히 인식할 수는 없으며 동일한 현상이나 문제를 보고도 각기 다른 문제의 개념화에 이르게 된다. 이에 따라 공직자의 정책결정, 법제화, 사후조치의 문제해결 방안이 합리적으로 산출되어진다고 보기는 어렵다.

다. 지식·지위·연령·고집·권력의 속성

인간은 사물의 본질과 현상의 문제에 대해 그때그때마다 완전한 지식과 정보를 가지고 이를 토대로 공직의 직무를 결정할 수는 없다. 그러나 정보 분석을 통한 정보획득 노력을 얼마나 했느냐 하는 것은 중요하며, 지휘·연령·고집·권력의 절대적 위치 등에 기초한 편협 된 권위에 따라 공직이 이루어지게 되면 이는 정당성·합리성을 상실하게 되어 공직은 실패할 가능성이 커진다.

(2) 공직의 구조·과정적 측면

공직의 권한과정에서 가장 중요한 요인은 공직주체인 공직자와 이들의 가치관·규범체계였음을 알 수 있다. 다음으로 중요한 것이 공직의 구조·과정적 요인이라고 볼 수 있다. 이 구조와 과정이 환경으로부터 투입되는 국민들의 요구를 어떻게 사회적 산출물(정책, 법, 서비스 등)로 바꾸느냐가 바로 이 구조적·과정적 요인에 의해 크게 좌우된다는 의미이다. '바른 제도·좋은 서비스'는 공직이 사람에 의해 이루어지는 것이므로 앞의 '인간적 소신'이 가장 중요하지만 사람에 의해 만들어 놓은 정치행정체제인 3권분립주의, 중앙집권과 지방분권, 연방주의, 공직에 대한 내외적 통제장치, 특히 시민·민중에 의한 통제의 활성화, 관료제의 통제여부 등은 공직의 구조상 요인으로 공직의 성공과 실패의 좌우요인이 되고 있다. 한편 과정적 요인으로는 공직이 어떤 사회문제를 공공정책의 직무로 의제화할 것인가에서 시작하여 공직의 정책문제화할 때의 문제에 대한 인식과 개념정의를 어떻게 하느냐 하는 것은 공직의 1차 성공과 실패의 관건이 된다. 이 1차 조건에 이어 정책목표를 결정할 때의 소망성평가와 판단기준으로 무슨 기준을 우선시하느냐. 또 공직의 정책수단은 어떤 것이 절실한가. 그리고 이 정책수단의 선택에 이어 집행단계에서의 공평성, 능률성, 효과성, 합법싱 등의 관계는 어떻게 유지되어야 하느냐 하는 것은 공직의 중요한 과정적 요인이 된다.

제 6 절 부정청탁 및 금품등 수수의 금지에 관한 법률

1. 입법 배경 및 과정

청탁금지법은 부정청탁 및 금품등 수수의 금지에 관한 법률(약칭: 청탁금지법)은[시행 2016. 9. 28., 법률 제13278호, 2015. 3. 27., 제정] 제안자의 이름을 따서 '김영란법'이라 부르기도 하는데, 2010년 '스폰서 검사'41)와 2011년 '벤츠 여검사'42) 사건을 계기로 기존의 법으로 처벌하지 못하는 공직자들의 비리를 막기 위해 만든 법이다. 이들 사건이 '대가성과 직무관련성이 없다'는 이유로 잇달아 무죄가 선고되자 대가성이 확인되지 않더라도 금품을 받으면 처벌해야 한다는 여론이 일었다.

2011년 6월 당시 김영란 국민권익위원장이 국무회의에서 '공정사회 구현, 국민과 함께 하는 청렴 확산 방안'을 보고하며 처음 제안했다. 애초 대상은 판검사 등을 포함한 공무원으로 한정됐다. 2012년 8월 국민권익위원회는 공직자가 금품 등을 100만원 초과 수수하면 형사처벌을 받는 내용의 원안을 입법 예고했다. 국민권익위원회의 입법 예고 직후 법무부 등 부처간 이견으로 진통을 겪었고, 2013년 7월 국무회의를 통과했으나 국회 제출 이후에도 '법의 적용 대상이 광범위하고 위헌소지가 있다'는 등의 이유로 거듭 표류했다. 그러다 2014년 5월 세월호 참사로 '관피아' 문제가 대두되고, 부정부패 척결 여론이 높아지

---

41) 2010년 6월 19일 MBC PD수첩에서 검사와 스폰서의 불법유착관계가 드러났다. 검찰은 오랜 악습인 스폰서 관행 문제에 대해 스스로 치부와 환부를 도려내고 환골탈태해야 함에도 사건 덮기에 급급했다. 민간인이 참여하는 진상규명위원회로 '수사'가 필요한 사안을 '조사'로 마무리하려 하고 있는 것이다. 민간위원회는 '불법 뇌물검사'를 수사할 권한도, 기소할 권한도, 처벌할 권한도 없다. 또한, 형식적으로는 민간조사위원회이지만 실제 조사는 현직 검사들로 구성된 조사단이 맡고 그 활동 또한 수사가 아닌 조사활동을 하는 것에 그치는 것이다. 따라서 검찰의 오래된 부패는 스스로 없앨 수 없음이 분명해졌으므로, 이 사건과 관련한 의혹을 명명백백하게 밝히라는 국민적 요구를 담아 사건의 실체를 규명하고 국민적 의혹을 해소하고자 이 법안(검사 등의 불법자금 및 향응수수사건 진상규명을 위한 특별검사의 임명 등에 관한 법률)이 의결됐다.

42) 2010년 건설업자에게 향응과 돈을 받은 스폰서 검사 사건, 변호사에게 벤츠 승용차와 명품 가방을 받은 '벤츠 여검사' 사건은 직무 관련성과 대가성이 입증되지 않는다며 모두 무죄판결을 받았다. 이후 공직자의 대가성 없는 금품 수수도 처벌하자는 여론이 높아졌고 그래서 나온 법안이 당시 김영란 국민권익위원장이 내놓은 일명 김영란법이다.

자 새롭게 주목받았다. 박근혜 대통령도 조속한 법안 처리를 국회에 요구했다.

청탁금지법은 '공직자 등'이 부정한 청탁을 받거나 법에서 정한 한도 이상 금품을 수수하는 것을 금지하는 내용을 담고 있다. 공무원과 공직 유관기관 임직원뿐 아니라 사립학교 교직원, 언론인 등이 포함돼 국내 4만여 개 기관 약 400만 명(배우자 포함)이 법 적용을 받는다. 또한 부정청탁을 하거나 금품을 제공한 국민도 동일하게 형사처벌이나 과태료를 부과하도록 하고 있다.

대한변협, 기자협회, 인터넷언론사, 사립학교·사립유치원 임직원은 2015년 3월 김영란법이 국회 본회의를 통과하자 헌재에 네 건의 헌법소원을 냈다. 쟁점은 크게 네 가지였다. 최대 쟁점은 민간인인 언론인과 사립학교 교원을 '공직자 등'으로 보고 법을 적용하는 것이 언론·사학의 자유를 침해하는지 여부다. 부정청탁의 개념 등 법 조항이 모호한지, 배우자 신고의무 조항이 양심의 자유를 침해하는지, 3만·5만·10만원 규정이 죄형 법정주의에 위배되는지 여부 등이었다.

헌법재판소는 네 건의 헌법소원을 병합해 1년 4개월간 위헌성을 심리한 후 2016년 7월 28일 '부정청탁 및 금품 등 수수의 금지에 관한 법률'(청탁금지법) 헌법소원심판 사건에서 합헌으로 결정했다. 이에 따라 김영란법은 2016년 9월 28일부터시행된다. 헌법재판소는 법 적용 대상에 언론인과 사립학교 관계자를 포함한 부분은 재판관 7(합헌) 대 2(위헌) 의견으로 합헌 결정했다. 재판부는 "교육과 언론이 국가와 사회 전체에 미치는 영향력이 크고 이들 분야의 부패는 그 파급 효과가 커서 피해가 광범위하고 장기적"이라고 배경을 설명했다. 배우자가 법이 금지한 금품을 수수한 경우 법 적용 대상자가 이를 신고하도록 한 조항도 재판관 5 대 4 의견으로 헌법에 위배되지 않는다고 봤다. 부정청탁·사회상규 등 의미도 모호하지 않고, 허용되는 금품과 외부강의 사례금 가액을 시행령에 위임한 것도 위헌이 아니라고 판단했다. 배우자 신고의무 부과 조항 역시 합헌 결정했다.

2. 주요 내용

(1) 금품수수 금지 규정(제8조)

가. 공직자등에 대한 제재 규정

공직자등이 동일인으로부터 1회 100만원 또는 매 회계연도에 300만원을 초과하는 금품등을 받거나 요구 또는 약속한 경우에는, 직무관련여부 및 명목에 관계없이 3년 이하의 징역 또는 3천만원 이하의 벌금에 처해진다(제8조 제1항, 제22조 제1항 제1호).

공직자등이 위에서 정한 금액 이하의 금품등(즉, 동일인으로부터 1회에 100만원 이하이고 매 회계연도 합산액도 300만원 이하인 금품등)을 받거나 요구 또는 약속한 경우에는, 직무관련성이 있는 경우에 한하여 대가성 여부를 불문하고 관련 금품등의 가액의 2배 이상 5배 이하에 상당하는 금액의 과태료를 부과한다(제8조 제2항, 제23조 제5항 제1호).

수범대상인 "공직자등"에는, 전통적 의미의 공무원 외에 공직자윤리법에 따른 공직유관단체나 공공기관의 운영에 관한 법률에 따른 기관의 장과 임직원, 사립학교를 포함한 각급학교의 장과 교직원 및 학교법인의 임직원, 언론중재 및 피해구제 등에 관한 법률에 따른 언론사의 대표자와 그 임직원이 포함된다(제2조 제2호).

"금품등'이란 금전 등 일체의 재산적 이익, 음식물, 주류, 골프 등의 접대, 교통 등의 편의제공, 채무변제, 취업제공, 이권부여 등 그 밖의 유·무형의 경제적 이익 등 매우 광범위하다고 할 것이다(제2조 제3호).

공직자등의 배우자가 공직자등의 직무와 관련하여 위와 같이 금지되는 금품등을 받거나 요구하거나 제공받기로 약속한 경우에는, 공직자는 그 사실을 안 후 지체없이 소속기관장, 감독기관, 감사원, 수사기관 혹은 권익위원회에 서면으로 신고하거나, 제공자에게 지체없이 반환하거나 거부의 의사를 밝혀야 한다. 이러한 신고를 하지 아니한 경우에는 공직자등에게 형사처벌이나 과태료가 가해진다(제22조 제1항 제2호, 제23조 제5항 제2호).

다만, 원활한 직무수행 또는 사교, 의례 또는 부조의 목적으로 제공되는 경조사비 등으로서 대통령령으로 정하는 범위 내의 금품, 증여를 제외한 사적거래로 인한 채무이행 등 정당한 권원에 의하여 제공되는 금품, 직무와 관련된 공식적인 행사에서 주최자가 참석자에게 통상적인 범위에서 일률적으로 제공하는 교통, 숙박, 음식물 등의 금품, 불특정다수인에게 배포하기 위한 기념품 또는 홍보용품 등이나 경연, 추첨을 통하여 받는 보상 또는 상품, 그 밖에 다른 법령, 기준이나 사회상규에 따라 허용되는 금품 등 일정한 경우의 금품 수수는 금지되지 않는다(제8조 제3항).

나. 금품제공자에 대한 제재규정

공직자등 또는 공직자등의 배우자에게 1회 100만원 또는 매 회계연도에 300만원을 초과하는 금품등을 제공하거나 제공의 약속 또는 제공의 의사표시를 한 자는 3년 이하의 징역 또는 3천만원 이하의 벌금에 처한다(제22조 제1항 제3호).

공직자등 또는 공직자등의 배우자에게 위에서 정한 금액 이하의 금품등(즉, 동일인으로부터 1회에 100만원 이하이고 매 회계연도 합산액도 300만원 이하인 금품등)을 제공하거나 제공의 약속 또는 제공의 의사표시를 한 자는 관련 금품등의 가액의 2배 이상 5배 이하에 상당하는 금액의 과태료를 부과된다(청탁금지법 제23조 제5항 제3호).

한편 법인 또는 단체의 대표자나 법인 단체 또는 개인의 대리인, 사용인, 그 밖의 종업원이 그 법인, 단체, 또는 개인의 업무에 관하여 위에서 살펴본 청탁금지법 제22조 제1항 제3호나, 제23조 제5항 제3호를 위반한 경우, 해당 법인이나 단체, 개인이 그 위반행위를 방지하기 위하여 상당한 주의와 감독을 다하였음이 인정되지 않는다면 해당 법인이나 단체, 개인도 양벌규정에 의하여 해당 조문의 벌금 또는 과태료를 부과된다(제24조).

(2) 부정청탁 금지 규정(동법 제5조)

누구든지 직접 혹은 제3자를 통하여 직무를 수행하는 "공직자등"에게 "부정청탁"을 하여서는 아니된다(제5조 제1항). "부정청탁"이란, 공직자등으로 하여금 관련 법령을 위반하거나 법령에 따라 부여받은 권한을 벗어나 업무를 처리하여 달라고 요청하는 내용의 청탁으로서, 부정청탁금지법 제5조 제1항에서 구체적으로 열거하는 15가지 행위를 말한다.

위 규정에 위반한 부정청탁이 발생한 경우, 당사자 본인이 공직자등에게 직접 부정청탁을 한 경우에 당사자 본인을 처벌하는 규정은 없다. 그러나 당사자 본인이 제3자를 통하여 공직자등에게 부정청탁을 한 경우에는, 당사자 본인에게 1천만원 이하의 과태료를 부과된다(제23조 제3항). 그리고 제3자가 당사자 본인을 위하여 공직자등에게 부정청탁을 한 경우에는, 제3자에게 2천만원 이하의 과태료가 부과된다(제23조 제2항).

한편 법인 또는 단체의 대표자나 법인 단체 또는 개인의 대리인, 사용인, 그 밖의 종업원이 그 법인, 단체, 또는 개인의 업무에 관하여 위에서 살펴본 청탁금지법 제23조 제2항이나, 제3항을 위반한 경우, 해당 법인이나 단체, 개인이 그 위반행위를 방지하기 위하여 상당한 주의와 감독을 다하였음이 인정되지 않는다면 해당 법인이나 단체, 개인도 양벌규정에 의하여 해당 조문의 과태료를 부과받는다(제24조).

직무관련성 유무

시청에서 건축물 인허가를 담당하는 공무원 갑은, 평소 친분이 있는 학교 선배인 건축사 을로부터 골프라운딩과 식사제공 등을 포함하여 1년 합계 금액이 300만원이 넘는 금품등을 받았다. 건축사 을은 갑이 근무하는 시청 내에서 건축업무를 한 적이 없고 향후에도 그러한 계획이 없었으며, 실제로 건축물 인허가에 편의를 봐달라는 등의 부탁을 하지도 않았다. 갑이나 을을 처벌할 수 있는가?

종래의 대법원 판례에 따르면, 위와 같은 금품 지급은 갑의 직무와 관련되어 있지 않거나 대가관계가 인정되지 않아 뇌물죄로 처벌할 수 없을 가능성이 크다. 그러나 청탁금지법에 의하면, 동일인으로부터 1회 100만원 또는 매 회계연도에 300만원을 초과하는 금품등을 받은 경우에는 직무관련여부 및 명목여부에 관계없이 형사 처벌하도록 되어 있고, 위와 같은 금품등 수수가 사회상규상 허용되는 등의 예외 사정이 존재한다고 보기도 어려우므로, 갑은 형사처벌 대상이 되고, 이를 제공한 을도 형사처벌 대상이 될 것으로 보인다.

부정청탁 유무

시청에서 건축물 인허가를 담당하는 공무원 갑은, 친분이 있는 학교 선배인 건축사 을로부터 "건축주 병이 추진하고 있는 건축허가에 관하여 허가 요건이 미비하지만 건축허가가 날 수 있도록 도와 달라"는 부탁을 받았으나, 을로부터 어떠한 금품등을 제공받지는 않았다. 을을 형사처벌 할 수 있는가?

종래에는 공무원에게 단순히 청탁만을 하는 행위에 대하여는 규제규정이 없었다. 그러나 청탁금지법은 제3자가 당사자 본인을 위하여 공직자등에게 부정청탁을 하는 경우에 과태표를 부과하도록 하고 있으므로, 위 사건에서 건축사 을은 과태료에 처해 질 수 있다. 다만 청탁금지법은 인허가와 관련한 부정청탁의 의미에 대하여 "인가, 허가 … 등 법령(조례, 규칙을 포함한다)에서 일정한 요건을 정하여 놓고 직무관련자로부터 신청을 받아 처리하는 직무에 대해 법령을 위반하여 처리하도록 하는 행위"라고 규정하고 있고, 건축허가와 관련한 규제 중에는

> 법률뿐만 아니라 행정기관 내부적으로만 효력을 미치는 여러 기준들도 있을 수 있으므로, "허가 요건이 미비하지만 건축허가가 날 수 있도록 도와 달라"는 것이 과연 법령을 위반하여 처리하여달라고 요구한 것인지에 대하여는 논란이 발생할 여지가 있다.

(3) 부정청탁 및 금품등 수수의 금지에 관한 법률 시행령

부정청탁 및 금품등 수수의 금지에 관한 법률의 제정(법률 제13278호, 2015. 3. 27. 공포, 2016. 9. 28. 시행)에 따라 부정청탁 및 수수 금지 금품등의 신고 처리 등에 필요한 사항, 원활한 직무수행, 사교 의례 부조 목적으로 제공되는 음식물 경조사비 선물의 가액, 외부강의 등의 사례금 상한액 등 법률에서 대통령령에 위임한 사항과 그 밖에 법 시행에 필요한 사항을 규정하기 위함이다.

가. 윤리강령(제2조)

사립학교, 학교법인 및 언론사 소속 공직자등이 준수해야 할 윤리강령을 내부규정으로 정할 수 있는 근거 및 공공기관의 자체 윤리강령의 제정에 대한 위원회의 지원 근거 등에 대해 규정한다.

나. 부정청탁의 금지(제4조, 제5조)

부정청탁을 받은 공직자등에 대해 취할 수 있는 조치로 법률에서 규정한 조치 외에 추가로 할 수 있는 조치를 규정하고, 소속기관장이 부정청탁의 내용 및 조치사항을 공개하는 경우 공개절차 및 공개 여부의 결정에 있어 고려할 사항 등을 명시하고 있다.

다. 금품등의 수수 금지(제6조, 제9조)

원활한 직무수행, 사교·의례·부조의 목적으로 제공되는 음식물, 선물, 경조사비의 가액을 각각 3만원, 5만원, 10만원으로 규정하고 있다.

외부강의 등의 대가로서 받을 수 있는 사례금의 상한액을 공직자와 공적업무종사자로 차등하여 다음과 같이 규정하고 있다.

법 제2조 제2호 가목에 따른 공직자등의 경우(단위: 만원/1시간, 기고의 경우 1건)

구 분	장관급 이상	차관급	4급 이상	5급 이하
상한액	50	40	30	20

법 제2조 제2호 나목에 따른 공직자등의 경우(단위: 만원/1시간, 기고의 경우 1건)

구 분	기관장	임 원	그 외 직원
상한액	40	30	20

제 4 장

경찰윤리

CHAPTER 04 경찰윤리

제 1 절 경찰윤리란 무엇인가

1. 서 론

경찰공무원은 국민의 편안하고 행복한 삶을 영위할 수 있도록 생명, 신체 및 재산을 보호하는 것은 물론이고 사회공공의 안녕과 질서를 유지하는 역할까지 사회전반의 복잡하고 다양한 업무를 취급하고 있다. 각종 범죄 및 사건·사고의 현장에서 긴급한 상황에 적절하게 대처하여야 하며, 진압과 제지, 구호 및 보호활동을 수행해야 하는 경찰관의 광범위한 활동은 다른 국가기관보다 사회에서 자신의 권위를 행사할 기회를 많이 가지고 있으며 그 영향력 또한 지대하다고 할 수 있다. 그만큼 경찰의 권한남용의 위험도 크고 경찰부패의 가능성도 큰 것이다. 경찰 자신이 부패의 유혹에 노출된 것도 경찰의 권한 때문인 것이다. 그래서 시민사회는 경찰의 업무수행에 있어 높은 윤리적 수준을 요구하고 있고 경찰은 민주주의에서 통용되는 건전한 상식 위에 그들의 직업적 윤리의식을 갖추도록 노력하고 있는 것이다.

통상 경찰윤리강령은 공동체의 바람 속에서 활동하는 경찰인들이 경찰업무를 수행함에 있어 지켜야 할 도덕적·정신적 지표를 의미한다. 이러한 경찰윤리강령은 경찰공무원 개개인의 행동 및 의식을 통제함으로써 경찰활동에서 발생할 수 있는 문제점을 사전에 방지하는 경찰 통제 시스템 중의 하나로서의 역할을 하고 있다.

그러나 경찰조직의 추상적인 행동규범을 문서화한 것이 경찰윤리강령이다. 그렇기 때문에 경찰윤리강령은 일종의 의지의 표명이라고 볼 수 있고, 그것을 준수하지 않았을 때의 제재 수단도 마련되어 있지 않으며, 위반여부의 판단기준도 불명확하기 때문에 그 준수 여부는 구성원들의 양심이나 도덕률에 맡겨져 있어 단지 조직 내·외부에 경찰의 업무 수행 시에 윤리적으로 바람직한 방향이나 행위기준을 천명하는 상징으로서 작용하는 데 그칠 수 있다는 한계성을 가지고 있다.[1)]

따라서 본 논의에서는 경찰업무를 제대로 수행하기 위해 경찰이념의 확립이 무엇보다 중요한 과제로 인식되며 끊임없이 경찰의 이념적 지표 및 행동강령을 마련하여야 하는 경찰윤리강령의 중요성을 인식하여 경찰윤리강령의 문제점을 검토해보고 그에 대한 제고방안에 대해 논의해 보고자 한다.

2. 경찰윤리의 의의

(1) 경찰윤리의 개념

윤리라는 용어는 그리스어 “ethos”에서 유래한 말로, 사람의 행동의 기초가 되는 외적, 사회적 풍습 내지는 사회적 기풍을 의미한다. 윤리의 본래적 기능은 일반적으로 사람이 지켜야 할 행위의 규범으로서 사회생활을 하는 사람들이 무엇을 어떻게 할 것인가에 대한 외적 준거를 제공하는 것으로 볼 수 있다.

경찰윤리의 개념은 경찰철학이라고 하는 개념과 밀접한 연관성을 갖는다. 고전철학에서 바라보는 경찰윤리는 경찰철학의 한 하부영역으로서 파악되어진다. 경찰윤리는 경찰 관련의 정형적인 규범 및 가치들에도 관계가 있는 것이다. 그리고 경찰윤리는 경찰의 미시적, 거시적 차원 위에서 특히 경찰지도부와 경찰조직을 위한 정형적, 비정형적 규범 및 가치들의 귀결 내지 결과들과도 관계가 있는 것이다.[2)]

---

1) 정영삼, 문제경찰관 조기발견체계의 도입을 통한 경찰인사관리 개선방안에 관한 연구, 원광대 행정대학원, 2007, 44면.

2) 이시우·정갑영, ‘경찰문화 창달방안에 관한 연구’, 치안논총 제15집, 치안연구소, 1999, 365면.

(2) 경찰윤리의 필요성

모든 직업에는 일정한 윤리가 요구되고 있다. 그러나 특히 경찰관에게 있어 윤리의식은 다른 직업에 비해 더욱 요구된다. 민중의 지팡이라 불리우는 경찰관은 사회적 약자를 보호한다. 그리고 국민의 생명과 신체, 재산보호 및 사회공공의 질서를 유지하기 위하여 국가의 권력을 사용하여 국민을 명령, 강제하여 국민의 남용에 가까운 자유를 제한하는 행정작용을 한다.

또한 경찰은 형사사법제도에 있어서 중요한 역할을 담당한다. 경찰은 범죄자들과 항상 최초로 접촉을 하고 있으며 범죄자에 대한 체포 등 강제력 행사의 여부를 결정하는 중요한 위치에 있기 때문이다. 이뿐만 아니라 경찰관에게는 강력한 권한과 상당한 재량성이 주어지므로 합리적인 판단 및 자율적인 반성의 중요성이 더욱 부각된다.

덧붙여 경찰업무의 상당 부분이 비정상적인 상황에서 직면하기 쉽다. 따라서 일상적인 도덕적 대응만으로는 불충분하고 보다 발달된 도덕적 대응이 요구되는 것이다.

경찰은 대표적인 규제행정을 행함으로써 보다 더 많은 유혹에 노출되는 특수성을 가진다. 그렇기 때문에 경찰관의 윤리는 다른 직업에 비해 더욱 중요시되며 경찰관의 윤리가 특히 강조되고 있다. 즉, 경찰에게 있어 윤리란 경찰의 목표 및 역할에 관련된 모든 행동시 유의하여야 하는 행위규범인 것이다.

일반 행정직 공무원에 비해 재산등록의 의무가 지나치게 넓게 설정(경사 이상)된 "공직자윤리법"의 규정도 이와 무관하지 않다.

제 2 절 경찰윤리의 철학적 기초

1. 경찰업무의 본질과 경찰윤리

법집행기관으로서 경찰업무의 본질은 시민에 대한 규제와 강제이다. 물론, 최근 치안서비스 측면에서 비권력적 행위의 영역이 강조되고는 있으나, 시민에 의해 부여받은 공권으로 법을 집행하기 위해서 규제와 강제는 경찰업무의 본질을 이루는 중요한 개념이라 할 수 있다. 경찰윤리는 경찰관 내부를 대상으로 하지만, 본질적으로는 경찰관이 다른 사람들과의 관계에서 준수하여야 할 행위규범을 의미한다고 볼 수 있다. 따라서 경찰윤리를 이해하기 위해서는 인간의 본질과 인간의 존엄성에 대한 이해가 선행되어야 한다. 왜냐하면 규제와 단속을 업무의 본질로 하고, 이와 함께 국민에 대한 봉사활동을 수행하는 경찰관에게는 인간의 본질과 존엄성에 대한 성찰이 바람직한 업무수행의 기초가 되기 때문이다.

현대 민주사회에서 공권력은 인간의 기본적 인권을 보장해야 그 정당성을 인정받을 수 있다. 이러한 근거에서 보면, 국가 공권력의 일부인 경찰도 법집행을 하면서 기본적 인권을 침해하지 않을 당위성을 요구받는다. 권력기관인 경찰의 개개 구성원은 업무수행 중에 인권침해의 가능성을 항상 안고 있다고 해도 과언이 아니다. 경찰활동에서 체포, 감금 등 인간의 자유권을 침해하는 행위에는 항상 적법절차에 따른 불법체포와 불법감금 등 독직범죄의 가능성을 내포하고 있다. 또한, 고문 등 가혹행위, 불심검문의 남용 등 직권의 오남용, 임의동행 형식의 강제연행, 법적 근거 없는 가택연금, 물리력의 과도한 사용 등 신체의 자유와 인격권에 대한 침해 소지가 항상 존재하는 것이다. 그러므로 인권에 대한 관념을 명확히 이해함으로써 경찰작용에서 발생할 수 있는 인권침해적 경찰작용을 최소화해야 할 필요가 있다.

현대정치학자 오스틴 레닌은 이와 관련, 다음과 같이 주장한 바 있다. "경찰의 임무는 법위반의 사전예방, 발생되고 있는 법위반 행위의 중단, 누가 범법을 했는가의 판단, 혐의자의 체포와 검찰로의 송치, 재판시 증거 제시 등을 포함하고 있다. 그런데 자유주의 국가에서 경찰은 적어도 한 가지 임무를 추가적으로 수행하는데, 그것을 법을 위반한 사람이든 아니든 헌법과 법률에 의해 보장된 모든 인간의 권리를 보호하는 것이다."[3)]

2. 인간의 본질과 존엄성

(1) 인간의 본질에 대한 철학적 고찰

만약 공동체 사회가 아니라, 무인도에서 혼자 생활하는 곳이라면 어떠한

3) 오스틴 래닌, 현대정치학, 536면.

규칙이나 제약도 의미가 없다. 혼자 생활하는 그 스스로의 능력과 판단으로 옳고 그름을 정하게 될 것이다. 그러나 2인 이상의 공동체 사회에서는 어느 한 개인의 욕망을 무한정 인정할 수 없는 문제가 발생하게 된다. 개인은 의식주를 비롯한 생존권에서부터 자신의 행복을 추구할 것이며, 상호간의 행복추구에서 그것을 어떻게 조화시켜야 하는지의 문제가 필연적으로 나타난다. 즉, 두 사람 이상의 공동체 사회에서 어떻게 하면 개인의 이기적 행복추구가 상호간에 조화를 이룰 것인가의 문제인 것이다. 이것은 곧 사회질서의 형성으로 이어진다.

플라톤(Platon)의 저서 '국가'에 소개된 트라시마코스(Thrasymachus)의 주장을 살펴보면, 사람의 이성적이고 본성적인 유일한 행위방식은 자기 이익의 추구이며, 이것이 유일한 사회의 행위방식이 된다고 보았다. 각 개인들 간의 이익추구의 투쟁 속에서 강자가 승리를 하게 되고 그에 따른 사회질서가 형성된다는 것이다. 이에 의하면 강자의 자기 이익 추구가 곧 사회질서이며, 사회에서의 조화는 그 사회의 지배집단이 다른 사람들을 통제하기 위한 통치자가 제정한 규범이 곧 절대적인 관습이 된다고 보았다. 플라톤의 저서 '국가'에는 이에 대비되는 주장이 소개되어 있는데, 바로 글라우콘(Glaukon)의 타협 이론이다. 즉, 모든 사람은 각자의 욕망에 따라 멋대로 할 수 있는 자유에서 결국 타협으로 이어지게 된다는 것이다. 타인에게 해를 끼치거나 입는 경험을 되풀이하는 과정에서 어느 한쪽을 피하기가 불가능한 사람들로부터 서로간에 올바르지 못한 짓을 저지르거나 당하지 않도록 약정을 하는 것이 이익이 되겠다는 생각이 발생하고 이것이 상호간의 타협으로 이어진다는 것이다. 결국 트라시마코스적 투쟁이나 글라우콘적 타협의 이론을 살펴보면 두 이론 모두 인간의 본성이 자기 이익의 추구라는 이기심에서 발생한다는 공통점을 찾을 수 있다.

소크라테스(Socrates)는 이와 조금 다른 견해를 주장하였는데, 그에 따르면 인간이 사회집단을 형성하는 것은 혼자로서는 필요한 여러 가지 것들을 자족할 수 없기 때문에 형성된다고 본다. 즉, 인간은 자신들의 필요인 의식주와 안전을 위해서 생활공동체를 만드는데, 이러한 필요에 의한 공동체의 형성은 글라우콘이 주장한 이기심에 기반한 타협도 아니고, 트라시마그스의 강자의 사회질서도 아니다. 나아가 소크라테스는 공동체에 소속된 사람이 각자 제 일을 할 때 공동체의 조화의 최선의 상태로서 '공동체의 수립에 그 기원을 가지는 올바른 정의'

가 나타난다고 한다. 이것은 인간의 상호관계로 이루어진 사회가 각 개인의 사회적 직분으로 구성되어 있다는 것을 전제하며, 이러한 사회적 직분을 각 개인이 지킬 때 사회적으로 올바른 상태인 정의가 이루어진다는 것이다.

소크라테스의 관점에 따를 경우, 사회적 옳음과 개인행위의 올바름은 공동체에서 각 개인에게 부여된 직분을 통해서 이루어진다고 볼 수 있다. 그러므로 각자의 직분의 성공적인 수행은 개인에게 올바른 행위의 기초가 되고, 이것이 공동체의 선으로 연결되는 것이다.

(2) 이기심과 이타심

인간의 본질에 대한 이해에 있어 이기심과 이타심은 매우 중요한 과제로 연구되어 왔다. 이기심과 이타심은 인간의 쾌락추구와 자비, 자애라는 윤리적 가치논쟁과 깊은 연관이 있기 때문이다. 플라톤과 아리스토텔레스는 인간은 사회적 동물이기 때문에 반드시 자기의 이익만을 위해 행동하지는 않는다고 하여 이타심을 강조한 반면, 홉스를 비롯한 많은 학자들은 인간의 이기심을 그 본성으로 보고 윤리사상을 전개하였다.

홉스는 인간의 행동은 그 이기심에 따라서 이루어지고 이것이 인간의 본성이라고 강조한 대표적인 학자이다. 사람이란 모두 각자의 이익을 증진시키는 방향으로 행동한다고 주장한다. 최대다수의 최대행복을 주장하는 공리주의도 기본적으로는 인간의 이기주의적 속성을 전제로 하고 있는 것이다.

글라우콘은 타인의 이익을 고려하는 행위는 결과적으로 자신의 이익을 위한 행위라고 하여 도구적 이기주의를 주장하였으며, 아리스토텔레스는 이타적 행위가 자신의 이익을 위한 수단이 아니라 그 자체로서 유익하게 작용한다는 도덕적 이기주의를 주장하였다. 흄은 인간의 이타심을 인간의 마음속에 원천적으로 존재하는 동정심에서 비롯한다고 보았다. 쇼펜하우어와 콩트는 이타심을 연민의 정 내지 사랑의 발현이라고 주장하였다.

이렇듯 이기심과 이타심에 대한 입장은 학자들마다 그 견해의 차이가 있으나, 결국 모든 사람의 본성에 내재된 이기심과 이타심을 어떻게 조화시키느냐가 직면한 문제라고 할 수 있다. 대다수의 학자들의 주장을 종합하면 결국 인간의 이기심과 이타심(동정심)은 모두 인간의 본성에 해당한다. 이러한 상충적인 본성이 인간사회를 도덕적으로 발전시키기 위해서 두 가지 모두를 인정하고 고려하는 윤리관이 요구된다. 그러므로 경찰윤리를 이해함에 있어서는 선악과 옳음, 정의관 등에 대한 철학적 연구를 토대로 올바른 윤리관의 확립이 선행되어야 할 것이다.

(3) 인간의 존엄성

고대 윤리학은 인간중심의 사상에서 출발하였다. 아리스토텔레스는 우주에서 가장 진화한 것이 바로 인간이며, 인간은 목적에 따른 행동을 하기 때문에 진화하고, 인간 외의 자연물들은 그렇지 못하기 때문에 진화하지 못한다고 주장하였다. 이처럼 고대 윤리학에서는 인간의 성품과 행동은 인간의 이성에 의해 결정되고, 그 인간에 의해 세상이 변화해 간다는 전제를 바탕에 깔고 있다.

고대의 인간중심 사상은 5세기 이후 로마를 중심으로 神 중심의 사상으로 변질되어 인간은 신의 피조물에 불과하고 옳고 그름의 판단 기준도 인간의 이성이 아닌 신의 의지에 달린 것이라는 사상으로 대체되었으나, 이후 나침반, 인쇄술, 화약의 3대 발명품과 함께 과학혁명이 일어나자 다시 인간 중심의 윤리사상으로 복귀하기 시작했다. 윤리학의 원리들이 신의 명령에서 도출되는 것이 아니라 인간의 본성에서 도출된다고 보고 인간이 신의 피조물이 아닌 자연적인 존재로 인식되기 시작한 것이다.

이러한 인식은 17세기 유럽의 자연주의에 이르러 천부인권 사상으로 발전되었다. 모든 사람은 태어나면서부터 남에게 물려줄 수 없는 고유한 권리를 가지고 있다는 천부인권 사상은 국가가 국민의 인권을 보호해야 한다는 인권의식의 전환을 가져왔다. 미국이나 프랑스의 인권선언도 이러한 인권의식의 결과물이라고 볼 수 있다.

인간의 존엄성은 근세 초기 계몽주의에 의해 다시 한 번 큰 변화를 갖게 된다. 계몽주의는 신중심의 세상을 인간중심의 세상으로 바꾸는 사상을 주장하였고, 신의 존재를 부정하고 과학적이고 합리적인 사고관이 등장하였다. 개인에게 중요한 것은 자기보존이며, 그것을 위해서는 무엇이든지 할 수 있는 것이 인간의 권리라고 주장했다. 이러한 개인의 자유와 독립은 18세기 프랑스의 시민정신의 바탕이 되었다.

인간의 존엄성에 대한 사상의 본질은 근대 윤리학의 창시자라 할 수 있는 칸트에 의해 완성되었다. 칸트는 인격적 가치와 자율이라는 논제 아래에서 인간의 존엄성에 대한 논리를 전개하였다. 인격은 모든 가치의 원천이므로 그것은 목적 그 자체이며, 수단으로 사용될 수는 없다는 것이다. 칸트는 도덕명령의 2가지 정식을 주장하였는데, 행위의 주관적 원리인 준칙을 객관적인 원리인 도덕법칙에 일치시킨다는 보편법칙이 제1정식이고, 타인과 나의 인격을 동일시하는 인간성의 정식이 제2정식이다. 인간과 인간과의 관계에 있어서 나의 인격이 타인의 수단이 되기를 거부하는 것처럼, 타인의 인격도 동일하게 대우를 해야 한다고 하며, 인간의 존엄성은 본래적인 가치이므로 다른 가치로 대체가 불가능하다고 주장하였다.

칸트의 주장에 의하면 한 사람의 생명을 빼앗고, 그 대신에 열 배나 많은 사람들에게 생존을 보장하더라도 생명박탈에 대한 보상이 정당화될 수는 없으며, 인간의 존엄성은 그 자체로 인간을 존중하게 만드는 본래적 가치가 된다. 아울러 칸트는 인간의 기본적 자유와 인간의 권리개념을 동일시하며 권리개념을 매우 강조하였다.

이러한 인간존엄성의 법적 표현이 바로 인권이다. 인권이란 인간이기 때문에 당연히 갖는 인간 존엄의 권리를 말한다. 즉, 인간이 인간으로서 존엄을 유지하기 위하여 당연히 누려야 할 권리로서 인종, 성별, 신앙, 사회적 신분, 빈부 등에 의해 구애받지 아니하고, 인간이 인간이라는 사실 하나만으로 누려야 하는 생래적이고 천부적인 권리를 의미한다.

하지만, 우리 경찰은 과거 권위주의 정권하에서 인권침해의 오명을 쉽게 벗지 못했다. 1986년의 부천서 성고문사건이나 1987년의 박종철 군 고문치사사건 등 정당성과 도덕성에 치명적인 손상을 주는 인권침해 사건들이 잇따랐던 게 사실이다. 그러나 이러한 반성을 통해 경찰이 조직의 민주화와 인권을 지향할 수 있는 계기가 될 수 있다. 역사적 과오를 거듭하여 현재 경찰조직은 경찰에 의한 인권침해 행위에 관용을 베풀지 않고 있으며, 각종 윤리강령의 제정 등 인권의식을 신장시키는 변천을 지속해 오고 있다고 볼 수 있을 것이다.

제 3 절 경찰윤리의 기준

1. 시민의 상식과 윤리표준

시민들은 경찰이 분쟁이나 사회적 혼란 등 법위반행위가 있거나 위반가능성이 있는 모든 곳에 개입할 것을 기대하고 있다. 이러한 상황에서 경찰은 법집행과 문제해결을 담당해야 한다. 이를 위해 경찰에게는 여러 가지 권한이 주어져 있으며 시민들은 이러한 경찰의 정당한 권한행사에 저항할 수 없으며 복종하여야 한다.

물론 경찰의 권한행사에는 사회적 압력뿐만 아니라 법적·조직적 한계가 있다. 그렇다고 해도 경찰업무는 그 특성상 재량의 여지가 없을 수 없으며 실제로 경찰의 권한행사영역에 광범위한 재량이 있어 다양한 선택과 결정의 여지가 있다. 즉 상황과 경찰개개인에 따라 다양하게 행사될 수 있는 것이다. 그래서 경찰조직은 경찰인이 구체적 행위상황에서 적절한 판단과 결정을 할 수 있도록 규칙과 법 등 경찰인이 따라야 하는 행위지침을 반복해서 교양하는 것이다.

이상의 논의에서 드러나듯, 법집행과 질서유지를 주된 업무로 하는 경찰은 시민들이 일상생활에서 국가권력을 가장 피부로 느끼게 하는 기관이다. 즉 경찰활동이 건전한 시민감정에 어긋나지 않는 것이 중요하며 경찰은 시민 대다수가 가지는 건전한 상식을 가질 필요가 있다.[4] 시민들로부터 권한을 위임받은 기관에 지나지 않는 경찰은 민주주의에서 통용되는 건전한 상식 위에 그들의 직업적 윤리의식을 갖추어야 한다. 또한 '경찰인이 정직하고 절제하며 용기 있는 행동을 하리라'는 시민의 상식적 바람을 모든 강제력 행사에서 충분히 고려하여야 할 것이다.

경찰인 자체 또한 시민들과 마찬가지의 상식과 판단력을 가진 사람으로서 출발한다. 그러므로 경찰은 '업무적 기술의 적용' 이전에 시민의 건전한 상식에서 상황을 판단해야 하는 것이다. 매뉴얼화되어 재량의 여지가 없는 업무적 기

---

4) 경찰은 질서유지의무라는 성격상 보수적이고 안정적인 중간계급적 가치관과 신념을 지니는 경우가 많다. 그러므로 사회적 약자나 소수자들은 경찰이 사회의 지배적인 이념이나 이데올로기를 보호하는 경향이 많다고 비난하기도 한다.

술과 기능의 적용자체보다 재량의 여지가 있는 적용 여부의 판단이 더 중요한 것이다.

그러므로 경찰이 시민의 상식과 유리된 채 특권적 이해와 이익을 도모한다면 시민의 공복이라는 민주주의원칙에 위협이 될 것이다. 민주사회에서 바람직한 경찰인의 행태는 시민의 건전한 판단과 요구를 반영한 정책과 집행을 충실히 소화하는데 있다.

이러한 관점에서 볼 때, 경찰은 민주주의에서 통용되는 건전한 상식 위에 그들의 직업적 윤리의식을 갖추어야 한다. 요컨대 건전한 시민정신과 상식은 경찰인의 법집행의 준거일 뿐만 아니라 윤리적 추론의 토대라고 할 수 있다. 즉 이것이 경찰인이 맡은바 업무를 수행함에 있어서 고려하여야 하는 윤리적 표준이 되는 것이다.

2. 윤리표준의 구체적 내용

경찰이라는 공동체의 업무영역 내에서 시민정신과 상식에 토대를 두는 윤리적 표준 즉, 경찰활동에서 경찰인의 윤리적 추론에서 준거가 되는 윤리적 표준의 구체적 내용을 검토할 필요성이 제기된다. 민주주의 사회에서 경찰조직인이 가져야 하는 윤리적 표준으로 공중의 신뢰, 시민의 생명과 재산의 안전, 역할한계와 팀워크, 공정한 접근, 객관성을 들 수 있다.

(1) 공중의 신뢰

공중의 신뢰란 시민들이 자신의 권리 행사를 제한하고 치안을 경찰에게 믿고 맡겼다는 것을 인식하고 경찰이 거기에 부응하는 것을 의미한다.

먼저, 시민은 경찰이 반드시 법집행을 할 것을 신뢰한다. 예를 들어 절도신고를 받은 A순경이 사건현장에 도착한 순간 절도범은 막 골목길로 달아나고 있는 중이었다. A순경은 우람한 체격의 절도범을 본 순간 자신의 안위가 걱정되어 절도범을 쫓는 척하면서 절도범이 도망가도록 내버려두었다. 경찰에게 권한행사를 맡긴 시민들은 경찰이 이러한 권한을 행사하기 위해 훈련과 교육을 받았으며 필요시 경찰장비를 사용할 수도 있기 때문에 경찰은 일반사람보다 강하다고 믿고 있다. 그래서 어떠한 상황에서도 법집행을 하리라고 신뢰한다. 만약 경찰이 강하지 않다면 시민이 신뢰하지 않을 것이고 그에게 어떠한 권한도 부여하지 않을 것이다. 이렇게 볼 때 A순경의 직무유기는 경찰의 존립근거를 허무는 행위인 것이다.

둘째, 시민은 경찰이 강제력을 행사할 때 필요한 만큼의 최소한을 사용할 것을 신뢰한다. 가령 어떤 만취자가 공원에서 행패를 부린다는 신고를 받고 현장에 출동한 A경장에게 공원 내의 모든 시민들은 A경장이 만취자를 제압할 것을 신뢰한다. 이러한 신뢰에 어긋나지 않게 A경장은 만취자와 대치하여 경찰법상의 강제력을 행사하려고 한다. 그런데 맥주병과 심한 욕에 화가 난 A경장은 물리적 폭력 없이 손쉽게 제압할 수 있었지만 경찰봉으로 때려 타박상을 입혔다. 시민들은 이러한 법집행을 어떻게 생각할 것인가? 경찰인은 법집행을 함에 있어 불가피하지 않는 상황에서 생명에 위협을 가하거나 부상을 가하지 말아야 하는 의무를 시민사회에 지고 있는 것이다. 결국 시민들은 경찰이 자의적이고 불필요한 강제력을 행사하지 않을 것을 기대한다. 이러한 시민의 기대는 경찰에게 최소한 권력을 적정하게 사용할 것을 윤리적으로 부과하는 것이다.

셋째, 시민은 경찰이 사익을 위해 공권력을 사용하지 않을 것을 믿고 있다. 교통경찰이 스티커를 발부하지 않고 뇌물을 받는 경우와 매춘업주로부터 뇌물을 상납 받는 경우, 식당이나 가게에서 공짜 점심을 대접받는 경우들은 공권력의 행사를 빙자하여 사리를 추구한 것이다. 결국 경찰의 직분에 사적 이익 등 사사로운 감정이 개입된다면 공평한 법집행자에 대한 시민의 신뢰에 어긋나게 되는 것이다.

이상에서 논한 공공의 신뢰 즉 경찰이 엄정한 법집행과 시민의 이익을 위해 공권력을 행사할 것이라는 공공의 믿음은 경찰이 업무를 수행함에 있어서 항상 염두에 두어야 할 윤리표준이다.

(2) 생명과 재산의 안전

생명과 재산의 안전이란 경찰목적이 시민의 생명과 재산의 보호에 있으므로 경찰이 이 목적을 행위의 지표로 삼는 것을 말한다.

경찰의 기능을 한마디로 요약하면 시민의 생명과 재산의 안전을 위한 법집행이다. 이러한 생명과 재산의 안전은 경찰이 체포, 검문, 임의동행, 동향관찰, 등과 같은 억압적·강제적 수단을 사용하는 경찰활동뿐만 아니라 모든 경찰활동의 기준으로서 의미를 가진다. 즉 이 기준은 경찰의 활동영역을 선정하게 해

주며 경찰이 그들의 활동영역에서 어떻게 해야 되는지에 대한 방향을 제시해 준다. 10대 폭주족들의 오토바이 난폭운전의 예를 들어 보자. 교통이 번잡한 거리에서 난폭운전을 하는 A를 B경장이 발견하여 정지명령을 내렸다. 그럼에도 불구하고 A는 욕을 하며 달아났다. B경장은 A를 추격하였고 A는 최대한 속력을 내면서 달아나다 무고한 시민 C의 자동차를 들이받아 사상이 생겼다. 이 경우 상황이 허락하지 않는 무리한 법집행이 되었다고 볼 수 있다. 시민의 생명과 재산을 보호하는 경찰의 법집행이 오히려 시민의 생명과 재산에 위협을 초래했기 때문이다. 이것은 수단이 목적을 저버린 경우에 해당한다. 시민들은 법집행이라는 수단이 시민의 생명과 안전이라는 목적을 저버리지 않기를 바랄 것이기 때문이다. 그러므로 시민의 생명과 재산의 안전에 대한 이익이 엄격한 법집행에 우선한다. 물론 법집행을 양보할 수 없는 상황도 있다. 흔히 영화에서 보는 상황을 예로 들어보자. 은행 강도이자 성도착자인 A가 어린소녀를 인질로 잡고 많은 차와 인파가 있는 거리에서 총격을 가하며 차량도주를 하고 있고 그 뒤를 경찰이 추격을 하고 있다. 이 경우 경찰은 법집행을 계속 해야 한다. 경찰이 추격을 포기하면 무고한 주민이나 주위차량에 위험을 야기하지 않으나 소녀의 안전이 더 심각하고 급박하기 때문이다. 즉 현재적인 위협을 당하고 있는 시민의 생명과 안전이 잠재적인 위협보다 더 우선적이다.

위의 두 가지 예에서 볼 수 있는 것은 경찰의 엄정한 법집행이라는 가치와 시민의 생명과 재산의 안전이라는 가치는 때에 따라 어느 것이 우위로 나타나거나 적당히 조정할 문제가 아니라 전자는 후자를 위한 수단임을 명백히 해야 한다는 것이다. 이렇게 함으로써 법집행의 방향을 명백하게 할 수 있고 사려 없는 경찰행위가 지양되어 더 나은 치안서비스로 나아가게 될 것이다.

(3) 역할한계와 팀워크

경찰은 그들에게 부여된 사회적 역학범위 내에서 활동을 해야 하며 이러한 범위 내의 활동을 함에 있어도 상호 협력을 통해 경찰목적을 달성해야 한다는 것이다.

민주주의 사회는 권력의 부패방지를 위해 권력분립의 원칙에 충실하고 있다. 이러한 권력분립원칙하에서 사회질서를 유지하고 범죄를 예방하는 경찰은 정부 기능의 일부를 행사하고 있는 것이며 국가목적을 위하여 타 기관과 협조

내지 협동을 통하여 정부의 전체기능이 조화롭게 이루어지도록 해야 할 것이다.

이러한 협동과 조화는 첫 번째로 정부의 각 기관들이 자신의 업무영역의 한계와 본분을 지킨다는 전제에서 출발해야 한다. 역할한계를 지키지 않을 때 정부기능의 불협화음이 생기고 이로 인해 시민의 권리가 침해되는 것이다. 예를 들어 A형사는 형사계에서 사건을 해결함에 있어서 좋은 사람과 나쁜 사람을 구별하여 나쁜 사람에게 면박을 주는 등 혼을 내준다. 이러한 경우 경찰인의 직분에 적합한 행위인가라고 생각할 때 A형사의 행위는 적절하지 않다고 할 수 있다. 경찰에게 공동체가 부과한 것은 범법자에 대한 처벌이 아니라 처벌이 가능하도록 준비하는 작업이다. 이것을 준수하지 않으면 민주사회에서 요구하는 기관간의 권력분배원칙을 어긴 것이 되며 이것은 국가기관간의 역할한계를 전혀 고려하지 않은 행위가 된다.

두 번째로 경찰활동을 잘 수행하기 위해 경찰청, 지방경찰청, 경찰서 등은 서로 협조를 해야 하고 동료간에도 협조를 해야 한다. 경찰인 개개인은 부분적으로 일을 하지만 경찰업무는 조직적 메커니즘에 의해 통일되어야 한다. 그러나 경찰부서나 경찰인 중에는 경찰의 사회적 역할보다 자신의 부서나 자기의 명성이나 승진 등의 영예를 위해서 협동을 하지 않으려는 경향이 있다. 이 경우의 예를 들어보자. A경사는 동료 경찰인에게 도움을 구할 충분한 시간이 있었지만 특진이 보장되고 사회적으로 영웅이 된다는 것을 인식하고 주요 탈옥범 B를 혼자서 검거하려다가 놓쳤다. 설사 A경사가 B를 잡았다 하더라도 동료의 도움을 받았더라면 더 쉽게 B를 잡을 수 있었다는 점이다. 이것은 A경사의 단독행위로 경찰기능의 실패로 귀결될 위험성이 있었음을 의미한다. 이러한 관점에서 볼 때 A경사는 적정한 경찰기능을 수행하였다고 할 수 없다. 경찰업무의 대부분은 효율성을 위해 경찰인 상호간의 팀워크가 요구된다. 그러므로 개인의 공명심은 경찰활동의 윤리적 요청인 협동의 관념을 위해 절제되어야 한다. 이 협동의 의미는 부서 간 또는 사람 간의 기능적인 업무협조뿐만 아니라 정보교환이라든지 무형적인 것도 의미한다.

요컨대 거시적으로 볼 때 경찰은 국가기능 중 형사사법기능의 일부분을 형성하기 때문에 그들의 업무를 집행함에 있어 기관 간의 조정, 상호소통 및 공동작업이 원활히 이루어지도록 해야 하고 미시적인 관점에서 경찰조직 내의 상호

작용에 의한 임무수행도 잘 해야 한다는 것이다.

(4) 공정한 접근

경찰인의 안전보장과 질서유지라는 법집행행위는 궁극적으로 경찰인의 사회용역을 통한 서비스 활동이라 할 때 경찰활동에 대한 공정한 접근이란 상대적으로 동등한 서비스에 대한 필요를 가진 개인들이 상대적으로 동등하게 서비스를 받을 기회를 가져야 한다는 것을 의미한다. 부자나 빈자, 여자나 남자, 시골사람이나 도시사람, 노인이나 젊은이, 건강한 사람이나 장애인 할 것 없이 모든 사람에게 경찰서비스가 제공되어야 한다는 것이다.

공정한 접근은 전체시민사회를 위한 사회정의의 기초가 된다. 그러므로 시민에게 경찰서비스의 공정한 접근을 보장하는 것은 경찰업무의 윤리적 표준이 되는 것이다. 이러한 윤리적 표준, 즉 공정한 접근이 경찰활동에서 저해되어 나타나는 경우가 있다. 먼저 불공정한 행위인 편들기를 살펴보자. 이것은 경찰인이 전체시민사회의 안전과 평화를 위한 추상적 기준과 필요성에 따라 판단을 도외시하고 근거가 희박하거나 불공평한 구분을 통해서 그들의 서비스를 제공할 때 일어나는 현상이다. 그 예로 친구나 동료 경찰인에게 특혜를 주는 것을 들 수 있다. 친구라는 이유로, 같은 직업종사자라는 이유로 속도위반이나 음주운전을 면제해 준다면 이것은 법집행의 공정성을 훼손하는 것이 된다. 두 번째로 요청되는 경찰서비스의 제공을 해태하거나 무시하는 경우이다. 예를 들어 김순경이 순찰하는 코스는 A·B코스로 이틀에 한 번씩 바뀐다. A코스는 달동네로 거리가 불결하고 사람들도 친절하지 않다. 반면 B코스는 고급주택 지역으로 거기도 상쾌하고 사람들도 친절하다. 김순경은 A코스를 순찰할 때 대충 때울 생각만으로 그곳에서 일어나는 일을 거의 회피하려 하지만 B코스에서는 주민에게 상냥하게 웃으며 친절하게 모든 문제를 해결해준다. 이 경우 김순경은 공동체가 요구하는 추상적 서비스의 공정한 접근을 저해하는 행위를 한 것으로 볼 수 있다. 이러한 식의 경찰업무에 대한 불성실과 해태, 심지어 무시는 경찰 서비스에의 공정한 접근이라는 윤리적 요청을 저해하는 것이다.

요컨대 편들기나 해태, 무시는 경찰인들의 활동에서 경계하고 추방되어야 할 바람직하지 못한 태도이다. 그러므로 모든 경찰인은 경찰서비스의 공정한 접근을 가능하도록 해야 하는 당위성의 요청을 충족시켜야 하는 것이다.

(5) 객관성

객관성이란 경찰은 공적인 역할을 수행함에 있어 사사로운 감정에 잡히지 않고 공평하고 사심이 없어야 한다는 것이다. 경찰업무는 경찰인의 개성과 감정에 구해됨이 없는 객관성을 요구하는 사회활동이라고 할 수 있다. 시민들은 경찰인들이 감정적으로 강제력을 사용하지 않기를 기대하며 그들의 법집행과 관련된 모든 규칙을 준수하면서 객관적인 공적 역할을 하기를 기대한다. 즉 경찰인이 업무수행 중에 자제력을 잃는 것을 달가워하지 않는다.

객관성을 상실하는 주된 원인은 첫째, 지나친 관여는 열정에서 나오는 경향이 있다는 것이다. 직무에 대한 열정 자체는 오히려 바람직하지만 문제는 경찰이라는 직분에 적합한 열정이 되지 않을 때 생기는 것이다. 역할한계에 대한 논의에서 예를 든 A형사의 선악판단은 자기 직분을 초월한 의욕이기 때문에 객관성을 잃을 가능성이 많은 것이다. 즉 지나친 관여로 냉정하고 객관적인 수사업무가 진행되지 않을 것이다.

둘째, 개인적 편견과 선호가 지나친 관여를 초래한다. 예를 들어 아버지로부터 가정폭력을 많이 경험한 조사관 A경장은 가정문제의 모든 잘못은 남편에게 있다고 생각하고 간통사건 처리 시 항상 여자 쪽에 감정이입하여 사건을 처리하는 경향을 보인다. 이러한 경우 편견과 자기 선호에 의한 지나친 관여가 되는 것이다. 요컨대 본분을 모르는 열정, 편견이나 선호에 사로잡힐 때 경찰인의 지나친 관여가 이루어지는 것이다. 객관성은 이러한 지나친 관여를 지양하고 상황이나 사태를 불공평하게 미리 판단하지 않고 냉정하게 바라 볼 수 있게 하는 것이다.

하지만 이러한 객관성이 과도하게 나타날 때에도 문제가 생긴다. 도움을 요청하는 시민들에게 냉소주의를 표현하는 것이다. 이러한 냉소주의는 경찰인의 도움을 필요로 하는 사람을 방관하는 무책임성과 무관심을 유도한다. 또한 경찰의 존립근거인 헌신적인 봉사와 가능한 한 최선의 봉사요청을 어렵게 만든다.

지나친 관여나 그 반대인 냉소주의는 객관성이라는 경찰인의 윤리적 요청을 어기는 행위인 것이다. 이 객관성은 동양적 중용의 덕목으로서 경찰인이 구체적 경찰활동의 시초부터 끝까지 견지해야 할 마음자세이다.

3. 경찰윤리 표준의 구체적 내용

국가기관의 일부로서 경찰은 한 나라의 헌법적 질서의 일부를 이루고 있고, 또한 시민의 기본권보장이라는 헌법적 가치를 보장하고 증진시킬 의무를 지닌다. 그러므로 이러한 헌법적 가치에서 경찰윤리가 도출될 수 있는데, 이것은 경찰임무 자체가 궁극적으로 헌법으로부터 나오는데 따른 당연한 결론이다. 경찰이 이러한 헌법적 임무를 수행하는 데 있어서, 공동체내의 시민들은 '경찰이 어떠해야 된다는 윤리적 기준'을 표방하게 된다. 시민들은 '경찰은 깨끗해 야 된다.' '공정해야 된다.' 등 자신들의 경찰에 대한 바람을 일상생활 속에서 표현하고 있다. 이는 경찰이 지향해야 할 덕목으로서 나타나며 경찰활동의 외적 윤리기준이 된다. 물론 이러한 시민의 바람은 민주사회에서 입법과정을 통하여 법률의 형식으로 나타나기도 하는 등 법제화될 수도 있다.

그리고 경찰은 자신들의 업무수행에서 바람직한 가치를 창출해내게 된다. 어떻게 하면 민주주의 국가에서 경찰본연의 임무를 충실하게 할 것인가에 대한 나름대로의 직업적 윤리를 만들어 내게 되는데, 이 것 또한 경찰윤리의 기준이 될 수 있을 것이다. 따라서 다음에서는 이러한 경찰윤리 표준(기준)의 구체적인 내용에 관하여 알아보고자 한다.

(1) 친절한 경찰

시민들은 모든 국민의 인격을 존중해주고 누구에게나 따뜻하게 대하는 친절한 경찰상을 원하고 있다. 민주주의 국가에서의 이념적 본질은 인간의 존엄성을 믿는 신념이다. 그리고 민주주의가 지향하는 이념적 목표는 인간의 가치와 존엄성에 대한 신념을 구비하고 인간 각자의 고유한 자아를 최대한으로 실현할 수 있도록 하는 것이므로, 모든 사람의 인격을 존중하는 경찰이야말로 진정으로 국민을 나라의 주인으로 대우해 주는 길이라는 것을 알고, 차별 없는, 그리고 항상 다정한 마음가짐으로 양보하는 경찰을 지향해야 한다.

(2) 의로운 경찰

시민들은 정의의 이름으로 진실을 추구하며 어떠한 불의나 불법과도 타협하지 않는 의로운 경찰상을 원하고 있다. 여기서 정의란 "진리에 맞는 올바른 도리 또는 논리, 지혜, 용기, 절제가 각각 그 법도를 지켜 완전한 조화를 이룩하는 일, 즉 여러 가지 덕의 정도(곧고 바름)를 이루는 상"을 의미한다고 할 수 있다.

이러한 관점에서 경찰은 최일선 법집행 기관으로서 모든 사건에 대한 실체적 진실을 발견하여 엄정하고도 공정하게 집행하여야 할 의무가 있으며, 따라서 정의아래 모든 진실을 밝히고 추구해 나갈 때 국민으로부터 신뢰받는 정의의 길잡이가 될 것이다.

(3) 공정한 경찰

시민들은 국민의 신뢰를 바탕으로 오직 양심에 따라 법을 집행하는 공정한 경찰상을 원하고 있다. 따라서 경찰은 어떠한 국난과 사회적 혼란 속에서도 국민의 신뢰를 생각하고 합리적인 판단과 결정을 하여 행동을 함으로써 국민에 대한 한층 나은 치안 서비스를 제공해야 할 것이다.

(4) 근면한 경찰

시민들은 건전한 상식위에 전문지식을 갈고 닦아 맡은 일을 성실하게 수행하는 근면한 경찰상을 원하고 있다. 경찰관은 다른 어떤 공무원보다도 많은 재량권을 행사할 수 있는 직업이라고 할 수 있기 때문에 상대적으로 사회일반에 통용되는 건전한 상식이 풍부하게 요구된다. 또한 각종 업무와 관련된 전문지식과 기술의 습득은 물론 모든 법규지식도 많이 알아야 한다. 그리고 이러한 기반위에서 경찰관은 맡은 직무를 위해 부지런히 움직이는 근면한 경찰이 되어야 한다. 이러한 경찰의 건실한 이미지를 국민에게 심어줌으로써 일하는 경찰로 뿌리를 내릴 수 있도록 풍토를 조성해야 할 것이다.

(5) 깨끗한 경찰

시민들은 화합과 단결 속에 항상 규율을 지키며 검소하게 생활하는 깨끗한 경찰상을 원하고 있다. 이를 통해서 공, 사생활에서도 분수에 맞도록 검소하게 생활하는 공직자가 되어야하겠으며, 국민이나 사회로부터 지탄받지 않는 깨끗한 행동과 마음을 지녀야 할 것이다.

이상에서 살펴본 바와 같이 경찰의 윤리적 표준은 다음과 같이 요약할 수 있다.

첫째, 국가의 수호이다. 즉 경찰은 국가와 민족의 정통성을 수호하는 사명을 완수하기 위해 존재한다.

둘째, 보호기능과 질서유지이다. 즉 경찰은 국민의 생명·신체 및 재산을 보호하고 공공의 안녕과 질서를 유지하는 사명을 수행하기 위해 존재한다. 이러한 국민의 보호와 질서유지의 사명은 경찰의 가장 기본적인 임무다. 여기서 보호 기능과 질서유지 기능의 조화문제는 경찰행정이 안고 있는 가장 어려운 과제일 뿐만 아니라, 윤리적으로도 판단 여지가 많은 과제이며 양 기능의 균형유지는 민주사회와 비민주사회를 가름하는 척도이기도 하다.

셋째, 민주요소이다. 즉 경찰은 이와 같은 사명을 집행해 나가는데 있어서 목표설정이나 이를 달성하기 위한 수단, 방법은 반드시 민주주의 이념을 기초로 하여 구현되어야 한다. 그러므로 자유민주주의 체제하의 경찰은 그 경찰권이 국가 통치권의 작용이라 하더라도 항상 국민에게 봉사하고 국민을 계도하면서 또한 국민에게 책임을 지는 관계로 인식하여야 한다.

궁극적으로 경찰의 윤리는 국가의 안전, 사회의 안전, 국민의 안전 등을 보호 하는 경찰의 사명과 연관지어 생각할 수 있게 된다. 요컨대 경찰윤리는 구체적인 생활 속에서 '옳다 그르다'라는 문제를 내포하고 있으므로 항상 '실제생활과 연관되어 있는 실천성'을 지닌다. 따라서, 민주시민사회에서 경찰에 부여된 임무와 관련하여 의미를 지니게 되므로 민주주의적 가치, 헌법상의 기본권, 시민사회, 경찰임무 등에 대한 이해 없이 경찰윤리를 확인하려는 것은 곤란할 것이다.

앞에서 살펴본 바와 같이 시민이 원하고, 경찰관 자신이 그에 부응하여 마련한 경찰직업적 윤리를 경찰윤리의 표준이라고 하면, 전술한 것 이 외에 더 많은 윤리적 표준이 될 양상들이 많이 있지만, 다섯 가지로 압축하여 설명하였다.

첫째, 경찰은 친절해야 하며,

둘째, 의로워야 하며,

셋째, 공정해야 하고,

넷째, 근면해야 하고,

마지막으로 깨끗해야 한다. 이 다섯 가지야말로, 경찰 윤리의 표준이 될 수 있는 구체적 내용이다.

4. 경찰윤리강령

(1) 경찰윤리강령의 연혁

앞에서 논한 경찰의 윤리표준은 민주시민들의 경찰에 대한 요망을 담은 이념적 지향점이다. 경찰조직은 시민의 지지와 지원 없이는 그 존재가치를 잃게 되므로 시민의 요구와 바람에 충실하기 위해 많은 노력을 기울이고 있다. 현대 민주사회에서 시민의 요구를 충족시키지 못하는 조직은 살아남기가 힘들기 때문이다. 그 일환으로 경찰조직은 시민들이 바라는 윤리표준에 맞는 행동규범을 정하여 조직구성원들이 따르게 하고 있다. 이러한 경찰조직의 추상적 행동규범을 문서화 한 것이 경찰윤리강령이다. 현재 한국경찰이 사용하고 있는 표현은 헌장 또는 윤리헌장 정도이다. 통상 경찰윤리강령은 공동체의 바람 속에서 활동하는 경찰인들이 경찰업무를 수행함에 있어 지켜야 할 도덕적 정신적 지표로 이해되고 있다.

한국 경찰의 윤리강령의 제정은 공직부패, 직업적 무능 등 시민사회의 경찰에 대한 비난 속에서 공직자로서의 정신자세의 확립을 위한 경찰인의 윤리적 성찰을 촉구하여 시민으로부터 경찰에 대한 신뢰회복을 위한 성격이 짙다고 할 수 있다.

가. 해방 후

해방 후 혼란한 시기에 업무를 제대로 수행하기 위해서는 경찰이념의 확립이 무엇보다 중요한 과제로 인식되었다. 그래서 영미법계의 경찰제도의 영향을 받은 당시의 경찰은 '봉사와 질서'를 경찰의 이념적 지표이자 행동강령으로 삼았다.

나. 경찰윤리헌장

1966년 경찰윤리규범의 효시라고 할 수 있는 '경찰윤리헌장'이 제정되었다. 제정목적은 규범성, 연대성, 성실성, 근면성, 공정성, 청렴성, 합리성과 사명감이라는 경찰관의 도의심을 높이고 경찰의 기강을 바로잡는 것이었다. 또한 경찰인 개개인의 청렴한 생활과 인간관계의 원활화, 지식의 함양, 직장과 가정에 있어서의 생활태도 개선 등 공사생활의 건전화를 도모하자는 것이었다.

<주요내용>

1. 우리는 헌법과 법률을 수호하고 명령에 복종하며 각자의 맡은 바 책임과 임무를 충실히 완수한다.
1. 우리는 냉철한 이성과 투철한 사명감을 가지고 모든 위해와 불법과 불의에 과감하게 대결하여 항상 청렴 검소한 생활로써 명리를 멀리하고 오직 양심에 따라 행동한다.
1. 우리는 주권을 가진 국민의 수임자로서 공공의 복리를 증진하고 국민의 자유와 권리를 존중하여 성실하게 봉사한다.
1. 우리는 국민의 신뢰를 명심하여 편견이나 감정에 사로잡히지 않고 공명정대하게 업무를 처리한다.
1. 우리는 이 모든 목표와 사명을 달성하기 위하여 끊임없이 인격과 지식의 연마에 노력할 것이며 민주경찰의 발전에 헌신한다.

다. 새 경찰신조

<주요내용>

1. 우리는 새 시대의 사명을 완수한다.
1. 우리는 깨끗하고 친절하게 봉사한다.
1. 우리는 공정과 소신으로 일한다.
1. 우리는 스스로의 능력을 계발한다.

라. 공무원 윤리헌장

1980년 12월 29일 대통령훈령 제44호로 선포된 공무원의 윤리헌장은 이전의 '공무원의 신조'를 확대·발전시킨 것으로, 국가에 대한 헌신과 충성, 국민에 대한 정직과 봉사, 직무에 대한 창의와 책임, 직장에서의 경애와 신의, 생활에서의 청렴과 질서 등을 주요 덕목으로 채택하였다.

<주요내용>

우리는 영광스러운 대한민국의 공무원이다. 오늘도 민족중흥의 최일선에서서 겨레와 함께 일하며 산다.

이 생명은 오직 나라를 위하여 있고, 이 몸은 영원히 겨레를 위해 봉사한다. 충성과 성실은 삶의 보람이요 공명과 정대는 우리의 길이다.

이에 우리는 국민 앞에 다하여야 할 숭고한 사명을 민족의 양심으로 다지며, 우리가 나가야 할 바 지표를 밝힌다.

○우리는 민족사적 정통성 앞에 온 신명을 바침으로써 통일 새시대를 창조하는 역사의 주체가 된다.

○우리는 겨레의 엄숙한 소명 앞에 솔선 헌신함으로써 조국의 번영을 이룩하는 민족의 선봉이 된다.

○우리는 창의적 노력으로 최대의 능력을 발휘함으로써 민주한국을 건설하는 국가의 역군이 된다.

○우리는 불의를 물리치고 언제나 바른 길만을 걸음으로써 정의사회를 구현하는 국민의 귀감이 된다.

○우리는 공익우선의 정신으로 국리민복을 추구함으로써 복지국가를 실현하는 겨레의 기수가 된다.

마. 제5공화국 때

선진조국 창조를 위한 우리 경찰의 자세로서 주인정신, 명예심, 도덕심, 협동정신, 사명감, 준법정신, 애국심, 반공정신, 통일의지 등 9대 덕목을 선정, 경찰의 실천규범으로 삼기도 하였다.

바. 경찰 새 정신운동

1990년에 대통령의 공직자 새 정신운동 추진지시에 의거 경찰도 정직, 절제, 봉사를 경찰 새 정신운동의 이념으로 삼아서 실천하였다.

사. 경찰헌장

경찰청 출범에 맞추어 1991년 8월 1일에는 '경찰헌장'이 제정 선포되었다, 이는 공·사생활을 규율할 수 있는 내용을 헌장으로 표현하되, 국내외 자료를 참고하고, 윤리, 행정, 한글학자의 자문을 받아 제정하고, 각종 행사, 교육, 조회시 암송하여 생활화와 내실화를 촉진하고 경찰윤리헌장을 대치한다.

전문에서는 경찰의 전통, 경찰의 본분, 경찰의 각오를 밝히고 본문에서는 5개항에 걸쳐 각각 친절한 경찰, 의로운 경찰, 공정한 경찰, 근면한 경찰, 깨끗한 경찰을 목표로 제시한다.

<주요내용>

우리는 조국 광복과 함께 태어나 나라와 겨레를 위하여 충성을 다하며 오늘의 자유민주사회를 지켜 온 대한민국 경찰이다.

우리는 개인의 자유와 권리를 보호하며 사회의 안녕과 질서를 유지하여 모든 국민이 편안하고 행복한 삶을 누릴 수 있도록 해야 할 영예로운 책임을 지고 있다.

이에 우리는 맡은 바 임무를 충실히 수행할 것을 굳게 다짐하며 우리가 나아갈 길을 밝혀 스스로 마음에 새기고자 한다.

1. 우리는 모든 사람의 인격을 존중하고 누구에게나 따뜻하게 봉사는 친절한 경찰이다.
1. 우리는 정의의 이름으로 진실을 추구하며 어떠한 불의나 불법과 타협하지 않는 의로운 경찰이다.
1. 우리는 국민의 신뢰를 바탕으로 오직 양심에 따라 법을 집행하는 공정한 경찰이다.
1. 우리는 건전한 상식 위에 전문지식을 갈고 닦아 맡은 일을 성실하게 수행하는 근면한 경찰이다.
1. 우리는 화합과 단결 속에 항상 규율을 지키며 검소하게 생활하는 깨끗한 경찰이다.

아. 경찰서비스헌장

1998년 공직사회개혁의 일환으로 시달된 대통령 훈령 '행정서비스 헌장제정지침'에 따라 제정되었다. 이 헌장에서 경찰은 시민에게 제공되는 서비스 기준과 내용, 제공방법 및 절차, 잘못된 서비스에 대한 시정 및 보상조치 등을 구체적으로 정하였다.

<주요내용>

우리는 국민의 생명과 재산을 보호하고 법과 질서를 수호하는 국민의 경찰로서 모든 국민이 안전하고 평온한 삶을 누릴 수 있도록 다음과 같이 실천하겠습니다.

1. 범죄와 사고를 철저히 예방하고 법을 어긴 행위는 단호하고 엄정하게 처리하겠습니다.

1. 국민이 필요로 하면 어디든지 바로 달려가 도와드리겠습니다.
1. 모든 민원은 친절하고 신속 공정하게 처리하겠습니다.
1. 국민의 안전과 편의를 제일 먼저 생각하며 성실히 직무를 수행하겠습니다.
1. 인권을 존중하고 권한을 남용하는 일이 없도록 하겠습니다.
1. 잘못된 업무처리는 즉시 확인하겠습니다.

자. 경찰청 공무원의 청렴유지 등을 위한 행동강령규칙

2003년에는 경찰청 훈령 제396호로 경찰청공무원의청렴유지등을위한행동강령규칙이 제정되었다. 부패방지법 제8조의 규정에 따라 공무원의 청렴유지 등을 위한 행동강령(2003. 2. 18. 대통령령 제17906호)이 제정되었으며, 이에 근거해서 부패를 예방하고 깨끗하고 건전한 공직풍토의 조성을 위해 직무관련자로부터 금품 향응수수 행위의 제한에 관한 사항, 경조금품의 수수행위 제한에 관한 사항 등 대통령령의 위임사항 및 령 시행에 필요한 세부사항을 규정하여 경찰청소속 공무원이 지켜야 할 구체적 행동 기준을 마련하기 위하여 제정되었다. 이는 2005년 경찰공무원행동강령으로 제명 변경되어 시행 중에 있다.

경찰청공무원의청렴유지등을위한 행동강령규칙 일부 개정 규칙안[5)]

1. 개정이유

공무원행동강령(대통령령) 일부개정령이 2006년 1월 1일부터 시행됨에 따라 개정령의 내용을 반영하고, 직무관련 공무원으로부터의 금전차용 금지 조항을 추가하는 등 경찰청 공무원이 지켜야 할 행동기준을 강화하여 보다 건전하고 깨끗한 공직풍토를 조성하기 위한 것이다.

2. 개정 경과

① 03. 4. 25 「경찰청 공무원의 청렴유지등을 위한 행동강령규칙」 제정
② 03. 5. 19 동 규칙 시행
③ 05. 11. 30 국가청렴위, 공무원행동강령 개정지침 권고
④ 05. 12. 8~12. 13 국·관 의견수렴 및 법무과 검토
⑤ 05. 12. 13 개정계획 경찰청장 수결
⑥ 05. 12. 19 경찰위원회 의결
⑦ 06. 1. 1 개정안 시행예정

3. 개정 주요 내용

1) 규칙 제명 간소화

호칭의 편의 도모를 위해「경찰청 공무원의 청렴유지등을 위한 행동강령규칙」⇒「경찰청 공무원 행동강령」으로 간소화하였다.

2) 부당지시 반복 상급자에 대한 징계근거 신설(4조)

공직사회의 부당한 지시관행 개선 효과 거양 위해 공정한 직무수행을 저해하는 지시에 대해 하급자가 소명절차를 거쳐 불이행하였음에도 계속하여 같은 지시를 반복하는 상급자에 대해 징계등 필요조치 가능토록 근거 신설하였다.

3) 알선·청탁 행위 금지 범위 확대(11조)

청탁관행 개선효과 거양위해 직무관련자를 다른 직무관련자에게 소개하는 행위 금지 ⇒ 직무관련자를 공무원 및 공직유관단체 임직원에게 소개하는 행위 금지 추가하였다.

4) 수수허용 금품 등의 범위 명확화(14조)

제한 범위 명확화로 혼선 방지를 위해 부득이한 경우에 제공되는 간소한 식사와 통신, 교통 등 편의 ⇒ "간소한"의 범위를 1인당 가액 3만원 이내로 규정하였다.

5) 외부강의 신고 대상 명확화(15조)

복잡 난해한 신고요건을 단순·명확화하여 이해편의 도모를 위하여

① 연간 통산 3월 이상 월4회(또는 월 8시간) 초과시 신고 ⇒ 월 3회 또는 월 6시간 초과시 신고

② 직무수행관련 외부강의 신고대상에서 제외 ⇒ 직무수행관련 외부강의도 신고대상에 포함하였다.

6) 금전 차용금지 대상 확대(16조)

상급자가 하급자로부터 차용형식을 빌어 금품을 수수하는 등 부패사례 예방위하여 직무관련자로부터의 금전 차용 및 부동산 무상 대여 금지 ⇒ 직무관련공무원도 차용금지 대상에 추가하였다.

7) 전산망을 통한 경조사 통지 방법 구체화(17조)

내부 전산망임을 명시함으로써 외부 전산망(인터넷망)과의 혼동 방지위하여 기관 홈페이지를 통한 통지 ⇒ 공무원 전용 전산망을 통한 통지로 규정하였다.

8) 행동강령 위반행위 신고 대상 확대(19조)

신고 활성화와 행동강령의 실효성 확보위하여기관장, 차관급 이상 공무원의 위반행위만 국가

청렴위에 신고 ⇒ 직급 불문 모든 공무원의 위반행위 국가청렴위에 신고가능하게 규정하였다.

9) 금지된 금품 신고대상 확대 및 처리절차 구체화(21조)

① 부재시 놓고 갔거나 택배배달 등 즉시 반환이 어려운 경우를 포함시켜 신고활성화 유도 위하여 금품의 멸실·부패·변질 우려, 제공자나 제공자의 주소를 알 수 없는 때 신고 ⇒ 제공자에게 반환하기 어려운 사정이 있는 경우를 신고대상에 추가하였다.

② 금품의 종류에 따라 신고시한을 구체화위하여 신고시한 "즉시"로 규정 ⇒ 직무관련자·직무관련공무원으로부터 접수한 금품은 수수 또는 발견 즉시, 한도 초과 경조금품은 경조사 종료 후 7일 이내로 구분하였다.

③ 공고방법을 명확화 위하여 국고 귀속 시 15일 이내의 소속기관 홈페이지 공고 ⇒ 15일간 소속기관 홈페이지 또는 게시판 공고하도록 규정하였다.

10) 청문감사관 업무범위 구체화(23조)

행동강령 책임관의 역할과 책임성 강화위하여 행동강령 책임관(청문감사관)의 업무범위를 행동강령의 교육·상담·준수 여부 점검으로 규정 ⇒ 위반행위 신고접수 및 조사처리 추가하였다.

차. 경찰공무원행동강령

<주요내용>[6]

(1) 공정한 직무수행

① 공정한 직무수행을 저해하는 지시에 대한 처리

상급자가 자기 또는 타인의 부당한 이익을 도모하기 위하여 공정한 직무수행을 현저히 저해하는 지시를 한 경우에는 그 사유를 당해 상급자에게 소명하고 지시에 따르지 아니할 수 있다.

② 이해관계 직무의 회피

자신이 수행하는 직무가 자신의 이해와 관련되거나 4촌 이내의 친족이 직무관련자에 해당되어 공정한 직무수행이 어렵다고 판단되는 경우에는 당해 직무의 회피 여부 등에 관하여 직근상급자 또는 행동강령책임관과 상담한 후 처리하여야 한다.

---

5) 2005. 12 감사관실(감찰과)(http://blog.daum.net/podoridg/5735555)

6) 조영진, 경찰학 개론 도해식 9.0, 도서출판 지성

③ 특혜의 배제

직무를 수행함에 있어 지연 혈연 학연 등을 이유로 특정인에게 특혜를 주어서는 안된다.

④ 인사청탁 등의 금지

⑤ 기타 예산의 목적 외 사용 금지, 정치인 등의 부당한 요구에 대한 처리 등을 규정

(2) 부당이득의 수수금지

① 공용물의 사적사용, 수익의 금지

공무원은 관용 차량 선박 항공기 등 공용물을 정당한 사유 없이 사적인 용도로 사용 수익 하여서는 아니된다.

② 금품 등을 받는 행위의 제한

공무원은 직무관련자로부터 금품 등(부동산, 선물, 향응)을 받아서는 아니 됨.

③ 기타 이권개입 등의 금지, 알선 청탁 등의 금지, 직무관련 정보를 이용한 거래 등 의제한 등을 규정하고 있다.

(3) 건전한 공직풍토의 조성

① 외부강의 등의 신고

② 금전의 차용금지 등

③ 경조사의 통지와 경조금품의 수수 제한 등

(4) 위반시의 조치

① 위반 여부에 대한 상담

공무원은 직무를 수행함에 있어서 이 규칙의 위반 여부가 분명하지 아니한 경우에는 행동강령책임관과 상담한 후 처리하여야 한다.

② 위반행위의 신고와 확인

누구든지 신고할 수 있고 본인 및 위반자의 인적사항과 위반내용을 적시하여야 한다.

(2) 경찰윤리강령의 기능

경찰윤리강령은 경찰인들이 해야 할 일이 무엇이며 업무수행에서 어떤 상황에 처해져 있으며 또한 어떠한 유혹이 있는가를 경찰조직 스스로 파악한 것을 토대로 하고 있다. 즉 민주사회에서 경찰에 부여된 임무와 관련되어 있다. 이는 헌법의 기본가치인 민주주의적 가치와 인권을 준거로 삼으며, 공동체의 시민들이 경찰에게 거는 기대와 경찰의 직무수행 원칙을 준거로 삼고 있다.

이러한 경찰윤리강령은 경찰조직의 내부규율로서 단순한 선언적 효력을 가질 뿐 법적 효력은 없다. 하지만 법적 의무감은 아닐지라도 정치적, 윤리적 의무감을 부여한다고 볼 수 있는데 가령 경찰책임자는 경찰인이 윤리강령의 요청을 충족시키지 못할 때 그에 따른 정치적 책임을 져야 하는 것이다. 그러므로 경찰윤리강령은 경찰조직이 자신이 처한 환경과의 관계 속에서 제정한 정치적, 윤리적 약속으로서 그 의미가 있다.

쿠건(Kooken)은 '우선 공공의 지지가 경찰업무의 성공적 수행에 중요하다. 이를 확보하기 위해서는 원만하고 건전한 공공관계가 형성되어져야 한다. 그런데 좋은 공공관계를 위해서는 경찰인들의 행동이 시민의 바람에 부응해야 되고 이를 위해 경찰관들의 행동을 규율하는 윤리강령이 필요하다'[7]고 요약하였는데 이는 즉 경찰윤리강령은 시민에 대한 약속의 성격을 가지면서 동시에 내부 조직원들의 업무 수행 시에 길잡이 역할을 하는 것이다.

경찰윤리강령은 대외적으로 서비스 수준의 확신부여 및 보장, 국민과의 공공관계의 개선, 과도한 요구에 대한 책임의 제한의 기능을 담당하며 대내적으로는 행위의 준거 제공, 조직 구성원간의 소속감의 고취, 조직구성원의 자질통제의 기준, 조직구성원에 대한 교육의 자료로서의 기능을 담당한다. 사실 경찰윤리강령이 시민들에게 공개되기 때문에 대내적 기능이 더욱 실효성을 가지는 것이다. 이러한 입장에서 경찰윤리강령의 대내외적 기능을 종합적으로 살펴보겠다.

가. 시민들에게 서비스의 질적 수준을 보장

경찰서비스에 대한 확신을 갖게끔 하는 기능이다. 과거 관권우위 등 공급자 우선의 사회에는 수요자의 바람이나 요구는 부차적인 것이었다. 민주화와 시민사회의 성숙은 공급자우위의 사회에서 소비자중심의 사회로의 변화를 경찰

7) Don L. Kooken, Ethics in Police Service, Charles C. Thomas publisher, 1957, p. viii.

조직에 요구하고 있다. 따라서 소비자인 시민은 경찰이 제공하는 서비스에 대해서 평가할 수 있으며 일정한 질의 보장을 요구할 수 있게 되었다. 경찰은 사회에서 강제적인 힘의 사용과 관련된 일정한 권한을 가지고 있는데 이 권한도 시민의 인정으로부터 나오는 것에 지나지 않으며, 이것의 인정도 양질의 서비스제공을 보장할 때 이루어진다. 그러므로 경찰은 시민들에게 서비스의 질을 확신시켜 줄 필요가 있다. 말하자면 경찰윤리강령은 시민에게 어느 정도의 서비스수준을 제공하는지를 알리는 문서이다. 치안서비스에 대한 사항들이 공적인 문서에 기록된다는 사실에 의해서, 시민들이 바라는 일정한 수준의 기대가 충족되지 않았을 때 그것을 문제 삼을 수 있는 근거를 가지게 된다. 윤리강령은 그러한 근거를 제공함으로써 공중에게 확신을 심어주는 기능을 한다.

나. 공공관계(pubic relations)

즉 경찰의 대시민관계를 개선하는 기능을 한다. 경찰조직의 입장에서 볼 때 치안서비스 수준과 관련해서 시민에게 확신을 심어주는 것은 시민과의 관계를 원활하게 하는 것이다. 사실 많은 조직과 협회들이 윤리강령을 제정하고 이를 적극 홍보함으로써 그들의 공적 이미지를 개선하고 고객과의 관계를 개선시켜왔다. 이처럼 경찰조직도 윤리강령을 제정함으로써 시민들에게 노력하는 경찰의 모습을 보여주고 시민의 경찰에 대한 관심을 증대시켜 나가고 있다. 경찰윤리강령은 시민으로부터 존경받고 사랑받는 조직을 만들기 위한 노력의 일환으로서 궁극적으로 시민과의 바람직한 관계의 설정을 도모하는 기능을 가진다.

다. 경찰인에게 치안서비스와 관련해서 행위의 준거를 제공하는 기능

치안서비스를 제공함에 있어 결부되어 있는 일정한 유혹들을 극복하기 위하여 일반적인 행위의 기준을제공하는 것이다. 강령에 따라서는 이상적인 행위의 기준을 제시하기도 하는데, 비록 현실적으로 달성하기 힘든 내용이라 하더라도 경찰인이 노력하여야 할 지향점인 것이다. 한편 이러한 행위의 기준은 시민에게 경찰의 행위를 평가하는 공적인 기준을 제공함으로써, 시민의 경찰행위에 대한 감시의 방편이 된다.

라. 조직운영의 기준을 제공

즉 구체적인 경찰활동과 쉽게 연관될 수 있도록 규정하여 조직운영의 구체적 준거가 되고 구성원들의 자질과 형태를 상호 통제할 수 있도록 할 것이다. 구체적으로 이야기하면, 경찰윤리강령은 어떤 행위를 권장하거나 억제함으로써 경찰인의 윤리적 행위를 도모하고 조직 내의 의사결정의 기준이 되기도 한다. 즉 조직구성원은 자기 의견을 윤리강령으로서 옹호하거나 타인의 의견을 반대할 수 있는 것이다. 나아가 경찰윤리강령은 내부적인 의견대립 시 재판관역할을 수행할 수도 있는 것이다.

마. 건전한 조직적 결속감

이념적 지향점을 줌으로써 조직적 결속감을 도모하는 기능을 한다. 일반적으로 조직의 성공적인 운영은 이념적 지향점이 그 구성원들에게 공유될 때 쉽게 달성된다. 이러한 이념적 지향점은 조직원들로 하여금 유대와 소속감을 유발시키고 그들의 공동목표를 위해 협력하게 한다. 경찰윤리강령은 바람직한 경찰의 이념적 지표를 제공함으로써 경찰인들을 하나로 묶고 동기 부여하는 기능을 수행한다. 한편 경찰윤리강령 자체는 항상 시민을 염두에 두고 만들어졌으므로 내용 자체가 시민지향적인데 이러한 시민지향적 이념이 없다면, 경찰조직은 조직자체의 이기적 이익을 위해서 결속할 수도 있다. 이념적 지표가 없는 경찰조직에의 소속감이 강하면 강할수록 시민의 바람에 부응하지 못할 가능성이 있기 때문이다.

(3) 경찰윤리강령의 문제점

가. 실행가능성의 문제

즉 경찰윤리강령이 과연 경찰업무의 영역에서 실행될 수 있는가 하는 것이다. 경찰윤리강령은 경찰활동에서 어떤 유혹이나 잘못된 관행에서 벗어나 최선의 치안서비스를 제공하겠다는 의지를 다질 목적으로 만들어진 것이다. 그러나 경찰윤리규정 자체는 추상적이고 관념적인 용어로 채워져 있는 것이 사실이고 그것을 준수하지 않았을 때의 법적 제재도 마련되어 있지 않으며 위반 여부의 판단기준도 명확하지 않다. 지나친 이상추구의 성격 때문에 빛 좋은 개살구가 될 수 있다. 결국 그 준수여부가 경찰조직구성원의 양심이나 도덕에 맡겨져 있어 단지 조직 내·외부에 경찰의 입무 수행 시에 윤리적으로 바람직한 방향이나 행위기준을 천명하는 상징으로서 작용하는 데 그칠 수 있다는 한계성을 가지고 있다.

나. 냉소주의의 문제

사실 많은 경찰이 과도한 업무량, 강압적 조직문화, 박봉, 사회적 낮은 평가 등에서 경찰윤리강령에 대한 냉소주의적 태도를 보이고 있다. 또한 직원들의 참여에 의하여 이루어진 것이 아니라 상부에서 직접 제정하여 하달되기 때문에 냉소주의를 야기할 수 있다. 말하자면 경찰윤리강령이 경찰의 업무환경을 고려한 것이 아니라 단지 관리자의 지시에 의한 책상 위의 작품에 지나지 않는다는 것이다.

다. 최소주의의 위험

경찰윤리강령은 구성원들에게 강령의 지지된 울타리 안에서 안주하기만 하면 된다는 의식을 심어 주어 업무 수행 시에 최소한의 수준에 머물러도 된다는 최소주의의 위험을 초래케 할 수 있다. 즉 최선을 다하여 헌신, 봉사를 하려다가도 경찰강령에 포함된 정도의 수준으로만 근무를 함으로써 경찰강령이 근무수행의 최소기준이 될 수 있다.

라. 행위중심적 성격에서 오는 문제

인간의 행위는 내면에서 우러나야 되는데 아무런 동기유발 없이 외부적으로 주어지는 경찰윤리강령은 윤리적 불감증을 유발한다는 것이다. 이는 현실성 없는 추상적이고 이념적인 경찰윤리강령이 처음에는 어떤 현실에 대한 비판을 가능하게 하지만 그 내용의 비현실성에 따른 일상현실과의 유리로 인해 일어나는 반복된 위반은 경찰윤리 자체가 지켜지지 않아도 되는 것이라는 인식을 불러일으킨다. 결국 존재보다는 행위에 초점을 맞춤으로써 행위 이전의 의도나 동기를 소홀히 할 위험이 있다.

마. 비자발성의 조장

경찰윤리강령은 개인의 내부적 이유에서 비롯된 행위보다는 외부적인 통제 기준에 의해 허용되거나 금지되는 행위를 명문화하고 강조하고 있어 타율적인 행위를 조장하고 행위의 경직화를 초래한다는 문제점을 가지고 있다. 이것은 결국 경찰관의 도덕적 자각에 따른 자발적인 행동이 아니라 외부로부터 요구된 타율적인 행동으로써 진정한 봉사가 이루어지기 어렵다. 이는 윤리적 불감증을 발생시킬 수 있다.

바. 우선순위 결정의 문제

경찰강령이 구체적인 경우 그보다 더 곤란한 현실문제에 있어서 무엇을 먼저하고 무엇을 나중에 해야 할지 우선순위를 결정하는 기준이 되지 못한다. 즉 경찰윤리강령은 강령의 요구 사항들 이외의 상충관계를 처리할 우선순위나 절차를 제시하지 않고 단지 목적이나 기준을 열거하고 있을 뿐이어서 때때로 구체적인 문제에 대한 해답을 제공하지 못하는 유용성의 제약을 가지고 있다.

(4) 경찰윤리강령의 제고 방안

가. 실행가능성의 문제

경찰윤리규정은 지나친 이상추구적인 성격으로 인해 단지 상징적인 존재로서 작용하는 데 그칠 수 있는 문제점이 있다. 이는 추상적이고 관념적으로 채워진 용어들을 좀 더 개별적이고 구체적인 내용으로 개선할 필요가 있다. 즉 세부적인 위반 여부의 판단기준을 세우고 정해진 대로 수행하지 않았을 경우에 대비하여 그에 상응하는 법적 제재를 갖추어 엄격히 처벌해야 한다. 더불어 경찰관들의 윤리교육훈련을 강화하여 단지 겉으로 비춰지기만을 위한 것이 아니라 경찰조직 내·외부에 윤리적 질서가 잡히도록 해야 한다.

나. 냉소주의의 문제

모든 인간은 타율적이고 통제적일 때 자발적 근무의욕과 창의성이 발휘될 수 없으므로 인간의 자율성을 존중하고 경찰관 개개인을 계급으로서가 아니라 인격의 주체로서 합당하게 대우해 주어야 한다. 즉 단순히 제도적인 장치만을 의미하는 것이 아니라, 공정성과 인간관계에 바탕을 둔 커뮤니케이션의 필요성을 말한다. 이때 비로소 경찰관은 상사에 대해서나 동료, 부하에 대해서 인간적인 인정감이나 귀속감을 갖게 될 것이고 그것은 원만한 인간관계를 유지시켜주며 참여가 이루어지게 될 것이다.

다. 최소주의의 위험

경찰윤리강령을 토대로 하여 계속되어야 하나 이의 실현이 어렵고 실현에 있어서도 최소주의 위험은 극복하기 힘든 문제일 것이다. 이는 경찰인의 능동적이고 적극석인 태도가 무엇보다도 필요하다. 이런 자세는 경찰인 자신을 위해서도 바람직하다. 이는 민주적 의사결정과 합리적인 절차가 이루어지는 조직

분위기에서 적극성과 능동성을 발휘하기가 쉬우므로 이러한 조직 분위기를 만들고, 높은 윤리 도덕적 책임과 의무를 다하는 경찰조직 문화풍토를 만들어 가야할 것이다. 또한 경찰인 개개인은 맹목적으로 일하는 사람이 아닌 깊이 생각하고 궁리해 가며 노력하는 경찰이 되어야 할 것이며, 이와 더불어 외부시민단체에 의한 통제가 필요할 것이다.

라. 행위중심적 성격에서 오는 문제

동기부여보다는 일률적 윤리기준으로의 적용을 강요하는 지금의 경찰현실에서 경찰윤리강령은 현실성 없는 추상적·이념적·비현실적인 강령에 지나지 않을 것이다. 이러한 점에서 경찰인 개개인에게 의도·동기에 명확한 인식을 시켜야 할 필요성이 있다. 이것은 교육훈련적 측면에서의 접근이 무엇보다 중요하다.

신임 경찰에 대해서는 6개월인 교육 기간을 대폭 늘려 경찰윤리에 대한 실습과 체험 위주의 모의상황훈련 등 실질적인 훈련으로 각 상황에 맞는 윤리적 태도를 함양함으로써 일탈저항력을 키워나가도록 한다. 또 기존의 경찰에 대해서는 경찰윤리서약과 경찰윤리강령실천 책자를 제작해 배포하고, 공개추천에 의한 포상과 처우개선과 같은 자격 위주의 실질적인 제도도 함께 갖추어져야 할 것이다. 이는 나로부터 비롯되는 나비효과를 경찰조직에 반영하여 직원 한 명 한명이 실천하고 변화하도록 하여 조직 전체가 바뀔 수 있게끔 이끌어나가는 것이다. 즉 일상 업무와 관련된 작은 것부터 바꿔 모두가 만족하는 혁신을 이룰 수 있도록 경찰인 내면에 있는 윤리의식을 스스로 함양할 수 있도록 경찰조직은 최선을 다해야 할 것이다.

마. 비자발성의 조장

지금의 경찰윤리강령은 외부적 통제 기준에 의해 비자발적 행동으로 행해지고 있는 문제가 있다. 이러한 문제를 해결하기 위해서는 경찰조직 내부의 동기유발이 있어야 한다. 타의가 아닌 경찰관 스스로 행하는 자발성을 고취시키기 위해서는 승진제도의 보완, 징계제도의 합리적 운영, 사기관리 및 처우개선을 통하여 조직내부의 불만요소를 미리 제거함으로써 경찰윤리의식을 높이고 윤리강령을 스스로 지켜나가게 하는 것이다. 또한 조직의 규율 확립을 감사(감찰)활동과 같은 충격적 방법에만 의존할 것이 아니라 오히려 여기서 한걸음 나아가 보상적·유인적 방법을 활용해야 한다.[8)]

바. 우선순위 결정의 문제

경찰강령의 요구사항 이외의 상충관계는 무수히 많아서 이 모든 상황에 우선순위나 절차를 제시하기란 사실상 어렵다. 그러므로 상황마다 우선순위를 결정하는 것은 개인의 윤리능력에 의해 좌우된다. 이러한 윤리능력을 키우기 위해서는 지속적인 윤리교육이 필요하다.

조직의 철학, 그 시대에 요구되는 활동, 윤리의식 등 전반적인 내용에 대한 충분한 숙지를 시켜줄 수 있는 담당기관을 만들어서 경찰관들에게 꾸준한 교육을 통한 윤리능력 함양해야 할 것이다.

모든 강령이 헌장의 형태로 간략하고 추상적 이념적으로 제정되듯이, 경찰윤리강령도 마찬가지다. 그러므로 이러한 특징으로 인해 현실적합성이나 실천가능성이 없다는 비판을 면치 못한다. 그렇지만 인간의 마음속에는 이상을 추구하는 본능을 가지고 있고 윤리강령은 윤리적으로 옳음이라는 가치를 충족시키고 있으므로 양심이라는 개인 윤리적 측면에서 볼 때, 윤리강령에서 강조하는 이상적 내용이 문제될 것이 없다. 이에 더불어 경찰윤리강령의 추상성 이념성 관념성의 문제점이 지나치게 강조되어서도 안 될 것이다.

그러므로 윤리강령은 경찰관의 행위준거로서 충분한 가치가 있고 외부적 통제에 의해서보다는 경찰관의 개인적 자질과 양식에 모든 것을 맡기고 있다는 측면에서 순기능적이다. 윤리강령은 경찰관의 행동에 대한 구체적이고 가시적인 통제보다는 의식적, 무의식적으로 자신을 통제하는 자율통제 메커니즘으로 작용한다는 측면에서 그 존재가치는 충분하다.

또한 실천가능성의 측면에서도 경찰윤리강령의 성격에서 볼 때 타당하지 않다. 경찰윤리강령은 개별 경찰인이 그의 업무수행 시 행하는 윤리적 고려의 준거를 제공하려는데 그 근본적 취지가 있는 것이지 외부적 통제를 근본적으로 의도한 것이 아니기 때문이다. 그러므로 경찰인들의 기본적 자질과 양식을 믿는 상태에서 출발하여 경찰인이 업무영역에서 부딪히는 윤리적 평가 상황에서

8) 조성호, 경찰공무원의 직업윤리에 관한 연구. 동국대대학원 박사학위논문, 2004, 184면.

경찰윤리강령이 윤리적 추론의 자료로서 사용된다면 그 존재에 의문이 없는 것이다.

이러한 경찰윤리강령은 여러 가지 교육이나 하소(HASO)·마소(MASO) 운동,[9] 경찰혼 재정립 운동과 같은 다양한 운동 등을 통하여 이의 효율적 추진을 위해 우수사례로 채택된 내용에 대해서는 표창과 함께 특진심사에 반영하여 자연스럽게 경찰윤리가 정립이 되고 경찰윤리강령이 의식화, 체질화될 때까지 지속적으로 추진해 나가는 방안도 어떨까 싶다.

이와 더불어 경찰공무원에 대한 인사행정이 엽관주의를 배척하고 실적주의를 지향하는 직업공무원제도를 확립함으로써 경찰공무원이 능력에 따라 신분과 지위 그리고 장래를 보장받게 하여 경찰직에 대한 보람과 긍지를 가지고 일반국민들의 부정한 유혹을 멀리하고 공정한 업무를 수행해 갈 수 있다. 이와 같이 경찰 공무원의 처우가 현실적으로 개선되어 나갈 때 경찰윤리가 확립되며 경찰윤리교육을 강화하여 권위주의적인 면을 사라지게하고 시민과 함께 생활하는 진정한 봉사경찰상을 정립할 수 있을 것이다.

제 4 절 경찰공무원의 일탈행위

1. 경찰활동의 기준[10]

(1) 공정한 접근의 보장

경찰활동(경찰서비스) 대상에 대한 불합리한 차별의 금지를 의미한다. 즉, 경찰개입의 기준인 '필요'가 아닌 친분, 혈연, 지연, 성, 나이 등을 기준으로 한 편들기, 해태, 무시 등의 금지를 의미한다.

---

9) '하소(HASO)'는 화합(Harmony), 감사(Appreciation), 봉사(Service), 의무(Obligation)를 뜻하며 경찰관으로서 마땅히 지향해야 할 긍정적 4대 요소로 '~을 합시다'를 말한다. 또 '마소(MASO)'는 금품·향응(Money), 과음·음주(Alcohol), 성희롱(Sexual harassment), 권한남용(Oppression)의 뜻으로 경찰관으로서 절대 해서는 안될 부정적인 4대 요소로 '~을 하지 맙시다'의 의미다.

10) 코헨과 펠드버그가 주장한 사회계약설로부터 도출되는 경찰활동의 기준, 경찰실무종합, 경찰공제회, 2013, 52~53면.

(2) 공공의 신뢰 확보

경찰활동은 시민의 신뢰에 합당한 방식으로 행사될 것을 요구받는다. 시민이 자력 구제 대신 수사시관 신고를 통해 범인을 체포하거나, 경찰이 범인을 체포함에 있어 과잉진압 없이 필요최소한의 강제력을 사용하는 것 등을 의미한다.

(3) 생명과 재산의 안전 보호

사회계약론에 의하면 경찰활동의 궁극적인 목적은 시민의 생명과 재산의 안전 보호이다. 따라서 경찰의 과도하고 무리한 추격으로 폭주족이 사망에 이르는 경우에는 경찰활동의 기준을 벗어난 공무집행의 결과에 해당한다.

(4) 협 동

궁극적인 경찰목적 달성을 위해 모든 국가기관(기관간, 공무원간) 사이에 협력할 의무를 말한다. 이에 따라 공명심에 주요범인을 혼자 검거하려다 실패하는 경우 또는 형사가 좋은 사람 나쁜 사람을 가려 혼내기까지 하는 경우 등은 협동의 기준에 위배된다.

(5) 냉정하고 객관적인 자세

경찰활동은 사회 일부분이 아닌 사회 전체의 이익을 염두에 두어야 한다. 부친의 가정폭력 경험자인 경찰관이 가정폭력 사건을 처리하며 남편이 잘못이라고 단정짓는 경우 등은 이러한 기준에 위배된다.

2. 실천과제

(1) 자 율

경찰활동은 경찰 편의주의 원칙에 따른 광범위한 재량의 행사에 있어서 경찰관의 자율적인 판단이 대단히 중요하다. 이러한 판단에는 바람직한 경찰윤리와 책임의식을 바탕으로 한 자율성이 요청되며, 자율을 가능케 하기 위해서는 적정한 권한의 분배가 필요하다.

(2) 창 의

복잡한 현대 지식정보화 사회에서의 치안은 목표달성을 위한 다양한 방법 개발과 창의적인 사고가 요구된다. 이러한 창의적 사고는 자율이 전제되어야 한다는 측면에서 자율과 창의는 동전의 양면의 관계에 있다고 할 것이다.

(3) 책 임

책임 없는 자율은 방종에 가깝다. 참다운 책임은 단순한 처벌을 전제로 한 피동적인 관념이 아니라, 발전을 위한 능동적인 창조과정으로 이해해야 한다. 흔히 경찰관 개개인에 대한 책임에 대해선 민감한 반면, 조직(관리자)의 정책결정책임에 대해서는 둔감한 경향이 있다.

이를 위해서는 책임과 권한의 균형이 필수적이다. 수사권조정 등 조직 간의 권한 배분이나 경찰 내 기관간 권한 배분상 균형을 유지하는 것이 책임감 및 경찰윤리를 강화하는 것과 직결된다.

(4) 양 심

양심은 널리 정직, 책임의식, 사명감 등을 포함하는 개념으로 직업인으로서의 경찰관에게 요구되는 기본적인 마음가짐이라 할 수 있다. 경찰현장에서도 '오직 양심에 따라 법을 집행하는 공정한 경찰'을 천명하고 있다.

3. 경찰공무원의 일탈 행위

(1) 경찰공무원의 일탈 행위에 관한 이론들

가. 셔먼의 미끄러지기 쉬운 경사로 이론

셔먼은 오른쪽 그림을 예로 들며 '미끄러지기 쉬운 경사로 이론'을 주장하였다. a는 공짜 커피와 같이 부패에 해당하지 않는 작은 호의(gratuity)를 의미한다. 즉, 부패에는 해당하지 않으나 공짜 커피와 같은 작은 호의가 습관화될 경우 미끄러운 경사로를 타고 내려오듯이 b, c와 같이 점점 더 큰 부패로 연결된다는 설명이다.

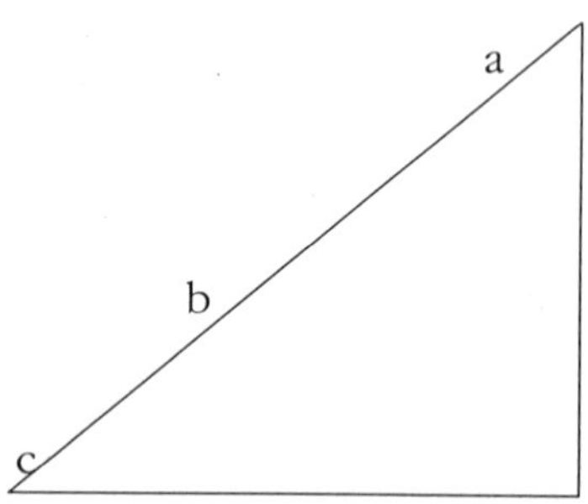

이에 대해 펠드버그는 작은 호의를 받았다고 해서 반드시 경찰이 큰 부패를 범하는 것은 아니며, 비현실적일 뿐만 아니라 경찰관의 지능에 대한 모독이라고 비판한다.

a의 공짜 커피와 같은 작은 호의에 대해서는 허용론과 금지론이 대립하고 있다. 각자의 주장을 살펴보면 다음과 같다.

1) 허용론

- 관행성: 공짜 커피 같은 뿌리 깊은 관행을 완전히 없애는 것은 불가능하다.
- 자발성: 작은 호의는 강제된 것이 아닌 자발적인 것이다.
- 형성재론: 시민과의 긍정적인 협조관계를 만드는 긍정적인 효과가 있다.
- 이성과 지능: 경찰관은 호의와 뇌물을 구분할 수 있으며, 작은 호의로 인해 편파적으로 업무를 처리하지는 않는다.

2) 금지론

- 부작용: 작은 호의가 점점 더 멈추기 어려운 부패로 이어진다.
- 구별 곤란: 작은 호의와 뇌물을 구별하기 곤란하다.
- 특권의식: 작은 호의를 통해 경찰관의 특권의식이 싹튼다.
- 불순의도: 공짜 커피 등 호의를 전하는 사람들은 대개 불순한 의도를 가지고 있는 경우가 많다.

나. 썩은 사과 가설

썩은 사과가 상자 안의 모든 사과를 썩게 만들 듯, 일부 부패경찰이 조직 전체를 부패로 물들게 한다는 이론으로 부패문제를 개인적 결함으로 바라본다. 이 견해에 따르면 모집단계에서 부패 가능성이 있는 자의 배제가 중요하다.

다. 전체사회 가설

미국의 사회학자 윌슨은 시카고 경찰에 대한 자신의 연구에서 “시카고 시민들이 시카고 경찰을 부패시켰다”라고 결론을 내렸다. 시민사회의 부패, 시민사회의 경찰부패에 대한 묵인·조장이 부패의 원인이라는 것이다. 전체사회 가설은 시민의 호의에 길들여져 명백한 부패로 빠져들 수 있다는 측면에서 ‘미끄러지기 쉬운 경사로 이론’과 일맥상통한다.

라. 구조원인 가설

니더호퍼, 로벅, 바커 등이 주장한 가설로, 부패한 조직 전통 속에서 신임경찰이 사회화되어 부패경찰이 된다는 주장이다. 구조화된 조직적 부패는 서로가 문제점을 알면서도 눈감아주는 침묵의 규범을 형성한다.

또한, 부패가 구조화된 조직에서는 ‘법규와 현실의 괴리’ 현상이 발생한다. 혼자 출장을 가면서도 두 사람의 출장비를 공공연하게 청구하는 경우나, 퇴근

후에 잠깐 들러서 시간외 근무를 조작하는 경우 등이 이에 해당한다.

(2) 클라이니히의 휘슬블로잉(whistleblowing)

휘슬블로잉이란 동료나 상사의 부정에 대하여 감찰이나 외부의 언론매체를 통하여 공표하는 내부고발행위를 말한다. 동료의 부정부패에 대하여 눈감아주는 '침묵의 규범'과 대비되는 개념이다.

클라이니히는 이러한 휘슬블로잉에 대해 몇 가지 정당화 요건을 제시하였는데, 다음과 같다.

- 적절한 도덕적 동기에 의하여 이루어 질 것
- 내부문제를 외부에 공표하기 전에 조직 내 다른 채널을 통하여 해결할 수 있으면 먼저 내부적인 해결을 할 것
- 어느 정도 성공할 가능성이 있을 것
- 공공의 이익을 위해 내부고발이 이루어질 것

제 5 절 경찰조직과 사생활

1. 경찰조직의 사생활에 대한 사상적 논의[11)]

(1) 경찰조직과 사생활

자유민주주의 사회에서 시민 개개인은 사생활의 자유를 가진다. 여기에서 말하는 사생활이란 그 사람의 동의에 의해서만 알려지고 관찰되고 침범되는 것이 허용되는 활동영역을 의미한다. 즉, 개인들이 관찰, 개입, 침범의 위협 등을 받지 않고 특정한 행동을 할 수 있는 자유의 영역을 말한다.

그러나 공직자의 경우 업무수행과 관련된 많은 법규와 표준운영절차, 다양한 공직윤리 등이 공직자의 사생활의 영역에도 미치기 때문에 공직자의 공·사생활의 구분이 아주 어렵고, 사생활의 범위도 좁아진다.

특히, 경찰관은 업무의 성격상 다른 공직자들에 비해 사생활의 범위가 훨씬 좁으며 높은 수준의 윤리수준을 요구받는다. 음주운전이나 교통사고는 벌금

11) 조철옥, 경찰윤리학, 대영문화사, 2005, 405면.

이나 행정처분과는 별도로 사회적 비난과 함께 무거운 징계처분을 받게 되며, 채무관계, 여자관계, 겸업금지, 소유재산등록 및 공개, 정치활동의 금지에 이르기까지 다양한 제도적·윤리적 제약을 받는다.

미국경찰의 사례를 살펴보면, 경찰관의 사생활이 아주 엄격하게 제한되어 있음을 알 수 있다. 미국의 경우 경찰관의 사생활과 관련하여 가장 빈번하게 제기된 문제는 결혼과 성생활에 관련된 제약이었다. 뉴욕 시경의 경우 과거 한때는 결혼을 하지 않은 사람이나, 이혼한 사람은 경찰관이 될 수 없었고, 여자관계가 복잡한 사람, 불륜을 저지르는 사람, 동성연애자, 성인 잡지에 누드 사진이 실린 사람 등은 경찰관이 될 수 없었으며, 현직 경찰관일 경우에는 심한 제재가 가해졌다. 경찰관들은 근무시간 이후에도 범죄자와의 친교, 관할구역 외 거주, 상업광고의 출연 등 일정한 사회활동이나 경제활동을 하는 것이 금지되기도 하였다. 특정 정파나 후보자를 지지할 수 없었고, 정치헌금을 권유하거나 정치적 직위에 입후보할 수 없었으며, 나아가 경찰관 개인은 경찰 전체의 입장과 다른 비판적인 주장을 할 수 없도록 하였다. 이후 개인의 자유와 권리의 확대에 따라 경찰관 사생활에 대한 제약은 많이 완화되었으나, 아직도 경찰을 비롯한 공직자의 사생활은 일반 시민들에 비해 많은 제한을 받고 있다.

(2) 공직자의 사생활에 대한 사상적 논의

가. 고대 철학자들의 견해

소크라테스, 플라톤, 아리스토텔레스 등 고대 철학자들은 통치자의 사생활의 인정 여부에 있어 부정적이었다.

소크라테스는 "통치자들이 사생활의 즐거움을 포기해야 한다면 행복하지 못할 것이다"는 주장에 대해 그러한 행복은 무의미하고 유치한 것이라고 비판했다. 사생활의 행복은 통치자 이외의 계급의 행복이지 통치자가 누려야 할 행복은 따로 존재한다고 보았다.

플라톤 역시 이상국가를 지배하는 통치자들에게는 보다 나은 공동체를 위해서 그들의 사생활이 포기될 수밖에 없으며, 국가의 통합성을 위해 통치자는 자신의 가족과 재산에 대한 집착을 버려야 하며, 그것이 더 명예로운 삶이라고 주장하였다.

아리스토텔레스 역시 공직자의 사생활의 인정에 대해서는 부정적이었다.

그는 일반적 이익을 위한 정의의 원칙을 유지하기 위해서는 가족과 가사라는 사적인 영역의 이기심이 정당하게 비판되어야 한다고 주장하였다.

고대 철학자들에 의하면 통치자들의 목표는 전체 사회를 좋게 만드는 것이며, 자신의 사적 영역을 충족시키는 것이 아니기 때문에 공직자나 통치자의 사생활을 부정하고 있다.

나. 계몽주의 사상

르네상스 시대에 이르러 철학 분야에서는 아리스토텔레스와 플라톤으로부터 해방하려는 노력이 나타났으며, 토론과 논쟁 대신 과학적인 실험을 통해서 이론적으로 증명해 나가는 사상이 발전하였다. 이러한 과학적 철학방식은 계몽주의로 발전했다.

계몽주의는 낙관주의를 특징으로 하며, 후천적인 교육을 통해 인간은 무한히 개선될 수 있다고 본다. 계몽주의 사상가들이 명시적으로 공직자의 사생활을 언급하지는 않았으나, 계몽주의의 주장은 사생활의 자유를 수용할 수 있는 이론적 토대를 제공하였다. 개인의 사적 영역이라 볼 수 있는 천부적 자연권에 대해 공동체적 개입의 정당성을 요구하는데, 개인의 영역에 대한 외부의 관여는 그 정당성이 인정되어야 한다고 주장하여, 기본적으로 사적 영역을 보장하고 있기 때문이다. 이후의 자유주의적 철학자들은 국가체제의 정비로 사적인 영역이 점차 제한되자, 공동체적 간섭과 개입으로부터 자유로운 개인적인 관계들을 보장해야 한다고 주장하기에 이른다.

다. 자기관련적 행위론

19세기 중반 밀(John Stuart Mill)은 그의 저서 '자유론'에서 '자기관련적 행위(Self−regarding actions)'를 주장하였다. 자기관련적 행위란 한 인간의 삶과 행위 중에서 오로지 자신에게만 영향을 끼치거나, 다른 사람과의 관계를 갖는다 하더라도 그것이 그 사람의 자유롭고 자발적인 진정한 동의하에서 이루어지는 부분을 말한다. 즉, 나 또는 나와 동의한 상대자 밖에 있는 제3자에게는 영향이 없는 영역을 말한다.

밀은 이러한 자기관련적 행위를 개인적 자유의 적절한 영역으로 인정하고 있다. 즉, 이러한 자기관련적 행위영역은 개성의 발전을 가능하게 하며, 이 개성의 발전은 자유를 존재로 한다. 이 개성에 대한 존중이 개인의 자유와 사적 영역의 존재 근거가 된다.

공적 영역의 분제로서 공동체적 규제의 대상이 되지 않는 사생활의 영역이 명백히 존재하며, 그것이 사적인 영역인 한 자유민주사회에서 절대적으로 승인되며 존중받아야 한다. 실제 자유민주주의 국가의 대부분은 이를 헌법적 권리로 보장하고 있다. 개인은 그들의 사적 영역의 침해를 국가, 단체, 개인 등 제3자로부터 방어할 권리가 있는 것이다.

밀의 자기관련적 행위론은 사생활의 보장과 관련된 중요한 개념이므로, 경찰조직과 사생활에 대한 검토에서 다시 살펴보기로 한다.

2. 경찰조직과 사생활

(1) 경찰관과 사생활

가. 경찰관의 축소된 사생활

경찰 등 공직자에게 사생활이 존재하는가? 공직자도 시민의 한 사람이기 때문에 사생활권이 존재하는 것은 당연하다. 문제는 시민의 사생활권과 비교하여 어느 정도까지 인정을 할 수 있느냐이다.

개인의 사생활권 보장의 근거는 헌법에서 찾을 수 있다. 자유민주주의 국가의 헌법은 개인의 사생활권을 헌법적 권리로 대부분 보장하고 있는데, 개개인의 인격, 사상의 자유, 행동의 자유, 교제의 자유, 통신의 자유, 거주이전의 자유, 주거의 불가침, 사생활의 자유, 사생활의 비밀, 자기 정보관리 통제권 등이 사생활 자유권의 중요한 내용을 이룬다. 사생활 자유권의 기본 조항인 헌법 제17조는 “모든 국민은 사생활의 비밀과 자유를 침해받지 아니한다”라고 하여 사생활의 비밀과 자유의 불가침을 보장하고 있다. 그러나 이러한 자유와 권리도 국가안전보장, 질서유지, 공공복리를 위한 불가피한 경우에 필요최소한도로 제한을 받을 수 있다. 이 경우에도 자유권의 제한은 법률에 의하여야만 하며, 자유권의 본질적인 부분은 제한할 수 없도록 하고 있다.

미국에서도 개인의 사생활 영역을 보호할 의도로 프라이버시권이 판례를 통해서 확립되어 있다. 프라이버시권은 원래 혼자 있을 권리 또는 원하지 않는 공표로부터의 자유라고 인식되었을 정도의 소극적 개념이었으나, 정보화 사회의 도래로 자기에 관한 정보를 관리·통제할 수 있는 권리까지 포괄하는 적극적 개념으로 파악되고 있다. 즉, 프라이버시권은 소극적으로는 사생활이 함부로 공개되지 아니하고, 그 평온과 비밀을 요구할 수 있는 법적 보장이며, 적극적으로는 자신에 관한 정보를 관리·통제할 수 있는 법적 능력이다.

경찰관의 사생활과 관련하여 사회축소판의 주장(microsom argument)이 있다. 경찰관도 국민 전체의 한 부분이므로 다른 국민들과 윤리적으로 동일하게 대우받아야 하며, 더 높은 윤리수준을 기대하는 것은 평등의 원칙에 반한다는 것이다. 이 주장에 따르면, 경찰관도 업무를 떠났을 때는 일반 국민과 같이 개인적 사생활을 자유롭게 향유할 권리가 있으며, 일부 경찰관들이 부도덕한 부패를 저지른다 하더라도 일반 사회에서도 일정한 비율의 일탈 범죄자가 있으므로 윤리적으로 크게 문제가 되지 않는다고 본다.

그러나 극소수의 경찰관의 비윤리적인 행위를 하였다고 해도 그러한 경찰관의 사생활이 경찰조직 전체적으로 아무런 문제가 없다고 할 수는 없다. 사회는 경찰관에게 범죄를 예방하고 제압하는 등 사회의 부정을 제거하는 권한과 책무를 지고 있는 성격상 모든 경찰관의 윤리적 탁월성을 당연시하기 때문이다. 그러므로 경찰관의 사생활이 일반 시민들과 같은 수준으로 보장되어야 한다는 주장은 공직자에 대한 공공의 높은 신뢰에 비추어볼 때 타당하지 못하다.

앞서 설명한 밀의 자기관련적 행위론에 비추어 살펴보면, 공동체적 규제의 대상이 되지 않는 사생활의 영역은 절대적으로 존중받아야 한다. 따라서 공직자의 사생활이 다른 사람에게 아무런 침해 없이 이루어진다면, 그것이 보장되어야 한다는 것은 지극히 당연하다. 또한 다른 사람들로부터 공직자의 사생활이 침해받지 않는 것도 공직자에 의한 시민들의 사생활 보호 차원에서 매우 중요하다. 공직자들은 그들 자신의 경험에 따라 시민의 사생활에 대한 태도를 형성할 것이기 때문이다.

그러나 균등한 사생활의 원칙은 공무의 성격상 현실적으로 지켜지기 어렵다. 특히 경찰공무원의 경우, 개별 시민들보다 우월한 공권을 갖고 시민들의 생활에 영향을 미치기 때문에 이러한 원칙이 현실적으로 유지되기는 더욱 어려울 것이다. 경찰관이 업무 후에 단속대상 업소에서 술을 마실 경우, 이러한 행위가 자기관련적 행위 영역으로 볼 수는 없다. 왜냐하면 술집 주인의 입장에서 단속

경찰관을 일반 시민과 동일하게 대우할 수 없을 것이기 때문이다. 마찬가지로 경찰관이 관내의 노래연습장에서 여성 접대부와 함께 노래를 부를 경우, 일반 시민에게는 어느 정도 용인될 수 있을지 몰라도 여성 접대부를 두는 것 자체가 불법이기 때문에 불법영업에 대한 단속권한과 책임을 가지고 있는 경찰관은 법적·윤리적으로 용인될 수가 없다.

이와 같이 공직자의 사적 행위에 대한 공적 권한의 영향은 직무감독의 대상이 되고, 그 결과 그의 사생활이 다소간의 제약을 받더라도 이는 어느 정도 타당성을 갖게 된다. 따라서 공직자의 사생활의 영역은 일반 시민에 비하여 좁아질 수밖에 없다. 실제적으로 경찰관은 개인적인 과다한 채무, 음주운전, 교통사고 등 일반 시민이면 법적인 절차에 의해 채무상환 내지 범칙금이나 보험으로 해결할 수 있는 문제에 대해서도 징계 등의 불이익을 피할 수 없다.

이러한 관점에서 볼 때 공직자는 그의 공적 역할로 인해서 축소된 사생활을 가진다고 보는 것이 타당하다. 물론 이러한 축소된 사생활은 자신의 사생활이 공무와 직·간접적으로 관련된 경우에 한한다. 공무와 직·간접적으로 관련되지 않은 사생활의 영역은 자기관련적 행위론에 의하여 존중되어야 함이 타당하다.

나. 윤리적 이중 잣대

실제적으로 경찰관은 시민으로서 누리는 사생활에 많은 제약을 받고 있다. 사회생활에서 보통 시민에게는 아무런 문제가 생기지 않을 행위도 경찰관이 행하였을 경우 문제가 되기도 한다. 가령 A경찰관의 부인이 과대한 채무를 져서 A경찰관의 월급에 압류가 들어오게 되면, 경찰 내부적으로는 A경찰관을 특별관리 대상으로 분류하며 인사상의 불이익을 주게 된다. 이는 경찰관이 품위유지를 하지 못했다는 포괄적인 이유에서 이루어진다. 이와 같이 경찰관은 그가 일반 시민이었다면 아무 문제를 야기하지 않았을 사생활 영역으로 인해 공적으로 불이익한 처분을 받게 되는 경우가 있다.

이처럼 공무와 관련된다는 영역이 확대되어 공무와 직접적인 연관이 없는 행위도 제한되는 경우가 있다. 이것은 경찰관에게 사회의 일반 시민들보다 더 높은 행위수준이 요구되기 때문이다. 즉, 경찰관은 일반 시민과는 다른 행위판단기준을 가지며, 윤리적 이중기준이 적용됨을 의미한다.

이러한 윤리적 이중 잣대가 적용되는 근거와 관련해서는, 경찰은 공중의 신뢰를 받아야 하며 항상 공중에게 모범을 보여야 하고 사생활에서도 가장 높은 윤리수준을 따라야 하며 그 결과 사회적 덕목의 상징이 되어야 한다는 주장이 가장 보편적이다.

사실, 공직자는 시민을 대표해서 공동체에서 필요한 공적인 역할을 수행하고 있으므로, 시민들은 '평균적인 시민들이 하는 행위'보다도 더 높은 행위를 공직자에게 기대하며, 공직자가 훌륭한 인간상의 표상이 될 것을 기대한다. 결국 공직자가 사생활을 영위해 나가는 방식조차 사회적 표준 이상을 요구하는 것이다.

이중 잣대의 또 하나의 근거는, 경찰이 그들의 업무 집행에서 많은 재량을 가지고 있기 때문에 이의 올바른 행사를 담보하기 위해서라는 것이다. 즉, 경찰관의 재량적 권한으로 인해 사생활이 제약되어야 한다는 것이다. 만약 경찰관이 비번 때 술을 과하게 마셔 항상 취한 상태로 지낸다면 근무 중에도 올바르고 적정한 판단력을 행사하지 못할 소지가 있으며, 낭비벽이 심한 경찰관이라면 뇌물의 유혹에 쉽게 빠질 수 있다. 따라서 사생활에 있어 높은 행위 수준을 따르는 것이 공적인 업무수행에서의 잘못이 발생할 개연성을 감소시키는 것이기 때문에 사생활이 제약되어야 한다는 것이다.

마지막으로, 경찰관의 바람직하지 못한 사생활이 경찰의 권위를 손상시켜 경찰업무의 수행에 지장을 초래할 수 있다. 경찰관은 그들에게 부여된 공권을 행사한다. 만일 경찰관이 그들의 사생활에서 문란한 생활로 공적 권위를 잃게 되면 시민들이 경찰관의 지시에 따르지 않을 개연성이 높아지게 되고, 그만큼 경찰목적 달성이 어려워지는 것이다. 그러므로 경찰관의 권위를 유지하기 위해서는 사생활에 있어서도 일반 시민보다 엄격한 윤리기준을 적용할 필요가 있다.

이상에서 살펴본 바와 같이, 일반 시민에게 있어서는 자기관련적 행위에 불과한 사생활이라도 경찰관이 그러한 사생활을 영위할 경우 일반 시민에게 직간접적인 영향을 주는 행위가 될 수 있는 경우가 많다. 따라서 공직자는 사생활에서조차도 모범을 보일 것을 요구받는다. 물론 이러한 모범은 위선이어서도 안되며 강제적이어서도 바람직하지 못하다. 경찰관은 시민들의 기대에 부응하는 것이 가치롭다고 스스로 판단하여 사생활의 영역에서도 모범적으로 행동하는 것이 바람직하다. 사생활의 모든 영역을 포기할 수 없다 하더라도, 경찰관이라면 공직을 맡고 있다는 사명감에 절제된 사생활을 영위할 윤리적 책임을 기꺼이 수용하여야 한다.

경찰관에 대한 사생활에서의 윤리적 요청은 간접적으로 시민사회에 대한 경찰업무의 중요성과 영향력을 말해주고 있다. 그러므로 시민사회가 경찰관에 대해 사생활의 모범을 요구하는 것은 경찰에게 부여된 역할에 대한 당연한 요청인 것이며, 경찰관은 이를 충족시킬 윤리적 의무를 부담하는 것으로 이해하여야 한다.

(2) 경찰관 사생활의 제약 근거

가. 특별권력관계

공직자의 사생활 제한과 관련하여 행정법 이론인 특별권력관계를 들 수 있다. 공직자는 국가와의 관계에 있어서 특별권력관계에 있다는 이유로 법률의 수권 없이 국가에 의해서 광범위한 제한이 이루어져 왔는데, 과거에는 이러한 국가와 공직자와의 특별권력관계는 법이 적용될 수 없는 영역으로 간주되었다.

현재에는 전통적 특별권력관계는 인정되지 않으나, '특수한 근무관계'로 이해되어 경찰관에 대하여 일반 시민들보다 높은 수준의 윤리적 사생활을 강제할 수 있는 내부적 근무관계의 기능성이 인정되고 있다.

나. 엘리스턴의 역할 모델

엘리스턴(Elliston)은 경찰이 공중의 신뢰를 받는 사람으로서 항상 공중에게 모범을 보여야 한다는 역할모델을 제시한다. 엘리스턴은 국제경찰장협회(IACP)와 뉴욕 경찰국의 윤리강령에서 사생활의 모범, 일반적으로 다른 사람들에게 기대되는 것보다 더 높은 정도의 고결함의 유지 등의 내용이 바로 경찰의 사회 본보기 역할을 강조한 것이라고 주장하였다.

엘리스턴은 경찰활동은 항상 조나 팀 체제로 이루어지기 때문에 주위에서 지켜보는 눈이 많고, 경찰 주위에는 피해자, 증인, 협조자 등 여러 형태로 공중이 경찰업무를 지켜보고 있으며, 공적인 잘못을 찾아내는 일을 전담하는 감찰부서가 있음을 지적하며, 경찰이 공중의 모범을 보여야 함을 주장하였다.

다. 클라이니히의 견해

클라이니히는 경찰관에게 높은 윤리적 수준의 사생활이 요구되는 근거에 대해 경찰관에게 부여된 상당한 권한 또는 시민에 의해 부여된 권위의 측면에서 접근한다. 경찰관은 법집행 과정이나 다양한 경찰활동 과정에서 필요한 경우 강제력을 발동하도록 사회적으로 용인되어 있다. 이러한 권위에 대한 신뢰가 높을수록 경찰은 강제력 발동 없이 명령만으로 그 직무를 효과적으로 수행할 수 있다. 그런데 사생활이 사회의 지배적인 규범으로부터 일탈적인 때, 경찰의 권위는 손상을 입게 되고 시민이 경찰관에게 부여한 권위가 상실될 수 있다. 경찰관이 사생활에서 도덕적으로 타락한 생활을 일삼을 경우, 그들의 공적 권위는 힘을 잃을 수밖에 없는 것이다. 따라서 경찰관이 그들의 권위를 유지하기 위해서는 소위 지식층은 물론이고, 일반 시민들로부터 그들의 사생활로 인해 권위에 대한 의문이나 거부현상이 생기지 않도록 주의할 필요가 있다고 지적하였다.

라. 공공의 신뢰에 의한 제약

경찰관의 사생활이 일반 시민은 물론이고 다른 공직자에 비해 크게 제약을 받고 있다는 사실은 경찰의 역할이 공공의 높은 신뢰에 바탕을 두고 있고, 경찰의 권위 또한 공공의 신뢰에 크게 의존하고 있기 때문이다.

사적인 신뢰와 마찬가지로 공중의 신뢰도 국민들이 공무원에게 정부기능을 담당하는 권한과 권위에 대한 신뢰를 보낸 것이다. 공무원들은 국민들을 위한 일을 마치 국민들이 직접 자기 일을 하는 것처럼 대신해 줄 것이라는 신뢰에 의해서 선출되고 업무를 수행하게 된다. 경찰과 같은 임명직 공무원들도 국민에 의해 신뢰받은 정부의 임명권자로부터 임명을 받는 것이기 때문에 국민들로부터 권한과 권위, 금전적인 보상에 대한 신뢰를 받고 있는 것이다.

국민들이 직접 경찰을 선택한다고 할 경우에는 가장 모범적이고 훌륭한 사람을 선택할 것이다. 따라서 모든 공무원들은 공공의 신뢰를 받을 만한 방식으로 업무를 처리하여야 하며, 사생활에 있어서도 공공의 신뢰에 부합되어야 할 것이다.

제 6 절 경찰조직과 책임

1. 조직책임과 개인책임

경찰은 전형적인 계층제적 관료조직이기 때문에 경찰활동의 대부분은 조직체계 속에서 이루어진다. 즉, 어느 한 사람의 단독 결정에 의해 이루어지는 것이 아니라 상사의 지시와 실무자와 계층제를 통한 검토를 통해 이루어지게 된다. 이러한 경찰활동의 특성상, 어떤 경찰활동이 법적으로나 윤리적으로 비난받을 내용이나 결과를 야기할 경우 그에 대한 책임을 누구에게 지워야 하는지가 문제될 수 있다.

가령, 정부가 결정을 내리고 정책을 수립하는 데에는 많은 공직자들이 다양한 방식으로 관여하기 때문에, 그러한 정치적 결과에 책임을 져야 할 사람이 누구인지를 가려내는 것은 매우 어려운 일이며 이를 '여러 손의 문제(the problem of many hands)'라고도 한다.

시민들은 경찰활동의 잘못에 대해 경찰조직 전체의 책임으로 보게 되는 경향이 있으며, 이러한 경향에 대한 이론적인 연구가 위계적 모델과 집단적 모델이다.

(1) 위계적 모델(hierarchial model)

위계적 모델의 근간은 고위직은 하위직을 감독하는 권한과 능력이 있으며, 하위직은 고위직의 지시에 충실해야 하는 등 공직의 위계는 지켜져야 한다는 데 있다. 이를 바탕으로 하는 위계적 모델에 의하면 상급자의 명령과 조직의 절차를 따르는 한, 하급자들은 그들의 행동으로 인해서 어떠한 해악적 결과가 나오더라도 그에 대해 책임을 지지 않는다.

실제로 경찰활동이 법적으로 문제되지 않고 단지 윤리적, 정치적 문제가 따를 경우 대부분이 이러한 위계적 모델에 의해서 하급자의 책임이 면책되고 있는 실정이다. 또한 부하를 관리하는 상사의 입장에서는 부하에게 책임을 전가하지 않고 스스로 책임을 짐으로써 조직원들의 신망과 복종을 확보할 수 있다.

그러나 경찰조직이 위계적 구조를 가지고 있다고 하더라도 책임을 귀속시키기 위한 토대로써 위계적 모델은 많은 결함을 안고 있다.

그 첫째로 계층제 조직 내의 인간을 자기 결정권을 가진 존재로 보지 않고 단순히 지시에 의해 움직이는 기계로 간주한다는 것이다. 상명하복이 강조되는 계층제적 경찰조직 내에서 일정한 한계는 있겠지만, 하급자도 이성적인 판단과 자신의 의견을 지니고 업무를 실행함을 간과하고 있다.

둘째로 이러한 관념은 현실적으로 바람직하지 못한 결과를 야기할 수 있다. 즉, 최고결정권자 등 상급자를 제외하고 조직인들이 책임에 둔감하며, 책임불감증을 유발할 수 있다는 것이다. 그래서 현대사회가 요구하는 책임행정의 의미가 퇴색될 수 있다. 또한 최고결정권자가 책임을 도맡아버림으로써 하급자의 책임에 대한 조사나 공직자의 태만에 대한 책임 추궁을 중단시킬 수 있다.

셋째로 최상부에 있는 사람이 모든 조직을 완전히 통제한다는 것은 현실적으로 불가능하다는 점이다. 예컨대 경찰서장이 소속 부하직원 개개인의 음주운전 등 비위에 대해 현실적으로 감독을 할 수는 없으며, 이러한 일에 상급자의 책임을 묻는다면 경찰조직 내에 관운주의를 조장할 위험도 있다. 위계적 모델은 조직 내에서 구성원이 자율적으로 행동할 수 있는 가능성을 부인한 채 인간 능력의 한계를 고려치 않고 책임의식이 형해화 됨을 조장한다는 문제점을 안고 있다.

(2) 집단적 책임모델(collective model)

집단적 책임모델은 일반 시민들의 생각을 대변한다. 시민들은 경찰관 개인의 행위를 경찰조직 전체의 행위로 간주한다. 시민의 입장에서 누가 결정권을 행사하며, 집단적으로 이루어지는 활동에 대해 누가 어느 정도 기여하였는지를 구분할 수 없기 때문이다. 결국 시민들은 경찰관 개인의 행위를 조직적 구조에 따른 집단적 행위로 간주한다.

이러한 집단적 책임모델은 경찰관 개개인의 행동을 관료제의 메커니즘에 따른 조직의 결과물로 보고 있다. 즉, 개인의 의지와는 상관없는 관료제적 구조의 반영이고 개인의 문제라기보다는 구조적 결함의 문제라는 것이다.

그러나 집단적 책임모델 역시 책임의 문제를 형해화 시킨다는 한계를 안고 있다. 모두의 책임이라는 것은 결국 어느 특정인에게 책임을 묻기 어려운 결과를 야기하며, 구조 자체의 책임이 되게 한다. 경찰관 개개인도 본인은 단순한 부품역할 밖에 하지 않았다고 항변할 수 있으며, 어떤 행위의 결과에 대한 책임이 개인이 실제로 기여한 정도 등에 의하지 않고 구체적 행위자 없이 조직 전체에 책임을 묻게 되는 결과를 야기하기 때문이다.

또한 책임을 지게 되는 영역을 확대시켜 책임을 분산시키는 문제점을 안게 된다. 경찰관 개인의 책임이 경찰서 전체, 경찰조직 전체, 나아가서는 정부(심지어는 정부에게 권력을 위임한 시민들)에까지 책임을 확대, 분산시킬 수 있기 때문이다. 그 결과 책임의 범위는 점차 넓어지고 어느 누구 하나 완전한 책임을 지지 않게 되어 구체적 행위자의 책임을 급격히 감소시키거나 면제시켜 구조 외에 누구의 개인책임도 아닌 결과를 야기하게 된다.

2. 개인의 책임 문제

이상에서 살펴본 바에 의하면, 위계적 모델과 집단적 책임모델은 책임 귀속의 문제를 형해화시킬 수 있다는 공통적인 문제점을 안고 있다. 또한, 조직적이거나 관행적인 문제에 대해 조직원 개개인에게 면책을 할 수 있기 때문에 향후 조직적 과오에 대한 책임의식의 부재를 조장할 수 있다.

그러나 이론적 접근과는 달리 현실에서는 개인의 일반적 책임기준은 명확하다. 이 기준은 개인이 그 행위를 과실에 의해 하였거나(사안에 따라서는 과실책임을 지는 경우도 있음), 강압에 의하여 한 경우(절대적 구속력 또는 상대적 구속력에 따라 책임을 지는 경우도 있음)가 아니면 그 결과에 대해 책임을 진다는 것이다.

이하에서는 이러한 개인의 책임 문제를 좀 더 살펴보도록 하겠다.

(1) 강압에 의한 행위

현실적으로 조직사회에서 강압에 의한 행위는 대부분 암묵적인 동의에 의해서 이루어진다. 현대 민주사회에서 조직이 개인에 대해 극단적인 신체적·심리적 강압을 가한다는 것은 사실 이치에 맞지 않기 때문이다. 그러므로 강압에 의한 행위라 할지라도 대부분은 개인의 입신양명이나 상사에의 충성 등 암묵적인 동의에 의하여 그 명령을 수용하게 된다.

따라서 경찰관 개인의 행위가 상급자의 강압적 명령에 의해 이루어졌다 하더라도 개인의 행위책임이 면책될 수는 없다. 그러므로 현대 사회에서 불법적인 지시명령이 있다 할지라도 경찰관이 회피할 수 있다는 전제하에서 책임을 귀속시키고 있으며 이는 판례의 입장이기도 하다.[12]

12) 대법원 1988. 2. 23. 선고 87도22358 판결(박종철 고문치사 사건) "공무원이 상관의 지시에

(2) 명령과 자유재량의 회색지대

상급자가 아무런 명령을 내리지 않았는데도 하급자가 상급자를 위해 자발적으로 행위를 하는 경우를 가정할 수 있다. 이 경우에도 개인의 책임원칙은 배제되지 않는다. 상급자는 하급자에게 신뢰를 바탕으로 재량을 주었다고 볼 수 있으며 상급자는 그 신뢰로 인해 하급자의 행위에 책임을 져야 한다. 다시 말해 상급자가 아무런 명령을 내리지 않았다 하더라도 하급자의 행동을 신뢰에 의해 미리 승인한 것이기 때문에 책임을 져야 한다는 것이다(하급자의 경우는 본인의 행위책임이기 때문에 책임을 당연히 져야 한다).

그것이 비록 상급자의 기대에 따른 추정적 명령이라고 하더라도 하급자가 선택권을 갖지 못했다고 주장할 수는 없다. 즉, 이 경우는 상급자와 하급자 모두 책임을 져야 한다.

이를 '조직병리의 패턴'이라고도 하며, 데니스 F. 톰슨은 이에 대해 '고위 공직자들이 그들의 조직에서 빚어지는 세세한 범죄들을 알아채지 못할 수도 있으나, 그들은 특정한 구조적 조건들이 조직의 부패를 초래한다는 것을 알고 있거나 알아야 하며, 그들이 이러한 조건들에 대해서 알고 그것들을 교정하는 조치를 취할 것이라고 우리는 기대할 수 있고, 그들이 이러한 기대를 충족하지 못하면 윤리적으로 비난받아야 마땅하며 어떠한 경우에는 형사적 제재조치를 감수하여야 한다'라고 주장하였다.

(3) 조직적인 관행에 따른 행동

어떤 특정한 행위가 조직적인 관행에 따라 계속되어 왔다면, 경찰관은 그 조직적 분위기로 인해 그 행위를 거부할 수 없거나 그에 대한 문제의식을 크게 느끼지 못하게 된다. 그러한 관행은 계속성과 반복성으로 인해 조직 전체적으로 정당화되어 버릴 수 있는 것이다. 행위자 개인은 그러한 관행으로 인해 해로

의한 위법한 범죄행위에 대해 명령에 따른 정당한 행위에 해당하거나 절대적 복종관계에 기한 강요된 행위이기 때문에 책임이 조각되어야 한다고 주장하나, 공무원이 그 직무를 수행함에 있어 상관은 하관에 대하여 범죄행위 등 위법한 행위를 하도록 명령할 직권이 없는 것이며, 또한 하관은 소속상관의 적법한 명령에는 복종할 의무가 있으나, 그 명령이 참고인으로 소환된 사람에게 가혹행위를 가하라는 등과 같이 명백한 위법 내지 불법한 명령일 때에는 이는 벌써 직무상의 지시명령이라 할 수 없으므로 이에 따라야 할 의무는 없다 할 것이다."

운 결과가 예견된다 할지라도 관행으로 간주하며 소극적인 자세로 그 결과를 묵과하기 쉽다.

경찰관 개인은 스스로 그러한 관행을 변화시킬 수 있는 능력이 없다든지, 현실적으로는 그러한 관행이 정당하지는 않지만 경찰목적을 달성하는 데 필요한 것이라고 정당화할 수 있다. 즉, 조직의 관행이 경찰관의 의식적 선택행위를 제한할 수 있다는 것이다.

그러나 비록 관행에 따른 행동이라 할지라도 그러한 상황들을 막연히 수용한 데 따른 행위자 개인의 비난을 피할 수는 없다. 그 행위 자체는 본인이 의식적이고 의도적으로 행했기 때문이다. 예컨대 조직 자체에 뇌물을 받는 것이 지배적인 분위기가 된다거나 심사 승진을 위해 상급자에게 향응을 대접하는 것이 관례화 되어있다 하더라도 그것이 불법성을 정당화시킬 수는 없다. 그러므로 그러한 조직적 분위기는 조직이 개인에게 그런 불법행위를 할 권한을 부여하는 것을 의미하지도 않으며, 개별책임을 면해주지도 않는다.

모든 경찰관들은 적법절차에 따라 행동을 취해야 할 의무를 지고 있다. 따라서 어떤 행동이 법률적 근거 없이 관행에 의해 이루어져왔다 하더라도 행위자 개인의 책임이 면해지는 것은 아니다. 대법원도 '보호실 불법감금' 판례를 통해 이러한 입장을 취하였다.[13)]

(4) 무지와 착오의 문제

끝으로 행위자가 그러한 행동이 잘못되었는지 몰랐다는 무지나 착오에 의해 해로운 결과가 발생할 경우를 살펴보면 다음과 같다.

행위자가 어떤 결정을 함에 있어서 실수를 저지르거나 세밀하게 검토하지 못해서 좋지 못한 결과가 발생한 경우, 공식적 조직 내에서의 변명은 허용되기 어렵다. 조직 내의 행위는 행위준칙이 있고 착오나 무지가 일어나지 않도록 각자에게 주의의무를 부과하고 있기 때문이다. 따라서 조직 내에서 어떤 행위가

---

13) 대법원 1997. 6. 13. 선고 97도877 판결(보호실 불법감금) "업무로 인한 행위 기타 사회상규에 위배되지 아니하는 정당행위라는 피의자의 주장에 대해 형사소송법이나 경찰관직무집행법 등의 법률에 정하여진 구금 또는 보호유치 요건의 의하지 아니하고는 즉결심판 피의자라는 사유만으로 피의자를 구금, 유치할 수 있는 아무런 법률상 근거가 없고, 경찰업무상 그러한 관행이나 지침이 있었다 하더라도 이로써 원칙적으로 금지되어 있는 인신 구속을 행할 수 있는 근거로 할 수 없다"

무지나 착오로 인해 면책되지는 않는다. 만일, 착오나 무지로 인한 행위를 면책한다면 책임을 회피하기 위해 착오나 무지를 주장할 수 있는 여지를 만들어 경찰관의 보신주의를 야기할 수 있기 때문이다.

이와 관련하여, 하급자의 의도적인 행위에 대해 상급자의 무지가 면책이 될 수 있는가가 문제될 수 있다. 가령 상급자의 과도한 요구로 인해 하급자의 허위보고가 이루어진 경우를 가정할 수 있다. 그러나 이 경우에도 상급자의 무지는 면책되기 어렵다. 대부분의 조직인들은 집단적 행위에 있어서 부하직원을 관리하고, 여러 가지 유형의 잘못된 행동의 가능성을 늘 인식하고 감독하여야 할 책임이 있기 때문이다. 관료제 조직 하에서는 부하직원의 그러한 잘못을 예상하여 그런 행위를 회피하거나 해로운 결과를 최소화하기 위해 합당한 예방조치를 취하여야 한다(직무감독 및 교육 등). 따라서 하급자의 의도적인 행위에 의해 해로운 결과가 유발된 때에도 상급자는 하급자와 동일한 수준의 비난을 감수하여야 한다. 결과적으로 경찰조직 내에서 무지나 착오에 의한 행위는 어떤 경우에도 면책될 수 없다.

이상에서 검토한 바와 같이, 경찰활동에 있어 대부분의 행위는 개인에게 책임이 부과될 수 있고, 책임의 정도도 그 행위에 따라 적절히 분배할 수 있게 된다. 개인적 책임이라는 개념은 경찰관들에게 그들의 행위에 대해 더욱 많은 주의를 요하고 세밀한 판단을 내릴 것을 요구할 수 있게 된다. 개인적 책임은 조직이나 위계질서와 관행에 결부되는 것이 아니라 개인에게 결부되는 것이기 때문이다.

실제로도 민주사회에서는 개인적 책임이 원칙이 되고 있기 때문에, 결국 개인은 조직 내의 개인적 책임을 유념에 두고 시민사회와 현행법의 테두리 내에서 조직의 관행, 상사의 지시, 동료의 권고, 부하의 건의 등을 자신의 의식과 책임 하에 판단하고 행동하여야 하며, 자신의 행위결과에 대해서는 책임을 진다는 마음가짐을 가져야 할 것이다.

제 7 절 경찰모델과 전문직업화

1. 공적치안으로서의 경찰

공동체 사회에서는 공동체 내의 질서유지를 위해 법적 강제력을 마련하고 있다. 공동체의 질서를 유지하는 치안제도를 마련하여 규범의 준수를 강제하게 되며, 결국 공동체의 질서와 조화를 유지하는 것이 치안이라고 할 수 있다.

이러한 치안을 누가 맡을 것이며, 비용을 어떻게 부담할 것인가에 대해서는 여러 가지 방법이 있을 수 있다. 치안기관이 사적으로 조직되어 이에 대한 비용을 수요자가 지불할 수도 있으며, 공적으로 조직되고 실수요자가 사적으로 비용을 지불할 수도 있으며, 사적으로 조직된 치안기관을 국가가 공적인 비용으로 지불할 수도 있다. 중요한 것은 어떤 형태의 치안기관이 최상의 치안서비스를 제공할 수 있느냐이다.

치안서비스적인 차원에서 접근한다면 오히려 사적으로 조직된 치안기관이 더 나은 서비스를 제공할 수도 있다. 바꾸어 말하면 공적인 치안기관은 치안서비스 차원에서 한계를 갖고 있는데, 두 가지 큰 이유가 있다. 첫째는 공적 치안은 관료에 의해 이루어지므로 권위주의로 빠지기 쉽다는 것이다. 이에 비해 사적 치안기관은 시민이 고객이며, 자신들이 제공하는 치안서비스가 곧 자신들의 수입과 직결되기 때문에 시민 한명 한명에 맞는 질 좋은 서비스를 제공할 수 있다. 그러나 공적 치안기관은 자신들이 제공하는 치안서비스의 질이나 양과 무관하게 일정 수입을 보장받기 때문에 적극적으로 치안서비스를 제공하는 데에 한계를 갖기 쉽다. 둘째로 공적 치안은 "비경합적 서비스"라는 데에 있다. 경쟁이 없는 상태에서 제공되기 때문에 비용이 비해 효율성이 떨어지기 쉽다. 국내 이동통신사들이 앞다투어 서비스와 기술을 개발하는 이유는 결국 경합적 서비스에서 보다 많은 고객을 확보하여 이윤을 창출하는 데 있다. 공적 치안기관은 경쟁이 없기 때문에 이러한 위기의식에 둔감하기 쉽다.

현재 사설경비업체와 논의가 진행 중에 있는 민간조사업 등 치인활동에 대한 사적 영역의 도입이 활발히 검토되고 있다. 사실 치안활동은 공적 치안기관만으로 이루어지기 힘들다. 외국의 사례를 살펴보아도 사설 보안업체가 일정부분 치안의 영역을 담당하거나 자율방범대 등 주민들이 자발적으로 치안활동을 전개하기도 한다. 과거 쓰레기 처리 업무가 공무원의 의해서만 이루어졌으나, 사설기업체가 대행하여 훨씬 효율적으로 이루어진 것처럼 치안활동에서도 사적 영역의 도입을 검토해 볼 필요가 있다.

선진국에서 교도소 운영을 민간에 위탁하고 국가는 감독업무만을 수행하는 방식과 같이 경찰의 특정업무를 민간에 위탁하는 아웃소싱제도 검토가 가능할 것이다. 만일, 실제적으로 효율성 등에서 사적 치안서비스가 공적 치안서비스보다 월등히 뛰어나면 치안서비스를 전적으로 사적 기관에 일임하고 국가는 감독기능만 수행하는 체제로의 전환도 충분히 가능하다. 이 경우에는 사적 치안이 공적 치안을 대행하되 국가가 감독하고 그 비용을 공적 세금으로 충당하게 된다. 그러나 이러한 사적 치안은 심각한 문제를 한 가지 안고 있는데, 바로 사적 치안서비스를 지불할 능력이 없는 자들에 대한 '치안 방치 현상'이 그것이다. 현재 사적 치안의 한 부분을 담당하는 기계경비를 예로 봐도, 기계경비업체에 가입하고 그 수수료를 지불할 수 있는 곳은 대부분 일정 소득 이상의 사업장 등이다. 기계경비업체에 가입비를 납입할 수 있는 경제적 여력이 없는 시민들은 사적 치안서비스를 제공받지 못하게 된다. 치안서비스는 경제적 능력이 있는 사람에 한해서만 제공될 수 있는 문제가 아니다. 그러므로 공동생활의 안정을 위해서 치안서비스의 불균등 분배는 현실적으로 허용되기 어렵다.

따라서 공동체 사회의 존립을 위해서는 일정선 이상의 공적 치안이 요구된다. 경찰조직은 이러한 일정선의 공적 치안서비스를 위해 존재한다. 그러므로 경찰조직은 공적치안의 장점인 형평성을 유지하고 공동체가 요구하는 일정선의 치안서비스를 제공할 수 있도록 해야 할 것이다.

2. 바람직한 경찰 모델

(1) 범죄에 대응하는 경찰 모델(the crimefighter)

경찰은 시민생활유지의 기본이며 사회안전의 근간이 되는 범죄의 예방, 진압, 수사, 교통의 단속과 위해의 방지 등을 주된 임무로 하고 있다. 실제로 경찰법 제3조에 명시된 국가경찰의 임무로는 "1. 국민의 생명·신체 및 재산의 보호, 2. 범죄의 예방·진압 및 수사, 3. 경비·요인경호 및 대간첩작전수행, 4. 치안정보의 수집·작성 및 배포, 5. 교통의 단속과 위해의 방지, 6. 그 밖의 공공의 안녕과 질서유지" 등이다.

이에 따라 경찰청과 그 소속기관 직제에서는 경찰청의 직제로 생활안전국, 수사국, 교통국, 경비국, 정보국, 보안국, 외사국, 대변인실, 기획조정관실, 경무인사기획관실, 감사관실, 정보화장비정책관실 등 다양한 조직을 두고 있다. 경찰의 업무영역은 상당히 광범위한데 범죄의 예방과 진압, 수사뿐만이 아니라, 교통사고의 예방과 단속, 집회시위 등 다중범죄 진압, 중요요인 경호, 대간첩작전, 치안정보의 수집, 보안사범, 외사사범, 대테러 등이 대표적이다.

그러나, 시민들은 경찰의 대표적인 임무에 대해 범죄자 체포·수사를 가장 먼저 떠올린다. 즉 경찰의 주된 임무는 범죄를 저지른 범인을 검거 내지 제압하는 것으로 보고 있는 것이다. 이러한 경찰의 모델은 범죄에 대응하는 경찰모델(the crimefighter)이다.

이러한 경찰모델은 영화, TV 드라마, 소설 등 대중매체 속에서 흉포한 범죄자와 이를 진압하는 경찰의 장면을 통해 시민들에게 각인된 모습이다. 실제로 뉴스에서는 범죄와 이를 진압, 수사하는 경찰에 대한 보도가 연일 장식되며, 경찰 스스로도 대외적인 브리핑을 통해 범죄의 발생건수와 해결 등을 비중있게 다루고 있다. 사실 이러한 부분은 경찰이 검찰과의 수사 관계에 있어 독자적 수사권을 확보하기 위한 장기적인 전략일 수도 있다. 어쨌든 타국의 사례를 보더라도 범죄에 대응하는 경찰모델은 경찰의 대표적인 모델로 자리잡아 가고 있다.

범죄에 대응하는 경찰모델은 비록 경찰직의 전문화 확보를 위한 긍정적인 기능을 할 수 있지만, 시민을 범죄자와 피해자로만 구분하는 이분법적 사고방식을 유발할 수 있는 문제점도 안고 있다. 즉, 범죄자는 적 내지 사회의 악이고, 경찰은 이러한 악을 응징하는 정의의 사자라는 인식을 준다는 것이다. 범죄에 대응하는 경찰모델이 강조될수록, 경찰은 범인의 제압과 검거를 최고의 가치로 간주하여 과도한 물리력의 사용이나 수사 과정에서의 적법절차 미준수 내지 인권침해 등의 문제가 야기될 수 있는 위험을 내포하고 있다.

또한 경찰업무의 현실은 범죄에 대응하는 경찰모델이 경찰업무 전제를 포괄하기에는 적절하지 않음을 보여주고 있다. 경찰업무의 일부분만이 범죄의 대응이고, 범죄의 예방이나 교통지도, 치안정보의 수집과 대간첩작전 수행, 미아

찾기 등 서비스적 업무가 나머지 대부분을 차지한다. 즉 일부 수사와 형사 부서를 제외한 대다수의 경찰관이 범죄를 예방하기 위한 간접적인 활동 등을 통한 사회봉사활동과 치안행정적 임무에 임하고 있는 것이다.

따라서 범죄에 대응하는 경찰모델은 경찰업무의 전체를 포괄할 수 없을 뿐 아니라, 법집행에 있어 이분법적 사고방식을 유발할 수 있고, 범죄 진압 이외의 업무영역을 소홀할 수 있는 문제점을 안고 있다.

(2) 치안서비스 제공자로서의 경찰모델(service worker)

현실적으로는 좀 더 넓은 관점으로 경찰활동의 모델을 제시할 필요성이 있다. 즉, 범죄에 대응하는 경찰모델이 상징하는 경찰의 강압적인 활동이 다른 여러 가지 활동을 포괄할 수 있도록 경찰의 역할모델을 수립하는 것이 바람직하다는 것이다.

범죄행위는 개인의 범죄의사 외에도 범죄를 유발하는 환경, 사회구조 등 여러 가지 요인에 의해 이루어지는 것이다. 따라서 경찰활동도 이러한 모든 것들을 고려하여, 범죄 진압만을 강조할 것이 아니라 더 넓게 경찰활동을 규정할 필요가 있다. 범인의 체포는 경찰의 최후적 수단이며, 범죄를 예방하기 위해 경찰은 우범자나 청소년들을 교화 내지 선도하고, 유해환경을 미리 정화하거나 우범지역에 대한 순찰활동 등으로 사회질서를 확보하기 위한 다양한 활동을 전개하고 있다.

이러한 관점에서 볼 때, 경찰활동을 치안서비스 제공자(service worker)로서의 경찰모델로 설정하는 것이 더 바람직할 것이다. 최근 치안서비스의 개념은 경찰활동의 전 부분을 포괄하는 용어로 사용되고 있다. 범죄에 대응하는 수사나 형사활동도 치안서비스의 한 부분에 지나지 않는다고 볼 수 있다.

경찰은 법집행기관으로 대부분의 활동이 강제성을 띠는 권력적 활동이지만, 최근에는 방범지도나 순찰활동, 치안정보의 제공 등 비권력적 수단에도 많이 의존하고 있다. 또한 경찰 내부에서는 최근 "범죄"에 초점이 맞춰진 경찰관직무집행법을 범죄를 포함하는 "위험"의 개념으로 대체하는 작업이 이루어지고 있다. 경찰권은 단순히 범죄에만 국한되지 않는다. 기초질서 위반행위, 교통사고 등 위험한 지역에서의 안전활동, 비범죄적인 사회갈등, 다중이 밀집한 장소에서의 질서유지 등 다양한 분야에 경찰권이 미치며, 이러한 경찰활동은 "범죄

의 예방"이라기보다는 "위험의 제거"에 더 가깝다고 볼 수 있다.[14)]

경찰의 역할은 이미 발생한 사회적 갈등을 단순히 해결하는 데 그치는 것이 아니라, 공동체 내의 가치와 전통의 틀 안에서 가능한 한 갈등의 개연성을 최소화 하는 것이다. 실제로 경찰은 때로는 법집행자로서, 때로는 치안문제에 대한 조언자로서, 분쟁의 중재자로서, 사회적 약자에 대한 도움자로서 다양한 역할을 수행하고 있다. 경찰은 문제의 해결자뿐만 아니라 향후 발생할 개연성이 있는 문제를 사전에 발견하여 해결하거나, 더 나아가 사회적 신뢰와 공공정신을 조장하여 문제발생의 환경을 순화시키는 작업을 하게 된다. 치안서비스모델은 경찰의 활동을 본질적으로 시민에 대한 서비스활동과 사회봉사활동의 측면을 강조함으로써 경찰의 강압적 이미지를 순화시키는 데 큰 의미가 있다.

3. 경찰의 전문직업화

(1) 전문직의 특성

전문직에 대한 일반적인 정의는 '고도의 전문적 교육과 훈련을 거쳐서 일정한 자격 또는 면허를 획득함으로써 전문적 지식과 기술을 독점적·배타적으로 사용할 수 있는 직업'이라고 할 수 있다.[15)] 전문직이란 장기간 학습한 체계적인 지식을 이용하여 자신의 이익추구에 앞서 공공에 대한 봉사를 지향하는 직업으로 성직자, 법률가, 의사, 교수, 과학자, 기술자, 예술가 등이 대표적이다. 체계적 지식의 정도로는 보통 직업활동과 관련하여 스스로의 판단에 따라 업무를 수행하며 타인의 지도를 받지 않을 정도의 지식을 의미한다. 이런 전문직은 보통 자격제도를 통해 이루어지는 경우가 많다.

그러나 최근에는 컴퓨터, 정보통신 등 기술분야에서 새로운 전문직이 증가

---

14) 이와 관련, 경찰의 "대역적(代役的) 권위"도 같은 맥락으로 이해할 수 있다. 대역적 권위란, 교통사고 현장에서 의료기관이 올 때까지 부상자를 조치하거나 미아·가출인이 발생한 경우 사회봉사기관이 올 때까지 이들을 보호하는 것과 같이 사회기관이 그 역할을 개시할 때까지 그 공백 기간 동안 경찰이 그 역할을 대신 수행하는 경우를 말한다. 이러한 대역적 권위는 사회영역에서 공식적이고 명백하게 권한의 근거가 없는 경우에도 비공식적으로 또는 사회의 관행으로 여러 사회봉사활동에 관여하게 되는데, 이러한 경찰의 대역적 활동이 경찰이 생산하는 치안서비스의 관념에서 이루어진다고 보는 견해도 있다(경찰윤리, 경찰대학, 2001, 107면).

15) 한국국민윤리학회편, 현대사회와 직업윤리, 형설출판사, 1998, 249면.

하고 있는 추세이다. 이러한 전문직의 특성으로 단순히 특정 분야에 대한 고도의 전문적 지식만으로는 충분하지 않고, 사회적인 공적 역할이 기본적으로 갖추어져야 할 것이다. 즉, 전문직의 특징으로서 공적 역할에 대한 사회의 인정, 체계적인 지식, 업무수행 과정에서의 자율, 자기통제, 서비스지향성 등을 들 수 있다. 전문직의 구체적인 특징을 살펴보면 다음과 같다.

첫째, 전문직은 사회적으로 공적 기능을 수행하는 공공서비스의 제공(provision of a public service)이 이루어진다. 전통적으로 의학, 법, 종교 분야에서 전문직이 제공하는 공공서비스는 일반 시민의 생활에 큰 영향을 미쳤으며, 전문직 종사자들은 상당한 공중의 신망을 받아 왔다. 전문직 종사자들이 사회생활에 미치는 영향이 큰 만큼 그들에게는 사회적 책임이 부여되었으며, 전문직 종사자들은 공중의 신뢰를 얻기 위해 그들의 행위준칙으로 윤리강령 등을 제정하여 시민사회에 영향을 미칠 수 있는 자신들의 행동을 규율하였다.

둘째, 전문직은 특수한 지식과 숙달된 능력(special knowledge and expertise)을 필요로 한다. 전문직 종사자들에 의해 제공되는 서비스들은 일반 사람들에게 기대하기 어려울 정도로 정교하고 전문화된 작업들이다. 일반적인 보통 교육으로는 이러한 서비스를 제공할 수 없으며, 정교한 지식과 기술을 갖춘 전문직 종사자들에 의해서 제공될 수밖에 없다. 이러한 전문직 능력은 보통 길고 어려운 학습과정을 거쳐 체득되기 마련이다.

셋째, 전문직은 고등교육의 이수(higher education)를 필요로 한다. 통상 전문직의 지식과 능력은 기능인의 기술과는 차별화된다. 전문직에서의 지식과 능력은 자신에 의해 제공되는 서비스의 전반적인 원칙, 사회적 비중 등 종합적인 통찰과 이해에서 비롯되기 때문이다. 따라서 전문직 종사자는 그 직업이 요구하는 능력을 습득하기 위해 길고 어려운 학습의 기간을 보내며, 이 고등교육을 성공적으로 마친 사람에게만 그러한 지식과 능력이 부여될 수 있다.

넷째, 전문직 종사자들은 통상 그들의 서비스 제공에 있어 자율과 재량(autonomy and discretion)이 주어진다. 전문직 종사자들에 제공하는 서비스는 일련의 기계적 규칙에 의한 것이 아니라, 관련 법률과 규칙에 대한 이해와 상황에 대한 판단에 의해 이루어지기 때문이다. 이로 인해 전문직 종사자들에게는 전문적이고 창의적인 행동을 위한 상당한 재량의 여지가 부여되는 것이 일반적이다.

마지막으로 전문직 종사자들은 자신이 가지고 있는 자율과 재량에 대해 제도화된 자기규제(institutionalized self-regulation)를 한다. 이런 제도화된 자기규제는 전문직 종사자들이 제공하는 서비스 품질을 일정한 수준으로 유지해 주는 기능을 한다. 전문직 종사자들은 고도의 지식과 전문기술을 가지고 스스로가 어떤 서비스가 적절하게 제공되어야 하는지를 판단할 수 있기 때문에 제도화된 자기통제를 통해 서비스의 품질을 통제하게 된다.

(2) 전문직으로서의 경찰

경찰의 직업적 성격이 이상에서 살펴본 전문직의 일반직 특성에 얼마나 부합하는지를 검토해보면 다음과 같다.

우선 사회에 대한 공공서비스의 제공 측면에서는 의심의 여지가 없다. 평온한 사회질서의 유지는 매우 중요한 공적인 의무이며, 이를 위한 경찰의 치안활동은 당연히 공공서비스의 제공에 해당한다. 또한, 경찰은 공중의 신뢰를 확보하기 위해 자체 윤리강령을 제정하여 조직원들을 규율하고 있다.

두 번째 요건인 특수한 지식과 숙달된 능력 측면에서도 경찰은 전문직에 해당한다고 볼 수 있다. 경찰은 법집행기관이며, 기본적인 형사법과 교통사고조사, 보안사범 수사 등 특별법 분야에 있어 특수한 지식을 요구받는다. 또한 각종 경찰권의 행사를 위해 실체법과 절차법에 대한 지식과 능력을 갖추어야 한다. 특히, 과학수사 분야나 통신수사 등 수사 업무, 테러 진압 등 대테러 부서는 특수한 고도의 지식과 숙달된 능력을 필요로 한다. 경찰업무는 고도의 지식과 숙달된 능력이 요구되는 전문직에 부합한다고 볼 수 있다. 다만, 경찰 내에서도 일반 행정직 업무와 지역경찰 순찰활동 등 전문적인 능력과 지식이 요구되지 않는 업무 분야가 일정부분 존재한다. 경찰의 전문직업화를 위해서는 경찰업무의 전반적인 분석을 통해 전문지식과 능력을 요구하는 직종을 분류하고, 이에 상응하는 자격을 갖춘 전문인력을 채용하는 실질적인 방침이 수립되어야 할 것이다.

세 번째 요건인 고등교육의 관점에서 본다면, 현재 순경공채로 채용되기 위한 고등학교 교육과 34주간의 중앙경찰학교 교육을 통해 이를 충족한다고 할 것이다. 특히 경찰간부후보의 경우는 1년간의 신임교육을 받으며, 경찰대학생의 경우 4년간의 교육을 통해 고등교육을 받게 된다. 또한 현재 실시되고 있는 경찰행정학과 특채와 관련, 전국에 경찰행정학과가 많이 창설되고 있는 것은 경찰직의 전문직업화를 위한 고등교육의 방향에 부합된다고 볼 수 있다. 그러나, 다른 전문직종의 고등교육과 비교할 때 단순한 신임교육의 기간만으로는 고등교육을 완전히 충족한다고 보기는 어려우며, 향후에도 경찰직의 고등교육을 위해 치안대학원 설립과 같은 제도적 검토가 뒤따라야 할 것이다.

다음으로 자율과 재량의 측면에서 경찰관은 개인 한 명 한 명이 스스로 공권을 행사하며, 공권을 행사할지 말지에 대한 결정재량과 어떠한 수단을 사용할지에 대한 선택재량이 주어져있음을 보아 충분한 자율과 재량을 갖고 있다고 볼 수 있다. 다만, 경찰조직의 계층제적인 특성에 의해 자율과 재량은 어느 정도 제약을 받고 있으며, 관료조직에서 하급자에 대한 자율과 재량의 확보는 쉽지 않은 문제이기도 하다. 이를 위해 하급관청에 대한 권한의 이양이 보다 적극적으로 이루어져야 한다.

마지막으로 제도화된 자기 통제의 관점에서 보면, 경찰뿐만 아니라 공적 조직의 대부분은 이를 충족한다고 볼 수 있다. 다만 경찰은 자발성에 기인한다기보다는 감독과 법령에 의한 통제라는 점에서 전문직 종사자가 스스로 자기통제를 행하는 것과는 차이가 있다. 그러나 어떠한 형태로든 전문직의 성격을 유지하기 위한 자기통제가 이루어짐에는 차이가 없다.

(3) 바람직한 경찰의 전문직업화 방안

위에서 살펴본 바와 같이 경찰의 전문직업화는 업무성격상 상당 부분을 충족한다고 볼 수 있다. 그러나 경찰의 다양한 업무영역을 검토해 볼 때 일반 행정처리나 범죄예방을 위한 지역경찰보다는 수사업무나 대테러부서 등 범죄진압을 위한 기능이 전문직업화에 더 가깝다고 볼 수 있다. 하지만, 수사업무 외의 다른 영역에서도 경찰이 전문직업화를 추진할 수 있는 여지는 충분하다.

우선적으로는 경찰업무에 대한 명확한 직종분석을 하고, 이에 따른 전문인력의 충원과 고등교육이 이루어지고, 나아가 조직 내의 재량과 자율의 영역이 보장된다면, 경찰의 특정업무가 전문직으로서의 성격을 갖게 될 수 있다. 그러나, 이러한 제도적인 보완만으로 경찰업무가 전문직업화에 성공한다고는 볼 수 없다. 결국 경찰관 개개인 스스로가 전문화의 노력을 기울여야 한다. 자신의 업무 영역에 대해 전문가적 정신을 가지고 임할 필요가 있는 것이다. 자신의 치안서비스 제공에 대한 헌신, 그로 인해 영향 받는 사람들에 대한 서비스 정신, 배려, 의무 등 정신적인 부분을 강화할 때 자신의 업무에 대한 경찰관 개개인의 전문화를 이룰 수 있다. 경찰관의 전문가정신의 강조는 시민들로부터 경찰의 지지와 인정을 받기 위해 필수적인 것이라고 볼 수 있다. 그러므로 전문가정신의 강조는 제도적 여건과 상관없이 경찰관이 가져야 하는 마음의 자세로서의 의미를 지니는 것이다.

제 8 절 자치경찰

1. 자치경찰제의 의의

(1) 자치경찰제의 개념

자치경찰제의 개념은 크게 두 가지 방향으로 설명되고 있다. 먼저 '지방분권제도와 지방자치사상에 따라 경찰운영에 필요한 모든 책임과 권한을 지방자치단체가 수행하는 제도' 라고 주장하는 경우가 있는가 하면 '국가와 지방간의 기능배분의 원칙에 따라 경찰의 지방적 기능을 지방자치단체가 감독과 책임을 담당하는 제도'라고 주장하는 견해가 있다.[16]

지방자치를 강조하느냐 아니면 기능배분 입장에서 접근하느냐는 차이로서, 이는 각국 자치경찰제도의 여건과 운영상황에 따라 달라질 수 있다.

- 이황우: 지방분권과 자치의 정치사상에 따라 지방경찰이 지방자치단체의 권한과 책임하에 지역주민의 의사에 기하여 치안임무를 자주적으로 수행하는 제도[17]
- 고문현: 경찰권 내지 경찰임무의 소재에 따라 구분하여 자치경찰제란 경찰권을 지방자치단체에 귀속시키고 경찰조직을 지방자치단체의 행정조직으로 하는 것[18]

16) 장석헌, 자치경찰제도의 도입 논의, 국회 행정자치위원회 주관 공청회, 2007. 2. 17. 발표자료, 39면.
17) 이황우, 경찰행정학, 법문사, 1998, 56면.
18) 고문현, 자치경찰제의 도입 방향, 공법연구 제33편 제5호, 434면.

참여정부에서는 자치경찰제에 대한 개념을 구체적으로 명시하고 있지는 않다.

이다만 2004년 9월 16일, 제54회 국정과제회의를 통해 자치경찰 도입의 기본방향으로 채택한 '자치경찰제 도입방안'[19]을 살펴보면, 그 '자치경찰제 도입 필요성'에서 '치안행정에 대한 지역주민의 참여와 통제를 확대하여 주민의사에 민감하게 반응하는 주민밀착형 경찰', '국가경찰과 자치경찰의 역할 분담'이라고 언급함으로써 이 두 가지 견해를 모두 포함하면서도, 2005년 8월 4일의 자치경찰법 입법예고 등에서 '주민생활 중심의 자치경찰제'라고 표현하는 등 자치성을 보다 강조하였다.

(2) 자치경찰제의 이념

자치경찰제가 추구하는 이념으로 공통적으로 제시되는 것을 종합하면 다음의 분권화, 민주화, 중립화로 요약[20]되고 있다.

가. 분권화

중앙집권화된 경찰권을 지방으로 이양하여 지역치안은 그 지역경찰 스스로의 책임 하에 지역실정에 맞게 자율적으로 수행하도록 하게 함으로써 경찰운영 체제의 효율성을 높이고 지역주민 본위의 봉사치안을 지향하는 것을 말한다.

나. 민주화

지역주민의 참여로 주민의 의사가 경찰운영에 적극 반영되도록 함으로써 주민에 의한 경찰행정을 구현하고, 권력적 행정작용의 특성이 강한 경찰활동을 주민이 감시·통제할 수 있게 하려는 것을 말한다.

다. 중립화

경찰이 어떤 정치세력이나 특수계층의 영향에 좌우되지 않고 오로지 법과 원칙에 따라 지역주민의 편익을 위한 법집행과 치안행정을 구현하려는 것을 말한다.

---

19) 정부혁신지방분권위원회, '자치경찰제 도입방안'(04. 9. 16, 제54회 국정과제회의 자료).

20) 윤재옥, '자치경찰제 도입의 준거와 합리적인 도입방안', 연세대 경찰행정학 석사학위 논문(2004), 10면.

(3) 경찰제도의 장·단점 비교

세계 각국의 경찰제도는 중앙집권적인 국가경찰제와 지방의 자치경찰제로 크게 구분할 수 있는데 양 제도는 다음과 같이 각기 그 나름의 장점과 함께 단점을 내포하고 있다.

가. 자치경찰제의 장·단점

자치경찰제 도입의 성패는 어떻게 그 장점을 살리면서 단점을 보완하여 지향하는 이념을 조화롭게 구현하느냐에 달려 있다고 볼 수 있다. 자치경찰제 도입에 대한 찬·반 양론을 통해 제기된 자치경찰제의 장·단점은 다음과 같다.

• **장 점**

- 지역실정에 밝은 경찰관들에 의해 지역별로 상이한 치안여건과 지역주민의 요구에 즉응하는 경찰활동이 가능하여 치안서비스의 질과 효율성이 향상
- 중앙집권적 관료주의 폐해를 없애고 주민에 의한 감시와 통제가 용이
- 지역주민의 치안에 대한 참여 증대와 지역출신 경찰관의 애향심으로 민·경 협력치안체제 구축이 용이해짐으로써 범죄에 대한 대응력 향상
- 지역단위로 다양한 치안정책 도입과 자치경찰 간 상호경쟁을 통해 경찰개혁과 발전에 유리
- 경찰관들이 한 지역에 오래 근무할 수 있어 경찰인사와 조직운영의 안정을 도모
- 일반행정과 치안행정의 결합으로 자치단체와 경찰 간의 갈등과 비협조를 해소하여 완전한 지방자치를 구현할 수 있음

• **단 점**

- 지역주의 폐해가 심한 현실여건에서 경찰에 대한 지역정치세력의 영향력 증대로 정치적 중립성 약화
- 지역 세력과의 유착가능성이 높아져 경찰의 부정부패 심화
- 남북이 분단되어 있는 상황에서 경찰권의 분산으로 경찰의 안보역량이 약화되고 남북통일과정에서 예상되는 사회혼란과 위기에 대처하는데 불리
- 지역우선주의 경찰운영으로 대규모 집회시위 등 국가적 치안수요와 범죄의 조직화, 광역 기동화, 국제화 등 광역 치안수요에 대한 효율적인 대

응이 곤란

- 지방재정의 빈곤과 지역 간 불균형으로 경찰운영 수준과 치안서비스의 지역편차 심화
- 지역이기주의와 정치적 선심행정의 영향으로 법집행력 및 법집행의 공정성 약화 승진, 전보 등 인사기회 감소에 따른 경찰의 사기 저하 우려

나. 국가경찰제의 장·단점

대체적으로 대륙법계 국가에서 채택하여 운영하고 있는 국가경찰제의 장·단점[21]은 다음과 같다.

• 장 점

- 경찰은 그 임무상 사회의 공공의 안녕·질서를 해치는 행위에 대해 경찰권을 발동, 실력을 행사하여 위해 요소를 제거, 진압하는 것으로 이해되며 우월한 국가권력을 배경으로 하여 강력하게 광범위한 집행력을 가지게 됨
- 경찰조직이 전국적이며 통일성을 갖고 있어, 비상사태 등의 위급한 상황이 발생할 시에는 각 경찰기관 상호간의 협조는 물론, 중앙정부에 의한 통일적 운영을 통해 일사불란한 전면적 대처가 용이함
- 전국적으로 공통된 법령을 갖게 되므로 지역마다 다른 법령을 갖게 되는 자치경찰제에 비해 업무추진의 신속, 능률성을 기할 수 있어 국민 측에서 편리한 업무수행을 기할 수 있음
- 현재의 기동화, 흉폭화, 광역화, 지능화된 범죄에 대해 지역별 공조협조체제 유지로 조기에 범인을 검거할 수 있어 안정적 치안유지에 유리함
- 지방자치단체장 및 의회의 승진 및 전보 등에 대한 간섭을 배제할 수 있어 내부질서가 확립되어 일관성 있는 정책을 집행할 수 있음

• 단 점

- 지방행정에서 치안부분의 분리로 인하여 지방자치단체가 종합적인 견지에서 기획하고 조정·집행하는 종합행정기능의 저하로 지방문제의 종합적인 해결을 어렵게 할 수 있음

21) 오공명, '자치경찰제의 효율적 운영 및 서비스 향상방안에 관한 연구', 한성대학교 경찰행정학 석사학위논문 2004. 12, 7~8면.

- 지역치안수요에 대한 지역적 대응성이 떨어져 지역적인 치안수요에 대응하기 보다는 중앙차원의 정치적인 행정수요에 치우치는 경향이 생길 수 있어 경찰의 관료화 조성으로 국민에게 위압감을 주면서 군림하는 경찰로 인식되는 경향이 생길 수 있음
- 경찰조직이 전국적으로 통일되어 임무수행에 따른 여러 가지 규정 등이 지역실정과 맞지 않는 경우가 있어 적절한 대응조치가 곤란할 수 있음
- 중앙에서 실시하는 경찰간부 공무원의 잦은 인사이동으로 인하여 지방 실정을 제대로 알지 못하는 인사가 지역경찰업무를 관장하게 되며 지역실정에 맞는 치안서비스보다는 중앙의 눈치를 보는 폐단이 발생할 수 있음
- 경찰공무원이 지역 치안유지에 대한 책임감이 희박하여 지역주민과의 융화가 잘 되지 않아 반감을 사게 되며, 지역실정에 맞는 예산이 수반되는 사업을 시행하기 어렵게 됨

(4) 경찰제도의 유형

경찰제도는 그 나라의 역사적·사회적·문화적 특성에 따른 형태를 취하고 있으며 국가경찰제와 자치경찰제 상호간의 장점을 채택·반영하는 등 실정에 맞는 경찰제도 발전에 조화를 도모하고 있다. 국가경찰과 자치경찰간의 관계를 중심으로 크게 구분해 본다면 다음과 같은 유형[22]으로 나누어 설명되고 있다.

가. 종속적 지방경찰제(실질적 국가경찰제)

경찰에 관한 권한과 그에 따른 책임을 완전히 중앙정부가 지게 되는 경찰체계로서, 중앙정부의 통제하에 국가의 모든 경찰권이 놓여 있는 경우이다.

지방경찰 역시 중앙정부에 위치한 국가경찰의 지시와 통제 하에 경찰활동이 이루어진다. 경찰활동이 지방자치단체별로 이루어지는 것이 아니라 국가경찰의 지시와 통제를 받는 지방경찰에 의해서 수행된다. 국가경찰체제하에서 지방경찰은 중앙정부에 소속된 경찰로서 자치적 요소를 전혀 갖고 있지 않는 경찰제도이다. 일반적으로 국가경찰제도라 함은 이를 말하며 현재 우리나라를 비롯하여 핀란드, 덴마크, 스웨덴 등이 포함되는데 국가경찰의 지시와 통제의 정도는 각 국가의 상당한 다양성에 따라 달라지며 경찰체계가 집권화되어 있다고

22) 최종술, 우리나라 자치경찰제 도입의 쟁점과 경찰인력관리, 122~124면.

해서 반드시 민주적 이념과 대립되는 것은 아니라고 한다[23].

나. 대등적 자치경찰제(절충형 또는 혼합형)

대등적 자치경찰제는 국가경찰과 자치경찰이 병존해 있는 경찰체제이다. 이러한 형태는 경찰사무의 성격을 기준으로 구분되어진다. 경찰사무를 국가경찰사무와 자치경찰사무로 구분할 때 자치경찰사무로 분류되어진 것은 지방경찰이 수행하고 국가경찰사무로 분류되어 진 것은 국가경찰이 그 업무를 수행하는 것을 원칙으로 한다. 다만, 국가경찰은 그 조직의 특성상 직접적으로 수행하기 어려운 국가경찰사무를 자치경찰에게 위임하여 업무를 수행토록 하고 국가경찰 위임사무에 대한 감독과 통제권을 가지게 된다. 따라서 국가경찰과 자치경찰간의 관계는 국가위임사무를 제외하고는 종속적이거나 상하적인 관계가 아니라 대등한 관계를 형성하게 된다.

그러나 이와 같은 경찰제도는 현실적으로 국가경찰에 대한 자치경찰의 지배구조가 형성되어 자치경찰은 국가경찰의 영향권 내에서 경찰활동이 이루어지는 것이 실제 현실이다. 대등적 자치경찰제를 엄밀히 구분한다면 국가경찰이 지방경찰의 우위에 있는가 아니면 국가경찰과 자치경찰이 대등한 위치에 있는가 하는 것은 제도적 차원의 문제라기보다는 경찰업무의 성격상, 경찰문화적 전통, 관행 등에 따라 다르다고 할 수 있다. 절충형 경찰제를 채택하고 있는 대표적인 국가는 일본이라고 할 수 있다.

다. 독립적 자치경찰제

독립적 자치경찰제는 국가경찰과 자치경찰 체계를 완전히 분리하여 운영하는 경찰체제이다. 국가경찰은 중앙정부의 소속하에 국가경찰에 관한 권한이 행해지고 자치경찰사무로 분리된 업무에 대한 어떤 영향력도 행사할 수 없다.

반면 자치경찰은 지방정부의 소속하에 자치경찰에 관한 권한이 행해지고 지방정부의 책임하에 독자적으로 경찰업무를 수행함으로서 국가경찰의 영향력이 미치지 못하게 된다. 따라서 거의 대부분의 국가경찰 기능이 이관된 자치경찰의 형태인데[24] 일반적으로 자치경찰제도라 함은 이를 말한다. 다만 자치경찰

---

23) 송건섭 외 2, 참여정부의 자치경찰제(안)에 대한 비판적 논의, 한국사회와 행정연구 제16권 제4호(2006), 191면.

24) 양영철, 2007년 정부혁신지방분권위원회 지방분권과제 추진 관련자료, 15면.

의 설치 위치를 독립된 기관으로 운영하느냐 아니면 지방정부의 직속기관으로 하느냐에 따라 차이가 있다.

2. 자치경찰제 도입 필요성

(1) 자치경찰제 도입 배경[25)]

1945년 해방 이후 경찰은 독립된 국가의 경찰로서 새로운 출발을 해야 하는 시기였지만 유감스럽게도 미군정기라는 과도기적 과정을 거치면서 일제 잔재를 벗어나지 못하고 출발하였으며 6.25 전쟁을 겪으면서 남북분단과 함께 이념적 갈등에 직면하게 되고 이후 민주주의의 정착과정에서 발생한 정치적 권위주의와 사회적 혼란 상황에서 우리 경찰체계는 대륙법계 법제에 바탕을 둔 강력한 중앙집권체제를 일관되게 고수하였다.

그 결과 경찰권이 국가에 집중됨으로 인해 지역주민의 요구와 의사에 충분히 반응하지 못하거나 지역실정에 보다 적합한 치안시책을 펼치지 못한 경우가 많았으며 국가경찰 단일체제하의 치안활동은 '분권'과 '참여'라는 지방자치의 원리를 실천하지 못하고 예산 및 인력부족 등으로 인해 주민들의 치안욕구에 충실히 대응하지 못하고 있는 실정으로 이를 해결하고 지방자치의 성공적인 정착을 위해 자치경찰제가 도입되어야 한다는 폭넓은 공감대가 꾸준히 형성되어 왔던 것이다.

1995년 민선 자치단체장 출범에 따른 본격적인 지방자치시대의 개막으로 한국사회 전체의 패러다임은 집권·집중에서 분권·분산으로 전환되는 계기를 마련하게 되었는데 특히, 국민의 정부 개막과 함께 실질적인 지방분권화에 주목하기 시작하였으며 이 중 개혁과제의 하나로 자치경찰제의 도입논의가 보다 활성화되기에 이르렀고, 이후 '분권과 자율'을 국정원리로 정한 참여정부의 출범과 함께 자치단체가 주민생활과 밀접한 치안서비스를 제공함으로써 자치행정의 집행력을 제고하고 주민의 기대에 부응하는 종합행정으로 지방자치의 완성에 기여하고자 하는 자치경찰제의 도입이 본격화 되었다.

---

25) 행정자치부 지방행정본부 자치분권제도팀, '민선지방자치사'(2007), 68면 이하.

(2) 자치경찰제 도입의 필요성

참여정부는 자치경찰제 도입 필요성을 2004년 9월 16일의 국정과제 회의에서 확정된 '자치경찰제 도입방안'에서 '주민밀착형 경찰상 정립', '지방행정의 종합성 제고', '국가전체적인 치안역량 강화'라고 명시하였다. 2005년 11월 3일 국회에 제출된 정부의 자치경찰법안 제안이유[26]에도 그러한 내용이 기술되어 있으며 보다 상세한 내용을 살펴보면 다음과 같다.

※ 정부의 자치경찰법안 제안이유

지방행정과 치안행정의 연계성을 확보하고 지역특성에 적합한 주민생활 중심의 치안서비스를 제공함으로써, 주민의 복리를 증진하기 위한 지방자치단체의 종합 행정력을 높이는 한편, 국가전체의 치안역량을 강화할 수 있는 제도적 기반을 마련하기 위하여 시·군·자치구에 자치경찰제도를 도입하려는 것임.

가. 지방자치의 종합행정성 제고로 온전한 지방자치 구현[27]

지방자치단체는 주민의 복리증진 뿐 아니라, 주민의 생명과 재산의 보호를 위한 공공단체이나, 그간 자치경찰제가 시행되지 않음으로써 치안서비스에 대한 주민들의 기대를 충족시키지 못하고 종합행정을 실천하는데 필수적인 경찰력을 확보하지 못해 종합행정의 실천력, 집행력이 매우 떨어져왔던 것이 현실이다. 자치경찰제 실시를 통해 주민생활과 밀접한 치안서비스를 자치단체의 권한과 책임하에 자율적으로 처리할 수 있는 집행력을 확보함으로써 주민의 기대에 부응하는 진정한 의미의 종합행정을 온전히 수행할 수 있게 될 것이다.

나. 주민과 함께하는 친근한 자치경찰상 정립

자치경찰제는 무엇보다도 국가경찰의 일원구조로부터 나오는 불가피한 폐해를 제도적으로 개선하는 것으로 그동안 국민들에게 경찰은 '범죄와의 투쟁자'(Crime Fighter)로만 비쳐져 왔으나 자치경찰제를 통해 경찰의 대민서비스를 질적으로 제고시키고 중앙경찰의 권력을 분산시킬 수 있다. 아울러 경찰에 대한 주민의 참여를 확대함으로써 지역주민의 의사에 부합되면서 주민의 안전을

26) 정부, '자치경찰법안'(2005. 11. 3 국회 제출).

27) 전희재 자치경찰제실무추진단장, '자치경찰제 도입방안과 법안에 대한 연구', (자치경찰제 실무추진단 주요업무추진일지, 2006), 139면.

지켜주는 친근한 경찰상을 정립하며 지역사회경찰활동(Community Policing)을 통해 협력치안체제를 강화하고 지역사회의 자발적인 협력을 이끌어 냄으로써 경찰활동의 효율성도 높일 수 있게 될 것이다.

다. 주민의사와 지역특성을 고려한 '맞춤형 치안서비스' 제공

지금까지 자치단체는 지역치안에 대해 아무런 권한과 책임이 없었으나, 자치경찰제 시행으로 자치단체는 "책임 있는 지역 치안행정, 지역주민에게 봉사하는 치안행정"을 추진할 수 있는 권한과 책임을 갖게 된다. 또한 도시 및 농어촌지역, 유흥업소 밀집지역, 관광지 등 각 지역적 특성에 따라 경찰인력을 적절히 운용하여 주민요구에 맞는 '맞춤형 치안서비스'를 제공할 수 있게 될 것이다.

라. 체감치안 개선 및 국가전체적인 치안역량 강화

현재의 단일 국가경찰 체제는 지역치안에 대한 주민참여와 통제와는 거리감이 있게 마련이지만, 자치경찰제는 지역주민들의 참여와 통제가 보장되며, 우리 지역의 치안은 내가 한다는 참여의식도 생겨나게 될 것이다. 나아가 자치경찰은 국가경찰이 업무과부하로 인해 불가피하게 소홀할 수밖에 없었던 주민생활 주변의 치안수요에 민감하게 대응하고 자치단체가 지역별로 특화된 치안서비스를 제공함으로써 지역치안에 대한 주민만족도를 향상시킬 것이다. 국가경찰도 이러한 상황에서 자치경찰과의 선의의 경쟁과 협력에 응하지 않을 수 없게 될 것이다. 이러한 경쟁관계를 통해 치안의 사각지대가 해소되어 궁극적으로는 전국적인 치안역량이 대폭 강화될 것이다.

3. 외국의 자치경찰제도

(1) 일본의 경찰제도[28)]

일본은 국가경찰과 자치경찰을 통합·혼용한 절충형 제도를 운영하고 있는데 이는 국가경찰과 지방경찰이 동시에 존재하는 이원적 경찰조직을 가지고 있으나 사실상 국가경찰과 자치경찰이 단일체제에서 운영되고 있는 것으로, '중앙의 국가경찰과 광역단위(都道府K縣)의 자치경찰간의 절충 및 합의제 공안위원회에 의한 경찰관리'라는 특징으로 대별할 수 있다.

---

28) 자치경찰제실무추진단, '외국의 경찰제도 비교(자치경찰제 중심)', 2006. 12, 11면 이하.

가. 국가경찰

국가경찰기구로는 국가공안위원회, 경찰청, 관구경찰국이 있음

• 국가공안위원회: 총리 所轄(지휘명령권 없는 감독)로 설치
- 위원장: 국무대신으로 임명
- 위원(5인): 양원의 동의를 얻어 총리가 임명
- 경찰청의 관리기관 역할을 수행

• 경찰청
- 경찰청장관은 국가공안위원회가 총리의 승인을 얻어 임명
- 경찰청 산하에 관구경찰국(7개)을 두고 국가사무에 대하여 관할 자치경찰을 지휘·감독
- 경찰청 부속기관으로 경찰대학교, 과학경찰연구소 설치

나. 자치경찰

자치경찰기구로는 都道府7縣 공안위원회, 동경도 경시청 및 道府7縣 경찰본부, 경찰서 등이 있음

• 都道府縣공안위원회: 지사 所轄로 설치
- 위원: 都道府와 指定縣은 5인, 기타 縣은 3인이며, 위원장은 위원 중에서 선출
- 경시청 및 道府縣경찰본부의 관리기관 역할을 수행

• 경시청 및 道府9縣경찰본부
- 東京경시청, 北海道경찰본부, 大阪·京都府경찰본부, 縣경찰본부 등 47개 자치경찰조직 산하에 경찰서(1,269개) 설치
- 수도경찰의 경시총감은 국가공안위원회가 東京공안위원회 동의를 얻은 후 총리 승인을 얻어 임명하고, 나머지 지방경찰본부장은 국가공안위원회가 道府縣공안위원회 동의를 얻어 임명

다. 경찰관은 국가공무원과 지방공무원으로 구분

• 국가공무원: 경찰청 소속 경찰관, 都道府縣「경시정(총경)」 이상
  ⇒ 국가공안위원회가 都道府縣공안위원회 의견을 들어 임명

• 지방공무원: 都道府縣「경시(경정)」 이하
  ⇒ 경시총감과 道府縣경찰본부장이 都道府r縣공안위 의견을 들어 임명

(2) 영국의 경찰제도

영국은 영미법계의 종주국으로 자치경찰제의 전통을 기반으로 경찰의 조직과 운영을 끊임없이 변화시켜 왔다. 2000년에는, 종래 수도경찰의 특수성을 고려하여 내무성 직속의 국가경찰로 운영되어 오던 수도경찰청을 자치경찰로 전환하였고, 광역단위로 지방경찰청을 설치, 독립된 지방경찰위원회의 관리 하에 두어 외형적으로는 전국적으로 통일된 자치경찰제도를 만들어 가는 한편, 경찰활동의 효율성을 증진시키기 위해 중앙통제를 강화해 나가는 경향을 보이고 있다.

가. 국가경찰

- 내무부: 한국의 경찰청과 같은 조직이 없으며, 내무부가 수도경찰청·과학수사연구소·경찰대학(Police Staff College)·경찰정보센터를 직접 관장, 운영하고, 국가보조금 책정, 경감 이상의 간부교육, 정책연구 및 과학수사 지원 등의 활동
- 독립된 관리위원회 산하에 국가범죄정보국, 국가범죄수사대를 운영

나. 자치경찰

전국 52개 지방경찰청의 관리는 내무장관, 지방경찰위원회, 지방경찰청장의 3자가 권한과 책임을 분담하는 형태를 취함

다. 경찰위원회는 지방의원 9명, 치안판사 3명, 별도의 선발위원회에서 선출된 5명 등 17명의 위원을 구성

라. 런던경찰청장은 경찰위원회와 시장의 의견을 들어 내무부장관의 요청으로 국왕이 임명하고, 기타 지방경찰청장은 지방경찰위원회가 내무부장관 승인을 받아 임명

마. 경찰서장은 지방경찰청장이 임명

(3) 미국의 경찰제도

미국은 기초단위인 다양한 형태의 자치적 경찰조직을 근간으로 하지만, 연방정부·주정부역시 법집행기관, 즉 경찰기관을 독자적으로 운영하고 있다.

가. 연방경찰: FBI, DEA(마약단속국), ATE(총기단속국) 등 60여 개

- 주경찰, 주경찰국, 고속도로순찰대 등 주마다 조직이 상이하며 책임자는

일반적으로 지사가 임명

나. 자치경찰

- 도시경찰이 미국경찰체제의 근간이며 경찰관의 3/4이 근무
- 공식적인 최고책임자는 시장이며, 시장을 대리한 커미셔너·시행정관·시경국장이 치안업무의 책임을 맡으며 단체장이 임명하거나 주민이 직접 선출
- 포괄적 자치경찰사무의 수행을 원칙으로 하나, 국가적·광역적 경찰사무에 대해서는 연방·주정부 경찰의 관할권을 인정

(4) 독일의 경찰제도

독일은 1949년 독일기본법에서 연방의 일반경찰행정권을 인정하지 아니하고 원칙적으로 주의 권한에 속하도록 하였는데 이는 영미에서와 같은 자치경찰체제로 전환되었음을 의미하는 것이 아니라[29] 대부분의 주에서 주를 국가의 일부가 아닌 국가 그 자체로 인정하는 국가경찰을 원칙으로 하는 연방제 하 16개 주정부 중심의 중앙집권경찰체제를 운영하고 있다.

가. 연방경찰

- 연방경찰은 국가경비와 특수 업무만을 담당하며 지역치안은 주를 국가로 하는 주 경찰이 담당하여, 내무부 산하에 연방수사국과 국경수비대 운영
- 독일 기본법 상 연방정부의 일반적인 경찰행정권은 부여하지 않고 원칙적으로 주 경찰에 대한 지휘권도 행사치 않음
- 연방경찰은 주 경찰에 재정적 부담을 하지 않으며, 각 주경찰간의 조정과 통제는 연방정부의 내무부에 의해 이루어짐
- 연방 내무부에 속하는 전국적 경찰기구로는 연방헌법보호국, 연방범죄수사국, 연방국경경비대의 세 기관이 있음

나. 주 경찰

- 주 경찰은 주 내무부장관 소속하에 주 경찰청－도 지방경찰청－경찰서－지구경찰서－파출소로 편제
- 16개 주별로 주 내무부 산하 경찰청(또는 경찰국)을 설치·운영

---

29) 고문현, 자치경찰제의 도입방향(공법연구 제33편 제5호, 한국공법학회, 2005), 452면.

다. 자치경찰

- 일반경찰로서의 기능을 수행하는 자치경찰기관은 없음
- 다만, 자치단체 내에 질서행정담당부서(Ordnungsamt)를 두고 제한적 질서행정업무 수행

※ Ordnungsamt의 사무

- 주민등록업무, 외국인등록, 출입국관리, 운전면허관련업무, 주정차단속, 방범순찰 등의 업무 수행
- 이는 일반적 의미의 경찰사무가 아니라 독일행정에 있어 탈경찰화된 질서유지사무임

(5) 프랑스의 경찰제도

프랑스 경찰은 국가경찰과 자치경찰을 완전히 분리하여, 전형적인 중앙집권적인 경찰제도를 유지하면서 자치경찰제를 부분적으로 가미하여 시 자치경찰은 인구 1만 명 이하의 코뮌(Commune)에서 제한적으로 실시되고 있다.

가. 국가경찰

- 국가경찰은 국립경찰과 군인경찰의 이원적 구조
- 국립경찰은 도시지역, 군인경찰은 소도시·농촌지역 담당
- 내무장관 지휘 하에 국립경찰총국－각 부서 지방분국(파리경찰청)－경찰서 중앙군인경찰본부－관구사령부(9개)－군경찰연대－군경찰대대·중대·소대 등으로 편성
- 인구 2만 명 이상 지역은 국가경찰이, 인구 2만 명 미만 지역의 치안은 군인경찰이 담당

나. 자치경찰

- 원칙적으로 모든 자치단체장은 도지사(국가대표)의 행정통제 하에서 자치경찰을 설치·운영가능(지방자치법 2212－1조)
- 실제로는 기초자치단체인 코뮌(Commune)단위에서 보조기관으로 자치경찰 운영

다. 경찰기구 설치·운영

※ 전체의 약 10%(36,763개 중 3,000여 개)의 코뮌에서만 자치경찰(1만 4천여

명) 운영
- 광역자치단체에는 자치경찰이 없으며 국가경찰만 있음
- 시의 규모 및 재정자립도, 시장의 치안정책에 따라 채용인원, 업무범위 등이 다양함
- 1~2명의 자치경찰을 채용하고 있는 곳이 64.1%, 3~4명이 15.9%, 5~49명이 19.1%, 50~99명이 0.7%, 100명 이상 되는 곳은 0.2%(5개소: 니스, 리용, 마르세이유, 깐느, 스트라스부르)에 불과

라. 국가경찰의 관여

• 조정협약 체결
- 5명 이상의 자치경찰 운영을 위해서는 자치단체장과 국가도지사가 검사와 협의 후 협약 체결
- 협약으로 자치경찰 개입장소, 원인 및 방식 특정
- 5명 미만의 자치경찰 운영은 시장의 요구로 협약 체결

마. 자치경찰자문위원회

- 내무장관 소속하에 자치경찰 조직과 기능에 대한 자문을 위해 설치

※ 총 24명으로, 자치경찰을 두는 자치단체장들의 대표 1/3, 국가대표 1/3, 자치경찰대표 1/3로 구성

바. 사법경찰권에 대한 통제

- 자치경찰이 범죄를 인지한 경우 국가경찰에 즉시 보고
- 다중밀집, 자연재해 등 예외적 사태 또는 둘 이상의 자치단체와 관련된 경우 국가도지사 통제하에 임무 수행

(6) 스페인의 경찰제도

국가경찰과 자치경찰의 이원적 구조를 가지고 있으며, 국가경찰은 내무장관 지휘 하에 국립 및 군인경찰로 구성되어 있고, 자치경찰은 창설이 의무화되지 않은 각 광역자치경찰과 기초자치경찰의 이원적 구조를 가지고 있다. 기초자치단체는 헌법과 법령, 조례에 따라 철저한 자립도를 기반으로 자치경찰을 운영하고 있다.

가. 국가경찰

- 국립경찰과 군인경찰로 구성되며, 내무장관이 총괄 지휘
- 국가경찰은 州 단위 고등경찰국, 道 단위 경찰국, 市 단위의 경찰서 및 산하 지구경찰서 등으로 구성
- 군인경찰은 관구사령부와 지역대로 구성

※ 道 단위 이하의 지방조직은 국가 임명직 도지사의 지휘 하에 운영

나. 자치경찰

• 자치경찰제 도입근거
- 스페인 헌법은 광역 자치단체 및 기초 자치단체에 경찰 창설을 의무화하지는 않음
- 단, "공공의 안전"을 국가의 배타적 권한사항으로 규정하고 법률의 범위 내에서 각 주 자치규약의 형태로 주 경찰의 창설 인정

• 광역 자치경찰
- 주 경찰(광역단위 자치경찰) 창설의 권한은 해당 주에 위임하고 있으나 강제성을 부여하지는 않음
- 단, 사전에 법률로 국회의 승인을 받도록 규정
- 총 17개 주 가운데 7개 주의 자치규약에 주 경찰의 창설이 규정되어 있으며 그중 3개 주만이 자체 경찰력 보유

• 기초 자치경찰
- 지방행정체제기본법에 따라 기초자치단체는 경찰권을 가짐
- 자치경찰의 기능은 상당히 제한적으로 주요업무는 교통단속, 시설보호, 질서유지, 사법경찰에 피의자 인계, 국가경찰에의 협조 등으로, 국립경찰의 기능을 보완하는 역할 수행하며, 시장과 시의회의 지휘를 받음
- 시장 지휘 하의 시민적 무장조직으로 계급적 구조와 조직을 가지고 있으며 시장이 임명하는 본부장(Jefatura)이 직접 지휘

다. 국가경찰의 관여

- 자치경찰은 국가경찰의 고유업무인 사법경찰업무에의 협력의무를 가짐
- 시 경찰은 교통사고 사범의 처리나 범죄예방 및 단속의 임무수행 시 관

할 국가경찰에 통보

- 자치경찰이 없는 광역자치단체는 국가경찰로부터 경찰력을 제공받아 운영

(7) 이탈리아의 경찰제도

국가경찰 외에 모든 자치단체가 자치경찰을 보유하며 자치경찰은 주·도·시별로 각 사무를 구분하고 있는, 국가경찰과 자치경찰의 이원적 구조를 가지고 있다. 자치경찰공무원은 사법경찰의 지위[30]를 가지며 자치경찰의 각 책임자는 사법경찰 관리자의 지위를 가진다.

가. 국가경찰

- 내무부소속의 국가경찰, 국방부 소속의 군인경찰, 재무부 소속의 재무경찰로 구성
- 중앙에 내무부소속의 경찰총국, 지방조직으로 각 도에 도지사소속하에 경찰본부 및 산하조직인 경찰서가 있음

나. 자치경찰

모든 자치단체는 관할지역마다 자체 경찰력을 보유하여 모두 자치경찰 보유

• 주 자치경찰(Polizia Regione)

- 지방정부의 업무가 긴급한 상황에 효과적으로 대처할 필요가 있다는 새로운 시대적 요구에 의해 설치
- 최소 7명 이상의 경찰관을 보유한 州는 자체 경찰조직을 보유할 수 있음
- 주 법령의 집행 및 보호, 비상사태나 재해에 따른 구호업무, 기타 사법·교통·행정경찰 등 지역경찰 업무 중심으로 처리

• 도 자치경찰(Polizia Provinciale)

- 관할 내의 대기, 동물, 삼림, 하천, 호수 등 환경 보호에 관한 조직적 조정의 필요성으로 인해 기존 경비조직을 재구성하여 자치경찰을 조직하였으며 이외에도 도로법의 개정으로 道 관할 고속도로 순찰 업무가 도 자치경찰로 이관되었고, 관광객 보호, 관할구역 범죄 예방 및 운전학원 관리 등의 업무를 수행

• 시 자치경찰(Polizia Municipale, Vigili Urbani)

---

30) 양영철, 전게 자료, 24면.

- 지역 주민의 수, 유동인구의 수, 지역의 특성 등을 고려하여 경찰관의 수를 결정하고 인구 밀집도 및 지역 형태 등을 고려하여 조직의 형태 구성
- 기본적으로 경찰 책임자와 운용관리와 지원부서로 구성된 경찰본부와 지구대로 구성되어 시 법령의 준수 여부 감시, 행정법규 집행 및 위반사범 단속, 교통소통 관리, 공공질서 유지, 방범 순찰, 공공시설 보호 및 관리, 자연재해·재난 대응, 개인의 사고에 대한 구호조치, 사법경찰 보조 기능을 담당

다. 국가경찰의 통제

국가경찰인 지방경찰본부장의 요청이 있을 경우 그의 지휘하에서 공공질서와 안전유지업무에 협조

4. 자치경찰제 도입에 따른 쟁점사항[31)]

자치경찰제 도입과 관련하여 외국경찰의 운용사례 및 우리나라에서의 그동안의 도입논의를 살펴보면 다양한 쟁점들이 제기되고 있다. 우선 '자치경찰제를 도입하여야 하는가'라는 기본적인 문제로부터 시작하여 '자치경찰제 실시 단위', '자치경찰 사무의 성격', '자치경찰과 국가경찰의 사무배분', '자치경찰 기구의 관리형태 및 조직형태', '자치경찰 인사', '자치경찰 재정' 그리고 '선택적 실시 가능여부' 등으로 크게 구분할 수 있다.

(1) 자치경찰제를 도입하여야 하는가

가. 자치경찰제 도입 당위성에 대한 주장

도입 당위성에 대한 주장은 우리나라의 경찰은 남북대치 상황이라는 특수한 여건을 반영하여 중앙집권적인 국가경찰체제가 정착되어 온 것이 사실이나 민주화가 정착되고 지방화시대의 정착기에 들어선 우리나라는 모든 분야에서 변화가 요청되어지고 있으며 또한 자치경찰제 실시로 인한 '주민자치의 실현', '지역 경찰서비스의 향상', '경찰권력의 분산으로 인한 정치적 중립성 확보', '부정부패의 감소' 등의 장점으로 분권화를 통한 대국민 편익 증진에 기여하여야 한다는 것인데, 현행 경찰제도의 특징·실태에 따른 문제점 등을 들어 살펴보면

31) 경찰청 경찰혁신기획단 내부자료(2003) 참고.

다음과 같다.

- 현행 경찰제도의 특징 - 국가경찰 단일체제
  - 중앙집권적 수직적 피라미드 구조('48년 정부수립 이후)
  - 지방자치단체와 연계 없이 독자적 치안행정 수행
  - 범죄수사를 포함한 모든 치안업무를 종합적으로 수행
- 현행 국가경찰제도의 실태에 따른 문제점
  - 지역치안수요에의 효율적 대응 미흡
- 지역적 특성에 부합하는 치안행정을 실현하기 곤란
- 국가경찰의 과부하로 인한 생활 치안의 사각지대 발생
  - 치안행정에 대한 주민참여 부족
- 시민참여와 적절한 통제기구의 부재로 인해 민주성을 상실
- 획일적 국가행정은 주민참여의 동인을 약화시킴
  - 지방행정의 종합성 부족
- 지방행정과 치안행정의 연계성 부족으로 인한 할거행정 초래
- 지방자치단체와 경찰 간의 재정부담을 둘러싼 갈등 우려
  - 지역치안에 대한 자기 책임성 부족
- 지역차원의 민생치안 수요보다는 중앙 차원의 정치적 행정수요에 보다 민감하게 반응하는 경향
- 현재 지방경찰청은 시·도지사 소속이나 법상의 규정일 뿐 실제로는 중앙정부에 예속

나. 자치경찰제 도입주장에 대한 반론

자치경찰제 도입주장에 대한 반론은, 지금까지 자치경찰제 도입을 주장하는 논거로 '민주주의=지방자치=자치경찰'이라는 도식적 확대 논리가 적용되어 민주주의의 뿌리가 지방자치이므로 경찰사무는 당연히 자치사무화되어야 하고 자치사무화되어야 경찰이 하는 일을 주민통제 아래 둘 수 있으므로 당연히 자치경찰제를 도입하여야한다 고 주장되어 왔다는 것인데, 이를 경찰행정과 사회간접자본의 하나로서의 경찰기능, 그리고 우리나라에 실제 적용했을 때

예상되는 문제점을 들어 제기한 도입 반대론의 주요 논거는 다음과 같다.

• 경찰행정의 본질적 특성
- 경찰행정은 본질적으로 사회공공의 안녕질서와 갈등해소 및 사회적 응원을 주임무로 하므로 사회공공의 복리증진을 적극적으로 추구하는 복지행정과 구별되어야 하며, 특히 규제(또는 통치권적 권력 작용)는 전국적 "광역균질성"을 지녀야 하는 특성 때문에 본질적으로 개별화, 차별화, 자치화(지역화)가 어려움
• 경찰행정의 서비스적 특성
- 경찰의 서비스는 공공재적 특질, 순수 공공재로서 비배제성(non-excludability), 비경합성(non-rivalness)을 지니므로 경제활동의 토대를 제공할 뿐 아니라, 범죄로부터 보호를 받는 집단(이익)과 손해(희생)를 보는 집단이나 지역에 차별화가 없어야 함에도 지방자치화는 자칫 "빈익빈", "부익부" 현상을 자초할 우려가 있음
• 사회간접자본의 기능적 특성
- 유형의 사회간접자본인 도로, 항만과 마찬가지로 무형의 사회간접자본인 경찰의 법질서유지기능은 더욱 자치화, 개별화가 어려운 특성을 지님
• 실제 우리나라 적용상의 이유
- 국가치안역량 저해 우려
현재와 같이 남북이 대치되고 있는 상황에서 경찰조직체계의 전면적인 개편은 국가안보역량에 저해요소로 작용, 선진국 진입과 통일전후에 국가적 차원의 법질서 안정이 중요
- 지방재정의 불충분
지방재정이 빈곤한 상태에서 지방자치단체가 경찰조직을 떠맡게 되는 경우 지방자치단체의 재정부담이 가중되고 중앙에 대한 재정의존도 증대
- 지방세력과의 유착 우려
지방세력 내지 지방엘리트가 경찰행정과 유착관계를 형성하게 되어 경찰사무의 원활하고 공정한 수행이 저해
- 광역범죄 대응 곤란
교통통신의 발달과 광역화, 첨단화, 대형화하는 범죄에 효율적으로 대처하기 곤란

- 정치적 중립성의 저해

  정당의 지역편중이 심하고 정당 공천제가 실시되고 있는 상황 속에서 지방자치경찰제도가 도입되면 경찰의 정치적인 중립성이 훼손되기 쉬움

(2) 자치경찰제 도입단위 — 광역 또는 기초

자치경찰제를 어느 자치행정 단위를 중심으로 도입할 것인가의 문제로서 기초 또는 광역단위, 아니면 기초와 광역 동시에 실시할 것인가 라는 것인데 각 도입 단위 방안에 따른 특징과 장·단점 등은 다음과 같다.

가. 시·군·구 기초단위 도입 방안(국가·자치경찰의 이원적 구조)

- 주민 근접 치안행정 가능, 주민에 대한 대응성 제고 및 지방행정의 종합성 구현 가능
- 반면, 광역치안수요 대응 미흡, 재정 편차로 치안 불균형 야기 및 지자체 간 상호갈등으로 인한 치안공백 발생 우려

나. 시·도 광역단위 도입 방안

- 기동·광역화 추세 범죄에 효과적인 광역 치안제공 및 균질의 치안행정 가능
- 반면, 주민의사 및 지역특성 반영 미흡

다. 광역 및 기초 단위 모두 도입하는 방안

- 지방행정과 치안행정의 연계성 확보 용이
- 반면, 경찰이 국가－광역단체－기초단체에 혼재함으로써 기능중첩, 역할 갈등 등의 비효율을 초래하여 국가 전체적 치안역량이 저하될 우려가 있음

(3) 자치경찰과 국가경찰의 사무 배분

자치경찰제 실시 이후 자치경찰과 국가경찰이 실제 행사하게 되는 사무의 범위에 대한 것으로, 광범위한 경찰의 사무를 국가경찰과 자치경찰에 각각 어떻게 배분하느냐의 문제이다.

가. 수사권 포함, 모든 형태의 광범위한 경찰기능 수행 방안

- 모든 경찰기능 수행으로 업무 간 연계성 유지, 치안자율권 향상
- 반면, 단체장에게 권한 집중, 업무 과부하로 주민근접 치안행정 곤란

나. 환경·위생 등 행정경찰 위주의 경찰기능 수행 방안(수사권 제외)

- 지역교통, 기초질서 유지, 환경 및 위생관리 등 공공질서 유지를 위한 행정경찰 위주의 사무 수행
- 주민근접 치안행정으로 주민 대응성 및 치안만족도 제고 반면, 광역치안 수요에 대한 효과적 대응 곤란, 재정편차에 따른 지역 간 치안행정 불균형 초래

(4) 자치경찰기구의 관리형태 및 조직형태

자치경찰기구의 관리형태를 어떻게 할 것인가에 대해 위원회제와 독임제로 구분할 수 있고, 자치경찰기구의 조직형태로서 자치단체장의 직접적인 지휘·감독을 받는 보조기관으로 할 것인지 어느 정도 직무상 독립성이 보장된 독립기관(직속기관)으로 설치할 것인가의 문제이다.

가. 자치경찰기구의 관리형태

합의제 또는 독임제 방안이 있는데, 이는 경찰의 권력남용 내지 책임성과 관련하여 매우 중요한 문제임

• 합의제 관리형태

- 의 의

  합의제 관리형태는 자치경찰조직을 위원회에 의한 합의제로 관리하는 것임
- 장 점

  합의제를 채택하면 자치경찰에 대한 중앙정부로부터의 과도한 통제·감독을 최소화할 수 있고, 지방자치단체장에 의한 경찰의 정치적 이용 가능성도 배제할 수 있어서 정치적 중립성과 독립성을 보장할 수 있으며 민의를 반영하고 주민의 행정참가를 촉진하는 등 치안행정의 민주성, 정치적 중립성 확보 가능
- 단 점

  반면 강력하고 신속한 경찰업무의 집행이 어려워지고 정책결정과 업무수행이 지연되어 비능률적이며 책임을 전가할 가능성이 있고 이익·압력단체의 활동무대가 될 우려가 있음

• 독임제 관리형태

- 의 의

독임제 관리형태는 경찰조직을 최고책임자의 단독 관리하에 둠

- 장 점

자치경찰기구를 독임제로 할 경우, 광범위한 경찰상의 목적이나 업무를 수행하는데 있어서 단일책임자의 직접적인 통제로 치안행정의 책임성 확보가 가능하고 일사불란한 지휘 통솔로 기동성 있는 능률적 사무 처리가 가능

- 단 점

행정의 신중성과 합리성을 보장하기 어렵고 비민주적인 독단에 빠질 염려

• 선진외국 경찰제도 비교

- 미 국

미국에서도 초기에는 주민의 직접선거에 의해 선출된 보안관, 치안관 등이 단독으로 치안책임을 맡다가 점차 시의회의 상임위원회가 담당하는 것으로 변화되었으나 정치적 영향 아래 놓인 경찰의 비능률성과 부패에 대한 비판이 거세지자 경찰에 대한 관리를 시의회에서 독립시켜 전문위원회에 위임하는 제도가 생겨났고, 최근 들어서는 경찰의 능률성에 대한 관심이 높아져 독임제(공안관리관, 커미셔너, 경찰장 등)를 채택하는 자치단체가 증가하는 경향[32]

- 일본·영국

일본과 영국의 자치경찰은 합의제인 경찰위원회제도를 도입하되, 합의제의 단점인 비효율성과 책임성 약화를 보완하는 차원에서 위원회의 관리하에 별도의 독임제 집행기관장을 두어 구체적인 업무수행은 그 집행기관장이 책임지고 수행하도록 하는 합의제와 독임제를 절충한 제도를 채택

나. 자치경찰기구의 조직형태

자치경찰기구를 어느 정도 직무상 독립성이 보장된 독립기관(직속기관)으로 설치할 것인지, 아니면 자치단체장의 직접적인 지휘·감독을 받는 보조기관

---

32) 이윤근, 비교경찰제도론, 법문사, 2001, 202~203면.

으로 설치할 것인지가 자치경찰의 정치적 중립성과 직결

• 직속기관으로 설치

- 독립기관 형태는 경찰의 정치적 중립성 보장을 위한 외부영향 최소화 및 독자적 치안행정수행이 가능한데, 현 지방조직체제에서는 "직속기관"으로 자치경찰기구를 설치하는 것이 독립성 확보방안이 될 수 있음

• 자치단체장의 보조기관으로 설치

- 경찰권이 자치단체장의 권능에 속한다고 보는 입장에서 자치경찰기관을 자치단체장의 보조기관으로 설치

- 장 점

주민통제 강화, 경상비 절감, 일반 행정과의 연계성 보장 가능

- 단 점

경찰의 운영이나 인사에 다른 행정기관의 간섭을 받게 되어 자치경찰의 정치적 중립성이 침해될 우려가 있으며 지역실정에 따라 그 규모가 달라지는 것에 탄력적이지 못함

(5) 자치경찰 인사 — 인사권 소재 및 인사교류

자치경찰의 인사에 관해서는, 개개 자치경찰공무원에 대한 인사권이 어디에 있느냐, 국가경찰과 자치경찰간 그리고 자치경찰 상호간의 인사교류의 의의 및 그 방안은 어떠한 것이 있는가의 문제이다.

가. 인사권의 소재

• 자치단체장이 인사권 단독 행사하는 방안(특정직 지방공무원)

- 지방자치원칙에 충실, 치안행정의 자율권 신장

※ 자치경찰에 대한 국가경찰의 인사 관여 전면 배제

- 반면, 자치단체장의 권력비대화로 경찰의 정치적 중립 훼손

• 경찰 일부에 대한 자치단체장의 인사권 행사 방안

- 국가경찰과의 공조 용이, 갈등으로 인한 주민 피해 최소화

- 반면, 단체장의 인사권 제약에 따른 치안자치 미흡

나. 인사교류

인사교류는 임용권자를 달리하는 자치단체 간 또는 자치단체와 중앙정부

상호간의 수평이동을 의미하는바, 국가경찰과 자치경찰 간 인사교류를 통하여 경찰관의 역량을 향상시키며 상호업무에 대한 이해증가로 치안서비스의 질을 높이고, 한 지역에서 장기간 근무함으로써 발생할 수 있는 부패 등의 폐해를 방지하는 차원에서 필요한데, 그 대상범위와 구체적 방법 등에 따라 다양한 방안을 고려할 수 있다.

(6) 자치경찰 재정

자치경찰 운영에 필요한 재원을 전적으로 지방자치단체에서 부담하도록 할 것이냐, 아니면 국가에서 일정 부분을 부담토록 할 것이냐 등의 점인데, 우리나라 지방자치단체의 재정자립도를 감안할 때 자치경찰 소요재원에 대한 국가지원 범위에 대한 확정이 필요한 문제이다.

(7) 선택적 실시 가능여부

자치경찰제의 선택적 실시란 지역주민들에게 자치경찰 시행 여부를 자율적으로 판단하여 선택할 수 있는 권한을 부여하는 것으로 지방자치단체의 규모나 재정상황에 따라 감당하기 어렵거나 당해 지방자치단체의 주민의 요구가 약한 경우에는 자치경찰을 설치하지 아니하고 국가경찰로 하여금 지역치안수요에 대응하도록 하는 방식을 말한다.

가. 장 점

지역주민의 중지를 모아 자치단체에서 결정하도록 함으로써 자치경찰 도입에 따른 책임성을 담보하고 자치경찰 실시에 대한 사전 준비를 통해 시행착오를 줄이면서 제도도입의 수용가능성을 높일 수 있고 자치단체의 재정 능력을 감안한 자율적인 판단을 할 수 있어 자치단체의 자기결정권을 보장해주어 지방자치와 분권 취지에 부합

나. 단 점

재정여건이 열악한 자치단체는 현행의 국가경찰에의 의지가 불가피해 주민요구에 부응하는 치안서비스 제공이라는 제도 도입 취지를 무색케 할 것이며, 재정력 격차로 각 자치단체 간 치안서비스의 양적·질적 불균형을 초래

다. 외국의 예

프랑스, 스페인에서도 지방자치경찰의 실시여부와 조직형태를 당해 지방자

치 단체의 조례에 위임하고 있음

※ 프랑스 36,763개의 기초자치단체인 코뮌 중 3,150곳에서(8.7%) 자치경찰 실시, 스페인은 광역 17개 주 중 3곳과 기초자치단체 8,053개 중 5,500곳에서 자치경찰을 시행

참고 문헌

Bibliography

- 강봉수, 윤리학 강의노트, 온누리, 1997.
- [경찰윤리] 경찰교양팀 지도위원실 편저, 도서출판 CNS 정보센터, 2003.
- 경찰실무문제집(3) [경찰윤리론], 경찰공제회, 2002.
- 경찰실무종합, 경찰공제회, 2013.
- 고문현, '자치경찰제의 도입 방향'(공법연구 제33편 제5호).
- 국민윤리학회, 국민윤리, 형설출판사, 1984.
- 김상찬·김상명, 법과여성, 청목출판사, 2012.
- 김태길, 윤리학, 박영사, 2006.
- 김태길, 윤리학 개설, 철학과현실사, 2010.
- 손규태, 이신건, 오성현, 윤리학, 대한기독교서회, 2010.
- 송건섭 외 2, 참여정부의 자치경찰제(안)에 대한 비판적 논의, 한국사회와 행정연구 제16권 제4호(2006).
- 신영호·김상명·고헌환·김경범, 경찰과 법, 피앤씨미디어, 2013.
- 양영철, 2007년 정부혁신지방분권위원회 지방분권과제 추진 관련자료.
- 오공명, '자치경찰제의 효율적 운영 및 서비스 향상방안에 관한 연구', 한성대학교 경찰행정학 석사학위논문(2004. 12).
- 윤재옥, '자치경찰제 도입의 준거와 합리적인 도입방안', 연세대 경찰행정학 석사학위 논문(2004).
- 이시우, 정갑영, '경찰문화 창달방안에 관한 연구', 치안논총 제15집(치안연구소, 1999).
- 이윤근, 비교경찰제도론(법문사, 2001).
- 이종성, 윤리학 2, 대한기독교서회, 1992.
- 이황우, '경찰행정학'(법문사, 1998).
- 임석진 역, 세계철학사, 분도출판사, 1980.

- 자치경찰제실무추진단, '외국의 경찰제도 비교(자치경찰제 중심)', 2006. 12.
- 장석헌, '자치경찰제도의 도입 논의', 국회 행정자치위원회 주관 공청회(2007. 2. 17) 발표자료.
- 조성호. 경찰공무원의 직업윤리에 관한 연구, 동국대대학원 박사학위논문 2004.
- 조영진, 경찰학 개론 도해식 9.0, 도서출판.
- 조철옥, 경찰윤리학, 대영문화사, 2005.
- 조청옥, 경찰행정론, 대영문화사, 2000.
- 전영길, 윤리학, 민영사 1995.
- 전용찬, 경찰윤리(경찰대학, 2001).
- 전희재 자치경찰제실무추진단장, '자치경찰제 도입방안과 법안에 대한 연구', (자치경찰제실무추진단 주요업무추진일지, 2006).
- 정부혁신지방분권위원회, '자치경찰제 도입방안', (04. 9. 16, 제54회 국정과제회의 자료)
- 정영삼, 문제경찰관 조기발견체계의 도입을 통한 경찰인사관리 개선방안에 관한 연구, 원광대 행정대학원, 2007.
- 최종술, 우리나라 자치경찰제 도입의 쟁점과 경찰인력관리.
- 한국국민윤리학회, 사상과 윤리, 형설출판사, 1994.
- 한전숙 역, 현대철학, 정음사, 1974.
- 행정자치부 지방행정본부 자치분권제도팀, '민선지방자치사'(2007).
- 황경식(윌리엄 K.프랑케나), 윤리학, 철학과현실사, 2003.
- Don L. Kooken, Ethics in Police Service, Charles C. Thomas publisher, 195.

별 첨

1. 공무원윤리헌장
2. 공무원윤리헌장실천강령
3. 공무원행동강령
4. 경찰청공무원행동강령
5. 부정청탁 및 금품등 수수의 금지에 관한 법률

[별첨 1]

공무원윤리헌장

[시행 1981.1.19] [대통령훈령 제44호, 1980.12.29, 제정]

우리는 영광스러운 대한민국의 공무원이다. 오늘도 민족중흥의 최일선에 서서 겨레와 함께 일하며 산다. 이 생명은 오직 나라를 위하여 있고, 이 몸은 영원히 겨레위해 봉사한다. 충성과 성실은 삶의 보람이요 공명과 정대는 우리의 길이다. 이에 우리는 국민 앞에 다하여야 할 숭고한 사명을 민족의 양심으로 다지며, 우리가 나가야 할 바 지표를 밝힌다.

○우리는 민족사적 정통성 앞에 온 신명을 바침으로써 통일 새시대를 창조하는 역사의 주체가 된다.
○우리는 겨레의 엄숙한 소명 앞에 솔선 헌신함으로써 조국의 번영을 이룩하는 민족의 선봉이 된다.
○우리는 창의적 노력으로 최대의 능력을 발휘함으로써 민주한국을 건설하는 국가의 역군이 된다.
○우리는 불의를 물리치고 언제나 바른 길만을 걸음으로써 정의사회를 구현하는 국민의 귀감이 된다.
○우리는 공익우선의 정신으로 국리민복을 추구함으로써 복지국가를 실현하는 겨레의 기수가 된다.

공무원의 신조
1. 국가에는 헌신과 충성을
1. 국민에겐 정직과 봉사를
1. 직무에는 창의와 책임을
1. 직장에선 경애와 신의를
1. 생활에는 청렴과 질서를

[별첨 2]

공무원윤리헌장실천강령

[제정 1982.11.1 국무총리훈령 제180호9999.01.01]

국가에는 헌신과 충성을

1. 애국선열의 위국충정을 귀감으로 삼고 신명을 바쳐 국가안보에 앞장선다. (국가안보)
2. 새역사 창조의 기수로서 민주복지국가 발전에 이바지한다. (민주복지)
3. 확고한 민족주체의식을 가지고 사대주의 사상을 단호히 물리친다. (주체의식)
4. 조상이 물려준 전통문화를 드높이고 이를 창조적으로 발전시켜 나간다. (문화창달)
5. 우리민족의 영원한 보금자리인 국토를 아름답게 가꾸고 보존한다. (국토보존)
6. 우리의 말과 우리의 글을 사랑하고 갈고 닦아 나간다. (국어사랑)

국민에게 정직과 봉사를

1. 법령과 양심에 따라 공명정대하게 업무를 처리하여 국민의 신임을 얻는다. (공정한 업무처리)
2. 모든 업무는 나와 관청의 편의보다는 국민편의 위주로 처리한다. (국민편의 행정)
3. 공익우선의 정신으로 특정개인이나 단체에 대한 차별적 특혜를 거부한다. (부당한 특혜 배격)
4. 실속없는 전시행정이나 지속성없는 졸속행정의 폐습을 지양한다. (내실행정 추구)
5. 공개행정을 실천하여 국민의 참여와 협조를 얻도록 노력한다. (공개행정 구현)
6. 민원인을 대할 때에는 내집의 손님처럼 친절과 예절을 다한다. (친절봉사행정)

직무에는 창의와 책임을

1. 전문지식과 기술을 부단히 연마하여 부여받은 업무를 창의적으로 개선시켜 나간다. (창의적 직무수행)
2. 모든 업무는 신중히 검토하고 지체없이 처리하며, 그릇된 제도나 정책을 과감히 시정한다. (발전지향적 자세)
3. 맡은 바 직무는 어떠한 압력과 유혹에도 굴하지 않고 소신있게 처리한다. (소신있는 업무처리)
4. 업무처리는 분명히 하고, 그 결과에 대하여는 스스로가 책임을 진다. (책임행정)

5. 기관간의 업무협조를 원활히 하여 전체적인 행정목적 달성에 적극 기여한다. (업무협조)
6. 근무시간중에는 직무에만 전념하고 사사로운 일로 시간을 낭비하지 아니한다. (직무전념)

직장에선 경애와 신의를

1. 내직장을 내집같이 여겨 명랑하고 화목한 근무환경을 조성한다. (명랑한 분위기)
2. 상사의 명령에 복종하되, 부당한 지시는 소신껏 건의하여 바로 잡도록 노력한다. (상사에 대한 태도)
3. 부하의 인격을 존중하여 올바른 건의는 진지하게 받아들이고 잘한 일은 칭찬으로 격려한다. (부하에 대한 태도)
4. 독선과 아집을 버리고 이해와 겸손으로 동료간의 융화를 도모한다. (동료에 대한 태도)
5. 언행의 일치와 약속의 이행으로 서로 믿을 수 있는 공직풍토를 조성한다. (신뢰풍토)
6. 직장내의 파벌조성을 삼가하며 남을 비방하거나 모함하지 아니한다. (파벌의식 타파)

생활에는 청렴과 질서를

1. 조상이 남긴 청백리정신을 계승하여 공직사회의 기강확립에 앞장선다. (청렴정신)
2. 직권을 이용하여 이권에 개입하지 않고 사사로운 정에 끌리는 정실을 물리친다.(이권불개입)
3. 허례허식을 삼가하고 근검절약의 실천으로 분수에 맞는 생활을 한다. (근검절약)
4. 준법정신을 생활화하고 공중도덕을 준수하여 사회질서 확립에 앞장선다. (준법정신)
5. 화목한 가정생활과 올바른 자녀교육을 위하여 노력한다. (가정생활)
6. 이웃과는 항상 웃으며 인사하고 상부상조하는 미풍양속을 솔선 실천한다. (이웃생활)

[별첨 3]

공무원행동강령

[시행 2011.2.3] [대통령령 제22471호, 2010.11.2, 타법개정]

국민권익위원회(행동강령과), 02-360-6650

제1장 총칙

제1조(목적) 이 영은 「부패방지 및 국민권익위원회의 설치와 운영에 관한 법률」 제8조에 따라 공무원이 준수하여야 할 행동기준을 규정하는 것을 목적으로 한다.

제2조(정의) 이 영에서 사용하는 용어의 뜻은 다음과 같다.

1. "직무관련자"란 공무원의 소관 업무와 관련되는 자로서 다음 각 목의 어느 하나에 해당하는 개인[공무원이 사인(私人)의 지위에 있는 경우에는 개인으로 본다] 또는 단체를 말한다.
   가. 「민원사무처리에 관한 법률 시행령」 제2조제2항제1호 및 제4호에 따른 민원사무를 신청하는 중이거나 신청하려는 것이 명백한 개인 또는 단체
   나. 인가·허가 등의 취소, 영업정지, 과징금 또는 과태료의 부과 등으로 이익 또는 불이익을 직접적으로 받는 개인 또는 단체
   다. 수사, 감사(監査), 감독, 검사, 단속, 행정지도 등의 대상인 개인 또는 단체
   라. 재결(裁決), 결정, 검정(檢定), 감정(鑑定), 시험, 사정(査定), 조정, 중재 등으로 직접적인 이익 또는 불이익을 받는 개인 또는 단체
   마. 징집, 소집, 동원 등의 대상인 개인 또는 단체
   바. 국가 또는 지방자치단체와 계약을 체결하거나 체결하려는 것이 명백한 개인 또는 단체
   사. 정책·사업 등의 결정 또는 집행으로 이익 또는 불이익을 직접적으로 받는 개인 또는 단체
   아. 그 밖에 중앙행정기관의 장(대통령 소속 기관 및 국무총리 소속 기관의 장을 포함한다), 지방자치단체의 집행기관, 지방의회의 장, 교육감 및 교육위원회의 장(이하 "중앙행정기관의 장등"이라 한다)이 부패 방지를 위하여 정하는 업무와 관련된 개인 또는 단체
2. "직무관련공무원"이란 공무원의 직무수행과 관련하여 이익 또는 불이익을 직접적으로 받는 다른 공무원(기관이 이익 또는 불이익을 받는 경우에는 그 기관의 관련 업무를 담당하는 공무원을 말한다) 중 다음 각 목의 어느 하나에 해당하는 공무원을 말한다.
   가. 공무원의 소관 업무와 관련하여 직무상 명령을 받는 하급자

나. 인사·예산·감사·상훈 또는 평가 등의 직무를 수행하는 공무원의 소속 기관 공무원 또는 이와 관련되는 다른 기관의 담당 공무원 및 관련 공무원
다. 사무를 위임·위탁하는 경우 그 사무를 위임·위탁하는 공무원 및 사무를 위임·위탁받는 공무원
라. 그 밖에 중앙행정기관의 장등이 정하는 공무원
3. "선물"이란 대가 없이(대가가 시장가격 또는 거래관행과 비교하여 현저하게 낮은 경우를 포함한다) 제공되는 물품 또는 유가증권, 숙박권, 회원권, 입장권, 그 밖에 이에 준하는 것을 말한다.
4. "향응"이란 음식물·골프 등의 접대 또는 교통·숙박 등의 편의를 제공하는 것을 말한다.

제3조(적용 범위) 이 영은 국가공무원(국회, 법원, 헌법재판소 및 선거관리위원회 소속의 국가공무원은 제외한다)과 지방공무원에게 적용한다.

제2장 공정한 직무수행

제4조(공정한 직무수행을 해치는 지시에 대한 처리) ① 공무원은 상급자가 자기 또는 타인의 부당한 이익을 위하여 공정한 직무수행을 현저하게 해치는 지시를 하였을 때에는 그 사유를 그 상급자에게 소명하고 지시에 따르지 아니하거나 제23조에 따라 지정된 공무원 행동강령에 관한 업무를 담당하는 공무원(이하 "행동강령책임관"이라 한다)과 상담할 수 있다.

② 제1항에 따라 지시를 이행하지 아니하였는데도 같은 지시가 반복될 때에는 즉시 행동강령책임관과 상담하여야 한다.

③ 제1항이나 제2항에 따라 상담 요청을 받은 행동강령책임관은 지시 내용을 확인하여 지시를 취소하거나 변경할 필요가 있다고 인정되면 소속 기관의 장에게 보고하여야 한다. 다만, 지시 내용을 확인하는 과정에서 부당한 지시를 한 상급자가 스스로 그 지시를 취소하거나 변경하였을 때에는 소속 기관의 장에게 보고하지 아니할 수 있다.

④ 제3항에 따른 보고를 받은 소속 기관의 장은 필요하다고 인정되면 지시를 취소·변경하는 등 적절한 조치를 하여야 한다. 이 경우 공정한 직무수행을 해치는 지시를 제1항에 따라 이행하지 아니하였는데도 같은 지시를 반복한 상급자에게는 징계 등 필요한 조치를 할 수 있다.

제5조(이해관계 직무의 회피) ① 공무원은 자신이 수행하는 직무가 다음 각 호의 어느 하나에 해당하는 경우에는 그 직무의 회피 여부 등에 관하여 직근 상급자 또는 행동강령책임관과 상담한 후 처리하여야 한다. 다만, 중앙행정기관의 장등이 공정한 직

무수행에 영향을 받지 아니한다고 판단하여 정하는 단순 민원업무의 경우에는 그러하지 아니하다.

1. 자신, 자신의 직계 존속·비속, 배우자 및 배우자의 직계 존속·비속의 금전적 이해와 직접적인 관련이 있는 경우
2. 4촌 이내의 친족(「민법」 제767조에 따른 친족을 말한다. 이하 같다)이 직무관련자인 경우
3. 자신이 2년 이내에 재직하였던 단체 또는 그 단체의 대리인이 직무관련자인 경우
4. 그 밖에 중앙행정기관의 장등이 공정한 직무수행이 어려운 관계에 있다고 정한 자가 직무관련자인 경우

② 제1항에 따라 상담요청을 받은 직근 상급자 또는 행동강령책임관은 해당 공무원이 그 직무를 계속 수행하는 것이 적절하지 아니하다고 판단되면 소속 기관의 장에게 보고하여야 한다. 다만, 직근 상급자가 그 권한의 범위에서 그 공무원의 직무를 일시적으로 재배정할 수 있는 경우에는 그 직무를 재배정하고 소속 기관의 장에게 보고하지 아니할 수 있다.

③ 제2항에 따라 보고를 받은 소속 기관의 장은 직무가 공정하게 처리될 수 있도록 인력을 재배치하는 등 필요한 조치를 하여야 한다.

제6조(특혜의 배제) 공무원은 직무를 수행할 때 지연·혈연·학연·종교 등을 이유로 특정인에게 특혜를 주거나 특정인을 차별하여서는 아니 된다.

제7조(예산의 목적 외 사용 금지) 공무원은 여비, 업무추진비 등 공무 활동을 위한 예산을 목적 외의 용도로 사용하여 소속 기관에 재산상 손해를 입혀서는 아니 된다.

제8조(정치인 등의 부당한 요구에 대한 처리) ① 공무원은 정치인이나 정당 등으로부터 부당한 직무수행을 강요받거나 청탁을 받은 경우에는 소속 기관의 장에게 보고하거나 행동강령책임관과 상담한 후 처리하여야 한다.

② 제1항에 따라 보고를 받은 소속 기관의 장이나 상담을 한 행동강령책임관은 그 공무원이 공정한 직무수행을 할 수 있도록 적절한 조치를 하여야 한다.

제9조(인사 청탁 등의 금지) ① 공무원은 자신의 임용·승진·전보 등 인사에 부당한 영향을 미치기 위하여 타인으로 하여금 인사업무 담당자에게 청탁을 하도록 해서는 아니 된다.

② 공무원은 직위를 이용하여 다른 공무원의 임용·승진·전보 등 인사에 부당하게 개입해서는 아니 된다.

제3장 부당이득의 수수 금지 등

제10조(이권 개입 등의 금지) 공무원은 자신의 직위를 직접 이용하여 부당한 이익을

얻거나 타인이 부당한 이익을 얻도록 해서는 아니 된다.

제10조의2(직위의 사적 이용 금지) 공무원은 직무의 범위를 벗어나 사적 이익을 위하여 소속 기관의 명칭이나 직위를 공표·게시하는 등의 방법으로 이용하거나 이용하게 해서는 아니 된다.

제11조(알선·청탁 등의 금지) ① 공무원은 자기 또는 타인의 부당한 이익을 위하여 다른 공무원의 공정한 직무수행을 해치는 알선·청탁 등을 해서는 아니 된다.

② 공무원은 직무수행과 관련하여 자기 또는 타인의 부당한 이익을 위하여 직무관련자를 다른 직무관련자나 「부패방지 및 국민권익위원회의 설치와 운영에 관한 법률」 제2조제3호에 따른 공직자에게 소개해서는 아니 된다.

제12조(직무 관련 정보를 이용한 거래 등의 제한) ① 공무원은 직무수행 중 알게 된 정보를 이용하여 유가증권, 부동산 등과 관련된 재산상 거래 또는 투자를 하거나 타인에게 그러한 정보를 제공하여 재산상 거래 또는 투자를 돕는 행위를 해서는 아니 된다.

② 중앙행정기관의 장등은 제1항에 따라 소관 분야별로 직무관련 정보를 이용한 거래 등의 제한에 관한 세부 기준을 정하여야 한다.

제13조(공용물의 사적 사용·수익의 금지) 공무원은 관용 차량·선박·항공기 등 공용물과 예산의 사용으로 제공되는 항공마일리지, 적립포인트 등 부가서비스를 정당한 사유 없이 사적인 용도로 사용·수익해서는 아니 된다.

제14조(금품등을 받는 행위의 제한) ① 공무원은 직무관련자로부터 금전, 부동산, 선물 또는 향응(이하 "금품등"이라 한다)을 받아서는 아니 된다. 다만, 다음 각 호의 어느 하나에 해당하는 경우에는 그러하지 아니하다.

1. 채무의 이행 등 정당한 권원에 의하여 제공되는 금품등
2. 통상적인 관례의 범위에서 제공되는 음식물 또는 편의
3. 직무와 관련된 공식적인 행사에서 주최자가 참석자에게 일률적으로 제공하는 교통·숙박 또는 음식물
4. 불특정 다수인에게 배포하기 위한 기념품 또는 홍보용 물품
5. 질병·재난 등으로 어려운 처지에 있는 공무원을 돕기 위하여 공개적으로 제공되는 금품등
6. 그 밖에 원활한 직무수행 등을 위하여 중앙행정기관의 장등이 허용하는 범위에서 제공되는 금품등

② 공무원은 직무관련공무원으로부터 금품등을 받아서는 아니 된다. 다만, 다음 각 호의 어느 하나에 해당하는 경우에는 그러하지 아니하다.

1. 제1항 각 호의 어느 하나에 해당하는 경우
2. 통상적인 관례의 범위에서 제공되는 소액의 선물
3. 직원상조회 등에서 공개적으로 제공되는 금품등

4. 상급자가 하급자에게 위로, 격려, 포상 등 사기를 높일 목적으로 제공하는 금품 등

③ 공무원은 직무관련자였던 자나 직무관련공무원이었던 사람으로부터 당시의 직무와 관련하여 금품등을 받아서는 아니 된다. 다만, 제1항 각 호와 제2항 각 호의 어느 하나에 해당하는 경우는 제외한다.

④ 공무원은 배우자나 직계 존속·비속이 제1항부터 제3항까지의 규정에 따라 수령이 금지되는 금품등을 받지 아니하도록 하여야 한다.

제14조의2(금품등을 주는 행위의 금지) 공무원은 제14조제2항에 따라 자신으로부터 금품등을 받는 것이 금지된 공무원에게 금품등을 제공해서는 아니 된다. 다만, 제14조제2항 각 호에서 정한 경우는 제외한다.

제4장 건전한 공직풍토의 조성

제15조(외부강의·회의등의 신고) ① 공무원은 대가를 받고 세미나, 공청회, 토론회, 발표회, 심포지엄, 교육과정, 회의 등에서 강의, 강연, 발표, 토론, 심사, 평가, 자문, 의결 등(이하 "외부강의·회의등"이라 한다)을 할 때에는 미리 외부강의·회의등의 요청자, 요청 사유, 장소, 일시 및 대가를 소속 기관의 장에게 신고하여야 한다. 다만, 외부강의·회의등의 요청자가 국가나 지방자치단체(그 소속 기관을 포함한다)인 경우는 그러하지 아니하다.

② 공무원이 제1항에 따라 외부강의·회의등을 할 때 받을 수 있는 대가는 외부강의·회의등의 요청자가 통상적으로 적용하는 기준을 초과해서는 아니 된다.

제16조(금전의 차용 금지 등) ① 공무원은 직무관련자(4촌 이내의 친족은 제외한다. 이하 이 조에서 같다) 또는 직무관련공무원에게 금전을 빌리거나 빌려주어서는 아니 되며 부동산을 무상(대여의 대가가 시장가격 또는 거래관행과 비교하여 현저하게 낮은 경우를 포함한다. 이하 이 조에서 같다)으로 대여 받아서는 아니 된다. 다만, 「금융실명거래 및 비밀보장에 관한 법률」 제2조에 따른 금융기관으로부터 통상적인 조건으로 금전을 빌리는 경우는 제외한다.

② 제1항 본문에도 불구하고 부득이한 사정으로 직무관련자 또는 직무관련공무원에게 금전을 빌리거나 빌려주는 것과 부동산을 무상으로 대여받으려는 공무원은 소속 기관의 장에게 신고하여야 한다.

제17조(경조사의 통지와 경조금품의 수수 제한 등) ① 공무원은 직무관련자나 직무관련공무원에게 경조사를 알려서는 아니 된다. 다만, 다음 각 호의 어느 하나에 해당하는 경우에는 경조사를 알릴 수 있다.

1. 친족에 대한 통지
2. 현재 근무하고 있거나 과거에 근무하였던 기관의 소속 직원에 대한 통지

3. 신문, 방송 또는 제2호에 따른 직원에게만 열람이 허용되는 내부통신망 등을 통한 통지
4. 공무원 자신이 소속된 종교단체·친목단체 등의 회원에 대한 통지

② 공무원은 경조사와 관련하여 중앙행정기관의 장등이 소속 직원들의 의견을 수렴하여 통상적인 관례의 범위에서 정하는 기준을 초과하여 금품등을 주거나 받아서는 아니 된다. 다만, 다음 각 호의 어느 하나에 해당하는 경우는 제외한다.

1. 공무원과 친족 간에 주고받는 경조사 관련 금품등
2. 공무원 자신이 소속된 종교단체·친목단체 등에서 그 단체 등의 정관·회칙 등에서 정하는 바에 따라 제공되는 경조사 관련 금품등
3. 그 밖에 중앙행정기관의 장등이 정하는 경조사 관련 금품등

제5장 위반 시의 조치

제18조(위반 여부에 대한 상담) 공무원은 직무를 수행하면서 이 영을 위반하는 지가 분명하지 아니할 때에는 행동강령책임관과 상담한 후 처리하여야 한다.

제19조(위반행위의 신고 및 확인) ① 누구든지 공무원이 이 영을 위반한 사실을 알게 되었을 때에는 그 공무원이 소속된 기관의 장, 그 기관의 행동강령책임관 또는 국민권익위원회에 신고할 수 있다.

② 제1항에 따라 신고하는 자는 본인과 위반자의 인적 사항과 위반 내용을 구체적으로 제시해야 한다.

③ 제1항에 따라 위반행위를 신고받은 소속 기관의 장과 행동강령책임관은 신고인과 신고내용에 대하여 비밀을 보장하여야 하며, 신고인이 신고에 따른 불이익을 받지 아니하도록 하여야 한다.

④ 행동강령책임관은 제1항에 따라 신고된 위반행위를 확인한 후 해당 공무원으로부터 받은 소명자료를 첨부하여 소속 기관의 장에게 보고하여야 한다.

제20조(징계 등) 제19조제4항에 따른 보고를 받은 소속 기관의 장은 해당 공무원을 징계하는 등 필요한 조치를 할 수 있다.

제21조(금지된 금품등의 처리) ① 제14조 또는 제17조제2항을 위반하여 금품등을 받은 공무원은 제공자에게 그 기준을 초과한 부분이나 수수가 금지된 금품등을 즉시 반환하여야 한다. 이 경우 그 공무원은 증명자료를 첨부하여 그 반환 비용을 소속 기관의 장에게 청구할 수 있다.

② 제1항에 따라 반환하여야 하는 금품등이 멸실·부패·변질 등의 우려가 있거나 그 제공자나 제공자의 주소를 알 수 없거나 제공자에게 반환하기 어려운 사정이 있을 때에는 즉시 소속 기관의 장 또는 행동강령책임관에게 신고한 후 소속 기관의 장이

정하는 바에 따라 그 금품등을 처리하여야 한다.

제6장 보칙

제22조(교육) ① 중앙행정기관의 장등은 소속 공무원에 대하여 이 영의 준수를 위한 교육계획을 수립·시행하여야 하며, 매년 1회 이상 교육을 하여야 한다.

② 중앙행정기관의 장등은 공무원을 신규임용할 때 이 영의 교육을 하여야 한다.

제23조(행동강령책임관의 지정) ① 중앙행정기관의 장등은 그 기관과 그 소속 기관 중 기관장이 4급 이상 공무원(고위공무원단에 속하는 일반직공무원을 포함한다)이거나 이에 상당하는 공무원인 기관에 대하여 행동강령책임관을 지정하여야 한다. 다만, 소속 기관의 규모·성격 및 지리적 특성을 고려하여 그 기관에 행동강령책임관을 지정하는 것이 적합하지 아니한 경우에는 그러하지 아니하다.

② 행동강령책임관은 소속 기관의 공무원에 대한 공무원 행동강령의 교육·상담, 이 영의 준수 여부에 대한 점검 및 위반행위의 신고접수, 조사처리에 관한 업무를 담당한다.

③ 행동강령책임관은 이 영과 관련하여 상담한 내용에 대하여 비밀을 누설해서는 아니 된다.

④ 제1항에 따라 행동강령책임관이 지정되지 아니한 기관에 대해서는 그 상급기관 소속 행동강령책임관이 그 기관의 공무원 행동강령에 관한 업무를 수행한다.

제24조(기관별 행동강령의 운영 등) ① 중앙행정기관의 장등은 이 영의 시행에 필요한 범위에서 해당 기관의 특성에 적합한 세부적인 기관별 공무원 행동강령을 제정하여야 한다.

② 중앙행정기관의 장등은 제1항에 따른 기관별 공무원 행동강령을 제정하거나 개정할 때에는 국민권익위원회에 알려야 한다.

③ 국민권익위원회는 제2항에 따라 통보받은 기관별 공무원 행동강령이 부당하거나 형평성에 어긋나는 경우에는 그 기관에 시정을 권고할 수 있다.

④ 국민권익위원회는 제1항에 따른 기관별 공무원 행동강령의 운영에 관한 사항을 권고할 수 있다.

[별첨 4]

경찰청공무원행동강령

[시행 2009.12.22] [경찰청훈령 제577호, 2009.12.22, 타법개정]
경찰청(감사관 감찰담당관실), 02-3150-2217

제1장 총칙

제1조(목적) 이 규칙은「부패방지 및 국민권익위원회의 설치와 운영에 관한 법률」제8조 및 공무원 행동강령에 따라 경찰청(소속기관, 지방경찰청, 경찰서를 포함한다. 이하 같다)소속 공무원(이하 "공무원"이라 한다)이 준수하여야 할 행동기준을 규정하는 것을 목적으로 한다.

제2조(정의) 이 규칙에서 사용하는 용어의 뜻은 다음과 같다.

1. "직무관련자"란 공무원의 소관 업무와 관련되는 자로서 다음 각 목의 어느 하나에 해당하는 개인[공무원이 사인(私人)의 지위에 있는 경우에는 개인으로 본다] 또는 단체를 말한다.
   가. 「민원사무처리에 관한 법률 시행령」제2조제2항제1호 및 제4호에 따른 민원사무를 신청한 상태에 있거나 신청하려는 것이 명백한 개인 또는 단체
   나. 인가·허가 등의 취소, 영업정지, 과징금 또는 과태료의 부과 등으로 이익 또는 불이익을 직접적으로 받는 개인 또는 단체
   다. 수사, 감사(監査), 감독, 검사, 단속, 행정지도 등의 대상인 개인 또는 단체
   라. 재결(裁決), 결정, 검정(檢定), 감정(鑑定), 시험, 사정(査定), 조정, 중재 등으로 이익 또는 불이익을 직접적으로 받는 개인 또는 단체
   마. 징집·소집·동원 등의 대상인 개인 또는 단체
   바. 국가 또는 지방자치단체와 계약을 체결하거나 체결하려는 것이 명백한 개인 또는 단체
   사. 장부·대장 등에의 등록·등재의 신청(신고)중에 있거나 신청(신고)하려는 것이 명백한 개인이나 단체
   아. 특정한 사실 또는 법률관계에 관한 확인 또는 증명의 신청중에 있거나 신청하려는 것이 명백한 개인이나 단체
   자. 법령해석이나 유권해석을 요구하는 개인이나 단체
   차. 경찰관서에 복무중인 전투경찰순경·의무경찰의 부모·형제자매
   카. 시책·사업 등의 결정 또는 집행으로 이익 또는 불이익을 직접적으로 받는 개인 또는 단체
   타. 그 밖에 경찰관서에 대하여 특정한 행위를 요구중인 개인이나 단체

2. "직무관련공무원"이란 공무원의 직무수행과 관련하여 이익 또는 불이익을 직접적으로 받는 다른 공무원(기관이 이익 또는 불이익을 받는 경우에는 그 기관의 관련 업무를 담당하는 공무원을 말한다) 중 다음 각 목의 어느 하나에 해당하는 공무원을 말한다.
   가. 상급자와 직무상 지휘명령을 받는 당해 업무의 하급자
   나. 인사·감사·상훈·예산·심사평가업무 담당자와 해당업무와 직접 관련된 다른 공무원
   다. 행정사무를 위임·위탁한 경우 위임·위탁사무를 관리·감독하는 공무원과 그 사무를 담당하는 공무원
   라. 그밖에 특별한 사유로 경찰청장이 정하는 경우
3. "선물"이란 대가 없이(대가가 시장가격 또는 거래관행과 비교하여 현저하게 낮은 경우를 포함한다) 제공되는 물품 또는 유가증권, 숙박권, 회원권, 입장권, 그 밖에 이에 준하는 것을 말한다.
4. "향응"이란 음식물·골프 등의 접대 또는 교통·숙박 등의 편의를 제공하는 것을 말한다.

제3조(적용범위) 이 규칙은 경찰청 소속 공무원과 경찰청에 파견된 공무원에게 적용한다.

제2장 공정한 직무수행

제4조(공정한 직무수행을 해치는 지시에 대한 처리) ① 공무원은 상급자가 자기 또는 타인의 부당한 이익을 위하여 공정한 직무수행을 현저하게 해치는 지시를 하였을 때에는 그 사유를 그 상급자에게 소명하고 지시에 따르지 아니하거나 제23조에 따라 지정된 공무원 행동강령에 관한 업무를 담당하는 공무원(이하 "행동강령책임관"이라 한다)과 상담할 수 있다.

② 제1항에 따라 지시를 이행하지 아니하였는데도 같은 지시가 반복될 때에는 즉시 행동강령책임관과 상담하여야 한다.

③ 제1항이나 제2항에 따라 상담 요청을 받은 행동강령책임관은 지시 내용을 확인하여 지시를 취소하거나 변경할 필요가 있다고 인정되면 소속 기관의 장에게 보고하여야 한다. 다만, 지시 내용을 확인하는 과정에서 부당한 지시를 한 상급자가 스스로 그 지시를 취소하거나 변경하였을 때에는 소속 기관의 장에게 보고하지 아니할 수 있다.

④ 제3항에 따른 보고를 받은 소속 기관의 장은 필요하다고 인정되면 지시를 취소·변경하는 등 적절한 조치를 하여야 한다. 이 경우 공정한 직무수행을 해치는 지

시를 제1항에 따라 이행하지 아니하였는데도 같은 지시를 반복한 상급자에게는 징계 등 필요한 조치를 할 수 있다.

⑤ 제1항에 따른 소명은 해당 공무원의 인적사항, 지시내용, 불복종 이유 등을 명시한 별지 제1호서식의 소명서 또는 이에 상당하는 방법으로 하여야 한다.

제5조(이해관계 직무의 회피) ① 공무원은 자신이 수행하는 직무가 다음 각 호의 어느 하나에 해당하는 경우에는 그 직무의 회피 여부 등에 관하여 직근 상급자 또는 행동강령책임관과 상담한 후 처리하여야 한다. 다만, 소속기관의 장이 공정한 직무수행에 영향을 받지 아니한다고 판단하여 정하는 단순 민원업무의 경우에는 그러하지 아니하다.

1. 자신, 자신의 직계 존속·비속, 배우자 및 배우자의 직계 존속·비속의 금전적 이해와 직접적인 관련이 있는 경우
2. 4촌 이내의 친족(「민법」제767조에 따른 친족을 말한다. 이하 같다)이 직무관련자인 경우
3. 자신이 임용이나 파견 복귀 등이 있는 때로부터 2년 이내에 재직하였던 민간단체 또는 그 단체의 대표자나 임원이 직무관련자인 경우
4. 그 밖에 소속기관의 장이 공정한 직무수행이 어려운 관계에 있다고 정한 자가 직무관련자인 경우

② 제1항에 따라 상담요청을 받은 직근 상급자 또는 행동강령책임관은 해당 공무원이 그 직무를 계속 수행하는 것이 적절하지 아니하다고 판단되면 소속 기관의 장에게 보고하여야 한다. 다만, 직근 상급자가 그 권한의 범위에서 그 공무원의 직무를 일시적으로 재배정할 수 있는 경우에는 그 직무를 재배정하고 소속 기관의 장에게 보고하지 아니할 수 있다.

③ 제2항에 따라 보고를 받은 소속 기관의 장은 직무가 공정하게 처리될 수 있도록 인력을 재배치하는 등 필요한 조치를 하여야 한다.

제6조(특혜의 배제) 공무원은 직무를 수행함에 있어 지연·혈연·학연·종교 등을 이유로 특정인에게 특혜를 주어서는 아니 된다.

제7조(예산의 목적 외 사용 금지) 공무원은 여비, 업무추진비 등 공무 활동을 위한 예산을 목적 외의 용도로 사용하여 소속 기관에 재산상 손해를 입혀서는 아니 된다.

제8조(정치인 등의 부당한 요구에 대한 처리) ① 공무원은 정치인이나 정당 등으로부터 부당한 직무수행을 강요받거나 청탁을 받은 경우에는 소속 기관의 장에게 보고하거나 행동강령책임관과 상담한 후 처리하여야 한다.

② 제1항에 따라 보고를 받은 소속 기관의 장이나 상담을 한 행동강령책임관은 그 공무원이 공정한 직무수행을 할 수 있도록 적절한 조치를 하여야 한다.

제9조(인사 청탁 등의 금지) ① 공무원은 자신의 임용·승진·전보 등 인사에 부당한

영향을 미치기 위하여 타인으로 하여금 인사업무 담당자에게 청탁을 하도록 해서는 아니 된다.

② 공무원은 직위를 이용하여 다른 공무원의 임용·승진·전보 등 인사에 부당하게 개입해서는 아니 된다.

제3장 부당이득의 수수 금지

제10조(이권 개입 등의 금지) 공무원은 자신의 직위를 직접 이용하여 부당한 이익을 얻거나 타인이 부당한 이익을 얻도록 해서는 아니 된다.

제10조의2(직위의 사적이용 금지) 공무원은 직무의 범위를 벗어나 사적 이익을 위하여 소속기관의 명칭이나 직위를 공표·게시하는 등의 방법으로 이용하거나 이용하게 하여서는 아니 된다.

제11조(알선·청탁 등의 금지) ① 공무원은 자기 또는 타인의 부당한 이익을 위하여 다른 공무원의 공정한 직무수행을 해치는 알선·청탁 등을 해서는 아니 된다.

② 공무원은 직무수행과 관련하여 자기 또는 타인의 부당한 이익을 위하여 직무관련자를 다른 직무관련자나 「부패방지 및 국민권익위원회의 설치와 운영에 관한 법률」 제2조제3호에 따른 공직자에게 소개해서는 아니 된다.

제12조(직무 관련 정보를 이용한 거래 등의 제한) ① 공무원은 직무수행 중 알게 된 정보를 이용하여 유가증권, 부동산 등과 관련된 재산상 거래 또는 투자를 하거나 타인에게 그러한 정보를 제공하여 재산상 거래 또는 투자를 돕는 행위를 해서는 아니 된다.

제13조(공용물 등의 사적 사용·수익의 금지) 공무원은 관용 차량·선박·항공기 등 공용물과 예산의 사용으로 제공되는 항공마일리지, 적립포인트 등 부가서비스를 정당한 사유 없이 사적인 용도로 사용·수익해서는 아니 된다.

제14조(금품등을 받는 행위의 제한) ① 공무원은 직무관련자로부터 금전, 부동산, 선물 또는 향응(이하 "금품등"이라 한다)을 받아서는 아니 된다. 다만, 다음 각 호의 어느 하나에 해당하는 경우에는 그러하지 아니하다.

1. 채무의 이행 등 정당한 권원에 의하여 제공되는 금품등
2. 직무수행상 부득이한 경우에 한하여 제공되는 1인당 가액 3만원 이내의 간소한 식사와 통신·교통 등 편의(다만, 인가·허가·수사·단속·지도등 민원 사무를 처리하는 부서의 공무원은 제외한다)
3. 직무와 관련된 공식적인 행사에서 주최자가 참석자에게 일률적으로 제공하는 교통·숙박 또는 음식물
4. 불특정 다수인에게 배포하기 위한 소액의 기념품 또는 홍보용 물품

5. 질병·재난 등으로 어려운 처지에 있는 공무원을 돕기 위하여 공개적으로 제공되는 금품등
6. 그 밖에 원활한 직무수행 등을 위하여 소속기관의 장이 허용하는 범위에서 제공되는 금품등
7. 그밖에 원활한 직무수행 등을 위하여 소속기관의 장이 허용하는 범위에서 제공되는 금품등

② 공무원은 직무관련공무원으로부터 금품등을 받아서는 아니 된다. 다만, 다음 각 호의 어느 하나에 해당하는 경우에는 그러하지 아니하다.

1. 전항 제1호, 제3호에서 제5호까지 및 제7호
2. 직무수행상 부득이한 경우에 한하여 제공되는 1인당 가액 3만원 이내의 간소한 식사 또는 교통·통신 등 편의
3. 가액 3만원을 초과하지 아니하는 범위내에서 공개적으로 제공되는 간소한 선물
4. 직원상조회 등에서 공개적으로 제공되는 금품등
5. 상급자가 하급자에게 위로, 격려, 포상 등 사기를 높일 목적으로 제공하는 금품 등

③ 공무원은 직무관련자였던 자나 직무관련공무원이었던 자로부터 당시의 직무와 관련하여 금품등을 받아서는 아니 된다. 다만, 제1항 각 호와 제2항 각 호의 어느 하나에 해당하는 경우는 제외한다.

④ 공무원은 배우자나 직계 존속·비속이 제1항부터 제3항까지의 규정에 따라 수령이 금지되는 금품등을 받지 아니하도록 하여야 한다.

제14조의2(금품등을 주는 행위의 금지) 공무원은 제14조제2항의 규정에 따라 자신으로부터 금품등을 받는 것이 금지된 공무원에게 금품등을 제공하여서는 아니 된다. 다만, 제14조제2항 각 호에서 정한 경우는 제외한다.

제4장 건전한 공직풍토의 조성

제15조(외부강의·회의등의 신고) ① 공무원은 대가를 받고 세미나, 공청회, 토론회, 발표회, 심포지엄, 교육과정, 회의 등에서 강의, 강연, 발표, 토론, 심사, 평가, 자문, 의결 등(이하 "외부강의·회의등"이라 한다)을 할 때에는 미리 외부강의·회의등의 요청자, 요청 사유, 장소, 일시 및 대가를 별지 제2호서식의 외부강의등 신고서에 따라 소속 기관의 장에게 신고하여야 한다. 다만, 외부강의·회의등의 요청자가 국가나 지방자치단체(그 소속 기관을 포함한다)인 경우는 그러하지 아니하다.

② 공무원이 제1항에 따라 외부강의·회의등을 할 때 받을 수 있는 대가는 외부강의·회의등의 요청자가 통상적으로 적용하는 기준을 초과해서는 아니 된다.

제16조(금전의 차용 금지 등) ① 공무원은 직무관련자 또는 직무관련공무원(4촌 이내

의 친족은 제외한다. 이하 이 조에서 같다)에게 금전을 빌리거나 빌려주어서는 아니되며 부동산을 무상(대여의 대가가 시장가격 또는 거래관행과 비교하여 현저하게 낮은 경우를 포함한다. 이하 이 조에서 같다)으로 대여 받아서는 아니 된다. 다만, 「금융실명거래 및 비밀보장에 관한 법률」 제2조에 따른 금융기관으로부터 통상적인 조건으로 금전을 빌리는 경우는 제외한다.

② 제1항 본문에도 불구하고 부득이한 사정으로 직무관련자 또는 직무관련공무원에게 금전을 빌리거나 빌려주는 것과 부동산을 무상으로 대여받으려는 공무원은 별지 제3호서식의 금전차용(부동산대여) 신고서에 따라 소속기관의 장에게 신고하여야 한다.

제17조(경조사의 통지와 경조금품의 수수 제한 등) ① 공무원은 직무관련자나 직무관련공무원에게 경조사를 알려서는 아니 된다. 다만, 다음 각 호의 어느 하나에 해당하는 경우에는 경조사를 알릴 수 있다.

1. 친족에 대한 통지
2. 현재 근무하고 있거나 과거에 근무하였던 기관의 소속직원에 대한 통지
3. 신문, 방송 또는 제2호에 따른 직원에게만 열람이 허용되는 내부통신망 등을 통한 통지
4. 공무원 자신이 소속된 종교단체·친목단체 등의 회원에 대한 통지

② 공무원은 경조사와 관련하여 가액 5만원을 초과하는 금품 등을 주거나 받아서는 아니된다. 다만, 다음 각 호의 어느 하나에 해당하는 경우는 제외한다.

1. 공무원과 친족간에 주고받는 경조사 관련 금품등
2. 공무원 자신이 소속된 종교단체·친목단체 등에서 그 단체 등의 정관·회칙 등에서 정하는 바에 따라 제공되는 경조사 관련 금품등
3. 공무원의 소속기관 또는 소속기관의 장의 명의로 지급되는 경조사 관련 금품등
4. 특별한 사유로 소속기관의 장이 허용하는 제2항 본문의 가액을 초과하는 경조사 관련 금품등

제5장 위반 시의 조치

제18조(위반 여부에 대한 상담) ① 공무원은 직무를 수행하면서 이 규칙을 위반하는지가 분명하지 아니할 때에는 행동강령책임관과 상담한 후 처리하여야 한다.

② 행동강령책임관은 제1항에 따른 상담이 원활하게 이루어질 수 있도록 해당 기관의 규모등 여건을 고려하여 전용전화·상담실 설치 등 필요한 조치를 취할 수 있다.

제19조(위반행위의 신고 및 확인) ① 누구든지 공무원이 이 규칙을 위반한 사실을 알게 되었을 때에는 그 공무원이 소속된 기관의 장, 그 기관의 행동강령책임관 또는

국민권익위원회에 신고할 수 있다.

② 제1항에 따라 신고하는 자는 별지 제4호 서식의 위반행위신고서에 본인과 위반자의 인적 사항과 위반 내용을 구체적으로 제시해야 한다.

③ 제1항에 따라 위반행위를 신고받은 소속 기관의 장과 행동강령책임관은 신고인과 신고내용에 대하여 비밀을 보장하여야 하며, 신고인이 신고에 따른 불이익을 받지 아니하도록 하여야 한다.

④ 행동강령책임관은 제1항에 따라 신고된 위반행위를 확인한 후 해당 공무원으로부터 받은 소명자료를 첨부하여 소속 기관의 장에게 보고하여야 한다.

제20조(징계 등) 제19조제4항에 따른 보고를 받은 소속기관의 장은 해당 공무원을 징계하는 등 필요한 조치를 할 수 있다.

제21조(금지된 금품등의 처리) ① 제14조 또는 제17조제2항을 위반하여 금품등을 받은 공무원은 제공자에게 그 기준을 초과한 부분이나 수수가 금지된 금품등을 즉시 반환하여야 한다. 이 경우 그 공무원은 별지 제5호서식의 금품등 반환비용 청구서에 따라 그 반환 비용을 소속 기관의 장에게 청구할 수 있다.

② 제1항에 따라 반환하여야 하는 금품등이 멸실·부패·변질 등의 우려가 있거나 그 제공자나 제공자의 주소를 알 수 없거나 또는 제공자에게 반환하기 어려운 사정이 있을 때에는 다음 각호의 기준에 정한 시한내에 소속 기관의 장 또는 행동강령책임관에게 신고한 후 인도하여야 한다.

1. 제14조 규정에 위반되는 금품의 경우에는 수수 또는 발견 즉시
2. 제17조 제2항의 규정에 위반되는 금품의 경우에는 경조사 종료후 7일 이내

③ 제2항에 따라 금품등을 처리할 때에는 다음 각호의 기준에 따라 처리하여야 한다.

1. 멸실·부패·변질되어 경제적 가치가 없는 금품등은 즉시 폐기처분
2. 멸실·부패·변질될 우려가 있는 금품등은 불우이웃돕기 시설 또는 소속기관의 장이 정하는 단체등에 기증
3. 기타 금전적 가치가 있는 금품등은 15일간 소속기관 홈페이지 또는 게시판 공고를 거쳐 국고에 귀속. 다만, 제공자가 반환받는 것을 거부하는 경우에는 사유를 명시하여 즉시 국고에 귀속한다.

④ 행동강령책임관은 제3항에 따른 금품등의 처리결과를 별지 제6호서식의 금품등 접수·처리대장에 기록·관리하고 제공자에게 관련사실을 통보하여야 한다. 다만, 제공자의 주소를 알 수 없는 경우에는 통보하지 아니할 수 있다.

제6장 보칙

제22조(교육) ① 경찰청장(소속기관장, 지방경찰청장, 경찰서장 등을 포함한다)은 소속 공무원에 대하여 이 규칙의 준수를 위한 교육계획을 수립·시행하여야 하며, 매년 1

회 이상 교육을 하여야 한다.

② 경무국장은 교육기관의 신임·직무교육과정에 이 규칙의 교육을 위한 계획을 수립·시행하여야 한다.

제23조(행동강령책임관의 지정) ① 경찰청, 소속기관, 지방경찰청, 경찰서에 이 규칙의 시행을 담당하는 행동강령책임관을 둔다.

② 경찰청에 감사관, 지방경찰청에 청문감사담당관, 경찰서에 청문감사관을 행동강령책임관으로 한다(소속기관 및 청문감사관제 미운영 관서는 감사(운영지원)업무담당 과장으로 한다).

③ 행동강령책임관은 소속기관의 공무원에 대한 이 규칙의 교육·상담, 준수여부에 대한 점검 및 위반행위의 신고접수·조사처리에 관한 업무를 담당한다.

④ 행동강령책임관은 이 규칙과 관련하여 상담한 내용에 대하여 비밀을 누설해서는 아니된다.

⑤ 행동강령책임관은 상담내용을 별지 제7호서식의 행동강령책임관 상담기록관리부에 기록·관리하여야 한다.

제24조(행동강령 세부운영 지침) 소속기관장 및 지방경찰청장은 이 규칙의 운영에 필요한 세부사항을 따로 정하여 시행할 수 있다.

[별첨 5]

부정청탁 및 금품등 수수의 금지에 관한 법률(약칭: 청탁금지법)

[시행 2016.11.30.] [법률 제14183호, 2016.5.29., 타법개정]

제1장 총칙

제1조(목적) 이 법은 공직자 등에 대한 부정청탁 및 공직자 등의 금품 등의 수수(收受)를 금지함으로써 공직자 등의 공정한 직무수행을 보장하고 공공기관에 대한 국민의 신뢰를 확보하는 것을 목적으로 한다.

제2조(정의) 이 법에서 사용하는 용어의 뜻은 다음과 같다.

1. "공공기관"이란 다음 각 목의 어느 하나에 해당하는 기관·단체를 말한다.
   가. 국회, 법원, 헌법재판소, 선거관리위원회, 감사원, 국가인권위원회, 중앙행정기관(대통령 소속 기관과 국무총리 소속 기관을 포함한다)과 그 소속 기관 및 지방자치단체
   나. 「공직자윤리법」 제3조의2에 따른 공직유관단체
   다. 「공공기관의 운영에 관한 법률」 제4조에 따른 기관
   라. 「초·중등교육법」, 「고등교육법」, 「유아교육법」 및 그 밖의 다른 법령에 따라 설치된 각급 학교 및 「사립학교법」에 따른 학교법인
   마. 「언론중재 및 피해구제 등에 관한 법률」 제2조제12호에 따른 언론사
2. "공직자등"이란 다음 각 목의 어느 하나에 해당하는 공직자 또는 공적 업무 종사자를 말한다.
   가. 「국가공무원법」 또는 「지방공무원법」에 따른 공무원과 그 밖에 다른 법률에 따라 그 자격·임용·교육훈련·복무·보수·신분보장 등에 있어서 공무원으로 인정된 사람
   나. 제1호나목 및 다목에 따른 공직유관단체 및 기관의 장과 그 임직원
   다. 제1호라목에 따른 각급 학교의 장과 교직원 및 학교법인의 임직원
   라. 제1호마목에 따른 언론사의 대표자와 그 임직원
3. "금품등"이란 다음 각 목의 어느 하나에 해당하는 것을 말한다.
   가. 금전, 유가증권, 부동산, 물품, 숙박권, 회원권, 입장권, 할인권, 초대권, 관람권, 부동산 등의 사용권 등 일체의 재산적 이익
   나. 음식물·주류·골프 등의 접대·향응 또는 교통·숙박 등의 편의 제공
   다. 채무 면제, 취업 제공, 이권(利權) 부여 등 그 밖의 유형·무형의 경제적 이익
4. "소속기관장"이란 공직자등이 소속된 공공기관의 장을 말한다.

제3조(국가 등의 책무) ① 국가는 공직자가 공정하고 청렴하게 직무를 수행할 수 있는

근무 여건을 조성하기 위하여 노력하여야 한다.

② 공공기관은 공직자등의 공정하고 청렴한 직무수행을 보장하기 위하여 부정청탁 및 금품등의 수수를 용인(容認)하지 아니하는 공직문화 형성에 노력하여야 한다.

③ 공공기관은 공직자등이 위반행위 신고 등 이 법에 따른 조치를 함으로써 불이익을 당하지 아니하도록 적절한 보호조치를 하여야 한다.

제4조(공직자등의 의무) ① 공직자등은 사적 이해관계에 영향을 받지 아니하고 직무를 공정하고 청렴하게 수행하여야 한다.

② 공직자등은 직무수행과 관련하여 공평무사하게 처신하고 직무관련자를 우대하거나 차별해서는 아니 된다.

제2장 부정청탁의 금지 등

제5조(부정청탁의 금지) ① 누구든지 직접 또는 제3자를 통하여 직무를 수행하는 공직자등에게 다음 각 호의 어느 하나에 해당하는 부정청탁을 해서는 아니 된다.

1. 인가·허가·면허·특허·승인·검사·검정·시험·인증·확인 등 법령(조례·규칙을 포함한다. 이하 같다)에서 일정한 요건을 정하여 놓고 직무관련자로부터 신청을 받아 처리하는 직무에 대하여 법령을 위반하여 처리하도록 하는 행위
2. 인가 또는 허가의 취소, 조세, 부담금, 과태료, 과징금, 이행강제금, 범칙금, 징계 등 각종 행정처분 또는 형벌부과에 관하여 법령을 위반하여 감경·면제하도록 하는 행위
3. 채용·승진·전보 등 공직자등의 인사에 관하여 법령을 위반하여 개입하거나 영향을 미치도록 하는 행위
4. 법령을 위반하여 각종 심의·의결·조정 위원회의 위원, 공공기관이 주관하는 시험·선발 위원 등 공공기관의 의사결정에 관여하는 직위에 선정 또는 탈락되도록 하는 행위
5. 공공기관이 주관하는 각종 수상, 포상, 우수기관 선정 또는 우수자 선발에 관하여 법령을 위반하여 특정 개인·단체·법인이 선정 또는 탈락되도록 하는 행위
6. 입찰·경매·개발·시험·특허·군사·과세 등에 관한 직무상 비밀을 법령을 위반하여 누설하도록 하는 행위
7. 계약 관련 법령을 위반하여 특정 개인·단체·법인이 계약의 당사자로 선정 또는 탈락되도록 하는 행위
8. 보조금·장려금·출연금·출자금·교부금·기금 등의 업무에 관하여 법령을 위반하여 특정 개인·단체·법인에 배정·지원하거나 투자·예치·대여·출연·출자하도록 개입하거나 영향을 미치도록 하는 행위

9. 공공기관이 생산·공급·관리하는 재화 및 용역을 특정 개인·단체·법인에게 법령에서 정하는 가격 또는 정상적인 거래관행에서 벗어나 매각·교환·사용·수익·점유하도록 하는 행위
10. 각급 학교의 입학·성적·수행평가 등의 업무에 관하여 법령을 위반하여 처리·조작하도록 하는 행위
11. 병역판정검사, 부대 배속, 보직 부여 등 병역 관련 업무에 관하여 법령을 위반하여 처리하도록 하는 행위
12. 공공기관이 실시하는 각종 평가·판정 업무에 관하여 법령을 위반하여 평가 또는 판정하게 하거나 결과를 조작하도록 하는 행위
13. 법령을 위반하여 행정지도·단속·감사·조사 대상에서 특정 개인·단체·법인이 선정·배제되도록 하거나 행정지도·단속·감사·조사의 결과를 조작하거나 또는 그 위법사항을 묵인하게 하는 행위
14. 사건의 수사·재판·심판·결정·조정·중재·화해 또는 이에 준하는 업무를 법령을 위반하여 처리하도록 하는 행위
15. 제1호부터 제14호까지의 부정청탁의 대상이 되는 업무에 관하여 공직자등이 법령에 따라 부여받은 지위·권한을 벗어나 행사하거나 권한에 속하지 아니한 사항을 행사하도록 하는 행위

② 제1항에도 불구하고 다음 각 호의 어느 하나에 해당하는 경우에는 이 법을 적용하지 아니한다.

1. 「청원법」, 「민원사무 처리에 관한 법률」, 「행정절차법」, 「국회법」 및 그 밖의 다른 법령·기준(제2조제1호나목부터 마목까지의 공공기관의 규정·사규·기준을 포함한다. 이하 같다)에서 정하는 절차·방법에 따라 권리침해의 구제·해결을 요구하거나 그와 관련된 법령·기준의 제정·개정·폐지를 제안·건의하는 등 특정한 행위를 요구하는 행위
2. 공개적으로 공직자등에게 특정한 행위를 요구하는 행위
3. 선출직 공직자, 정당, 시민단체 등이 공익적인 목적으로 제3자의 고충민원을 전달하거나 법령·기준의 제정·개정·폐지 또는 정책·사업·제도 및 그 운영 등의 개선에 관하여 제안·건의하는 행위
4. 공공기관에 직무를 법정기한 안에 처리하여 줄 것을 신청·요구하거나 그 진행상황·조치결과 등에 대하여 확인·문의 등을 하는 행위
5. 직무 또는 법률관계에 관한 확인·증명 등을 신청·요구하는 행위
6. 질의 또는 상담형식을 통하여 직무에 관한 법령·제도·절차 등에 대하여 설명이나 해석을 요구하는 행위
7. 그 밖에 사회상규(社會常規)에 위배되지 아니하는 것으로 인정되는 행위

제6조(부정청탁에 따른 직무수행 금지) 부정청탁을 받은 공직자등은 그에 따라 직무를 수행해서는 아니 된다.

제7조(부정청탁의 신고 및 처리) ① 공직자등은 부정청탁을 받았을 때에는 부정청탁을 한 자에게 부정청탁임을 알리고 이를 거절하는 의사를 명확히 표시하여야 한다.

② 공직자등은 제1항에 따른 조치를 하였음에도 불구하고 동일한 부정청탁을 다시 받은 경우에는 이를 소속기관장에게 서면(전자문서를 포함한다. 이하 같다)으로 신고하여야 한다.

③ 제2항에 따른 신고를 받은 소속기관장은 신고의 경위·취지·내용·증거자료 등을 조사하여 신고 내용이 부정청탁에 해당하는지를 신속하게 확인하여야 한다.

④ 소속기관장은 부정청탁이 있었던 사실을 알게 된 경우 또는 제2항 및 제3항의 부정청탁에 관한 신고·확인 과정에서 해당 직무의 수행에 지장이 있다고 인정하는 경우에는 부정청탁을 받은 공직자등에 대하여 다음 각 호의 조치를 할 수 있다.

1. 직무 참여 일시중지
2. 직무 대리자의 지정
3. 전보
4. 그 밖에 국회규칙, 대법원규칙, 헌법재판소규칙, 중앙선거관리위원회규칙 또는 대통령령으로 정하는 조치

⑤ 소속기관장은 공직자등이 다음 각 호의 어느 하나에 해당하는 경우에는 제4항에도 불구하고 그 공직자등에게 직무를 수행하게 할 수 있다. 이 경우 제20조에 따른 소속기관의 담당관 또는 다른 공직자등으로 하여금 그 공직자등의 공정한 직무수행 여부를 주기적으로 확인·점검하도록 하여야 한다.

1. 직무를 수행하는 공직자등을 대체하기 지극히 어려운 경우
2. 공직자등의 직무수행에 미치는 영향이 크지 아니한 경우
3. 국가의 안전보장 및 경제발전 등 공익증진을 이유로 직무수행의 필요성이 더 큰 경우

⑥ 공직자등은 제2항에 따른 신고를 감독기관·감사원·수사기관 또는 국민권익위원회에도 할 수 있다.

⑦ 소속기관장은 다른 법령에 위반되지 아니하는 범위에서 부정청탁의 내용 및 조치사항을 해당 공공기관의 인터넷 홈페이지 등에 공개할 수 있다.

⑧ 제1항부터 제7항까지에서 규정한 사항 외에 부정청탁의 신고·확인·처리 및 기록·관리·공개 등에 필요한 사항은 대통령령으로 정한다.

제3장 금품등의 수수 금지 등

제8조(금품등의 수수 금지) ① 공직자등은 직무 관련 여부 및 기부·후원·증여 등 그

명목에 관계없이 동일인으로부터 1회에 100만원 또는 매 회계연도에 300만원을 초과하는 금품등을 받거나 요구 또는 약속해서는 아니 된다.

② 공직자등은 직무와 관련하여 대가성 여부를 불문하고 제1항에서 정한 금액 이하의 금품등을 받거나 요구 또는 약속해서는 아니 된다.

③ 제10조의 외부강의등에 관한 사례금 또는 다음 각 호의 어느 하나에 해당하는 금품등의 경우에는 제1항 또는 제2항에서 수수를 금지하는 금품등에 해당하지 아니한다.

1. 공공기관이 소속 공직자등이나 파견 공직자등에게 지급하거나 상급 공직자등이 위로·격려·포상 등의 목적으로 하급 공직자등에게 제공하는 금품등
2. 원활한 직무수행 또는 사교·의례 또는 부조의 목적으로 제공되는 음식물·경조사비·선물 등으로서 대통령령으로 정하는 가액 범위 안의 금품등
3. 사적 거래(증여는 제외한다)로 인한 채무의 이행 등 정당한 권원(權原)에 의하여 제공되는 금품등
4. 공직자등의 친족(「민법」 제777조에 따른 친족을 말한다)이 제공하는 금품등
5. 공직자등과 관련된 직원상조회·동호인회·동창회·향우회·친목회·종교단체·사회단체 등이 정하는 기준에 따라 구성원에게 제공하는 금품등 및 그 소속 구성원 등 공직자등과 특별히 장기적·지속적인 친분관계를 맺고 있는 자가 질병·재난 등으로 어려운 처지에 있는 공직자등에게 제공하는 금품등
6. 공직자등의 직무와 관련된 공식적인 행사에서 주최자가 참석자에게 통상적인 범위에서 일률적으로 제공하는 교통, 숙박, 음식물 등의 금품등
7. 불특정 다수인에게 배포하기 위한 기념품 또는 홍보용품 등이나 경연·추첨을 통하여 받는 보상 또는 상품 등
8. 그 밖에 다른 법령·기준 또는 사회상규에 따라 허용되는 금품등

④ 공직자등의 배우자는 공직자등의 직무와 관련하여 제1항 또는 제2항에 따라 공직자등이 받는 것이 금지되는 금품등(이하 "수수 금지 금품등"이라 한다)을 받거나 요구하거나 제공받기로 약속해서는 아니 된다.

⑤ 누구든지 공직자등에게 또는 그 공직자등의 배우자에게 수수 금지 금품등을 제공하거나 그 제공의 약속 또는 의사표시를 해서는 아니 된다.

제9조(수수 금지 금품등의 신고 및 처리) ① 공직자등은 다음 각 호의 어느 하나에 해당하는 경우에는 소속기관장에게 지체 없이 서면으로 신고하여야 한다.

1. 공직자등 자신이 수수 금지 금품등을 받거나 그 제공의 약속 또는 의사표시를 받은 경우
2. 공직자등이 자신의 배우자가 수수 금지 금품등을 받거나 그 제공의 약속 또는 의사표시를 받은 사실을 안 경우

② 공직자등은 자신이 수수 금지 금품등을 받거나 그 제공의 약속이나 의사표시를

받은 경우 또는 자신의 배우자가 수수 금지 금품등을 받거나 그 제공의 약속이나 의사표시를 받은 사실을 알게 된 경우에는 이를 제공자에게 지체 없이 반환하거나 반환하도록 하거나 그 거부의 의사를 밝히거나 밝히도록 하여야 한다. 다만, 받은 금품등이 다음 각 호의 어느 하나에 해당하는 경우에는 소속기관장에게 인도하거나 인도하도록 하여야 한다.

1. 멸실·부패·변질 등의 우려가 있는 경우
2. 해당 금품등의 제공자를 알 수 없는 경우
3. 그 밖에 제공자에게 반환하기 어려운 사정이 있는 경우

③ 소속기관장은 제1항에 따라 신고를 받거나 제2항 단서에 따라 금품등을 인도받은 경우 수수 금지 금품등에 해당한다고 인정하는 때에는 반환 또는 인도하게 하거나 거부의 의사를 표시하도록 하여야 하며, 수사의 필요성이 있다고 인정하는 때에는 그 내용을 지체 없이 수사기관에 통보하여야 한다.

④ 소속기관장은 공직자등 또는 그 배우자가 수수 금지 금품등을 받거나 그 제공의 약속 또는 의사표시를 받은 사실을 알게 된 경우 수사의 필요성이 있다고 인정하는 때에는 그 내용을 지체 없이 수사기관에 통보하여야 한다.

⑤ 소속기관장은 소속 공직자등 또는 그 배우자가 수수 금지 금품등을 받거나 그 제공의 약속 또는 의사표시를 받은 사실을 알게 된 경우 또는 제1항부터 제4항까지의 규정에 따른 금품등의 신고, 금품등의 반환·인도 또는 수사기관에 대한 통보의 과정에서 직무의 수행에 지장이 있다고 인정하는 경우에는 해당 공직자등에게 제7조제4항 각 호 및 같은 조 제5항의 조치를 할 수 있다.

⑥ 공직자등은 제1항 또는 같은 조 제2항 단서에 따른 신고나 인도를 감독기관·감사원·수사기관 또는 국민권익위원회에도 할 수 있다.

⑦ 소속기관장은 공직자등으로부터 제1항제2호에 따른 신고를 받은 경우 그 공직자등의 배우자가 반환을 거부하는 금품등이 수수 금지 금품등에 해당한다고 인정하는 때에는 그 공직자등의 배우자로 하여금 그 금품등을 제공자에게 반환하도록 요구하여야 한다.

⑧ 제1항부터 제7항까지에서 규정한 사항 외에 수수 금지 금품등의 신고 및 처리 등에 필요한 사항은 대통령령으로 정한다.

제10조(외부강의등의 사례금 수수 제한) ① 공직자등은 자신의 직무와 관련되거나 그 지위·직책 등에서 유래되는 사실상의 영향력을 통하여 요청받은 교육·홍보·토론회·세미나·공청회 또는 그 밖의 회의 등에서 한 강의·강연·기고 등(이하 "외부강의등"이라 한다)의 대가로서 대통령령으로 정하는 금액을 초과하는 사례금을 받아서는 아니 된다.

② 공직자등은 외부강의등을 할 때에는 대통령령으로 정하는 바에 따라 외부강의등

의 요청 명세 등을 소속기관장에게 미리 서면으로 신고하여야 한다. 다만, 외부강의등을 요청한 자가 국가나 지방자치단체인 경우에는 그러하지 아니하다.
③ 공직자등은 제2항 본문에 따라 외부강의등을 미리 신고하는 것이 곤란한 경우에는 그 외부강의등을 마친 날부터 2일 이내에 서면으로 신고하여야 한다.
④ 소속기관장은 제2항에 따라 공직자등이 신고한 외부강의등이 공정한 직무수행을 저해할 수 있다고 판단하는 경우에는 그 외부강의등을 제한할 수 있다.
⑤ 공직자등은 제1항에 따른 금액을 초과하는 사례금을 받은 경우에는 대통령령으로 정하는 바에 따라 소속기관장에게 신고하고, 제공자에게 그 초과금액을 지체 없이 반환하여야 한다.

제11조(공무수행사인의 공무 수행과 관련된 행위제한 등) ① 다음 각 호의 어느 하나에 해당하는 자(이하 "공무수행사인"이라 한다)의 공무 수행에 관하여는 제5조부터 제9조까지를 준용한다.
1. 「행정기관 소속 위원회의 설치·운영에 관한 법률」 또는 다른 법령에 따라 설치된 각종 위원회의 위원 중 공직자가 아닌 위원
2. 법령에 따라 공공기관의 권한을 위임·위탁받은 법인·단체 또는 그 기관이나 개인
3. 공무를 수행하기 위하여 민간부문에서 공공기관에 파견 나온 사람
4. 법령에 따라 공무상 심의·평가 등을 하는 개인 또는 법인·단체

② 제1항에 따라 공무수행사인에 대하여 제5조부터 제9조까지를 준용하는 경우 "공직자등"은 "공무수행사인"으로 보고, "소속기관장"은 "다음 각 호의 구분에 따른 자"로 본다.
1. 제1항제1호에 따른 위원회의 위원: 그 위원회가 설치된 공공기관의 장
2. 제1항제2호에 따른 법인·단체 또는 그 기관이나 개인: 감독기관 또는 권한을 위임하거나 위탁한 공공기관의 장
3. 제1항제3호에 따른 사람: 파견을 받은 공공기관의 장
4. 제1항제4호에 따른 개인 또는 법인·단체: 해당 공무를 제공받는 공공기관의 장

제4장 부정청탁 등 방지에 관한 업무의 총괄 등

제12조(공직자등의 부정청탁 등 방지에 관한 업무의 총괄) 국민권익위원회는 이 법에 따른 다음 각 호의 사항에 관한 업무를 관장한다.
1. 부정청탁의 금지 및 금품등의 수수 금지·제한 등에 관한 제도개선 및 교육·홍보계획의 수립 및 시행
2. 부정청탁 등에 관한 유형, 판단기준 및 그 예방 조치 등에 관한 기준의 작성 및 보급

3. 부정청탁 등에 대한 신고 등의 안내·상담·접수·처리 등
4. 신고자 등에 대한 보호 및 보상
5. 제1호부터 제4호까지의 업무 수행에 필요한 실태조사 및 자료의 수집·관리·분석 등

제13조(위반행위의 신고 등) ① 누구든지 이 법의 위반행위가 발생하였거나 발생하고 있다는 사실을 알게 된 경우에는 다음 각 호의 어느 하나에 해당하는 기관에 신고할 수 있다.

1. 이 법의 위반행위가 발생한 공공기관 또는 그 감독기관
2. 감사원 또는 수사기관
3. 국민권익위원회

② 제1항에 따른 신고를 한 자가 다음 각 호의 어느 하나에 해당하는 경우에는 이 법에 따른 보호 및 보상을 받지 못한다.

1. 신고의 내용이 거짓이라는 사실을 알았거나 알 수 있었음에도 신고한 경우
2. 신고와 관련하여 금품등이나 근무관계상의 특혜를 요구한 경우
3. 그 밖에 부정한 목적으로 신고한 경우

③ 제1항에 따라 신고를 하려는 자는 자신의 인적사항과 신고의 취지·이유·내용을 적고 서명한 문서와 함께 신고 대상 및 증거 등을 제출하여야 한다.

제14조(신고의 처리) ① 제13조제1항제1호 또는 제2호의 기관(이하 "조사기관"이라 한다)은 같은 조 제1항에 따라 신고를 받거나 제2항에 따라 국민권익위원회로부터 신고를 이첩받은 경우에는 그 내용에 관하여 필요한 조사·감사 또는 수사를 하여야 한다.

② 국민권익위원회가 제13조제1항에 따른 신고를 받은 경우에는 그 내용에 관하여 신고자를 상대로 사실관계를 확인한 후 대통령령으로 정하는 바에 따라 조사기관에 이첩하고, 그 사실을 신고자에게 통보하여야 한다.

③ 조사기관은 제1항에 따라 조사·감사 또는 수사를 마친 날부터 10일 이내에 그 결과를 신고자와 국민권익위원회에 통보(국민권익위원회로부터 이첩받은 경우만 해당한다)하고, 조사·감사 또는 수사 결과에 따라 공소 제기, 과태료 부과 대상 위반행위의 통보, 징계 처분 등 필요한 조치를 하여야 한다.

④ 국민권익위원회는 제3항에 따라 조사기관으로부터 조사·감사 또는 수사 결과를 통보받은 경우에는 지체 없이 신고자에게 조사·감사 또는 수사 결과를 알려야 한다.

⑤ 제3항 또는 제4항에 따라 조사·감사 또는 수사 결과를 통보받은 신고자는 조사기관에 이의신청을 할 수 있으며, 제4항에 따라 조사·감사 또는 수사 결과를 통지받은 신고자는 국민권익위원회에도 이의신청을 할 수 있다.

⑥ 국민권익위원회는 조사기관의 조사·감사 또는 수사 결과가 충분하지 아니하다

고 인정되는 경우에는 조사·감사 또는 수사 결과를 통보받은 날부터 30일 이내에 새로운 증거자료의 제출 등 합리적인 이유를 들어 조사기관에 재조사를 요구할 수 있다.

⑦ 제6항에 따른 재조사를 요구받은 조사기관은 재조사를 종료한 날부터 7일 이내에 그 결과를 국민권익위원회에 통보하여야 한다. 이 경우 국민권익위원회는 통보를 받은 즉시 신고자에게 재조사 결과의 요지를 알려야 한다.

제15조(신고자등의 보호·보상) ① 누구든지 다음 각 호의 어느 하나에 해당하는 신고등(이하 "신고등"이라 한다)을 하지 못하도록 방해하거나 신고등을 한 자(이하 "신고자등"이라 한다)에게 이를 취소하도록 강요해서는 아니 된다.

1. 제7조제2항 및 제6항에 따른 신고
2. 제9조제1항, 같은 조 제2항 단서 및 같은 조 제6항에 따른 신고 및 인도
3. 제13조제1항에 따른 신고
4. 제1호부터 제3호까지에 따른 신고를 한 자 외에 협조를 한 자가 신고에 관한 조사·감사·수사·소송 또는 보호조치에 관한 조사·소송 등에서 진술·증언 및 자료제공 등의 방법으로 조력하는 행위

② 누구든지 신고자등에게 신고등을 이유로 불이익조치(「공익신고자 보호법」 제2조제6호에 따른 불이익조치를 말한다. 이하 같다)를 해서는 아니 된다.

③ 이 법에 따른 위반행위를 한 자가 위반사실을 자진하여 신고하거나 신고자등이 신고등을 함으로 인하여 자신이 한 이 법 위반행위가 발견된 경우에는 그 위반행위에 대한 형사처벌, 과태료 부과, 징계처분, 그 밖의 행정처분 등을 감경하거나 면제할 수 있다.

④ 제1항부터 제3항까지에서 규정한 사항 외에 신고자등의 보호 등에 관하여는 「공익신고자 보호법」 제11조부터 제13조까지, 제14조제3항부터 제5항까지 및 제16조부터 제25조까지의 규정을 준용한다. 이 경우 "공익신고자등"은 "신고자등"으로, "공익신고등"은 "신고등"으로 본다.

⑤ 국민권익위원회는 제13조제1항에 따른 신고로 인하여 공공기관에 재산상 이익을 가져오거나 손실을 방지한 경우 또는 공익의 증진을 가져온 경우에는 그 신고자에게 포상금을 지급할 수 있다.

⑥ 국민권익위원회는 제13조제1항에 따른 신고로 인하여 공공기관에 직접적인 수입의 회복·증대 또는 비용의 절감을 가져온 경우에는 그 신고자의 신청에 의하여 보상금을 지급하여야 한다.

⑦ 제5항과 제6항에 따른 포상금·보상금 신청 및 지급 등에 관하여는 「부패방지 및 국민권익위원회의 설치와 운영에 관한 법률」 제68조부터 제71조까지의 규정을 준용한다. 이 경우 "부패행위의 신고자"는 "제13조제1항에 따라 신고를 한 자"로,

"이 법에 따른 신고"는 "제13조제1항에 따른 신고"로 본다.

제16조(위법한 직무처리에 대한 조치) 공공기관의 장은 공직자등이 직무수행 중에 또는 직무수행 후에 제5조, 제6조 및 제8조를 위반한 사실을 발견한 경우에는 해당 직무를 중지하거나 취소하는 등 필요한 조치를 하여야 한다.

제17조(부당이득의 환수) 공공기관의 장은 제5조, 제6조, 제8조를 위반하여 수행한 공직자등의 직무가 위법한 것으로 확정된 경우에는 그 직무의 상대방에게 이미 지출·교부된 금액 또는 물건이나 그 밖에 재산상 이익을 환수하여야 한다.

제18조(비밀누설 금지) 다음 각 호의 어느 하나에 해당하는 업무를 수행하거나 수행하였던 공직자등은 그 업무처리 과정에서 알게 된 비밀을 누설해서는 아니 된다. 다만, 제7조제7항에 따라 공개하는 경우에는 그러하지 아니하다.

1. 제7조에 따른 부정청탁의 신고 및 조치에 관한 업무
2. 제9조에 따른 수수 금지 금품등의 신고 및 처리에 관한 업무

제19조(교육과 홍보 등) ① 공공기관의 장은 공직자등에게 부정청탁 금지 및 금품등의 수수 금지에 관한 내용을 정기적으로 교육하여야 하며, 이를 준수할 것을 약속하는 서약서를 받아야 한다.

② 공공기관의 장은 이 법에서 금지하고 있는 사항을 적극적으로 알리는 등 국민들이 이 법을 준수하도록 유도하여야 한다.

③ 공공기관의 장은 제1항 및 제2항에 따른 교육 및 홍보 등의 실시를 위하여 필요하면 국민권익위원회에 지원을 요청할 수 있다. 이 경우 국민권익위원회는 적극 협력하여야 한다.

제20조(부정청탁 금지 등을 담당하는 담당관의 지정) 공공기관의 장은 소속 공직자등 중에서 다음 각 호의 부정청탁 금지 등을 담당하는 담당관을 지정하여야 한다.

1. 부정청탁 금지 및 금품등의 수수 금지에 관한 내용의 교육·상담
2. 이 법에 따른 신고·신청의 접수, 처리 및 내용의 조사
3. 이 법에 따른 소속기관장의 위반행위를 발견한 경우 법원 또는 수사기관에 그 사실의 통보

제5장 징계 및 벌칙

제21조(징계) 공공기관의 장 등은 공직자등이 이 법 또는 이 법에 따른 명령을 위반한 경우에는 징계처분을 하여야 한다.

제22조(벌칙) ① 다음 각 호의 어느 하나에 해당하는 자는 3년 이하의 징역 또는 3천만원 이하의 벌금에 처한다.

1. 제8조제1항을 위반한 공직자등(제11조에 따라 준용되는 공무수행사인을 포함한

다). 다만, 제9조제1항·제2항 또는 제6항에 따라 신고하거나 그 수수 금지 금품등을 반환 또는 인도하거나 거부의 의사를 표시한 공직자등은 제외한다.

2. 자신의 배우자가 제8조제4항을 위반하여 같은 조 제1항에 따른 수수 금지 금품등을 받거나 요구하거나 제공받기로 약속한 사실을 알고도 제9조제1항제2호 또는 같은 조 제6항에 따라 신고하지 아니한 공직자등(제11조에 따라 준용되는 공무수행사인을 포함한다). 다만, 공직자등 또는 배우자가 제9조제2항에 따라 수수 금지 금품등을 반환 또는 인도하거나 거부의 의사를 표시한 경우는 제외한다.
3. 제8조제5항을 위반하여 같은 조 제1항에 따른 수수 금지 금품등을 공직자등(제11조에 따라 준용되는 공무수행사인을 포함한다) 또는 그 배우자에게 제공하거나 그 제공의 약속 또는 의사표시를 한 자
4. 제15조제4항에 따라 준용되는 「공익신고자 보호법」 제12조제1항을 위반하여 신고자등의 인적사항이나 신고자등임을 미루어 알 수 있는 사실을 다른 사람에게 알려주거나 공개 또는 보도한 자
5. 제18조를 위반하여 그 업무처리 과정에서 알게 된 비밀을 누설한 공직자등

② 다음 각 호의 어느 하나에 해당하는 자는 2년 이하의 징역 또는 2천만원 이하의 벌금에 처한다.

1. 제6조를 위반하여 부정청탁을 받고 그에 따라 직무를 수행한 공직자등(제11조에 따라 준용되는 공무수행사인을 포함한다)
2. 제15조제2항을 위반하여 신고자등에게 「공익신고자 보호법」 제2조제6호가목에 해당하는 불이익조치를 한 자
3. 제15조제4항에 따라 준용되는 「공익신고자 보호법」 제21조제2항에 따라 확정되거나 행정소송을 제기하여 확정된 보호조치결정을 이행하지 아니한 자

③ 다음 각 호의 어느 하나에 해당하는 자는 1년 이하의 징역 또는 1천만원 이하의 벌금에 처한다.

1. 제15조제1항을 위반하여 신고등을 방해하거나 신고등을 취소하도록 강요한 자
2. 제15조제2항을 위반하여 신고자등에게 「공익신고자 보호법」 제2조제6호나목부터 사목까지의 어느 하나에 해당하는 불이익조치를 한 자

④ 제1항제1호부터 제3호까지의 규정에 따른 금품등은 몰수한다. 다만, 그 금품등의 전부 또는 일부를 몰수하는 것이 불가능한 경우에는 그 가액을 추징한다.

제23조(과태료 부과) ① 다음 각 호의 어느 하나에 해당하는 자에게는 3천만원 이하의 과태료를 부과한다.

1. 제5조제1항을 위반하여 제3자를 위하여 다른 공직자등(제11조에 따라 준용되는 공무수행사인을 포함한다)에게 부정청탁을 한 공직자등(제11조에 따라 준용되는 공무수행사인을 포함한다). 다만, 「형법」 등 다른 법률에 따라 형사처벌을 받

은 경우에는 과태료를 부과하지 아니하며, 과태료를 부과한 후 형사처벌을 받은 경우에는 그 과태료 부과를 취소한다.

2. 제15조제4항에 따라 준용되는 「공익신고자 보호법」 제19조제2항 및 제3항(같은 법 제22조제3항에 따라 준용되는 경우를 포함한다)을 위반하여 자료 제출, 출석, 진술서의 제출을 거부한 자

② 제5조제1항을 위반하여 제3자를 위하여 공직자등(제11조에 따라 준용되는 공무수행사인을 포함한다)에게 부정청탁을 한 자(제1항제1호에 해당하는 자는 제외한다)에게는 2천만원 이하의 과태료를 부과한다. 다만, 「형법」 등 다른 법률에 따라 형사처벌을 받은 경우에는 과태료를 부과하지 아니하며, 과태료를 부과한 후 형사처벌을 받은 경우에는 그 과태료 부과를 취소한다.

③ 제5조제1항을 위반하여 제3자를 통하여 공직자등(제11조에 따라 준용되는 공무수행사인을 포함한다)에게 부정청탁을 한 자(제1항제1호 및 제2항에 해당하는 자는 제외한다)에게는 1천만원 이하의 과태료를 부과한다. 다만, 「형법」 등 다른 법률에 따라 형사처벌을 받은 경우에는 과태료를 부과하지 아니하며, 과태료를 부과한 후 형사처벌을 받은 경우에는 그 과태료 부과를 취소한다.

④ 제10조제5항에 따른 신고 및 반환 조치를 하지 아니한 공직자등에게는 500만원 이하의 과태료를 부과한다.

⑤ 다음 각 호의 어느 하나에 해당하는 자에게는 그 위반행위와 관련된 금품등 가액의 2배 이상 5배 이하에 상당하는 금액의 과태료를 부과한다. 다만, 제22조제1항제1호부터 제3호까지의 규정이나 「형법」 등 다른 법률에 따라 형사처벌(몰수나 추징을 당한 경우를 포함한다)을 받은 경우에는 과태료를 부과하지 아니하며, 과태료를 부과한 후 형사처벌을 받은 경우에는 그 과태료 부과를 취소한다.

1. 제8조제2항을 위반한 공직자등(제11조에 따라 준용되는 공무수행사인을 포함한다). 다만, 제9조제1항·제2항 또는 제6항에 따라 신고하거나 그 수수 금지 금품등을 반환 또는 인도하거나 거부의 의사를 표시한 공직자등은 제외한다.
2. 자신의 배우자가 제8조제4항을 위반하여 같은 조 제2항에 따른 수수 금지 금품등을 받거나 요구하거나 제공받기로 약속한 사실을 알고도 제9조제1항제2호 또는 같은 조 제6항에 따라 신고하지 아니한 공직자등(제11조에 따라 준용되는 공무수행사인을 포함한다). 다만, 공직자등 또는 배우자가 제9조제2항에 따라 수수 금지 금품등을 반환 또는 인도하거나 거부의 의사를 표시한 경우는 제외한다.
3. 제8조제5항을 위반하여 같은 조 제2항에 따른 수수 금지 금품등을 공직자등(제11조에 따라 준용되는 공무수행사인을 포함한다) 또는 그 배우자에게 제공하거나 그 제공의 약속 또는 의사표시를 한 자

⑥ 제1항부터 제5항까지의 규정에도 불구하고 「국가공무원법」, 「지방공무원법」 등

다른 법률에 따라 징계부가금 부과의 의결이 있은 후에는 과태료를 부과하지 아니하며, 과태료가 부과된 후에는 징계부가금 부과의 의결을 하지 아니한다.

⑦ 소속기관장은 제1항부터 제5항까지의 과태료 부과 대상자에 대해서는 그 위반사실을 「비송사건절차법」에 따른 과태료 재판 관할법원에 통보하여야 한다.

조문체계도버튼 제24조(양벌규정) 법인 또는 단체의 대표자나 법인·단체 또는 개인의 대리인, 사용인, 그 밖의 종업원이 그 법인·단체 또는 개인의 업무에 관하여 제22조제1항제3호[금품등의 제공자가 공직자등(제11조에 따라 제8조가 준용되는 공무수행사인을 포함한다)인 경우는 제외한다], 제23조제2항, 제23조제3항 또는 제23조제5항제3호[금품등의 제공자가 공직자등(제11조에 따라 제8조가 준용되는 공무수행사인을 포함한다)인 경우는 제외한다]의 위반행위를 하면 그 행위자를 벌하는 외에 그 법인·단체 또는 개인에게도 해당 조문의 벌금 또는 과태료를 과한다. 다만, 법인·단체 또는 개인이 그 위반행위를 방지하기 위하여 해당 업무에 관하여 상당한 주의와 감독을 게을리하지 아니한 경우에는 그러하지 아니하다.

부칙 <법률 제13278호, 2015.3.27.>

제1조(시행일) 이 법은 공포 후 1년 6개월이 경과한 날부터 시행한다.

제2조(수수 금지 금품등의 신고에 관한 적용례) 제9조제1항은 이 법 시행 후 같은 항 각 호의 행위가 발생한 경우부터 적용한다.

제3조(외부강의등의 사례금 수수 제한에 관한 적용례) 제10조제1항은 이 법 시행 후 하는 외부강의등부터 적용한다.

[저자 약력]

김 상 명

제주대학교 졸업
제주대학교 대학원 법학과 졸업(법학박사)
전) 한국법학회 총무부회장
제주대학교 행정대학원 법학과 강사
제주대학교 경영대학원 부동산경제학과 강사
제주특별자치도 지방노동위원회 심판위원
제주특별자치도 부동산평가위원
제주특별자치도 제주4.3실무위원
현) 제주대학교 일반대학원 법학과 강사
사단법인 대한부동산학회 학술부회장, 편집위원
사단법인 한국부동산경영학회, 편집위원
사단법인 부동산산업학회 부회장
사단법인 제주관광학회 이사
제민일보 논설위원
한국법학회 부회장
제주특별자치도 행정심판위원회 위원
제주국제대학교 법경찰행정학부 교수/학부장

강 봉 현

제주대학교 법학과 졸업
제주대학교 대학원 법학과 졸업(법학박사)
전) 제주특별자치도 지방노동위원회 사용자위원
현) 한국법학회회원
제주대학교 행정대학원 법학과 강사
제주국제대학교 부동산법무 행정학과 특임교수

김 인 복

제주대학교 법학과 졸업
제주대학교 행정대학원 졸업(행정학 석사)
전) 제주지방경찰청(총경)
제주국제공항경찰대장
현) 제주국제대학교 경찰행정학과 강사

공직과 윤리

초판인쇄 2017년 3월 6일
초판발행 2017년 3월 10일

지은이 김상명·강봉현·김인복
펴낸이 박노일

총괄기획 김중용·최준규
편 집 심성보·김인숙

펴낸곳 pnc publishing and culture 피앤씨미디어
경기도 고양시 일산동구 강송로 153 310-1501
등록 제396-2012-000203호
전 화 070)7550-3758 팩 스 02)718-8554
홈페이지 www.pncmedia.co.kr 이메일 pnc@pncmedia.co.kr
ISBN 979-11-5730-401-1 93350

정 가 20,000원